高等院校财会专业系列教材

财务管理学

（第二版）

主　编　张德容　鲍　炤

副主编　陈　琴　肖虹霞　王　超

参　编　刘继红　何福田

扫码申请更多资源

南京大学出版社

内容摘要

本书立足于财务管理学基本理论及应用技能的培养,主要内容包括财务管理总论、财务管理的价值观念、筹资管理、资本成本、杠杆理论与资本结论、项目投资管理、证券投资管理、流动资产管理、股利分配管理、财务预算、财务分析、财务管理相关专题等。反映了我国在财务管理理论、实践和教学方面的优秀成果、方法和经验,也反映了国际上最新的财务管理理论和技术方法,做到理论和实务相结合。为了便于学习,每章都配有学习目标、思考题和练习题。

本书既可作为高等院校经济管理类专业本科教材,也可作为相应专业高职高专教材及非经济管理类本、专科选修课教材,还可作为成人教育和继续教育相关专业的教材,以及在职人员的专业培训用书。

图书在版编目(CIP)数据

财务管理学 / 张德容,鲍炤主编. — 2版. — 南京:
南京大学出版社,2021.8
ISBN 978 - 7 - 305 - 24757 - 6

Ⅰ.①财… Ⅱ.①张… ②鲍… Ⅲ.①财务管理一高
等学校一教材 Ⅳ.①F275

中国版本图书馆 CIP 数据核字(2021)第 147244 号

出版发行 南京大学出版社
社　　址　南京市汉口路 22 号　　　邮编　210093
出版人　金鑫荣

书　　名　财务管理学
主　　编　张德容　鲍　炤
责任编辑　武　坦　　　　　　编辑热线 025 - 83592315

照　　排　南京开卷文化传媒有限公司
印　　刷　南京百花彩色印刷广告制作有限责任公司
开　　本　787×1092　1/16　印张 21.75　字数 571 千
版　　次　2021 年 8 月第 2 版　2021 年 8 月第 1 次印刷
ISBN　978 - 7 - 305 - 24757 - 6
定　　价　52.00 元

网　　址:http://www.njupco.com
官方微博:http://weibo.com/njupco
微信服务号:njuyuexue
销售咨询热线:(025)83594756

前　　言

　　《财务管理学》是会计学专业和财务管理专业的主要专业课程,也是经济管理类其他本科专业开设的核心课程之一。本教材立足于财务管理学基本理论及应用技能的培养,全书共12章,主要内容包括财务管理总论、财务管理的价值观念、筹资管理、资金成本、杠杆理论与资本结构、项目投资管理、证券投资管理、流动资产管理、股利分配管理、财务预算、财务分析、财务管理相关专题等。

　　《财务管理学》反映了我国在财务管理理论、实践和教学方面的优秀成果、方法和经验,也反映了国际上最新的财务管理理论和技术方法,做到理论和实务相结合。本书紧密结合企业财务管理的实践和财会教学的实际,以企业筹资、投资、资金营运、收益分配为主线,深入浅出地介绍了财务管理的基本概念、原理和方法,集理论性、实用性和可操作性于一体。本书针对财务管理学是一门应用性学科的特点,通过例题对每部分内容加以说明,帮助学生更好地学习财务管理的理论与方法。同时,每章都配有学习目标、思考题和各种题型的练习题,便于学生理解知识,提高自身应用能力。教材内容兼顾了课堂讲授、课内作业和课外自学等教学环节的需要,可适应按不同的学时组织教学和进一步扩展知识的需要。

　　《财务管理学》既可作为高等院校经济管理类专业本科教材,也可作为相应专业高职高专教材及非经济管理类本、专科选修课教材,还可作为成人教育和继续教育相关专业的教材,以及在职人员的专业培训用书。

　　本书由张德容、鲍焰担任主编,陈琴、肖虹霞、王超担任副主编,刘继红、何福田担任参编。具体编写分工如下:张德容编写第一章、第二章、第四章;鲍焰编写第五章、第六章;陈琴编写第三章、第十一章;肖虹霞编写第九章;王超编写第七章、第八章;刘继红编写第十章;何福田编写第十二章。张德容对全书进行了修改、审定,各位副主编及参编协助审稿。

　　本书在编写过程中,参考了许多中外公开出版的教材和专著,在此不一一列举,一并致谢。本书不足之处,敬请有关专家、学者和广大读者批评指正。

编　者

2021 年 6 月

目　录

第一章　财务管理总论

学习目标

　　财务管理是科学地组织财务活动,处理各方财务关系的一项经济管理工作。本章主要介绍了财务管理的基本概念、内容、原则和方法。通过本章的学习,要求了解财务管理的产生与发展;理解企业财务活动与财务关系;熟悉财务管理的目标、原则与任务;掌握财务管理的工作环节;了解财务管理环境对财务管理决策的影响。

第一节　企业财务与财务管理

一、企业财务管理的产生和发展

　　由于财权的重要性和早期财务活动的单纯性,早期的财务活动往往由生产者或生产经营单位的经理人直接进行。财务管理作为一项独立的业务工作形成较晚,而财务管理学作为一门独立的学科则出现得更晚。长期以来,财务管理学都从属于其他学科。直到进入20世纪,特别是第二次世界大战以后,财务管理学才逐渐成为一门独立的管理学科。

　　(一)财务管理的产生

　　西方财务管理的萌芽最早可追溯到15—16世纪,那时,地中海沿岸的城市商业得到了迅速发展,在某些城市出现了邀请公众入股的城市商业组织,这种股份经济组织往往由官方设立并监督其业务,其股份不能转让但投资者可以收回。这虽然还不是现代意义上的股份公司,但已开始向公众筹集资金用于商业用途,并按股分红,证明财务管理已经萌芽。

　　18世纪的产业革命使传统的手工业作坊、工场被工厂化的机器生产方式所替代,财务活动开始复杂起来,但当时主要采取独资、合伙等经营方式,企业组织比较简单,财务活动大多由企业主亲自从事。19世纪末到20世纪初,随着金融业的兴起,生产经营规模的不断扩大,股份公司在许多国家中发展起来,企业生产经营发展所需要的资金越来越多,财务关系逐渐复杂。这时企业主已难以亲自从事财务管理活动,开始建立单独的财务管理部门,企业财务管理逐渐从企业管理中分离出来,专业化的财务管理就此产生。

　　(二)财务管理的发展

　　企业财务管理自产生以来,经历了一个发展变化的过程,其重点从最初的筹集管理逐渐转化为内部资源管理,又转向风险条件下的投资决策。财务管理理论也迅速发展,由传统的财务管理理论发展为以资产管理为中心的内部控制财务管理理论,进而又发展为投资财务管理理论,并且随着资本有效市场学说、资本资产定价模型以及资本结构学说的提出,财务管理理论进入了现代公司理财阶段。

1. 筹资管理阶段(20 世纪初—30 年代初)

20 世纪初期,西方国家股份公司迅速发展,企业规模不断扩大,市场商品供不应求。公司普遍存在着如何为扩大生产经营规模筹措资金的问题。同时,当时的资金市场不甚成熟,会计信息也不太规范可靠,且股票交易中内幕交易现象严重,使得投资者的投资行为十分谨慎,所以财务管理的主要任务是如何为公司的组建和发展筹集所需的资金。

2. 内部控制阶段(20 世纪 30 年代—50 年代)

20 世纪 30 年代,西方国家爆发了严重的经济危机,企业销售下降,产品积压不能变现,资金短缺,使得大批企业破产倒闭。随着市场竞争日趋激烈,人们意识到要维持企业的生存与发展,财务管理仅仅关注资金的筹集是不够的,更重要的应该是管好用好企业所掌握的资金,加强企业内部资源的管理与控制。财务管理的重点开始从扩张性的外部融资向防御性的内部资金控制转移。各种计量模型也逐渐用于存货、应收账款、固定资产等,财务计划、财务控制也得到广泛应用。

3. 投资管理阶段(20 世纪 50 年代—60 年代)

随着企业经营及环境的发展与变化,人们发现,资金运用效率和效益的提高,并不仅仅取决于日常的财务管理与控制,而在更大程度上依赖于投资决策的成功与否。因此,投资管理日益受到重视,要求确立科学的投资管理程序,建立科学的投资决策指标,建立科学的风险决策方法。同时组合投资思想与方法也得到运用。

4. 现代公司理财阶段(20 世纪 60 年代至今)

在这一阶段,资本市场迅速发展,企业的经营环境更加开放,资金运用也更加复杂,需要企业运用更加现代的财务管理手段进行筹资、投资与分配决策。因此,在这一阶段,财务管理理论也得到了进一步发展。1964 年,夏普提出了财务管理理论最经典的模型之一——资本资产定价模型,将风险与报酬的关系用非常简单的公式描述出来,被认为是现代金融理论的基石。1970 年,法玛提出了重要的有效市场假说,该假说成为一系列以股价作为衡量企业业绩指标的假设基础。1972 年,法玛与米勒的《财务管理》一书集西方财务理论之大成,标志着西方财务管理理论进入了成熟阶段。之后,布莱克的期权定价理论、罗斯的套利定价理论以及资本结构理论的进一步发展,使财务管理进入一个新的篇章。

(三)我国企业财务管理的发展

20 世纪 50 年代初—70 年代后期,我国处于计划经济时期,企业不是独立的市场经济主体,企业发展生产所需要的资金由国家拨款,企业利润基本上缴国家,财务依附于财政,缺乏独立性。其主要任务是按国家下达的计划核定定额,编制内部财务计划,进行日常资金核算,财务职能未能发挥,不存在真正意义上的财务管理学。

在 20 世纪 70 年代末—90 年代初改革开放过程中,随着企业自主权的逐步扩大和投融资体制的转变,投资决策渐渐地进入了企业财务管理领域。与此同时,企业投资所需的资金也不是简单地由国家财政无偿拨款,而是越来越多地按市场经济规则,由企业自己通过资金市场筹集。因此,从 80 年代中期起,企业财务管理的重心就逐渐转移到长期筹资管理和长期投资管理上来。90 年代初后,随着我国社会主义市场经济体系的确立,财务管理的地位更加重要,财务管理得到更快的发展,逐渐成为企业管理的中心。

二、企业财务

财务泛指财务活动和财务关系,前者指企业再生产过程中涉及资金的活动,表明财务的形式特征;后者指财务活动中企业和各方面的经济利益关系,揭示财务的内容本质。因此,概括说来,企业财务是企业财务活动及其所体现的财务关系(经济利益关系)的总和。

（一）企业财务活动

在企业生产经营过程中,物资不断地运动,其价值形态也不断地发生变化,由一种形态转化为另一种形态,周而复始,循环往复,形成了资金的运动。物资价值的运动就是通过资金运动的形式体现出来的。因此,企业的生产经营过程,一方面表现为物资运动(从实物形态来看),另一方面表现为资金运动(从价值形态来看)。企业的资金运动以价值的形式综合地反映企业的生产经营过程。随着企业再生产过程的不断进行,企业资金总是处于不断运动之中。在企业再生产过程中,企业资金从货币形态开始,顺次通过购买、生产、销售三个阶段,分别表现为固定资金、生产储备资金、未完工产品资金、成品资金等各种不同形态,然后又回到货币资金形态。从货币资金形态开始,经过若干阶段,又回到货币资金形态的运动过程,叫作资金的循环。企业资金周而复始的循环,叫作资金的周转。资金的循环体现着资金运动的形态变化。企业财务活动就是企业为生产经营需要而进行的资金筹集、运用、分配及日常资产管理等活动。

1. 企业筹资引起的财务活动

取得资金,才能运用资金,进而开展各项生产经营活动。筹资活动也可以称为融资活动,是企业从各种渠道采用不同的筹资方式取得资金的行为和过程。企业要想从事生产经营,首先要解决的问题是如何取得企业生产经营所需要的资金,包括从哪里、在什么时间、以什么方式、筹集多少资金。例如,企业可以通过发行股票、吸引直接投资、发行债券、银行借款等方式筹集资金,这些表现为资金的流入;企业偿还借款、支付利息、股利以及付出各种筹资费用,则表现为企业的资金流出。这种因为资金筹集而产生的资金流入与流出,便是由企业筹资而引起的财务活动,构成了企业筹资管理的具体内容。

筹资管理要解决的主要问题包括:通过筹资预算确定筹资总规模和筹资时机;选择合理的筹资渠道和筹资方式;优化筹资结构以降低筹资代价和筹资风险;等等。企业资金主要来自企业外部的资金所有者,包括个人、其他企事业单位、银行等。随着企业生产经营的持续,企业前期利润留存积累也是资金的重要来源。这些资金来源,进入企业后成为企业的权益资本和债务资本。企业从各种渠道筹集的资金,一般是货币资金,也可以是实物资产或者无形资产。以实物资产和无形资产形式进入企业的资金,需要通过资产评估确定其相应的货币金额。企业通过不同渠道取得的资金进入企业,便形成了企业资金运动的起点。

2. 企业投资引起的财务活动

企业筹集资金的目的是为了把资金用于生产经营活动以获得盈利,不断增加企业价值。企业把筹集到的资金投资于企业内部用于购置或建造固定资产、无形资产等,便形成企业的对内投资;企业把筹集到的资金用于购买其他企业的股票、债券与其他企业进行联营投资,便形成企业的对外投资。而当企业将持有的股票、债券变现等收回其对外投资或变卖其对内投资的各种资产时,则会产生现金的流入。这种因企业投资而产生的资金的收支,便是由投资而引起的财务活动。

投资是资金运动的中心环节,它不仅对资金筹集提出要求,而且是决定未来经济效益的先决条件。投资管理要解决的主要问题包括对投资项目可行性分析评估、投资方式和投资对象的选择、投资额度的确定、企业生产经营要素的配置等。

3. 企业经营引起的财务活动

企业在正常的经营过程中会发生一系列的资金收支。首先,企业要采购材料或商品,以便从事生产和销售活动,同时,还要支付工资或其他营业费用;其次,当企业将产品或商品售出后,便可取得收入,收回资金;再次,如果企业现有资金不能满足企业经营的需要,还要采取短期借款等方式来筹集所需资金。上述各方面活动都会产生资金的收支,属于企业经营引起的财务活动。

在企业经营引起的财务活动中,主要涉及的是流动资产与流动负债的管理问题。其管理的基本目标是通过有效地进行资金的日常调度和调剂,合理地配置资金,以提高资金使用效率,增强短期资金流动性。为此,首先要求合理安排流动资产与流动负债的比例关系,确保企业具有较强的短期偿债能力。其次,加强流动资产的日常管理,提高流动资产周转效率,改善企业财务状况。此外,还应注意流动资产及流动负债各自内部结构的优化,以使企业短期资金周转得以顺利进行和短期信用能力得以维持。

4. 企业分配引起的财务活动

分配分为广义的分配和狭义的分配。广义的分配是指对投资收入如销售收入和利润进行的分割和分派,而狭义的分配仅指对净利润的分配。企业销售产品取得货币收入,不仅可以补偿产品成本,而且可以实现企业的利润,企业自有资金的数额随之增大。此外,企业还可取得投资收益和其他收入。企业资金收入的分配是一个多层次的分配活动。当企业取得货币资金收入后,首先要弥补生产经营过程中的资金耗费。耗资活动,实际上已经决定了本次资金运动的价值结转数额,构成了资金收入的初次分配。然后,货币资金收入用于缴纳各项流转税费、支付债权人的利息费用,构成资金收入的二次分配。经过两次分配后的余额,构成了企业的利润总额,利润总额需要缴纳所得税,构成资金收入的再分配。税后利润用于提取盈余公积金、支付投资者的股利、以未分配利润的形式留存企业,构成资金收入的最终分配。这些因企业资金收入的分配而产生的资金收支便属于企业分配引起的财务活动。

资金分配活动是将企业的资金收入和收益在各利益相关主体间的扣转,通过分配活动,以实现各利益主体间的利益均衡。当企业的资金收入在扣除所垫支资金耗费的初次分配后,收入分配就转化为收益分配。因此,税收筹划、收益分配比例的确定、收益分配形式的选择,就构成了收益分配管理的主要内容。

上述四个方面的财务活动相互联系、相互依存,正是上述互相联系而又有一定区别的四个方面,构成了完整的企业财务活动。对这四个方面的财务活动的管理组成了财务管理的基本内容:企业筹资管理、企业投资管理、营运资金管理、利润及其分配管理。

(二)企业财务关系

企业财务关系是企业理财活动中与各利益集团发生的经济利益关系。企业的筹资活动、投资活动、经营活动、利润及其分配活动与企业内部和外部方方面面有着广泛的联系。企业的财务关系可以分为外部财务关系和内部财务关系两大类。

1. 外部财务关系

(1) 企业与所有者之间的财务关系。这主要是指企业的所有者向企业投入资金,企业向所有者支付投资报酬所形成的经济关系。企业的所有者要按照投资合同、协议、章程的约定履行出资义务,以便及时形成企业的资本金。企业利用资本金进行经营,实现利润后,应按出资比例或合同、章程的规定,向其所有者分配利润。企业同其所有者之间的财务关系体现着所有权的性质,反映着经营权与所有权的关系。

(2) 企业与被投资单位之间的财务关系。这主要是指企业将其闲置资金以购买股票或直接投资的形式向其他企业投资所形成的经济关系。企业向其他单位投资,应按约定履行出资义务,参与被投资单位的利润分配。企业同被投资单位之间的关系体现的是所有权性质的投资与受资的关系。

(3) 企业与债权人之间的财务关系。这主要是指企业向债权人借入资金,并按借款合同的规定按时支付利息和归还本金所形成的经济关系。企业除利用资本金进行经营活动外,还要借入一定数量的资金,以降低企业资金成本,扩大企业经营规模。企业的债权人主要有债券持有人、贷款机构、商业信用提供者、其他出借资金给企业的单位或个人。企业利用债权人的资金后,要按约定的利率及时向债权人支付利息。债务到期时,要合理调度资金,按时向债权人归还本金。企业同其债权人之间的关系体现的是债务与债权关系。

(4) 企业与债务人之间的财务关系。这主要是指企业将其资金以购买债券、提供借款或商业信用等形式出借给其他单位所形成的经济关系。企业将资金借出后,有权要求其债务人按约定的条件支付利息和归还本金。企业同其债务人的关系体现的是债权与债务关系。

(5) 企业与社会行政事务组织之间的财务关系。企业既是一个经济组织,也是一个社会组织,必然与社会行政事务组织发生各种经济关系。社会行政事务组织包括工商管理机构、税务机构、行业业务主管机构等,其中税务机构是与企业相关的社会行政事务管理组织的典型代表。企业作为一个经营组织,占用了各种社会资源,必然要接受社会行政事务机构的管理,并以缴纳各种税金和规费履行对社会应尽的各种义务。企业与社会行政事务组织之间的财务关系,主要表现为企业收入的分配关系,如缴纳税款和税款返还、缴纳管理费和行政罚金等。

2. 内部财务关系

(1) 企业内部各单位之间的财务关系。企业内部各单位之间的财务关系表现在两个方面:一是以财务部门为中心,企业内部各部门、各单位之间与企业财务部门都要发生领款、报销、代收、代付的收支结算关系,它反映了企业内部资本集中管理的原则;二是在实行内部经济核算制和经营责任制的条件下,企业供、产、销各部门以及各生产单位之间,相互提供产品或劳务而发生计价结算关系,它反映了企业内部资本分散管理的原则。这种在企业内部形成的资金结算关系,体现了企业内部各单位之间的利益关系。

(2) 企业与职工之间的财务关系。这主要是指企业在向职工支付劳动报酬的过程中形成的经济关系。企业要用自身的产品销售收入或其他收入,向职工支付工资、津贴、奖金等,从而按照职工提供的劳动数量和质量进行分配,这种企业与职工之间的结算关系,体现着职工个人和集体在劳动成果上的分配关系。

三、企业财务管理的特点

企业财务管理是组织企业财务活动,处理企业财务关系的一项综合性的企业管理工作。企业财务管理是从企业管理中分离出来的专门从事企业资金筹集、资金投资、资金分配的一种管理职能,其本质是一种价值管理,是对企业再生产过程中的价值运动所进行的管理。企业财务管理的主体是财务管理机构与财务管理人员,财务管理的对象是企业财务活动及其体现的财务关系。企业财务管理作为企业管理工作的一个重要组成部分,与企业其他管理工作既互相联系、紧密配合,同时又有科学分工,具有各自的特点,其中财务管理主要表现出以下几方面的特点。

（一）涉及面广

在企业的日常经营活动中,一切涉及资金的收支活动,都与财务管理有关,也就说财务管理与企业各个方面具有广泛的联系。企业每个部门都会通过资金的收付,与财务部门发生联系。每个部门也在合理使用资金和组织收入方面接受财务管理部门的指导,受到财务管理制度的约束。同时,由于企业的经营活动和资金运动不可能是封闭的,总是要与财政、税务、银行、工商等部门和其他单位及个人打交道,所以财务管理的内容也涉及企业外部的方方面面。

（二）综合性强

财务管理借助于商品的价值形态,以一系列价值型指标如成本、收入、利润、资产、权益、资金等,来组织企业生产经营中的价值的形成、实现和分配活动,并利用价值量度和数额来处理资金运动中的经济关系,也就是说,财务管理的实质就是价值管理,财务管理主要是利用价值形式对企业经营活动进行有效的组织、协调和控制。以价值形式表现出来的财务状况和经营成果具有很强的综合性,财务管理能综合反映企业生产经营各方面的工作质量。透过财务信息把企业生产经营的各种因素及其相互影响综合全面地反映出来,并有效地反作用于企业业务方面的活动,是财务管理的一个突出的特点。

（三）灵敏度高

财务管理能迅速提供反映生产经营状况的财务信息。企业的财务状况是经常变动的,具有很强的敏感性。在企业管理中,决策是否恰当、经营是否合理、技术是否先进、产销是否顺畅,都可迅速地在企业财务指标中得到反映。例如,如果企业生产的产品适销对路,质量优良可靠,则可带动生产发展,实现产销两旺,资金周转加快,盈利能力增强,这一切都可以通过各种财务指标迅速地反映出来。财务部门通过向企业经理人员提供财务状况信息,可以协助企业领导适时控制和调整各项生产经营活动。

一般认为,企业财务管理作为企业综合性的价值管理工作,是企业管理的中心。这是因为:其一,财务管理是贯穿企业生产经营全过程的管理,企业财务管理是从价值角度,对企业生产经营全过程(货币资金的筹集、投放、营运过程、销售、货款回收)进行管理。其二,企业经营目标决定了财务管理的中心地位,在市场经济中,企业经营的最终目标是实现企业所有者的投资回报最大化,而这个目标只有在财务管理中体现得最为充分,也最有落实依据。其三,财务管理通过价值管理将其决策和控制渗透到各个经营单位和部门。例如,通过成本管理,对企业生产进行控制;通过应收账款管理,对营销部门进行控制;通过存货管理,对仓储部门和采购部门进行控制;通过全面预算和现金预算,对企业各部门的经济活动和收支总额进行监控。因此,搞好财务管理对于改善企业经营管理、提高企业经济效益具有独特的作用。企业管理以企业财务管理为中心,要求企业管理的其他职能如生产管理、技术管理、劳动人事管理、物资管理、设备管理、销售管理等都必须从企业价值与财富最大化即财务管理目标出发,充分考虑各项管理职能对企业财务管理目标的影响。

第二节　企业财务管理的目标、原则与任务

一、企业财务管理目标

财务管理目标是财务管理理论体系中的基本要素和行为导向,是财务管理实践中进行财务决策的出发点和归宿。不同的财务管理目标,会产生不同的财务管理运行机制,科学设置财务管理目标,对优化理财行为、实现财务管理的良性循环具有重要意义。在理论界,关于财务管理目标至今仍然存在着不同观点。我国关于财务管理目标的观点主要有以下几种。

（一）利润最大化

利润最大化理财目标在我国和西方都曾是流传甚广的一种观点,在实务界尤有重大的影响。西方经济学家以往都是以利润最大化这一标准来分析和评价企业的行为和业绩的。利润最大化观点认为:利润代表了企业新创造的财富,利润越多则企业的财富增加得越多,越接近企业的目标。目前,我国在评判企业的业绩时还是以利润为基础。如在企业增资扩股时,要考察企业最近三年的盈利情况。在考核国有企业经营人员的业绩时,也以利润为主。

以利润最大化作为企业财务管理目标的理由:① 符合人类追求剩余产品目标。人类进行生产经营活动的目的是为了创造更多的剩余产品,在商品经济条件下,剩余产品的多少可以用利润这个价值指标来衡量。② 有助于资源的最优配置。在自由竞争的资本市场中,资本的使用权最终属于获利最多的企业,坚持这一目标有助于资源的最优配置。③ 可以使社会财富实现最大化。每个企业都最大限度地获取利润,整个社会的财富才可能实现最大化。④ 利润这个指标在实际应用方面比较简便。利润额直观、常用、容易计算,便于分解落实,大多数人都能理解。

以利润最大化作为企业财务管理目标的不足:① 概念含混不清。企业利润是指长期利润还是短期利润? 是税前利润还是税后利润? 是总利润还是每股盈余? 所有这些都不清楚。② 没有考虑资金时间价值。未考虑利润取得的时间分布,投资项目利润现值的大小,不仅取决于利润将来值总额的大小,还要受取得时间的制约。因为早取得利润,就能早进行再投资,进而早获得新的利润,利润最大化目标忽视了这一点。③ 没有考虑风险因素。利润最大化没能有效考虑风险问题,这有可能会使经理人员不顾风险的大小去追求最多的利润。④ 可能导致企业短期行为。以利润最大化为目标,往往会使企业财务决策带有短期行为的倾向,即只顾实现目前的最大利润,而不顾企业长远发展。

（二）股东财富最大化或股价最高化

按照现代委托代理学说,企业经营者应最大限度地谋求股东或委托人的利益,而股东或委托人的利益则是提高资本报酬,增加股东财富。因此,股东财富最大化这一财务管理目标受到人们的普遍关注。

在股份有限公司中,股东财富由其所拥有的股票数量和股票价格两方面决定,在股票数量一定时,当股票价格达到最高时,则股东财富也达到最大。所以,股东财富最大化,又演变为股票价格最大化。尽管理论界存在"股东财富最大化能否转化为股票价格最大化"的争论,但是在做出资本市场有效假设以后,可以认为股票价格是衡量股东财富的最佳指标。这是因为股价最具观察性,并且最能反映股东未来所获得的收益。

股东财富最大化作为财务管理目标的优点：① 股东财富最大化目标科学地考虑了风险因素，因为风险的高低，会对股票价格产生重要影响；② 在一定程度上能够克服企业追求利润上的短期行为，因为目前的利润会影响股票价格，而预期未来的利润对企业股票价格也会产生重要影响；③ 比较容易量化，便于考核和奖惩。

股东财富最大化作为财务管理目标的缺点：① 它只适合上市公司，对非上市公司很难适用；② 它只强调股东利益，而对企业其他关系人的利益重视不够；③ 股票价格受多种因素影响，并非都是公司所能控制的，把不可控因素引入理财目标是不合理的。

(三) 企业价值最大化

企业价值来自公司资产的整体，企业价值是指企业全部资产的市场价值，也就是股票市场价值与债务市场价值之和。企业价值最大化观点与股东财富最大化基本类似：它们都反映了投资者对企业的未来预期；它们都是以资产的市场价值而不是以账面价值作为判断标准。两者不同之处是，股东财富最大化考虑的是企业净资产的市场价值，企业价值最大化考虑的是企业总资产的市场价值。企业价值与股东财富相比，增加了债务的市场价值部分，不仅考虑了股东的利益，而且也考虑了债权人的利益。

财务管理目标应与多个利益集团有关，是这些利益集团共同作用和相互妥协的结果。从理论上讲，各个利益集团的目标都可以磨合为企业长期稳定发展和企业价值不断增长的目标。因此企业价值最大化是现代企业所应追求的财务目标。企业价值最大化目标最大的问题可能是企业价值的计量问题。在实务上，可以通过资产评估来确定企业价值。在理论上，可以用企业未来收益的现值来计量，其计算公式为：

$$V = \sum_{t=1}^{n} FCF_t \frac{1}{(1+i)^t}$$

式中，V——企业价值

FCF——预期第 t 年的企业报酬，通常用现金流量来表示；

t——取得报酬的具体时间；

i——贴现率（企业必要投资报酬率）；

n——取得报酬的持续时间，在持续经营假设的条件下，为无穷大。

可见，企业价值与企业预期报酬成正比，与贴现率成反比。在贴现率不变时，预期报酬越大，企业价值越大；在预期报酬不变时，贴现率越大，则企业价值越小。而贴现率高低，主要由企业风险的大小决定，风险越大，企业要求的投资报酬率就越高；风险越小，企业要求的投资报酬率就越低。因此，企业价值只有在风险与报酬达到合理的均衡时才能达到最大。

企业价值最大化目标是在保证企业长期稳定发展的基础上使企业价值达到最大，它充分考虑了资金的时间价值和风险与报酬的关系，强调了在企业价值增长中协调各利益集团的利益关系。其优点具体表现为：① 它考虑了取得报酬的时间，并用时间价值原理进行了科学地计量；② 它科学地考虑了风险与报酬的关系，只有在风险与报酬达到合理的均衡时企业价值才能达到最大；③ 它能克服企业在追求利润的短期行为，因为企业的长期稳定发展是实现企业价值最大化的基础；④ 有利于社会财富的增加，各个企业把价值最大化作为自己追求的目标，整个社会财富也就会不断增加；⑤ 它考虑了各方的利益关系，企业价值最大化是在发展中考虑问题，在企业价值增长中满足各方的利益关系。当企业财富增加后，各方的利益都会有所增加,各种利益关系人的利益都会较好地得到满足。

企业价值最大化这一财务管理目标的运用也有其缺陷,企业价值以未来企业报酬的贴现值来计量,其未来各年的企业报酬和与企业风险相适应的贴现率很难准确预计。资产评估值从方法的角度来看是通过资产评估的程序来取得企业资产的价值。由专业资产评估师所进行的评估,有一套科学的方法、法定的程序,评估结果比较符合资产的市场价值。但是,资产评估通常是在企业经营方式变更、资产流动、产权转移时采用,在企业日常管理、业绩评价中采用则费时费事。

二、企业财务管理的原则

财务管理的原则是企业组织财务活动、处理财务关系的准则,是从企业财务管理的实践经验中概括出来的,体现理财活动规律性的行为规范,是对财务管理的基本要求。企业财务管理究竟应遵循哪些原则,一定程度上取决于企业性质和企业所面临的环境。然后,市场经济条件下企业财务管理的共性,决定了现代企业财务管理应遵循的一般原则主要有以下几个方面。

(一) 合理配置资源的原则

合理配置资源是指企业在组织和使用资金的过程中,应当比较和优化各种资金以保持合理的结构和比例,保证企业生产经营活动的正常进行,使资金运用达到最优,取得最大的经济效益。企业资源配置情况是资金运用的结果,同时它是通过资金结构表现出来的。资金的配置从筹资的角度表现为资本结构,具体表现为债务资金和所有者权益资金的构成比例,长期负债和流动负债的构成比例,以及内部各具体项目的构成比例;从投资或资金的使用角度看,企业的资金表现为各种形态的资产,各种形态资产之间应当保持合理的结构比例关系,包括对内投资和对外投资的构成比例。资金配置合理,从而资源构成比例适当,就能保证生产经营活动顺畅运行,并由此取得最佳的经济效益,否则就会危及供、产、销活动的协调,甚至影响企业的兴衰。因此,合理配置资源是企业持续、高效经营必不可少的条件。合理运用资金实现企业资源的优化配置,从财务管理来看就是合理安排企业各种资金结构问题。企业进行资本结构决策、投资组合决策、存货管理决策、收益分配比例决策等都必须贯彻这一原则。

(二) 收支积极平衡原则

所谓收支积极平衡,就是要求资金收支不仅在一定期间总量上求得平衡,而且在每一个时点上协调平衡。资金收支在每一时点上的平衡,是资金循环过程得以周而复始进行的条件。如果资金收不抵支,就会导致资金周转的中断或停滞。如果一定时期的收支总额可以平衡,但支出在前,收入在后,也会妨碍资金的顺利周转。资金收支的平衡,归根结底取决于供、产、销活动的平衡。企业既要搞好生产过程的组织管理工作,又要抓好生产资料的采购和产品的销售,要供、产、销一起抓,克服任何一种片面性。只有坚持生产和流通的统一,使企业供、产、销三个环节衔接,保持平衡,企业资金的周转才能正常进行,取得应有的经济效益。资金收支平衡不能采用消极的办法来实现,而要采用积极的办法解决收支中存在的矛盾。在组织资金收支平衡问题上,既要量入为出,根据现有的财务来安排各种开支,又要量出为入,对于关键的生产经营支出要开辟财源,积极予以支持,这样才能取得理想的经济效益。

(三) 成本效益原则

所谓成本效益原则,就是要对经济活动中的所费与所得进行分析比较,对经济行为的得失进行衡量,使成本与效益得到最优的结合,以求获取最多的盈利。比如,企业在筹资活动中,有资本成本率和息税前资金利润率的对比分析问题;在投资决策中,有投资额与各期投资收益额的对比分析问题;在日常经营活动中,有营业成本与营业收入的对比问题,其他各种经济或业务活动,无不有经济得失的对比分析问题。值得注意的是,实行成本效益原则不是要求企业单纯降低成本,而是要求企业消除无效成本和低效成本,企业的一切成本、费用的发生,最终都是为了取得收益,都要联系相应的收益进行比较。进行各方面的财务决策,都应当按成本效益原则做出周密的分析。成本效益原则作为一种价值判断原则,在财务管理中具有广泛的应用价值。

(四)收益风险均衡原则

所谓收益风险均衡原则,要求企业对每一项财务活动,全面分析其收益性和安全性,按照收益和风险适当均衡的要求来决定采取何种行动方案,在实践中趋利避害,提高收益。在市场经济条件下,进行财务活动不可避免地会遇到各种各样的风险,企业要想获得收益,就不能回避风险,可以说风险中包含收益,挑战中存在机遇。同时,企业进行财务管理不能只顾追求收益,不考虑发生损失的可能。一般来说,在财务活动中,低风险只能获得低收益,高风险则往往可能得到高收益。无论是对投资者还是受资者来说,都要求收益与风险相适应,风险越大,则要求的收益也越高。无论市场的状况是繁荣还是衰落,无论人们的心理状态是稳健还是进取,都应当对决策项目的风险与收益做出全面分析和权衡,以便选择最有利的方案。

(五)分级归口管理原则

所谓分级归口管理原则,就是在企业总部统一领导的前提下,合理安排各级单位和各职能部门的权责关系,充分调动各级各部门的积极性。贯彻这一原则,责任的适当划分是关键,而给予相应的权力和利益是必不可少的条件。在财务管理上实行统一领导、分级归口管理,就是要按照管理物资同管理资金相结合、使用资金同管理资金相结合、管理责任同管理权限相结合,合理安排企业内部各单位各部门在资金、成本、收入等管理上的权责关系。厂部是企业行政工作的指挥中心,企业财务管理的主要权力集中在厂部,同时,要对车间、班组、仓库等单位给予一定的权限,建立财务分级管理责任制。要在加强财务部门集中管理的同时,实行各职能部门的归口管理,按其业务范围规定财务管理的职责和权限,核定指标,定期进行考核。这样,就可以调动各级各部门管理财务活动的积极性。统一领导下的分级归口管理,包含专业管理和群众管理相结合的要求。企业财务部门是专职财务管理部门,而供、产、销等部门以及车间、班组的管理则带有群众管理的性质。

(六)利益关系协调原则

所谓利益关系协调原则,就是在财务管理中兼顾和协调好国家、投资者、债权人、购销客户、经营者、劳动者、企业内部各部门各单位的经济利益关系,维护有关各方的合法权益。有关各方利益关系的协调,是理财目标顺利实现必不可少的条件。企业内部和外部经济利益的调整在很大程度上都是通过财务活动来实现的。在财务管理中,应当正确运用价格、股利、利息、奖金、罚款等经济手段,启动激励机制和约束机制,合理补偿,奖优罚劣,处理好各方面的经济利益关系,保障有关各方应得的利益,使股东权益与其他利益相关者权益能够共同发展。只有这样,才能营造一个内外和谐的发展环境,充分调动有关利益集团的积极性,最终实现企业的稳定和发展。

三、财务管理的任务

财务管理的任务取决于财务管理对象的特点和财务管理工作的客观要求。企业财务管理的任务主要有以下几个方面。

(一)合理筹集资金、及时满足需要

资金是企业赖以生存和发展的前提条件。财务管理的首要任务是从各方面合理地筹集资金,满足企业生产经营对资金的需要。企业在筹集资金时,要全面考虑筹资渠道、筹资方式、筹资规模、筹资时间、资金结构和筹资成本等因素。在进行筹资决策时,要注意保持合理的资金结构,即要保持负债筹资与权益资本筹资之间的合理比例;保持长期资金与短期资金的合理比例;保持资金筹集与资金需求的平衡;合理选择外部筹资与内部积累的比例;尽可能降低筹资成本。

(二)统一规划投资、合理配置资源

企业筹资的目的就是为了投资,科学合理的投资决策是财务管理的核心任务之一。企业在投资决策时,要全面规划企业的投资方向和投资规模,制定企业长短期投资计划,并据以进行项目投资决策,确保企业有限资源的合理配置,有效运用;要根据固定资产的规模及经营业务量的需要,确定流动资产的投资金额,以保证生产所需的流动资金;要根据企业发展的需要及企业的资金状况,确定企业对外投资的对象及投资金额。

(三)加强日常管理、提高使用效率

在企业日常资金管理中,必须保持资金的收支平衡;及时处理企业临时闲置资金,以获取短期投资收益;加强存货、应收款项的管理,提高企业资金的周转速度,以节约资金、提高资金使用效率;提高生产效率,降低消耗,节约费用开支。

(四)合理分配收益、协调财务关系

协调各利益集团的经济利益关系是企业财务管理的一项重要任务。企业财务管理首先要处理好企业与所有者的利益关系,既要处理好新老所有者之间的利益关系,又要处理好所有者当前利益与长远利益的关系。同时,要处理好所有者与经营者、企业与债权人、企业与国家、企业与职工等各种关系。

(五)进行财务监督、维护财经纪律

财务监督是通过财务收支和财务指标对企业生产经营活动进行审查和控制。企业财务监督要求做到:严格遵守和执行国家的财经法规和制度;制订有效的企业内部财务管理制度,规定费用开支标准;设置财务管理机构,配置财务管理人员,对各项收支进行严格的审查。通过对日常各项财务收支进行严格的控制,消除不合理及不合法的收入和支出;维护财经纪律,杜绝贪污和浪费现象,保证资金的安全完整。

第三节 财务管理的环节

财务管理的环节是指财务管理工作的各个阶段,它包括财务管理的各种业务手段与方法。财务管理的环节主要有财务预测、财务决策、财务计划、财务控制和财务分析。这些管理环节

互相配合,紧密联系,形成周而复始的财务管理循环过程,构成完整的财务管理工作体系。

一、财务预测

财务预测是根据财务活动的历史资料,考虑现实的要求和条件,对企业未来的财务收支、财务成果、财务状况进行的科学预计和测算。从财务管理的整个过程来看,财务预测是首要环节,其目的是为财务决策和计划提供科学依据。因此,财务预测的任务是:通过测算企业财务活动的数据,为企业决策提供科学依据;通过测算企业财务收支变动情况,确定企业未来的经营目标;通过测定各项定额和标准,为编制计划、分解计划提供依据。

财务预测的类型包括编制财务计划前的预测和计划执行过程中对计划完成情况的预测。财务预测的内容涉及企业资金运动的全过程,财务预测的内容一般包括资金来源和运用的预测、成本费用预测、销售收入预测和利润预测等。

财务预测环节包括以下四个工作步骤。

(一)明确预测对象和目标

由于预测的对象和目标不同,所以预测资料的收集、预测模型的建立、预测方法的选择、预测结果的表达方式也有不同的要求。为了达到理想的预期效果,必须根据管理决策的要求,明确预测的具体对象和目标,如降低成本、增加收益、安排设备投资等,从而明确财务预测的具体范围。

(二)搜集整理资料

根据预测对象和预测目标,有针对性地搜集有关资料,检查资料的可靠性、完整性和典型性,分析其可用程度,排除偶发因素对资料的影响,还要对各种资料进行必要的归类、汇总和调整,使资料符合预测需要。

(三)建立预测模型

按照预测的对象,找出影响预测对象的一般因素及其相互关系,建立相应的预测模型,对预测对象的发展趋势和水平进行定量的描述,以此获得预测结果。常见的财务预测模型有时间序列预测模型、因果关系预测模型、回归分析预测模型等。

(四)评价与修正预测结果

预测是对未来财务活动的估计与推断,难免会出现预测误差。因而,对于预测结果要经过分析评价之后才能予以采用。若误差较大,就应进行修正或重新预测,以确定最佳预测值。

二、财务决策

财务决策是在企业财务管理目标的总要求下,采用一定的决策方法,从若干备选方案中选择一个最优财务活动方案的过程。在市场经济条件下,财务决策是整个财务管理的核心,财务管理效果的优劣,很大程度上取决于财务决策的成败。在财务预测基础上所进行的财务决策,是编制财务计划、进行财务控制的基础。

财务决策包括筹集决策、投资决策、收益分配决策,以及生产经营过程中的资金使用和管理决策。财务决策环节包括以下三个工作步骤。

(一)确定决策目标

以预测数据为基础,结合企业总体的部署和国家宏观经济的要求,从企业实际出发,确定决策期内企业需要实现的财务目标。

（二）拟订备选方案

根据财务决策目标，考虑相关因素的变化情况，结合企业内外有关财务和其他经济活动资料以及调查研究材料，设计出实现财务目标的各种可行的实施方案。在拟订备选方案后，还要研究各方案的可行性、各方案实施的有利条件和制约条件。

（三）评价并选择方案

通过对各种可行实施方案的详细分析和论证，重点是对各方案的经济效益进行具体分析，运用合理的决策方法，做出最优财务决策，选择最佳财务方案。

三、财务计划

财务计划是根据财务决策提出的目标和选定的方案，对未来财务活动的内容及指标进行详细具体的规划。财务计划是财务决策的具体化、系统化，是将决策方案按步骤、按程序在各单位各部门间对财务指标进行详细分解的过程，又是控制财务收支、分析生产经营成果的依据。

财务计划包括资金筹集计划、资金使用计划、财务收支平衡计划、成本费用计划、利润和分配计划。财务计划环节包括以下三个工作步骤。

（一）制订计划指标

按照国家产业政策和企业财务决策的要求，根据供、产、销条件和企业生产能力，运用各种科学方法，对决策提供的目标进行因素分析，确定对其有影响的多种因素，按照效益原则，制定出主要计划指标。

（二）提出保证措施

主要是要做到合理安排企业人力、物力和财力，使之与企业财务管理目标的要求相适应。要努力挖掘企业潜力，从提高经济效益出发，对企业各方面生产经营活动提出要求，制订各单位的增产措施，制订或修订各项定额，以保证计划指标的落实。

（三）编制具体计划

以企业经营目标为中心，以平均先进定额为基础，计算企业计划期内资本占用、成本费用、收入、利润等各项指标，并检查各项计划指标是否相互衔接、协调和平衡。

应当注意的是，在企业实践中，财务计划常常以财务预算的形式表现出来。财务预算是一系列专门反映企业在未来一定预算期内预计财务状况、经营成果以及现金收支等价值指标的各种预算的总称。财务预算是企业全面预算体系的重要组成部分。

四、财务控制

财务控制是以财务制度、计划、定额等为依据，对资金收支、占用、耗费等进行事前的和日常的审核对比，力求使财务活动符合预定的标准，实现预定的目标，保证财务计划的正确执行。它是落实计划和执行决策的手段。目的是通过对比计划与实际状况之间的差异，分析差异产生的原因，然后采取相应办法，使企业财务活动按既定目标发展。

财务控制可划分为三个步骤，共同构成一个完整的控制体系。

（一）确定控制目标，分解落实责任

按照责权利相结合的原则，将计划任务以标准或指标的形式分解落实到各科室、车间、班组乃至个人，即通常所说的指标分解，形成自上而下、纵横交错的控制组织，使每个部门、每个人都有明确的工作和任务目标，以落实经济责任制的要求。

（二）确定执行差异，及时纠正偏差

详细记录计划指标执行情况，将实际数与计划数或其他标准数进行对比，确定差异的程度和性质，考察可能出现的变动趋势，自下而上地反馈财务计划的执行情况。同时，要及时分析差异形成的原因，确定造成差异的责任归属，采取切实有效的措施，调整实际执行过程，消除差异，以保证财务计划的完成。

（三）评价单位业绩，搞好考核奖惩

在一定时期终了，企业应对各责任单位或责任主体的计划执行情况进行分析评价，考核各项财务指标的执行结果，检查各部门财务计划的完成情况，运用激励机制，实行奖优罚劣，以落实经济责任制。

五、财务分析

财务分析是根据有关信息资料，采用专门方法，对企业财务活动的过程和结果进行评价和剖析的一项工作。借助于财务分析，可以掌握各项财务计划指标的完成情况，说明财务活动实际结果与财务计划或历史业绩等比较基础之间的差异及其产生原因，从而为编制财务计划和以后的财务管理提供一定的参考依据。通过财务分析，还可以总结经验，研究和掌握企业财务活动的规律性，不断改进企业财务管理。企业财务人员通过财务分析可以提高业务工作水平，搞好业务工作。

进行财务分析的一般程序是：① 搜集资料，掌握情况；② 指标对比，揭露矛盾；③ 因素分析，明确责任；④ 提出措施，改进工作。

财务分析的基本手段是比较分析和比率分析。通过比较分析，能发现差异是有利的或不利的；通过比率分析，则能进一步发现差异产生的原因主要是哪个或哪些方面。当然要想知道各种具体因素对财务活动实际结果的影响程度，则需要运用因素分析等具体方法。

第四节　财务管理环境

企业财务活动是在一定的环境下进行的，必然受到环境的影响和制约。不同时期、不同国家、不同领域的财务管理有着不同的特征，最终都是因为影响财务管理的环境因素不尽相同。财务管理环境是指对企业财务活动和财务管理产生影响和制约的内部与外部条件的总和。如国家政治经济形势的变化，货币政策、财税政策的调整，法规的制定，市场供求状况的改变等，都会对企业的财务管理产生重大影响，这些都是财务管理环境的范围。财务管理环境对财务管理活动的影响具有双重性。一方面，财务管理环境对企业的财务管理活动具有制约作用，它是企业难以改变的外部约束条件，也是企业开展财务活动的外部前提条件，企业的财务管理是在宏观经济环境、法律环境和金融环境下进行的，必须增强企业财务对环境的适应能力。另一方面，财务管理人员不应被动地去适应环境的变化，而应尽可能地抓住财务运作过程中每一个可能的机会,正确把握财务管理环境的变动趋势,有效地进行财务管理的决策活动,并根据经济形势的变化,对企业财务管理环境变动趋势进行准确的预测,在此基础上充分利用环境变化带来的各种机会采取相应的措施,合理规划企业未来的财务活动并进行科学决策。

对企业财务管理环境影响的因素很多,涉及的范围也很广,其中对财务活动产生最直接最重大的影响的主要有经济环境、法律环境和金融环境。

一、经济环境

企业财务管理作为一种微观经济管理活动,与其所处的宏观经济环境密切相关。这些宏观经济环境主要包括经济周期、通货膨胀状况、宏观经济政策、市场环境等因素。

（一）经济周期

在市场经济条件下,经济的发展呈现出周期性的变化,这是市场经济的规律。无论人们采取什么样的调控手段,经济都不可避免地会出现波动,并呈现出由繁荣、衰退、萧条、复苏再到繁荣的经济周期性特征。我国的经济发展与运行也呈现出特有的周期特征,存在一定的经济波动。过去曾多次出现经济超高速增长,发展过快,而不得不进行治理整顿或宏观调控的情况。经济周期的不同阶段,给企业带来不同的机遇或挑战,这就要求企业把握其一般规律。在经济复苏阶段,经济运行的周期从低谷逐步回升,企业经营状况开始好转,经济业绩逐步提高,投资者对企业的投资信心逐渐增强,企业可增加厂房设备、增加存货、引入新产品、增加劳动力,以发展作为企业管理的目标。在经济繁荣阶段,市场需求旺盛,产品销售大幅度上升,企业的经营业绩不断上升,投资者的投资信心大为增强,企业可进一步扩充厂房、增加存货、提高价格、开展营销规划、增加劳动力;在经济衰退阶段,经济的发展从周期顶峰逐步回落,企业可采取的措施有停止扩张、出售多余设备、停止不利产品、削减存货、停止增加雇员;在经济萧条阶段,经济明显萎缩降到低谷,百业不振,企业可采取的对策有建立投资标准、保持市场份额、缩减管理费用、放弃次要利益、削减存货、裁减雇员。总之,面对周期性的经济波动,财务人员必须预测经济变化情况,适当调整财务政策,各周期阶段应采取的财务战略的实施时间、力度以及持续时间,都应以具体经济周期特征分析为前提做出相应调整。

（二）通货膨胀状况

通货膨胀不仅降低了消费者的购买力,也给企业理财带来了很大困难。通货膨胀对企业财务活动的影响主要表现为以下方面:引起资金占用的大量增加,从而增加了企业的资金需求;引起企业利润虚增,造成企业资金由于利润分配而流失;引起利率上升,加大企业的资本成本;引起资金供应紧张,增加企业的筹资难度。

为了减轻通货膨胀对企业造成的不利影响,企业需要定期对通货膨胀开展预期分析,采取适当措施予以防范。在通货膨胀初期,货币面临着贬值的风险,这时企业进行投资可以避免风险,实现资本保值;与客户签订长期购货合同,以减少物价上涨造成的损失;取得长期负债,保持资本成本的稳定。在通货膨胀持续期,企业可以采用比较严格的信用条件,减少企业的债权等,从而减少通货膨胀带来的损失。

（三）宏观经济政策

宏观经济政策是国家进行宏观经济调控的战略性和策略性的重要手段,如经济的发展计划、国家的产业政策、财税政策、金融政策、政府的行政法规等。国家对某些地区、某些行业和某些经济行为的鼓励优惠、限制调整、有利或不利倾斜,构成了经济政策的重要内容。经济政策对企业的筹资、投资和分配等财务活动都会产生重要影响。如金融政策中的货币发行量、信贷规模会影响企业的投资规模和资本结构的选择,产业政策、价格政策会影响资本的投向、投资回收期及预期收益等。

在经济发展过程中,我国政府对经济方面的调控较多,国家制定的国民经济发展规划、国家的产业政策、经济体制改革的措施、政府的行政法规等,都对企业的财务活动具有很大的影响。企业财务管理人员应当及时把握国家的经济政策可能的变化,研究经济政策的调整对财务活动产生的影响,按照政策导向行事,才能趋利除弊。

（四）市场环境

企业面临的市场环境可以分为完全竞争市场、完全垄断市场、寡头垄断市场和不完全竞争市场四种类型。不同的市场环境,企业财务管理决策考虑的因素与重点不同,企业所能承受的财务风险也不同,了解企业财务管理面临的市场环境是做好财务管理工作的前提。

完全竞争市场,是指竞争不受任何因素的阻碍和干扰,完全由买卖双方自由竞争的市场。在这种市场上,生产者和消费者的数量都很多,但都不能控制市场价格,只能接受现行的市场价格。这类市场上的商品一般都非常标准,无任何差异,如玉米、小麦等农产品。在这类市场中,企业是市场价格的接受者而非制定者,企业经济效益的好坏主要取决于企业成本控制的成效,因此内部成本控制具有特别重要的意义。

完全垄断市场,是指整个行业只有一个生产者或销售者,它可以决定商品的供应数量和价格,这类市场不存在竞争,公用事业大多属于这类市场,如电力公司、自来水公司。企业是市场价格的制定者,企业的价格管理与控制具有特别重要的意义。

不完全竞争市场,是指存在一定程度控制力的竞争市场。在这类市场上有许多商品生产者,但不同生产商的产品存在一定差异(如质量、牌号),这样消费者在购买时有所选择,使得有些厂家(如名牌产品企业)可以在一定程度上控制和影响市场。在这类市场中,企业财务管理决策需要更多考虑企业品牌和差异。

寡头垄断市场,是指由少数几家生产者控制的市场,这几家企业通常控制该产品销售量的70%～80%。在这类市场中,寡头垄断者的价格联盟与合作是财务管理的重要方面。

二、法律环境

财务管理的法律环境是指企业组织财务活动、处理企业与有关各方的经济关系所必须遵循的各种法律规定和制度。财务管理作为一种社会经济活动,必须受到国家法律规范的约束。同时,法律也为企业生产经营活动提供了有利的政府行政保护。企业从事筹资、投资、日常资产管理活动、股利分配活动,必须遵循有关法律的规定。影响企业财务管理的法律环境主要有企业组织法规、税法、财务会计法规等。

（一）企业组织法规

企业组织法规是关于企业组建和终止的法规。企业是一种社会经济组织,它的成立、存在和消亡,都要由法律规范来确立相应的标准。典型的企业组织形式是独资企业、合伙企业和公司制企业,这些企业的创立、合并、清算、破产等组织形式和结构的变化,企业组建的资本额度、资本投入和抽回的限制等,都由一系列的法律法规予以规范。

1. 独资企业

独资企业是指由一个人出资,归个人所有和控制,以其个人财产对债务承担无限责任的企业。它是一种历史悠久、最简单和最普遍的企业组织形式。

独资企业的优点是容易组建,开办费低;受限制少,利润独享;所得收益不用缴纳企业所得税,而只缴纳个人所得税。

独立企业的主要缺点:① 出资人对企业债务承担无限责任,也就说出资人以自己全部资产(包括私人资产)对其债务负责;② 企业信用不足,筹资困难,个人财务又有限,因此,独资企业的规模受到限制;③ 独资企业的生产经营活动及至生存期限受到出资人个人情况的制约,一般难以长期生存。

2. 合伙企业

合伙企业是指两个以上的合伙人自愿依法设立,共同出资,合伙经营,共担风险,共享收益,对企业债务承担无限连带责任的企业。合伙企业包括普通合伙企业和有限合伙企业。普通合伙企业由普通合伙人组成,合伙人对合伙企业债务承担无限连带责任。有限合伙企业由普通合伙人和有限合伙人组成,普通合伙人对合伙企业债务承担无限连带责任,有限合伙人以其认缴的出资额对合伙企业债务承担责任。

合伙企业的主要优点是成立简便和开办费低,且企业不缴纳企业所得税。由于每个合伙人既是所有者又是经营者,可以发挥每个合伙人的专长,提高合伙企业的决策水平和管理水平;由于合伙人共同筹措资金,相对于个人独资企业而言筹资能力增强,企业规模扩大也比较容易。

合伙企业的缺点是任何一个合伙人发生变化(如死亡、退出、新人加入等)都会改变原来的合伙关系,产生新的合伙企业,因而企业的存续期和财务不稳定性增大;由于重大财务决策必须经过全体合伙人一致同意,因此财务决策和经营方式可能不如个人独资企业迅速和灵活;另外,盈余分配也较复杂。

3. 公司制企业

公司是按照公司法的要求登记设立,以其全部法人财产,依法自主经营、自负盈亏的法人企业。公司制企业是企业组织的主要形式,是依法成立的法人单位,是与所有者相分离而独立存在的法律实体。在我国,《中华人民共和国公司法》(以下简称《公司法》)是公司制企业设立、运行的基本法规,《公司法》对公司制企业的设立条件、设立程序、组织机构、组织变更、终止的条件和程序做了明确的规定,特别是《公司法》中对股东人数、法定资本最低限额、出资方式、股票发行与交易、利润分配程序等的规定,是企业财务管理工作必须执行的最重要的强制性规范。

公司制企业主要分为两种,即有限责任公司和股份有限公司。在有限责任公司中,股东以其出资额为限对公司承担责任,公司以其全部资产对公司债务承担责任;公司全部资本不划分为等额股份,公司不得发行股票,仅向股东签发出资证明;股东数量较少,一般不超过 50 个。在股份有限公司中,其全部资本由等额股份构成,并通过发行股票筹集资本;公司的产权关系及分配关系明确,公司的净资产由全体股东所有,税后利润按股分配,同股、同权、同利;股东对公司负债的责任以出资额为限;公司规模大,注册资本较大。

公司制企业具有以下几个主要优点:① 投资者承担有限责任,债权人对企业的求偿权仅限于股东的投资额,所以投资者所承担的风险仅以出资额为限;② 生存期限长久,企业不会因股东死亡或退出而影响企业的存在；③ 股份容易转让，企业股东权益具有比独资企业和合伙企业更高的流动性；④ 易于筹资，特别是股份有限公司因其永续存在，举债和增股空间大，具有更大的筹资能力和弹性。因此，公司制企业一般要比独资企业和合伙制企业大得多。

公司制企业的缺点主要有两个：① 双重纳税，企业取得的利润按企业所得税法依法纳税，然后再向出资者分配利润，出资者在分配取得利润以后还要缴纳个人所得税；② 公司制企业的设立受法律限制多，要求高，手续繁复，设立周期长。

在上述三种企业组织形式中，公司制企业最具优势，是企业普遍采用的组织形式。因此，现代企业财务管理的分析与研究主要以公司制企业这种组织形式为基本研究对象。

（二）税法

税法是国家制定的用以调整国家与纳税人之间在征纳税方面权利与义务的法律规范的总称。税收既有调节社会总供给与总需求、经济结构，维护国家主权和利益等宏观经济作用，又有保护企业经济实体地位、促进公平竞争、改善企业经营管理和提高企业经济效益的微观作用。国家税种的设置、税率的高低、征收范围、减免规定、优惠政策等都会影响企业的财务活动。

与企业经济活动相关的主要税种有以下几个方面：① 所得税类，包括企业所得税、个人所得税；② 流转税类，包括增值税、消费税、营业税、进出口关税等；③ 资源税类，包括资源税、土地使用税等；④ 财产税类，包括房产税等；⑤ 行为税类，包括印花税、车船使用税等。

税收对于企业资本供给、资金投放和税收负担有着重大影响，税法中税种的设置、税率的调整对企业生产经营活动具有调节作用。任何企业都有纳税义务，但税负是企业的一种费用，要增加企业的现金流出，对财务管理有重要影响。企业无不希望在不违法前提下减少税务负担。税负的减少，只能靠投资、筹资和利润分配时精心安排和筹划来合理避税，而不允许在纳税行为已经发生时去偷税漏税。因此，企业财务管理人员应精通税法，根据国家税收政策导向的变化，合理安排资金筹集与投放，以追求企业价值最大化。税收对财务管理的影响在不同的财务管理阶段和环节是不同的：

（1）对企业筹资决策的影响。如我国企业所得税相关制度规定，企业借款的利息不高于金融机构同类同期贷款利息的部分，可在所得税前予以扣除，发行债券的利息也可计入财务费用，这就减少了企业的应纳税所得额，但发行股票所支付的股息只能在税后扣除，这种扣除方法的不同就导致了不同筹资方式下筹资成本的差异，这对企业筹资决策具有很大的影响。

（2）对企业投资决策的影响。企业投资建立不同形式和规模的企业，投资于不同的行业和经营业务，选择不同的投资对象和投资地点，都会面临不同的税收政策。我国所得税制度规定投放于经济特定地区（如技术经济开发区、老少边穷地区等），投放于特定行业，乃至特定的产业或企业（如高新技术产业等），都在企业所得税上有不同的优惠政策，这些选择的不同，都会对企业税收产生很大的影响。另外，企业分支机构的设立形式，是设立具有独立法人资格的子公司还是设立不具有独立法人资格的分公司，对增值税、营业税及所得税等的征缴地点和计算方式也有重大影响。

（3）对企业现金流量和收益的影响。企业采用不同的会计核算方法，如资产的摊销方法、固定资产的折旧方法、存货的计价方法等，都会影响企业各期的收益，从而影响企业的税收和现金流量。因此，针对各类税种、税率、纳税标准和范围的差别，根据企业的特点和具体情况，选择不同的会计核算方法，合理进行纳税筹划，成为企业财务管理的重要内容。

（三）财务会计法规

财务会计法规是规范企业财务活动,协调企业财务关系的专门性行为准则。财务会计法规主要包括《企业财务通则》《企业会计准则》《企业会计制度》等,这些法规由财政部制定。

《企业财务通则》是财务规范体系中的基本法规,在财务法规体系中起主导作用,是各类企业从事财务活动、实施财务管理的基本原则和规范。我国第一个《企业财务通则》于1993年7月1日施行。随着经济环境的不断发展,《企业财务通则》进行了重新修订并于2007年实施。《企业财务通则》围绕企业财务管理环节,明确了资金筹集、资产营运、成本控制、收益分配、信息管理、财务监督等六大财务管理要素,并结合不同财务管理要素,对财务管理方法和政策要求做出了规范。

《企业会计准则》是针对所有企业制定的会计核算规则,会计准则体系由基本准则、具体准则和应有指南三个层次构成。

(1) 基本准则。基本会计准则的作用是"准则的准则",对各个具体准则起着统驭和指导作用。

(2) 具体准则。具体规范三类经济业务或会计事项的处理:① 一般业务处理准则。主要规范各类企业普遍适用的一般经济业务的确认与计量。② 特殊行业会计准则。主要规范特殊行业的会计业务或事项的处理,如生物资产、石油天然气开采等。③ 特定业务准则。主要规范特定业务的确认与计量,如债务重组、非货币性资产交换等。

(3) 应用指南。包括两大部分内容:一是准则解释部分,主要对各项准则的重点、难点和关键点进行具体解释和说明;二是会计科目和财务报表部分,主要根据企业会计准则规定应当设置的会计科目及主要账务处理、报表格式及编制要求等。会计准则的制订与完善,对于财务报告信息质量的提高和企业决策都有十分重要的意义。

除了上述法规之外,与企业财务管理有关的经济法规还包括证券法规、结算法规等。财务人员要在守法的前提下完成财务管理的职能,实现企业财务管理的目标。

三、金融环境

金融市场对于资金供求双方实现资金的转移,促进经济发展提供了重要的筹资和投资的渠道。企业资金活动都离不开金融市场,金融环境的变化必须影响企业的筹资、投资与资金营运活动,因此,金融环境是企业最为重要的外部环境,对企业的财务活动影响最大。熟悉金融市场的各种类型以及管理规则,准确预测和把握金融环境的变化,可以让企业财务人员有效地组织资金的筹措和资本投资活动。金融环境包括金融市场、金融机构以及利率等。

（一）金融市场

1. 金融市场的构成

金融市场是资金供求双方通过某种形式融通资金达成交易的场所。金融市场的基本构成要素有以下四个方面,即金融市场主体、金融市场对象、金融工具以及交易价格。

(1) 金融市场主体。金融市场的交易主体是指资金供求双方,包括任何参与交易的企业、政府、金融机构和个人。

(2) 金融市场对象。金融市场的交易对象是货币资金。在金融市场上货币资金的借贷、票据的贴现、有价证券的买卖、黄金的买卖等,最终都要实现货币资金的转移。然而,金融交易与商品交易不同,它在大多数情况下只是发生货币资金使用权的转移,如银行贷款、债券发行等,而商品交易则表现为商品所有权与使用权的同时转移。

(3) 金融工具。金融工具是指金融市场的交易工具,主要包括股票、债券、商业票据、借款合同等。作为金融市场交易工具的金融工具必须具有较高的信用质量,这种信用质量主要取决于金融工具发行者的信誉、金融工具的流动性和收益性特征等。

(4) 交易价格。金融市场的交易价格一般表现为利率,主要有商业银行存贷款利率、同业拆借利率、中央银行再贴现率、国库券利率等。

2. 金融市场的分类

(1) 按照融通资金的期限划分,可分为短期资金市场和长期资金市场。

短期资金市场是指期限不超过一年的短期资金交易市场,由于短期有价证券易于变成货币或作为货币使用,所以也叫货币市场。短期资金市场业务主要包括银行短期信贷、短期证券买卖以及票据贴现。货币市场的作用是调节短期资金的流动性,解决资金需求者的季节性和临时性的资金周转。

长期资金市场是指使用期限在一年以上的资金融通市场。由于融通资金主要用于固定资产等资本货物的购置,所以也称作资本市场。该市场主要是满足工商企业中长期投资需要和政府弥补财政赤字的需要。资本市场包括长期存放款市场和证券市场,其中证券市场又包括股票市场和债券市场。

(2) 按交割的时间划分,可分为现货市场和期货市场。现货市场是指金融工具买卖成交后,按照成交价格当天或几天内一方支付款项、一方交付金融工具的交易市场。而期货市场是指以一定价格订约成交,交易双方在某一约定时间以后进行清算和交割的交易市场。

(3) 按照交易的性质划分,可分为发行市场和流通市场。发行市场又称初级市场或一级市场,是发行人以筹集资金为目的,按照法律规定和发行程序,向投资者出售新证券所形成的市场。流通市场又称二级市场,是已发行的证券通过买卖交易实现流通转让的场所。

3. 金融市场对财务管理的影响

(1) 金融市场是企业筹资和投资的重要场所。金融市场能够为资本所有者提供多种投资渠道,为资本筹集者提供多种可供选择的筹资方式。通过金融市场,资本供应者能够灵活地调整其闲置资本,实现其投资目的;资本需求者也能够从众多筹资方式中选择最有利的方式,实现其筹资目的。

(2) 金融市场促进了资金的灵活转换。企业持有的股票和债券等长期资金在金融市场上随时可以转手变现,成为短期资金,远期票据也可以通过贴现变为现金;与此相反,短期资金也可以在金融市场上转变为股票、债券等长期资产。长短期资金的相互转换,在理财上从属于企业资产收益性与流动性关系的有效处理,从属于企业经营发展战略。

(3) 金融市场为企业理财提供有用信息。金融市场的利率波动,反映了资本的供求状况;有价证券的市场行情,在宏观上反映了国家总体经济状况和政策情况,在微观上反映了投资者对企业的经营状况、盈利水平和发展前景的评价。同时,金融市场也是企业树立良好财务形象的最好场所。因此,金融市场的相关信息,是企业进行筹资、投资决策的重要依据。

(二) 金融机构

金融机构是金融体系中的一个重要组成部分,在金融市场上起着重要作用。金融机构的功能主要表现在两个方面:一是创造便利金融交易的金融工具;二是在金融交易活动的参与者之间推进资金的流转。不同的金融机构所执行的具体职能不尽相同。我国的金融机构按照其地位和功能的不同,可分为中央银行、政策性银行、商业银行和非银行金融机构四类。

1. 中央银行

中央银行是特殊的金融机构,代表政府管理全国的金融机构和金融活动,中国的中央银行是中国人民银行。其主要职责是制定和实施货币政策,保持币值的稳定;依法对金融机构进行监督管理,维护金融业的合法、稳健运行;持有、管理、经营国家的外汇储备、黄金储备;代理国库业务和其他金融业务;代表我国政府从事有关的国际金融活动等。

2. 政策性银行

政策性银行指多由政府创立、参股或保证的,以贯彻国家产业政策、区域发展政策为目的,不以盈利为目标的金融机构。我国有三大政策性银行:国家开发银行、中国进出口银行、中国农业发展银行。政策性银行不向社会公众吸收存款,其资金来源于财政拨款和发行政策性金融债券。政策性银行不以营利为目标,强调国家的整体利益和社会效益,一旦出现亏损,一般由财政弥补。政策性银行各有自己特定的服务领域,不与商业银行竞争,一般不普遍设立分支机构,其业务一般由商业银行代理。

3. 商业银行

商业银行是以经营存款、放款,办理转账结算为主要业务,以营利为主要经营目标的经营机构。商业银行在银行体系中具有重要地位,在信用活动中起着主导作用。与其他金融机构相比,能够吸收存款和派生货币,这是商业银行最明显的特征。商业银行以营利为主要经营目标,经营管理理念决定了其在业务经营中要讲求资产的流动性、风险性和收益性。商业银行广泛的信用业务,使其与企业间有着直接而密切的信用联系,其放款业务影响和制约着企业的经营活动。

4. 非银行金融机构

一般来说,人们把中央银行、政策性银行、商业银行以外的金融机构列入非银行金融机构。非银行金融机构构成庞杂,主要包括保险公司、信用合作社、信托投资公司、证券公司、财务公司、投资基金管理公司等。非银行金融机构作为金融市场上的重要参与者,在融通资金方面也具有重要的作用,它们可为企业直接提供资金或为企业筹资提供服务。

(三) 利率

利率也称利息率,是指一定时期内利息额占本金的比率。从资金流通的借贷关系来看,利率是一定时期运用资金这一资源的交易价格。也就是说,资金作为一种特殊商品,其在资金市场上的买卖是以利率作为价格标准的,资金的融通实质上是资金资源通过利率这个价格体系在市场机制作用下进行再分配。因此,利率在资金分配及企业财务决策中起着重要作用。

1. 利率的分类

在日常社会经济生活中,我们会接触到各种各样的利率,根据不同标准或分类方法,可将利率划分为不同种类。

(1) 按利率之间的变动关系,可分为基准利率和套算利率。基准利率也称基本利率,是指在多种利率并存的条件下起决定作用的利率。基准利率变动,其他利率也会随基准利率变化而变化。在我国基准利率通常是中国人民银行对商业银行贷款的利率,是中央银行的重要货币政策利率。套算利率则是指各金融机构根据基准利率和借贷款项的特点换算出的利率。

(2) 按利率与市场资金供求关系,可分为固定利率和浮动利率。固定利率是在借贷期内固定不变的利率。在物价稳定、市场利率稳定的环境下,短期贷款通常采用固定利率。浮动利率是在借贷期内可以调整的利率。它通常是根据借贷双方的协定,在规定的时间内,依据某种市场利率进行调整。

(3)按利率形成的机制,可分为市场利率和法定利率。市场利率是根据资金市场上的供求关系,随市场规律而自由变动的利率。法定利率是指由政府金融管理部门或者中央银行确定的利率。它是由政府根据货币政策的需要和市场利率的变动趋势加以确定的。西方发达国家一般以市场利率为主,同时也有法定利率,但两者一般不会显著背离。我国金融市场利率目前以法定利率为主,市场利率为辅。

2. 利率的构成

一般而言,资金的利率是由三个部分组成,即纯利率、通货膨胀贴水和风险报酬。风险报酬又包括三个方面的内容,即违约风险报酬、变现力报酬和到期风险报酬。利率构成的公式为:

名义利率＝纯利率＋通货膨胀贴水＋违约风险报酬＋变现力报酬＋到期风险报酬

(1)纯利率。纯利率是预期通货膨胀为零、无风险情况下的平均利率。纯利率的高低主要受资金供求关系、资本平均利润率和国家政策调整的影响。在实际工作中通常把无通货膨胀情况下的国库券利率视为纯利率。

(2)通货膨胀贴水。通货膨胀的存在,会使货币实际购买力受损,因此货币提供者在通货膨胀下必须要求提高利率水平,以补偿其货币购买力损失。所以短期无风险证券利率等于纯利率加上通货膨胀贴水。

(3)违约风险报酬。违约风险是指借款人无法按时支付利息或偿还本金而给投资者带来的风险。为了弥补违约风险,投资人要求提高贷款利率。违约风险大小与借款人信用等级的高低成反比。信用等级越低,违约风险越大,市场要求的违约风险报酬也就越高。由政府发行的国库券可视为无违约风险证券。在期限和流动性等因素相同的情况下,各信用等级债券的利率与国家公债利率之间的差额,即可视为违约风险报酬。

(4)变现力报酬。变现力是指某项资产迅速转化为现金的可能性。衡量资产变现力有两个标志:一是变现时间快慢,二是变现价格高低。各种有价证券的变现力是不同的。通常政府债券、大公司的证券具有较高的变现力或流动性,而那些变现力较差的证券,投资者会向借款人要求变现力报酬。一般说,最具变现力的金融资产与最不具变现力的金融资产之间的利率差距介于1%～2%之间,即为变现力报酬。

(5)到期风险报酬。到期风险是指到期期间长短不同而形成的利率变化的风险。到期时间越长,不确定因素就越多,投资者遭受损失的风险越大,到期风险报酬就是投资者负担利率变动风险的一种补偿。一般来说,因受到期风险的影响,长期利率高于短期利率。

复习思考题

【思考题】

1. 企业财务活动主要有哪些? 企业财务管理中需要处理的财务关系主要包括哪些方面?

2. 目前关于财务管理的目标主要有哪几种观点？你对企业财务管理目标有何看法？

3. 企业在财务管理中应遵循哪些主要原则？

4. 企业财务管理的主要任务有哪些？

5. 金融市场环境对企业财务管理产生怎样的影响？

6. 利息率的构成因素包括哪些内容？这些构成因素产生的原因是什么？

【练习题】

一、单项选择题

1. 财务管理区别于企业其他管理的基本特征，在于它是一种（　　）。

A. 物资管理　　　　　　B. 价值管理　　　　　　C. 全面管理　　　　　　D. 现代管理

2. 企业按规定向国家交纳税金的财务关系，在性质上属于（　　）。

A. 资金结算关系　　　　B. 资金融通关系　　　　C. 资金分配关系　　　　D. 资金借贷关系

3. 财务关系是指企业在财务活动中与有关方面形成的（　　）。

A. 货币关系　　　　　　B. 结算关系　　　　　　C. 经济利益关系　　　　D. 往来关系

4. 下列反映债务与债权之间关系的是（　　）。

A. 企业与政府之间的财务关系　　　　　　B. 企业与债权人之间的财务关系

C. 企业与职工之间的财务关系　　　　　　D. 企业与债务人之间的财务关系

5. 财务管理的经济环境有（　　）。

A. 通货膨胀　　　　　　　　　　　　　　B. 金融市场组成

C. 市场利率的构成　　　　　　　　　　　D. 金融市场的分类

6. 利润最大化目标的优点是（　　）。

A. 反映企业创造剩余产品的能力　　　　　B. 反映企业创造利润与投入资本的关系

C. 考虑了资金时间价值　　　　　　　　　D. 考虑了风险因素

7. 下列能充分考虑资金时间价值和投资风险价值的理财目标是（　　）。

A. 利润最大化　　　　　　　　　　　　　B. 资金利润率最大化

C. 每股利润最大化　　　　　　　　　　　D. 企业价值最大化

8. 没有通货膨胀时，（　　）的利率可以视为纯利率。

A. 短期借款　　　　　　B. 金融债券　　　　　　C. 国库券　　　　　　D. 公司债券

9. （　　）不是财务活动的组成部分。

A. 筹资　　　　　　　　B. 投资　　　　　　　　C. 分配　　　　　　　D. 分析

10. 在下列经济活动中，能够体现企业与其投资者之间财务关系的是（　　）。

A. 企业向职工支付工资　　　　　　　　　B. 企业向国家税务机关交纳税款

C. 企业向其他企业支付货款　　　　　　　D. 企业向国有资产投资公司交付利润

11. 下列不属于财务管理特点的是（　　）。

A. 专项性强　　　　　　B. 涉及面广　　　　　　C. 综合程度高　　　　　　D. 灵敏度高

12. 下列关于利率的表述中不正确的是（　　）。

A. 利率是资金这种特殊商品的交易价格

B. 利率有名义利率和实际利率之分

C. 通货膨胀预期补偿率受当前通货膨胀水平的影响

D. 风险补偿率受风险大小的影响，风险越大要求的报酬率越高

13. 将金融市场划分为发行市场和流通市场是从（　　）角度来划分的。

A. 交易的期限　　　　　　　　　　　B. 交割的时间

C. 交易的性质　　　　　　　　　　　D. 交易的直接对象

14. 在众多的企业组织形式中，最重要的企业组织形式是（　　）。

A. 国有制　　　　　B. 独资制　　　　　C. 合伙制　　　　　D. 公司制

二、多项选择题

1. 企业财务活动包括（　　）。

A. 企业管理引起的财务活动　　　　　B. 企业筹资引起的财务活动

C. 企业投资引起的财务活动　　　　　D. 企业经营引起的财务活动

E. 企业分配引起的财务活动

2. 企业财务关系包括（　　）。

A. 企业与所有者之间的财务关系　　　B. 企业与债权人之间的财务关系

C. 企业与被投资单位之间的财务关系　D. 企业与债务人之间的财务关系

E. 企业与税务机关之间的财务关系

3. 企业筹措资金的形式有（　　）。

A. 发行股票　　　　　　　　　　　　B. 发行债券

C. 银行借款　　　　　　　　　　　　D. 企业内部留存收益

4. 通货膨胀对企业财务活动的影响主要体现为（　　）。

A. 减少资金占用量　　　　　　　　　B. 增加企业资金的需求

C. 降低企业的资本成本　　　　　　　D. 引起利率的上升

E. 企业筹资更容易

5. 下列说法正确的有（　　）。

A. 影响纯利率的因素是资金供应量与需求量

B. 纯利率是稳定不变的

C. 为了弥补违约风险，必须提高利率

D. 无风险证券的利率，除纯利率外还应加上通货膨胀因素

E. 资金的利率由三部分构成：纯利率、通货膨胀补偿和风险报酬

三、判断题

1. 企业经营引起的财务活动中，主要涉及的是固定资产与长期负债的管理问题，其中关键是资本结构的确定。　　　　　　　　　　　　　　　　　　　　　　　　　（　　）

2. 股东财富由股东所拥有的股票数量和股票市场价格两个方面决定。如果股票数量一定，当股票价格达到最高时，股东财富也达到最大。　　　　　　　　　　　　　（　　）

3. 在市场经济条件下，风险与报酬成反比，即风险越大，报酬越小。　　　　（　　）

4. 合伙企业的合伙人必须对合伙企业的债务承担无限连带责任。　　　　　（　　）

5. 一项负债期限越长，债权人承受的不确定因素越多，承担的风险也越大。（　　）

第二章　财务管理的价值观念

学习目标

　　资金的时间价值是影响企业财务决策的重要变量,离开资金的时间价值,许多财务决策将无法正确做出。本章简单介绍了资金时间价值的含义、实质及作用,并分类列举了不同情况下的资金时间价值的计算问题。此外风险和收益是现代财务管理过程中一对不可避免的矛盾,要想获得满意的经济收益,企业就必须研究风险的问题。因而,本章还对风险从特征、类型、衡量及与报酬的关系等方面进行了介绍。

第一节　资金的时间价值

一、资金的时间价值的含义及其实质

　　资金的时间价值是指资金经过一定时间的投资和再投资后所增加的价值,也称为货币的时间价值。

　　在商品经济中有一种现象:现在的 1 元钱和 1 年后的 1 元钱价值是不一样的。例如,将现在的 1 元钱存入银行,假设存款利率是 10％,1 年后 1 元钱可以得到 1.1 元。这 1 元钱经过 1 年时间的投资增加了 0.1 元,那么增加的 0.1 元就是资金的时间价值。

　　关于货币时间价值的实质,国内外研究者虽有各自不同的认识,但中心思想很相近。就西方经济学者的观点概述为:投资者进行投资就推迟了消费,对投资者推迟消费的耐心,应该给予一定的报酬,且报酬应该与推迟的时间成正比,因此,单位时间这种推迟消费的报酬对投资的百分率称之为货币的时间价值。我国学者在西方经济学者的理论的基础上,做了如下补充:

　　资金的时间价值是在企业的生产经营和流动过程中产生的。

　　西方经济学者把资金的时间价值解释为"对投资者推迟消费的耐心给予一定的报酬"的观点是不科学的,如果说"耐心"就可以产生价值,那么将资金闲置不用或埋在地下也可能产生价值,但事实上是不可能的。只有把资金投入生产和流通,借助生产资料生产出新的产品,才能实现其价值的增值。由此可见,资金的时间价值只能在社会生产经营和流通过程中产生。

　　资金的时间价值的确定是以社会平均资金利润率或平均投资报酬率为基础的。

　　资金的时间价值一般以单位时间的报酬或投资的百分率表示,即利息率表示。但表示资金时间价值的利息率不是一般的利息率。一般的利息率如存款利率、贷款利率、债券利率等都是投资报酬率的表现形式,这些投资报酬率除了资金的时间价值因素外,还包括风险价值和通货膨胀因素。作为资金的时间价值的表现形态的利息率,应以社会平均资金利润率或平均投

资报酬率为基础,在利润不断资本化的条件下,资金时间价值应按复利的方法计算,这是因为资本是按几何级数不断增长的。

二、资金的时间价值的作用

资金的时间价值代表无风险的社会平均投资利润率,是企业资金利润率的最低限度,因而是衡量企业经济效益、考核经营成果的重要依据。资金的时间价值作为一种观念应贯彻在具体的财务活动中,在有关的资金筹集、资金的投放以及使用、分配的财务决策中,都要考虑资金的时间价值。这对于提高企业的经济效益起着重要的作用。

(一)资金的时间价值在筹资活动中具有重要作用

无论是筹资时间的选择,还是举债的期限的考虑以及企业在进行资本结构决策时都必须考虑资金的时间价值。因为企业筹集的资金并不是无偿使用,都具有资本成本,资本成本一个重要的性质在于它是货币资金的时间价值和风险价值的统一,筹资的时间、期限、结构对资本成本都会有影响,因而企业在筹资活动中要充分考虑资金的时间价值观念。

(二)资金的时间价值在投资活动中具有重要的作用

利用资金的时间价值原理从动态上比较、衡量同一投资的不同方案以及不同投资项目的最佳方案,为投资决策提供依据。树立资金的时间价值观念能够使企业有意识地加强投资经营管理、尽量缩短投资项目的建设期。

(三)货币时间价值是企业进行生产经营决策的重要依据

货币的时间价值对于企业的生产经营决策也有重要作用。例如,生产经营、销售方式、定价决策、流动资金周转速度的决策等,都离不开货币时间价值观念。

三、资金的时间价值的计算

在财务管理中要正确进行筹资、投资和收益分配决策,就必须弄清楚在不同时点上收到和付出的资金价值之间的数量关系,掌握资金时间价值的计算方法。有关资金时间价值的指标很多,这里介绍单利终值和现值、复利终值和现值、年金终值和现值的计算方法。

终值又称将来值或者本利和,是现在一定量的资金在未来某一时点上的价值。现值又称本金,是指未来某一时点上一定量资金折合到现在的价值。

(一)单利终值和现值的计算

单利是最简单的计息方法,此种情况下,只有本金计息,所生利息不计入本金计算利息。

【例2-1】 现在的1元钱,年利率为10%,从第1年到第5年,各年年末的终值计算如下:

1元1年后的终值=$1+1\times10\%\times1=1\times(1+10\%\times1)=1.1$(元)

1元2年后的终值=$1+1\times10\%\times2=1\times(1+10\%\times2)=1.2$(元)

1元3年后的终值=$1+1\times10\%\times3=1\times(1+10\%\times3)=1.3$(元)

1元4年后的终值=$1+1\times10\%\times4=1\times(1+10\%\times4)=1.4$(元)

1元5年后的终值=$1+1\times10\%\times5=1\times(1+10\%\times5)=1.5$(元)

由此例发现单利终值的一般计算公式为:

$$F = P + P \cdot i \cdot n = P(1 + i \cdot n)$$

式中,F——终值,即第 n 年年末的价值;

P——现值,即第 1 年年初的价值;

i——利率;

n——计算利息的期数。

单利终值和单利现值的计算式是互逆的,可用倒求本金的方法计算。由终值求现值,称为贴现。

单利现值的计算公式为:

$$P = F \div (1 + i \cdot n)$$

【例 2-2】 年利率为 10%,从第 1 年到第 5 年,各年年末的 1 元钱现值计算如下:

1 年后 1 元的现值=1÷(1+10%×1)=0.909(元)

2 年后 1 元的现值=1÷(1+10%×2)=0.833(元)

3 年后 1 元的现值=1÷(1+10%×3)=0.769(元)

4 年后 1 元的现值=1÷(1+10%×4)=0.714(元)

5 年后 1 元的现值=1÷(1+10%×5)=0.667(元)

【例 2-3】 某人现有 1 000 元的现金,年利率为 10%,单利计算条件下,5 年后的本利和为:

$$F = P + P \cdot i \cdot n = P(1 + i \cdot n) = 1\,000 \times (1 + 10\% \times 5) = 1\,500(元)$$

【例 2-4】 某人希望在 10 年后取得 11 000 元,年利率为 10%,单利计算条件下,则需要现在存入银行的资金为:

$$P = F \div (1 + i \cdot n) = 11\,000 \div (1 + 10\% \cdot 10) = 5\,500(元)$$

(二)复利终值和现值的计算

复利也就是利息在下期转为本金的,与原有本金一起计息的计算方式,即"利滚利"。资金的时间价值一般是按照复利计算的。

复利终值,是指一定量的本金按复利计算若干期后的本利和。

【例 2-5】 现在的 1 元钱,年利率为 10%,从第 1 年到第 5 年,各年年末的复利终值计算如下:

第 1 年的终值=1+1×10%=1×(1+10%)=1.1

第 2 年的终值=1.1×(1+10%)=1×(1+10%)²=1.21

第 3 年的终值=1.21×(1+10%)=1×(1+10%)³=1.331

第 4 年的终值=1.331×(1+10%)=1×(1+10%)⁴=1.464

第 5 年的终值=1.464×(1+10%)=1×(1+10%)⁵=1.611

因此,复利终值的一般计算公式为:

$$F = P(1 + i)^n$$

$(1+i)^n$ 通常称为"复利终值系数",也可表示为 $(F/P, i, n)$,可以查阅"1 元复利终值表"。

复利现值,是指以后年份收到或付出资金的现在价值。它是复利终值的逆运算,可用倒求本金的方法计算。

$$P = \frac{F}{(1+i)^n}$$

【例 2-6】 年利率为 10%，从第 1 年到第 5 年，各年年末的 1 元钱的复利现值计算如下：

第 1 年年末 1 元钱的现值 $= 1 \div (1+10\%) = 1 \div 1.1 = 0.909$

第 2 年年末 1 元钱的现值 $= 1 \div (1+10\%)^2 = 1 \div 1.21 = 0.826$

第 3 年年末 1 元钱的现值 $= 1 \div (1+10\%)^3 = 1 \div 1.331 = 0.751$

第 4 年年末 1 元钱的现值 $= 1 \div (1+10\%)^4 = 1 \div 1.464 = 0.683$

第 5 年年末 1 元钱的现值 $= 1 \div (1+10\%)^5 = 1 \div 1.652 = 0.621$

$\frac{1}{(1+i)^n}$ 通常称作"复利现值系数"，也可表示为 $(P/F, i, n)$，可以查阅"1 元复利现值表"

【例 2-7】 某人获得公司年终奖 100 000 元，存入银行，年利率为 10%，按复利计算，5 年后可获得本利和多少现金？

$$F = P(1+i)^n = 100\,000 \times (1+10\%)^5 = 100\,000 \times (F/P, 10\%, 5)$$
$$= 100\,000 \times 1.610\,51 = 161\,051(元)$$

【例 2-8】 某企业计划投资 5 年后取得本利和 100 万元，假设投资报酬率为 10%，他现在应该投入多少资金？

$$P = \frac{F}{(1+i)^n} = \frac{1\,000\,000}{(1+10\%)^5} = 1\,000\,000 \times (P/F, 10\%, 5)$$
$$= 1\,000\,000 \times 0.621 = 621\,000(元)$$

（三）年金终值和现值的计算

前面介绍的单利终值和现值的计算、复利终值和现值的计算都属于一次性收付款项。在现实经济活动中，还存在一定时期内多次收付款项的行为，称为系列收付款项。如果每次收付的金额相等，那么我们就称这样的系列收付款项为年金。

年金即为定期等额收付款项，通常记为 A。年金按照每次收付发生的时间的不同，可以分为普通年金、先付年金、递延年金、永续年金四类。

1. 普通年金终值和现值的计算

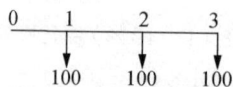

图 2-1 普通年金图例

普通年金是指一定时期内每期期末等额收付的款项，又称后付年金。其收付形式如图 2-1 所示。横坐标代表事件的延续，用数字标出各期的顺序号；竖线位置表示收付的时刻，竖线下端的数字表示收付的金额。

（1）普通年金终值的计算。

普通年金的终值犹如零存整取的本利和，它是一定时期内每期期末收付款项的复利终值之和。其计算原理如图 2-2 所示。

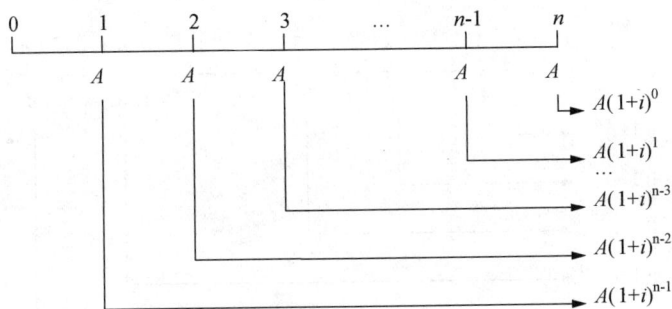

图 2 - 2　普通年金终值计算原理图解

所以普通年金终值 F 为：

$$F = A + A(1+i)^1 + A(1+i)^2 + A(1+i)^3 + \cdots + A(1+i)^{n-2} + A(1+i)^{n-1}$$

$$= A \cdot \sum_{t=1}^{n} (1+i)^{n-t} = A \cdot \frac{(1+i)^n - 1}{i}$$

式中，A——年金；

　　　t——每笔收付款项的计息期数；

　　　n——全部年金的计息期数。

$\frac{(1+i)^n - 1}{i}$ 通常称作"年金终值系数"，也可表示为 $(F/A, i, n)$，可以查阅"年金终值系数表"。

【例 2 - 9】　某企业在 10 年内每年年末在银行借款 100 万元，借款年复利率为 5%，则该公司在第 10 年年末应付银行本息多少万元？

$$F = A(F/A, i, n) = 100 \times (F/A, 5\%, 10) = 100 \times 12.578 = 1\ 257.8(万元)$$

（2）偿债基金的计算。

偿债基金是指为了使年金终值达到既定数额，每年年末应支付的年金数额。如企业约定在未来某一个时点清偿某笔债务而定期等额存入银行的款项。偿债基金事实上是已知年金终值 F，求年金 A，是年金终值的逆运算，其计算公式为：

$$A = F \cdot \frac{i}{(1+i)^n - 1}$$

式中，$\frac{i}{(1+i)^n - 1}$ 称为"偿债基金系数"，也可表示为 $(A/F, i, n)$。

【例 2 - 10】　某企业有一笔 10 年后到期的借款，偿还金额为 1 000 万元，为此设立偿债基金。如果年利率为 5%，问从现在起每年年末需存入银行多少万元，才能到期用本利之和偿清借款？

$$A = F \cdot \frac{i}{(1+i)^n - 1} = 1\ 000 \times \frac{5\%}{(1+5\%)^{10} - 1} = 1\ 000 \times 0.079\ 5 = 79.5(万元)$$

即每年年末需存入银行 79.5 万元，才能到期偿还借款。

（3）普通年金现值的计算。

普通年金的现值是指一定时期内每期等额系列收付款项的现值之和。其计算原理如图 2 - 3 所示。

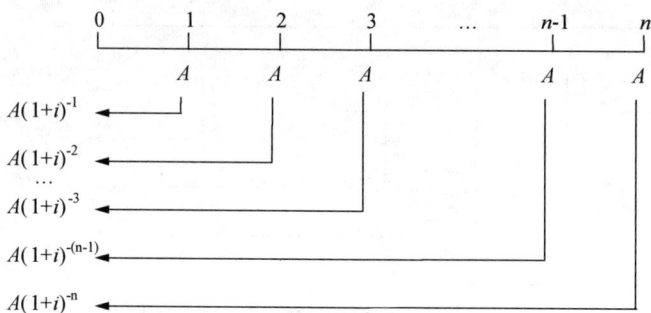

图 2 - 3 普通年金现值计算原理图解

由图 2-3 可得：

$$P = A(1+i)^{-1} + A(1+i)^{-2} + A(1+i)^{-3} + \cdots + A(1+i)^{-(n-1)} + A(1+i)^{-n}$$
$$= A \cdot \sum_{t=1}^{n} \frac{1}{(1+i)^t} = A \cdot \frac{1-(1+i)^{-n}}{i}$$

式中，$\dfrac{1-(1+i)^{-n}}{i}$ 通常称为"年金现值系数"，表示为 $(P/A, i, n)$，可以通过"年金现值系数表"查阅。

【例 2 - 11】 某公司扩大生产，需租赁一套设备，租期 4 年，每年租金 10 000 元，设银行存款利率为 10%，问该公司现在需要存入银行多少钱才能保证租金按时支付？

$$P = A(P/A, i, n) = 10\,000(P/A, 10\%, 4) = 10\,000 \times 3.170 = 31\,700 (元)$$

因此，该公司应现在存入银行 31 700 元，才能保证租金按时支付。

(4) 年资本回收额。

年资本回收额是指为使年金现值达到既定金额，每年年末应收付的年金数额，它是年金现值的逆运算，即已知现值，求年金。其计算公式为：

$$A = P \cdot \frac{i}{1-(1+i)^{-n}}$$

式中，$\dfrac{i}{1-(1+i)^{-n}}$ 被称为资本回收系数，记为 $(A/P, i, n)$。

【例 2 - 12】 某企业欲投资 200 万元购置一台设备，预计使用 10 年，假设社会平均利润率为 5%，该设备每年至少给企业带来多少收益才是可行的？

$$A = P \frac{i}{1-(1+i)^{-n}} = P(A/P, i, n) = 200 \times (A/P, 5\%, 10)$$
$$= 200 \times 0.130 = 26 (万元)$$

2. 先付年金终值和现值的计算

先付年金又称即付年金，是指在一定时期内，每期期初等额的系列收付款项。它与普通年金的区别在于付款的时间不同。由于"年金终值系数表"和"年金现值系数表"是按照普通年金编制的，因而在利用系数查表时，还要在普通年金的基础上适当调整。

（1）先付年金终值的计算。

n 期先付年金和 n 期普通年金的终值之间的关系，如图 2-4 所示。

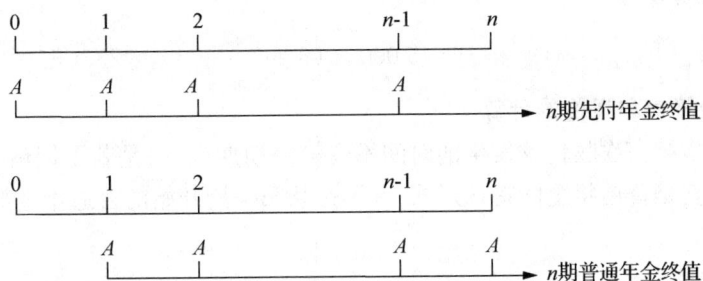

图 2-4　先付年金和普通年金终值关系图

由图 2-4 可以看出，n 期先付年金终值比 n 期普通年金终值多计算一期的利息。所以可以先计算出 n 期普通年金的终值，然后再乘以 $(1+i)$ 便可求出 n 期先付年金的终值。其计算公式为：

$$F = A(F/A, i, n)(1+i) = A[(F/A, i, n+1) - 1]$$

式中，$[(F/A, i, n+1) - 1]$ 被称为"先付年金终值系数"，它是在普通年金终值系数的基础上，期数加 1，系数减 1 的结果。

【例 2-13】　某企业连续 10 年每年年初存入银行 1 000 万元作为以后投资项目的准备金，银行存款利率为 10%，则该公司在第 10 年年末能一次取出本利和多少元进行投资？

$$F = A(F/A, i, n)(1+i) = A[(F/A, i, n+1) - 1]$$
$$= 1\,000 \times [(F/A, 10\%, 11) - 1] = 1\,000 \times (18.531\,2 - 1)$$
$$= 17\,531.2（万元）$$

（2）先付年金现值的计算。

n 期先付年金现值和 n 期普通年金现值之间的关系，如图 2-5 所示。

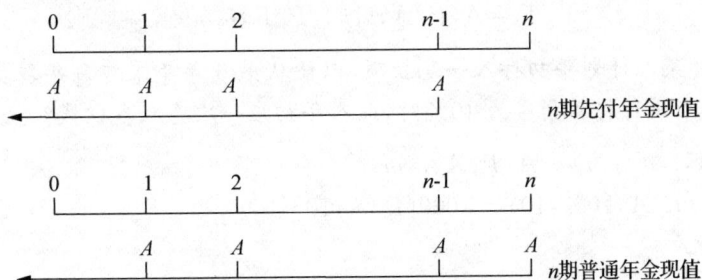

图 2-5　先付年金和普通年金现值关系图

由图 2-5 可以看出，n 期先付年金的现值要比 n 期普通年金的现值每期要少贴现一期。所以，可以先计算出 n 期普通年金的现值，然后再乘以 $(1+i)$，其计算公式为：

$$P = A(P/A, i, n)(1+i) = A[(P/A, i, n-1) + 1]$$

式中，$[(P/A, i, n-1) + 1]$ 被称为"先付年金现值系数"，它是在普通年金现值系数的基础上，期数减 1,系数加 1 的结果。

【例 2-14】 某企业租用设备一台,在 10 年中,每年年初支付租金 5 000 元,年利率为 8%。租金的现值是多少?

$$P = 5\,000 \times [(P/A, 8\%, 9) + 1] = 5\,000 \times (6.247 + 1) = 36\,235(元)$$

3. 递延年金终值和现值的计算

递延年金是指第一次收付款发生的时间不在第一期期末,而是若干期后才开始发生的系列等额收付款。它是普通年金的特殊形式,凡不是从第一期开始的普通年金都是递延年金,如图 2-6 所示。

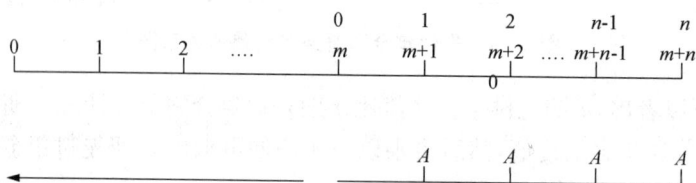

图 2-6 递延年金图示

显然,递延年金的终值与递延期无关,它的计算方法与普通年金的计算方法相同,但递延年金的现值与递延期有关。

在计算递延年金现值时,一般有两种方法。

(1)第一种方法。

先将递延期看作有收付情况,全部按普通年金计算现值,然后再减去没有发生年金的前若干期普通年金现值,即可求出递延年金现值。其计算公式如下:

$$P = A(P/A, i, m+n) - A(P/A, i, m)$$

(2)第二种方法。

先按照普通年金计算现值,然后再将其作为终值乘以复利现值系数贴现到第一期期初,即可求出递延年金现值。其计算公式为:

$$P = A(P/A, i, n)(P/F, i, m)$$

【例 2-15】 某人计划年初存入一笔款项,以便从第 6 年年末起每年取出 1 000 元,到第 10 年年末取完。当银行存款利率为 10% 时,此人年初应一次存入多少钱?

$$\begin{aligned}
P &= A(P/A, i, m+n) - A(P/A, i, m) \\
&= 1\,000 \times (P/A, 10\%, 10) - 1\,000(P/A, 10\%, 5) \\
&= 2\,354(元)
\end{aligned}$$

或者

$$\begin{aligned}
P &= A(P/A, i, n)(P/F, i, m) \\
&= 1\,000 \times (P/A, 10\%, 5)(P/F, 10\%, 5) \\
&= 2\,354(元)
\end{aligned}$$

4. 永续年金

永续年金是指无限期收付的年金,在实际经济活动中存本取息的利息、优先股股利、西方无期限债券的利息都是永续年金的例子。由于永续年金是没有终止时间的,所以没有终值,只能求其年金现值。计算公式由普通年金推导出来为:

$$P = \frac{A}{i}$$

【例 2 - 16】 某企业要从其他公司每年取得优先股股利 30 000 元,假设利率为 10%,现在需要投资多少元购买该股票?

$$P = \frac{A}{i} = \frac{30\,000}{10\%} = 300\,000(\text{元})$$

(四)资金时间价值计算中的特殊问题

1. 年名义利率与年实际利率的转换

在前述的计算中用到的利率,我们都是把它假定为年利率,每年复利一次。但在实际活动中,复利的计息期不一定是一年,还有可能是半年或者按季、月、日来计算的。例如,有的银行的对外贷款就是每月计息一次;有些行业间拆借资本每天计息一次。当计息期在一年内要复利两次或两次以上时,这样的年利率叫作名义利率,而每年只复利一次的利率才是实际利率。

对于一年多次复利的情况,可采取两种方法计算时间价值。

(1)将名义利率转化为实际利率,然后再按实际利率计算时间价值。

$$i = \left(1 + \frac{r}{m}\right)^m - 1$$

式中,r——年名义利率;

$\quad m$——每年复利次数;

$\quad i$——年实际利率。

【例 2 - 17】 资本金为 10 000 元,投资 4 年,年利率为 8%,每季度复利一次,则年实际利率为?

$$i = \left(1 + \frac{r}{m}\right)^m - 1 = \left(1 + \frac{8\%}{4}\right)^4 - 1 = 8.24\%$$

(2)不计算实际利率,而是先调整有关指标,再计算时间价值。

$$\text{利率} = r/m \qquad\qquad \text{期数} = m \cdot n$$

【例 2 - 18】 仍用例 2 - 17 的有关数据,计算本利和。

$$F = P(F/P, 2\%, 16) = 10\,000 \times 1.372\,79 = 13\,727.9(\text{万元})$$

2. 利率的计算

前述现值和终值的计算,都是假定利率是已知的,但在财务管理中,经常会遇到已知计息期数、现值、终值,求利率的问题。在这里,可以直接根据公式计算,也可以利用时间价值系数表计算。

利用时间价值系数表计算利率的方法是:

第一步:求出换算系数;

第二步:根据换算系数和时间价值系数表求利率。

【例2-19】 现在将10 000元存入银行,5年后获得本利和14 693.3元,问银行存款利率为多少?

$$(F/P,i,5)=14\ 693.3\div10\ 000=1.469\ 33(元)$$

查"复利终值系数表",与5年对应的利率中,8%的系数为1.469 33,因而利率为8%。此外也可利用$(P/F,i,n)=P/F$来计算。

【例2-20】 现在将10 000元存入银行,在利率为多少时,才能保证在今后10年中每年年末得到1 500元?

$$(P/A,i,10)=10\ 000\div1\ 500=6.667$$

查"年金现值系数表",当利率为8%时,系数为6.710;当利率为9%时,系数6.418。所以利率应在8%~9%之间,假设x为所求利率,利用插值法计算如下:

利率			年金现值系数		
8%	$8\%-x$	-1%	6.710	0.043	0.292
x			6.667		
9%			6.418		

$$(8\%-x)\div(-1\%)=0.043\div0.292$$
$$x=8.147\%$$

第二节　资金的风险价值及其计量

企业的经济活动可以分为确定型和不确定型两种。确定型活动是指经济活动的未来结果是确定的,不会偏离预期的判断。不确定性活动是指未来结果是不确定的,可能会偏离预期的判断。正是由于经济活动的这种不确定性,使得企业的财务活动存在风险,企业组织财务活动必须研究风险,计量风险,并设法降低风险,以取得最大收益,使企业价值最大化。

一、风险的特点

(一)风险具有客观性

风险是指事件本身的不确定性,具有客观性。风险的大小是不能人为来控制的,无论是企业还是个人,投资于国库券,其收益的不确定性较小;如果投资于股票,其收益的不确定性大得多。特定投资的这种风险是客观存在的,是无法改变的,但你可以选择是否去冒风险以及冒多大的风险。

(二)风险的大小具有时间性

风险的大小随时间的延续而变化,是"一定时期内的风险"。例如,对一个投资项目,事先的预计可能不是很准确,随着项目的推进,预计的不确定性在缩小,事件完成了,其结果也就完全肯定了。因此,风险是一定时期内的风险。

（三）风险具有不确定性

风险既可能给投资者带来预想的收益，也可能带来超出预期的损失。一般来说，投资人对意外损失的关注要比意外收益的关注要强烈得多。因此，在研究风险时，经常将风险看成不利事件发生的可能性，从财务管理的角度说，即是无法达到预期收益的可能性。

二、风险的类型

（一）从个别投资者来说，风险分为市场风险和公司特有风险

（1）市场风险。它是指可以影响所有公司的因素风险，如战争、经济衰退、通货膨胀、高利率等。这类风险涉及所有的投资对象，不能通过多元化投资来分散，因此又称为不可分散风险或系统风险。

（2）公司特有风险。它是指发生于个别公司的特有事件造成的风险，如公司内部控制问题、新产品开发失败等。这类事件是可以通过多元化投资进行分散的，因此又可称为可分散风险或非系统风险。

（二）从公司本身来看，风险分为经营风险和财务风险

（1）经营风险。它是指企业生产经营的不确定性所带来的风险。企业的生产经营活动会受到来自企业外部和内部多方面的影响，具有很大的不确定性。外部的影响因素包括政治环境、经济结构、资源环境、金融环境、市场环境等；内部的影响因素包括运营状况、经营管理状况、内部财务管理能力等。

（2）财务风险。它是指由于举债融资而给企业财务成果带来的不确定性，主要指到期不能还本付息的风险，又称筹资风险。

总而言之，风险对于企业财务活动来说是无处不在、无时不有的。在进行财务决策时，选择不同程度的风险，一定要有与之相对应的报酬率，不能高风险而低报酬，或渴望低风险取得高报酬率。企业管理者要正确面对风险，仔细分析研究，争取在投资活动中把风险降到最低，获取与风险对应的报酬。

三、单项资产的风险报酬

在财务管理中，任何决策都是根据对未来事件的预测做出的，而未来的情况往往是不确定的。由于不确定性的存在，未来出现的实际结果可能与我们期望的结果不一致，这种实际结果与预期结果的偏离程度往往被用来衡量风险。

（一）确定概率分布

在经济活动中，某一事件在相同的条件下可能发生，也可能不发生，这类事件被称为随机事件。概率就是用来表示随机事件发生可能性大小的数值。通常把必然发生事件的概率定为1，把不可能发生事件的可能性定为0，而一般随机事件的概率在0与1之间。概率越大，表示事件发生的可能性越大，概率必须符合以下两个要求：

（1）$0 \leqslant P_i \leqslant 1$；

（2）$\sum_{i=1}^{n} P_i = 1$。

将随机事件各种可能结果按一定的规则进行排列，同时列出各结果出现的相应概率，这一

完整的描述为概率分布。

大华证券基金公司有三个投资机会,分别为投资国债、股票和认股权证,这三个方面的报酬率及概率分布如表2-1所示。

表2-1 大华公司未来投资机会各种状态的投资报酬率

经济情况	发生概率	国债	股票	认股权证
繁荣	0.2	10%	25%	30%
正常	0.6	10%	15%	15%
衰退	0.2	10%	5%	0

概率分布如图2-7所示。

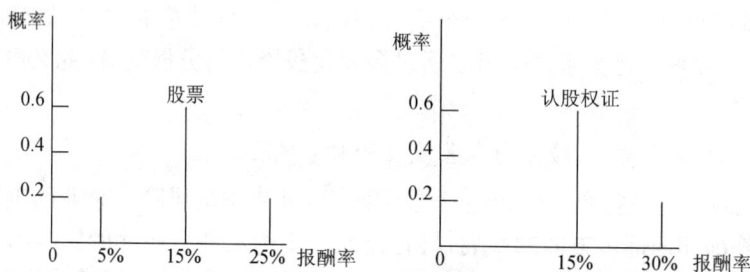

图2-7 投资报酬率与概率分布图

以上是假定存在繁荣、正常、衰退三种情况。在实践中,经济状况的发生有无数种可能结果,对每一种可能的经济状况都给予相应的概率,并对每一种情况都给予一个报酬率,便可得到连续的概率分布,如图2-8所示。

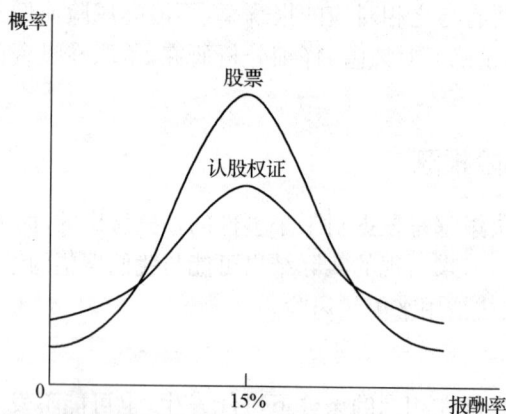

图2-8

(二)计算期望值

期望报酬率是指各种可能的报酬率按概率加权计算的平均报酬率。它表示在一定风险条件下,期望得到的平均报酬率,通常用 $\overline{E}$ 来表示。计算公式如下:

$$\overline{E} = \sum_{i=1}^{n} X_i P_i$$

式中，$\overline{E}$——期望报酬率；

P_i——第 i 种结果出现的概率；

X_i——第 i 种结果对应的预期报酬率。

【例 2-21】　某公司持有 A 公司股份和 B 公司股份，两种股份的报酬率的概率分布如表 2-2 所示，计算两种股份的期望报酬率。

表 2-2

经济状况	A 公司股份		B 公司股份	
	报酬率	概率	报酬率	概率
衰退	10%	0.2	0	0.2
正常	30%	0.6	30%	0.6
繁荣	50%	0.2	60%	0.2

A 公司股份的期望报酬率为：

$$\overline{E_A} = 10\% \times 0.2 + 30\% \times 0.6 + 50\% \times 0.2 = 30\%$$

$$\overline{E_B} = 0 \times 0.2 + 30\% \times 0.6 + 60\% \times 0.2 = 30\%$$

可见，两个公司股份的期望报酬率是相等的。在报酬率相同的情况下，投资的风险程度与报酬率的概率分布有着密切联系。概率分布越集中，投资的风险就越小；反之，概率分布越分散，投资的风险就越大。此例中，A 公司股票报酬率的概率比较集中，而 B 公司较分散，因而 A 公司的风险小。

在评价一个期望值的代表性强弱时，要依据投资报酬的具体数值对期望值的偏离程度来确定。偏离程度越大，代表性就越弱；偏离程度越小，代表性就越强。这种偏离程度就是风险程度。为了定量衡量风险大小，还要引用统计学中衡量概率分布离散程度的指标：标准离差和标准离差率。

（三）确定标准离差

标准离差是反映概率分布中各种可能结果对期望值的偏离程度，即离散程度的一个数值，通常以符号 σ 表示。其计算公式为：

$$\sigma = \sqrt{\sum_{i=1}^{n} (X_i - \overline{E})^2 \cdot P_i}$$

标准离差以绝对数衡量决策风险。在期望值相同的情况下，标准离差越大，说明离散程度越大，风险越大；标准离差越小，说明离散程度越小，风险越小。以例 2-19 为例，A 公司和 B 公司的标准离差分别为：

$$\sigma_A = \sqrt{(10\% - 30\%)^2 \times 0.2 + (30\% - 30\%)^2 \times 0.6 + (50\% - 30\%)^2 \times 0.2}$$
$$= \sqrt{0.016} = 12.65\%$$

$$\sigma_B = \sqrt{(0 - 30\%)^2 \times 0.2 + (30\% - 30\%)^2 \times 0.6 + (60\% - 30\%)^2 \times 0.2}$$
$$= \sqrt{0.036} = 18.97\%$$

通过上述计算，A公司股份报酬率的标准离差小于B公司，说明A公司股份的风险低于B公司股份的风险。

（四）确定标准离差率

标准离差作为绝对数，只适用于相同期望值决策风险程度的比较。对于期望值不相同的方案，标准离差率也是反映随机变量离散程度的一个指标。标准离差率是标准差与期望值的比值，公式为：

$$V = \frac{\sigma}{E}$$

例2-21中，A、B公司股份报酬率的标准离差率分别为：

$$V_A = \frac{\sigma}{E} = \frac{12.65\%}{30\%} \times 100\% = 42.17\%$$

$$V_B = \frac{\sigma}{E} = \frac{18.97\%}{30\%} \times 100\% = 63.23\%$$

离差的衡量结果一致，均是A公司股票投资报酬率的风险小于B公司。

总之，衡量风险大小的原则，是标准离差越小，风险越小；标准离差率越小，风险越小。多种投资的决策比较，在期望值相同的情况下，用标准离差衡量即可；期望值不同的情况下，要用标准离差率衡量风险的大小。

（五）计算风险报酬率

风险与报酬的基本关系是风险越大要求的报酬越高，要计算项目具体的风险报酬关系还要计算风险报酬率。要计算风险报酬率，必须借助一个系数——风险报酬系数。

风险报酬系数的确定，有以下几种方法：

（1）根据以往同类项目加以确定；

（2）由企业领导或企业相关专家确定；

（3）由国家有关组织部门确定。

风险报酬率、风险报酬系数和标准离差率的关系是：

$$R_R = bV$$

式中，R_R——风险报酬率；

b——风险报酬系数；

V——标准离差率。

投资总的报酬率可表示为：

$$投资报酬率 = 无风险报酬率 + 风险报酬率$$

$$R = R_R + R_F = bV + R_F$$

式中，R_F——无风险报酬率。

无风险报酬率就是加上通货膨胀贴水以后的货币时间价值，一般把投资于国库券的报酬率视为无风险报酬率。

再次以例2-19中A、B公司股份报酬率为例，如果无风险报酬率为10%，A公司风险报酬系数为 10%，B公司的风险报酬系数为 12%，计算两公司的投资报酬率。

A公司股份的投资报酬率为：

$$R_A = 10\% \times 42.17\% + 10\% = 14.22\%$$

B公司股份的投资报酬率为：

$$R_B = 12\% \times 63.23\% + 10\% = 17.59\%$$

四、证券资产组合的风险与报酬

投资者在进行证券投资时，一般并不把所有资金投资于一种证券，而是同时持有多种证券。这种同时投资于多种证券的方式，称为证券的投资组合，又称证券资产组合或投资组合。

（一）证券资产组合的预期收益率

证券资产组合的预期收益率就是组成证券资产组合的各种资产的预期收益率的加权平均数，其权数等于各种资产在整个组合中所占的价值比例。其计算公式是：

$$\overline{E}_p = \sum_{i=1}^{n} W_i \times \overline{E}i$$

式中，$\overline{E}_p$——证券资产组合的预期收益率；

$\overline{E}_i$——第 i 种证券的预期收益率；

W_i——证券组合中第 i 种证券所占的价值比重。

（二）证券资产组合的风险及其衡量

证券资产组合的风险不是各证券资产收益率标准差的简单加权平均数。证券资产组合具有风险的分散功能。

1. 两项资产构成的投资组合的风险

两项资产组合的收益率的方差满足以下关系式：

$$\sigma_p^2 = w_1^2 \sigma_1^2 + w_2^2 \sigma_2^2 + 2w_1 w_2 \rho_{12} \sigma_1 \sigma_2$$

式中，σ_p——资产组合的标准差，衡量证券资产组合的风险；

$\rho_{12}\sigma_1\sigma_2$——两项资产的协方差；

σ_1, σ_2——组合中两项资产收益率的标准差；

w_1, w_2——组合中两项资产所占的价值比例。

ρ_{12} 反映两项资产收益率的相关程度，即两项资产收益率之间相对运动的状态，称为相关系数。理论上，相关系数处于区间 $[-1,1]$ 内。

当 $\rho_{12}=1$ 时，表明两项资产的收益率具有完全正相关的关系，即它们的收益率变化方向和变化幅度完全相同，这时 $\sigma_p^2 = (w_1\sigma_1 + w_2\sigma_2)^2$，即 σ_p^2 达到最大。由此表明，组合的风险等于组合中各项资产风险的加权平均值，组合风险最大。换句话说，当两项资产的收益率完全正相关时，两项资产的风险完全不能互相抵消，所以这样的资产组合不能降低任何风险。

当 $\rho_{12}=-1$ 时，表明两项资产的收益率具有完全负相关的关系，即它们的收益率变化方向和变化幅度完全相反。这时 $\sigma_p^2 = (w_1\sigma_1 - w_2\sigma_2)^2$，即 σ_p^2 达到最小（组合风险最小），甚至可能是零。因此,当两项资产的收益率具有完全负相关关系时,两者之间的风险可以充分地相互抵消,甚至完全消除。因而由这样的资产组成的组合就可以最大限度地抵消风险。

在实际中,两项资产的收益率具有完全正相关或完全负相关关系的情况是很少的。绝大多数资产两两之间都具有不完全的相关关系,即相关系数小于 1 且大于 −1。因此,资产组合的标准差会大于 0 而小于组合中各资产标准差的加权平均,即资产组合的风险小于组合中各资产风险的加权平均值,因此资产组合能够分散风险,但不能完全消除。

【例 2 − 22】 假设 A 证券的预期报酬率为 12%,标准差为 14%。B 证券的预期报酬率为 16%,标准差为 18%,假设等比例投资于两种证券。

$$\overline{E}_p = 12\% \times 0.5 + 16\% \times 0.5 = 14\%$$

如果 $\rho_{12} = 1$,没有任何抵消作用,在等比例投资的情况下该组合的标准差等于两种证券各自标准差的简单平均数,即

$$\sigma_p = 14\% \times 0.5 + 18\% \times 0.5 = 16\%$$

如果 $\rho_{12} = 0.2$,则:

$$\sigma_p = \sqrt{(50\% \times 14\%)^2 + (50\% \times 18\%)^2 + 2 \times 50\% \times 50\% \times 0.2 \times 14\% \times 18\%}$$
$$= 12.46\%$$

显然,组合的标准差小于加权平均的标准差。资产组合具有分散风险的功能。一般而言,组合中股票的种类越多,风险越小。考虑一种极端的情况,如果投资组合包括全部股票,则只承担市场风险,而不承担公司特别风险。

2. 多项资产组合的风险

虽然证券组合无法消除全部风险,但如果股票种类较多,则能分散掉大部分的风险。如图 2 − 9 所示。

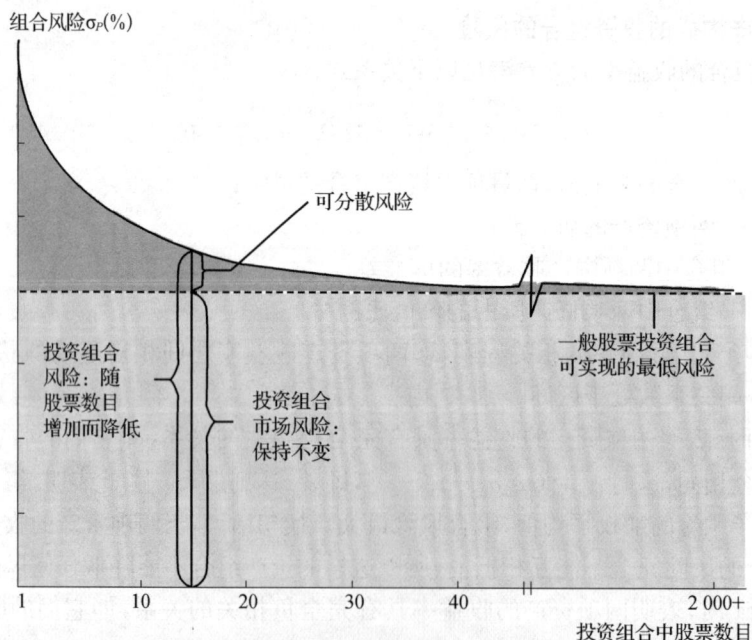

图 2 − 9 股票投资组合规模对组合风险的影响图

关于多项资产组合的风险可以得出如下结论：

第一，一般来讲，由于每两项资产间具有不完全的相关关系，因此随着资产组合中资产个数的增加，资产组合的风险会逐渐降低。但当资产的个数增加到一定程度时，资产组合的风险程度将趋于平稳，这时资产组合风险的降低将非常缓慢直至不再降低。

第二，那些只反映资产本身特性，由方差表示的各资产本身的风险，会随着组合中资产个数的增加而逐渐减小，当组合中资产的个数足够大时，这部分风险可以被完全消除。我们将这些可通过增加组合中资产的数目而最终消除的风险称为非系统风险。经验数据表明，组合中不同行业的资产个数达到 20 个时，绝大多数非系统风险均已被消除掉。

第三，那些由协方差表示的各资产收益率之间相互作用、共同运动所产生的风险，并不能随着组合中资产数目的增加而消失，它是始终存在的。这些无法最终消除的风险被称为系统风险。

（三）系统风险及其衡量

不同资产的系统风险不同，为了对系统风险进行量化，单项资产或资产组合受系统风险影响的程度，可以通过 β 系数来衡量。

1. 单项资产的 β 系数

单项资产的 β 系数，是指可以反映单项资产收益率与市场平均收益率之间变动关系的一个量化指标。它表示单项资产收益率的变动受市场平均收益率变动的影响程度。换句话说，就是相对于市场组合的平均风险而言，单项资产系统风险的大小。

单项资产的 β 系数可以按以下公式求得，

$$\beta_i = \frac{COV(R_i, R_m)}{\sigma_m^2} = \frac{\rho_{im}\sigma_i\sigma_m}{\sigma_m^2} = \rho_{im}\left(\frac{\sigma_i}{\sigma_m}\right)$$

式中，ρ_{im}——第 i 种资产的收益率与市场组合收益率的相关系数；

σ_i——第 i 种资产收益率的标准差，表示该资产的风险大小；

σ_m——市场组合收益率的标准差，表示市场组合的风险；

$\rho_{im}\sigma_i\sigma_m$——第 i 种资产收益率与市场组合收益率的协方差。

因此，某资产的 β 系数表达的含义是该项资产的系统风险相当于市场组合系统风险的倍数。由于无风险资产的标准差为零，所以，无风险资产的 β 值为零。市场组合相对于它自己的 β 值为 1。绝大多数资产的 β 系数是大于零的，也就是说，绝大多数资产的收益率的变化方向与市场平均收益率的变化方向是一致的，只是变化幅度不同。

当 $\beta=1$ 时，表示该资产的收益率与市场平均收益率成相同比例的变化，其风险情况与市场组合的风险情况一致；当 $\beta>1$ 时，说明该资产收益率的变动幅度大于市场组合收益率的变动幅度，该资产的风险大于整个市场组合的风险；当 $\beta<1$ 时，说明该资产收益率的变动幅度小于市场组合收益率的变动幅度，该资产的风险程度小于整个市场投资组合的风险。

极个别资产的 β 系数是负数，表明这类资产的收益率与市场平均收益率的变化方向相反，当市场平均收益率增加时，这类资产的收益率却在减少。比如西方个别收账公司和个别再保险公司的 β 系数是接近零的负数。

在实务中，并不需要企业财务人员或投资者自己去计算证券的 β 系数，一些投资服务机构会定期公布大量交易过的证券的 β 系数。在我国，可以通过中国证券市场数据库查询。

2. 证券资产组合的 β 系数

证券资产组合的 β 系数是组合中所有单项资产 β 系数的加权平均数,权数为各种资产在投资组合中所占的比重。其计算公式如下:

$$\beta_\rho = \sum_{i=1}^{n} w_i \beta_i$$

【例 2 - 23】 一个投资者拥有 100 万元现金进行组合投资,共投资 10 种股票且各占 10%,如果这 10 种股票的 β 值相同,均为 1.2,则组合的 β 值为 1.2。该组合的风险比市场风险大,即其价格波动的范围较大,收益率的变动也较大。现在假定完全售出其中的一种股票,并购入一种 β 值为 0.6 的股票。计算此时的证券资产组合的 β 系数。

$$\beta_\rho = 0.9 \times 1.2 + 0.1 \times 0.6 = 1.14$$

(四)证券资产组合风险报酬的衡量

投资者进行证券组合投资与进行单项投资一样,都要求对所承担的风险进行补偿,风险越大,要求的报酬就越大。但是,与单项投资不同,证券组合投资要求补偿的风险只是市场风险,而不要求对可分散风险进行补偿。因此,证券组合的风险报酬率是投资者因承担不可分散风险而要求的,超过时间价值的那部分额外报酬率。其计算公式为:

$$R_P = \beta_P (R_m - R_f)$$

式中,R_P——证券组合的风险报酬率;

β_P——证券组合的 β 系数;

R_m——市场上所有股票组成的证券组合的报酬率;

R_f——无风险报酬率。

在其他因素不变的情况下,风险报酬的大小取决于证券组合的 β 系数,β 系数越大,风险越大,风险报酬越大,否则越小。

【例 2 - 24】 庆华公司持有由甲、乙、丙三种股票构成的证券组合,它们的 β 系数分别是 2.0、1.0 和 0.5,它们在证券组合中所占的比重分别为 60%、30% 和 10%,股票的市场报酬率是 14%,无风险报酬率为 10%,试确定这种证券组合的风险报酬。

$$\beta_p = 60\% \times 2.0 + 30\% \times 1.0 + 10\% \times 0.5 = 1.55$$
$$R_p = \beta_p (R_m - R_f) = 1.55 \times (14\% - 10\%) = 6.2\%$$

五、资本资产定价模型

所谓资本资产主要指的是股票,而定价则试图解释资本市场如何决定股票收益率,进而决定股票价格。根据风险与报酬的关系:

$$期望报酬率 = 无风险报酬率 + 风险报酬率$$

资本资产定价模型的主要贡献就是解释了风险收益率的决定因素和度量方法。资本资产定价基本模型为:

$$R = R_f + \beta (R_m - R_f)$$

式中,R——某资产(或资产组合)的必要报酬率;

β——某资产(或资产组合)的系统风险系数;

R_f——无风险报酬率,通常以短期国债的利率来近似替代;

R_m——市场组合报酬率,通常用股票价格指数收益率的平均值或所有股票的平均收益率来替代;

(R_m-R_f)——市场风险溢酬,它反映的是市场作为整体对风险的平均"容忍"程度。

资本资产定价模型表明,一项特定资产(资产组合)的期望报酬率取决于三个要素:无风险报酬率、风险报酬率、系统风险(β系数)的大小。

在资本资产定价模型中,计算风险报酬率只考虑了系统风险,没有考虑非系统风险,这是因为财务管理研究中假设投资人都是理智的,都会选择充分投资组合,而充分的投资组合会消除非系统风险。因此资本市场不会对非系统风险给予任何补偿。

【例2-25】　科华公司股票的β系数为2.0,无风险报酬率为6%,市场上所有股票的平均报酬率为10%。那么,该公司股票的期望报酬率为多少?

$$R=R_f+\beta(R_m-R_f)$$
$$=6\%+2.0\times(10\%-6\%)$$
$$=6\%+8\%$$
$$=14\%$$

资本资产定价模型是对现实中风险与收益关系最为贴切的表述,已经得到了广泛的认可,但在实际运用中仍存在一些明显的局限,主要表现在:

(1) 某些资产或企业的β值难以估计,特别是对一些缺乏历史数据的新兴行业。

(2) 经济环境的不确定性和不断变化,使得依据历史数据估算出来的β值对未来的指导作用必然要打折扣。

(3) 资本资产定价模型是建立在一系列假设之上的,其中一些假设与实际有较大的偏差。使得资本资产定价模型的有效性受到质疑。这些假设包括市场是均衡的、市场不存在摩擦、市场参与者都是理性的、不存在交易费用、税收不影响资产的选择和交易等。

六、风险的防范

对于风险,可以采取一定措施进行相应的防范与控制,主要有以下几个方面的措施。

(一) 回避风险

回避风险即有意回避风险很大的财务活动。对于风险很大而又超过企业承受能力的财务活动,企业财务决策时应予以回避,以保证风险的可控能力。

(二) 控制风险

多元化经营策略是控制财务风险的重要途径。现代企业大多数采用多元化经营策略,主要原因是它能分散风险。多经营几个项目,多经营几个品种,它们景气程度不同,盈利和亏损可以相互补充,减少风险。从统计学可以证明,几种商品的盈余与风险是独立的或是不完全相关的,则企业盈余的风险能够因多元化经营而降低。

(三) 转移风险

企业可用保险、担保、联合等方法将风险转嫁给他人。企业通过筹资,把它投资的风险(也包括报酬)不同程度地分散给它的股东、债权人,甚至供应商、客户、员工与政府。金融市场之所以能存在,是因为它能吸收社会资金投放给需要资金的企业,通过它分散风险,分配利润。

（四）自我保险

自我保险即企业通过专门成立或计提财务风险基金,来应付各种意外事件和可能的风险,实现自我保险,如存货跌价准备金、坏账准备金等。

复习思考题

【思考题】

1. 什么是资金的时间价值? 资金时间价值在财务管理中的作用?
2. 什么是年金? 有哪些类型? 如何计算?
3. 什么是风险报酬? 如何计量风险报酬?
4. 如何理解风险与报酬的关系?

【练习题】

一、单项选择题

1. 下列只计算现值,不计算终值的是(　　)。
A. 普通年金　　　　B. 先付年金　　　　C. 递延年金　　　　D. 永续年金
2. 年名义利率为6%,每季复利一次,其实际利率为(　　)。
A. 6.14%　　　　B. 5.86%　　　　C. 6.22%　　　　D. 5.78%
3. 项目标准离差率为60%,风险报酬系数为10%,则风险报酬率为(　　)。
A. 6%　　　　B. 50%　　　　C. 70%　　　　D. 17%
4. 下列系数是年偿债基金系数的是(　　)。
A. $(P/A,i,n)$　　B. $(A/P,i,n)$　　C. $(A/F,i,n)$　　D. $(P/F,i,n)$
5. 不可以通过多元化分散的风险为(　　)。
A. 市场风险　　　B. 开发风险　　　C. 特有风险　　　D. 财务风险
6. 一项投资,年利率8%,每季度复利一次,则该项投资的实际利率为(　　)。
A. 8%　　　　B. 8.24%　　　　C. 7.06%　　　　D. 10%
7. 下列指标中,计算风险大小的相对数指标是(　　)。
A. 标准离差率　　B. 期望值　　　C. 边际贡献　　　D. 标准离差
8. 企业进行某项投资报酬率为20%,其报酬率的标准离差率为100%,无风险报酬为12%,则风险报酬系数为(　　)。
A. 8%　　　　B. 6.5%　　　　C. 4.3%　　　　D. 10%
9. 已知$(F/A,8\%,5)=5.8666$;$(P/A,8\%,5)=3.9927$;$(F/P,8\%,5)=1.4693$;$(P/F,8\%,5)=0.6806$,则$i=8\%,n=5$时的资本回收系数是(　　)。
A. 1.4693　　　B. 0.6803　　　C. 0.2505　　　D. 0.1705
10. 某人将10000元存入银行,银行的年利率为10%,按复利计算。则5年后此人可从银行取出( )元。[已知(F/A,10%,5)=6.105 1;(P/A,10%,5)=3.790 79;(F/P,10%,5)=1.610 51;(P/F,10%,5)=0.620 92]

A. 17 716   B. 15 386   C. 16 105   D. 14 641

二、多项选择题

1. 年金有下列哪些类型?( )

A. 展期年金   B. 普通年金   C. 先付年金

D. 递延年金   E. 永续年金

2. 递延年金现值的计算公式有( )。

A. $A[(P/A,i,m+n)-(P/A,i,m)]$ B. $A[(P/A,i,n)(P/A,i,m)]$

C. $A[(P/A,i,n)(P/F,i,m)]$ D. $A[(P/A,i,n)(P/F,i,m+n)]$

E. $A[(F/A,i,n)(P/F,i,m+n)]$

3. 下列哪些年金可以计算终值?( )

A. 展期年金   B. 普通年金   C. 先付年金   D. 递延年金

E. 永续年金

4. 金融市场上利率的决定因素有( )。

A. 纯粹利率   B. 通货膨胀附加率

C. 风险附加率   D. 名义利率

5. 关于递延年金,下列说法正确的是( )。

A. 递延年金是指隔若干期以后才开始发生的系列等额收付款项

B. 递延年金终值的大小与递延期无关

C. 递延年金现值的大小与递延期有关

D. 递延年金现值的大小与递延期无关

6. 企业的财务风险是指( )。

A. 外部环境变动引起的风险   B. 公司工人罢工、被迫停产引起的风险

C. 借款后因无法归还带来的风险   D. 筹资权益资金带来的风险

7. 影响资金时间价值大小的因素有( )。

A. 单利   B. 复利   C. 资金额   D. 利率和期限

8. 下列选项中,( )可以视为年金的形式。

A. 折旧   B. 租金   C. 利滚利   D. 保险费

9. 属于企业的经营风险的有( )。

A. 开发新产品不成功而带来的风险   B. 消费者偏好发生变化而带来的风险

C. 自然气候恶化而带来的风险   D. 原材料价格变动而带来的风险

10. 下列说法不正确的是( )。

A. 风险越大,获得的风险报酬应该越高

B. 有风险就会有损失,二者是相伴相生的

C. 风险是无法预计和控制的,其概率也不可预测

D. 由于筹集过多的负债资金而给企业带来的风险不属于经营风险

三、判断题

1. 永续年金无现值,也无终值。　　　　　　　　　　　　　　　　　（　　）
2. 偿债基金是年金现值计算的逆运算。　　　　　　　　　　　　　　（　　）
3. 风险本身可能带来超过预期的损失,也可能带来超过预期的收益。　（　　）
4. 递延年金的终值大小与递延期无关。　　　　　　　　　　　　　　（　　）
5. 凡一定时期内,每期有付款的现金流量都属于年金。　　　　　　　（　　）
6. 终值就是本金和利息之和。　　　　　　　　　　　　　　　　　　（　　）
7. 现在的 100 元与 5 年后的 100 元数值相等,其内在经济价值也相等。（　　）
8. 货币的时间价值是由时间创造的,因此,所有的货币都有时间价值。（　　）
9. 复利的终值和现值成正比,与计息期数和利率成反比。　　　　　　（　　）
10. 普通年金是指每期期末有等额的收付款项的年金。　　　　　　　（　　）

四、计算题

1. 甲公司向银行借入 100 万元,借款期为 3 年,年利率为 10%,分别计算单利和复利情况下 3 年后公司的还本付息额。

2. 假定年利率为 5%,在 8 年内每年年末向银行借款 100 万元。则第 8 年年末应付银行本息为多少?

3. 李先生想要购买一间商铺,现在马上购买需要 35 万元,经专业人士分析 3 年后购买同样的一间商铺预计需要 40 万元,现在的银行利率为 10%。请问他应在什么时候购买更为划算?

4. 甲公司有一项付款业务,有甲乙两种付款方式可供选择。

甲方案:现在支付 15 万元,一次性结清。

乙方案:分 5 年期付款,1～5 年各年年初付款分别为 3、3、4、4、4 万元,年利率为 10%。

要求:按现值计算,择优方案。

5. 某公司拟进行股票投资,现有甲、乙两公司股票可供选择,具体资料如表 2-1 所示。

表 2-1　甲、乙公司股票收益率

经济情况	概　率	甲股票预期收益率	乙股票预期收益率
繁荣	0.3	60%	50%
复苏	0.2	40%	30%
一般	0.3	20%	10%
衰退	0.2	−10%	−15%

要求:分别计算甲、乙股票的期望报酬率、标准差和标准离差率,并比较说明其风险大小。

第三章 筹资管理

学习目标

筹集资金是公司资金运动的起点,是决定资金规模和生产经营发展速度的重要环节。本章讨论了公司筹资动机、筹资渠道、筹资方式及筹资管理要求等一些基本概念问题,简略介绍了资本金筹集的制度、原则和相关规定,重点阐述了普通股、优先股、认股权证等公司主要资本筹集方式的一般特征、类别、价值形式、利弊、适用条件、操作程序及有关法律规定等;以及负债筹资中债券筹资的特点、债券的种类、债券的信用评级、债券的偿还等基本理论和操作,长期借款、租赁筹资和短期负债筹资的概念、种类(或偿还方式)、成本以及利弊等。

第一节 公司筹资概述

筹资是指公司根据其生产经营、对外投资和调整资本结构的需要,通过筹资渠道,运用筹资方式筹措所需资金的财务活动。筹集资金是公司资金运动的起点,是决定资金规模和生产经营发展速度的重要环节。

一、公司筹资的动机

公司筹资的基本目的,是为了自身的生存与发展。公司具体的筹资活动通常受特定动机的驱使,筹资动机对筹资行为和结果有着直接的影响。公司筹资的具体动机是多种多样的,例如,为了重置设备、引进新技术、进行技术和产品开发而筹资;为了对外投资、兼并其他公司而筹资;为了资金周转和临时需要而筹资;为了偿还债务和调整资本结构而筹资;等等。归纳起来主要有以下四类。

(一)创建公司

资金是公司进行生产经营活动的基本条件,公司的创建是以充分的资金准备为基本前提的。按照我国有关制度的规定,公司创建时必须有资本金,并不得低于法定资本金的数额。要创建一家公司,首先必须筹集足够的资本金,并取得会计师事务所的验资证明,才能到工商管理部门办理注册登记,开展正常的生产经营活动。

(二)公司扩张

公司扩张表现为扩大生产经营规模或追加对外投资,这些都需要不断追加资金的投入。一方面,具有良好发展前景、处于成长期的公司往往需要筹措大量资金,用于扩大生产经营规模、更新设备和改造技术,以利于提高产品的产量和质量,合理调整公司的生产经营结构,增加新品种,满足不断扩大的市场需要;另一方面,公司为了获得更高的对外投资效益,也需要筹集资金,用于扩大对外投资规模,开拓有发展前途的对外投资领域。公司扩张筹资的直接结果,是公司筹资总额和资产总额的增加。

（三）偿还债务

公司为了获得财务杠杆收益或在自有资金不足时,往往利用负债进行经营。但负债都有一定的期限,到期必须偿还。如果公司现有支付能力不足以清偿到期债务,那么公司必须另外筹集资金来满足偿债的需要。公司偿还债务筹资的结果,一般并不增加公司的筹资总额和资产总额。

（四）调整资本结构

资本结构是指公司各类资金的构成及其比例关系,是由于公司采用不同的筹资方式或不同的筹资组合筹集资金而形成的。由于在资本结构中任何项目及其比例的变化都会引起资本结构的变动,因此,当公司的资本结构不合理时,可以通过采用不同的筹资方式筹集资金来进行调整,使之趋于合理。例如,当公司的债务资金比例较高时,可以通过筹集一定量的自有资金来降低债务资金比例。

在公司筹资实践中,上述筹资动机有时是单一的,有时是混合的。

二、筹资渠道与筹资方式

（一）筹资渠道

筹资渠道是指公司取得资金的来源方向和途径,体现着资金的源泉和流量。认识资金来源渠道的种类及其特征,有利于公司充分开拓和正确利用资金来源渠道。由于公司资金来源与投资者、债权人的投资相对应,因此,有多少种类型的投资者和债权人,就有多少条资金来源渠道。按照我国当前的市场环境和公司现状,国内公司的筹资渠道主要有以下几种。

1. **国家财政资金**

国家财政资金是国有公司最主要的资金来源渠道。以前国有公司的资金主要是国家通过财政拨款的形式无偿供给的,现在国家财政资金的投入形式有财政和主管部门拨给公司的专项拨款,有代表国家投资的政府部门、机构新投入公司的国家资金,形成国家资本金,国家成为公司的所有者（股东）之一。由于国家必须掌握国民经济命脉,扶持基础性产业和公益性产业的发展,国家财政资金又具有广阔的来源和稳固的基础,所以国家财政资金今后仍然是国有公司的主要资金来源。

2. **银行信贷资金**

我国银行有中央银行、政策性银行和商业性银行。中央银行即中国人民银行,是全国金融机构的行政管理机关;政策性银行包括国家开发银行、中国农业发展银行、进出口信贷银行等,它们主要为特定公司提供政策性贷款;商业性银行包括工商银行、农业银行、中国银行、建设银行、交通银行及其他商业银行,它们为各类公司提供商业性贷款,是与公司筹资关系最为密切的银行。银行信贷资金有居民储蓄和单位存款等稳定的资金来源,财力雄厚,贷款方式能灵活适应公司的各种需要,因此成为公司重要的资金来源渠道。

3. **非银行金融机构资金**

非银行金融机构包括保险公司、信托投资公司、信用合作社、证券公司、租赁公司、公司集团的财务公司等。非银行金融机构可为公司直接提供资金或为公司筹资提供服务。非银行金融机构的财力虽然不及银行,融资的范围也有一定的限制,但这些机构的资金供应方式灵活方便,并可提供发行和承销证券等方面的服务。

4. 其他法人单位资金

其他法人单位资金是指其他法人单位以其可以支配的资金在公司之间相互融通而形成的资金。其来源形式主要有两种:一种是其他企业通过联营、入股、合资、合作等形式对公司进行投资;另一种是公司在购销业务中形成的短期资金占用。随着公司间横向经济联合的发展,这种资金来源渠道越来越得到广泛的利用。

5. 民间资金

公司可以通过发行股票、债券等方式,将公司职工和城乡居民个人手中暂时不用的节余闲散资金集聚起来融入公司,以充分利用这一大有潜力的资金来源。随着我国股份制和证券市场的发展,民间资金在公司资金中的份额将越来越大。

6. 公司内部资金

公司内部资金,主要是计提折旧费用、提取盈余公积金和未分配利润而形成的资金,也包括一些经常性的延期支付款项,如应付工资、应交税金、应付股利等固定负债而形成的资金来源。公司内部资金是公司生产经营资金的补充来源渠道。

7. 境外资金

境外资金一方面来源于外国投资者和我国香港、澳门和台湾地区投资者直接投入的资金及在境外发行股票筹集的外资;另一方面来源于借用外资,包括向国外银行或国际金融机构借款、进口物资延期付款、补偿贸易、国际租赁以及在国外发行公司债券等。吸收境外资金,不仅可以弥补公司的资金不足,而且能够引进国外先进技术和管理经验,促进公司技术进步和管理水平的提高。

公司筹集的资金,按其来源渠道可分为内源资金和外源资金。

内源资金,是指来源于公司内部的资金,主要通过计提折旧和留用利润而形成的资金。其中,计提折旧并不增加公司的资金总额,只是资金形式的转化,其数额大小取决于公司固定资产规模和采取的折旧政策;留用利润则将增加公司的资金规模,其数额大小取决于公司可供分配利润和采取的利润分配政策。内源资金因直接来源于公司内部,一般不需花费筹资费用。

外源资金,是指向公司外部筹集形成的资金。国家财政资金、银行信贷资金、非银行金融机构资金、其他法人单位资金、民间资金、境外资金均属外源资金。公司的内源资金是很有限的,当内源资金不能满足公司对资金的需求时,公司就要广泛开展外部融资,吸收外源资金。外源资金是公司资金最主要的来源渠道。

(二)筹资方式

筹资方式是指公司取得资金的具体方法和形式,体现着资金的属性。认识筹资方式的种类及其特性,有利于公司选择合适的筹资方式,提高筹资效益,实现最佳的筹资组合。

目前公司可以利用的筹资方式主要有以下几种:

(1)吸收直接投资。吸收直接投资是公司以协议等形式吸收国家、其他法人单位、个人和外商等直接投入资金,形成公司资本金的一种筹资方式。吸收直接投资不以股票为媒介,是非股份制公司筹集主权资金的一种基本方式。

(2)发行股票。股票是股份有限公司为筹集主权资金而发行的有价证券,是持股人在公司投资股份数额的凭证,它代表持股人在公司拥有的所有权。发行股票是股份有限公司筹措主权资金的一种主要方式。

(3)金融机构贷款。金融机构贷款是指公司根据借款合同向银行以及非银行金融机构借入的,在规定期限还本付息的款项,是公司筹集长、短期借入资金的主要方式。

(4)商业信用。商业信用是指公司之间在商品交易中因延期付款或预收货款而形成的借贷关系,是公司之间的直接信用行为。商业信用是公司之间融通短期资金的一种主要方式。

(5)发行债券。债券是公司为筹措借入资金而发行的、约定在一定期限向债权人还本付息的有价证券。发行债券是公司筹集借入资金的一种重要方式。

(6)发行融资券。融资券是公司为筹措短期资金而发行的无担保短期期票,在西方国家又称为商业本票。发行融资券是公司筹集短期借入资金的一种方式。

(7)租赁。租赁是出租人以收取租金为条件,在契约或合同规定的期限内,将资产租借给承租人使用的一种信用业务。租赁是公司筹资的一种特殊方式。

(8)留存收益。留存收益是指公司从税后利润中提留的盈余公积金和未分配利润等。公司通过留存收益的方式筹集资金,手续简便易行,既有利于满足公司扩大生产经营规模的资金需要,又能够减少公司的财务风险。因此,留存收益是各公司长期采用的筹资方式。

上述筹资方式还可以依据不同的分类标准进行以下分类。

1. 按照筹集资金的性质分为股权筹资和债务筹资

公司通过股权筹资方式筹集的资金属于公司的自有资金或权益资金,是指公司投资者投入并拥有所有权的那部分资金,投资者凭其所有权参与公司的经营管理和收益分配,并对公司的经营状况承担有限责任,公司对自有资金则依法享有经营权。股权筹资主要包括吸收直接投资、发行股票、留存收益等筹资方式。根据资本金保全制度要求,公司筹集的资本金在公司存续期内,投资者除依法转让外,一般不得以任何方式抽回。因此,自有资金具有数额稳定、使用期长和无须还本付息的特点,它是体现公司经济实力,增强公司抵御风险能力的最重要的资金。

公司通过债务筹资方式筹集的资金属于公司的借入资金或债务资金,是指公司债权人投入并拥有所有权的那部分资金,债务资金需要公司在将来以转移资产或提供劳务加以清偿,从而引起未来经济利益的流出。公司的债权人有权按期索取本息,但无权参与公司的经营管理,对公司的经营状况也不承担责任。债务筹资主要包括金融机构贷款、商业信用、发行债券、发行融资券、租赁等筹资方式。由于借款利息可以在成本中列支,可使公司获得免税收益,资金成本较低,但因借入资金需按约付息、到期还本,会给公司带来财务风险。

在通常情况下,股权筹资不是公司唯一的筹资方式,大多数公司还会进行一定比例的债务筹资。

2. 按照筹集资金的使用期限分为长期筹资和短期筹资

长期筹资是指公司筹集的使用期限在一年以上的资金。公司长期筹资的目的主要是满足公司长期、持续、稳定地进行生产经营活动的需要,通常用于购建固定资产、取得无形资产、进行长期投资、垫支于长期性流动资产等。长期筹资主要包括吸收直接投资、发行股票、留存收益、长期贷款、发行债券、融资租赁等筹资方式。公司的长期资金一经取得就可长期使用,风险小,但资金成本较高,并会给公司带来定期支付利息或发放股利的负担。

短期筹资是指公司筹集的使用期限在一年以内的资金。公司短期筹资主要是弥补生产经营过程中资金周转的暂时短缺,用于日常的现金开支,如采购商品、发放工资、交纳税款等。短期筹资主要包括短期借款、商业信用、发行融资券等筹资方式。公司取得和使用短期资金的成本较低,公司不需使用时还可随时归还,灵活性强。但是短期资金的使用期短,风险大,且频繁地借入、归还短期资金会增加财务人员的工作负担,一旦遇到信用紧缩,还会影响公司资金的正常周转。

公司在安排长期筹资和短期筹资的构成比例时,通常有稳健型融资、匹配型融资和激进型融资三种模式可以选择,这主要取决于筹资者对风险的态度,此外还受公司信誉、公司与债权人的关系及公司财务管理水平等因素的影响。

3. 按照筹资活动是否通过金融机构分为直接筹资和间接筹资

直接筹资是指公司不通过银行等金融机构中介,直接与资金供应者协商筹集资金的方式。在直接筹资过程中,资金供需双方借助于股票、债券等金融工具直接实现资金的转移。直接筹资主要包括吸收直接投资、发行股票、发行债券、留存收益和商业信用等筹资方式。直接筹资可利用的筹资渠道和筹资方式较多,但必须借助一定的载体,受金融市场及相关法律的限制也较多。

间接筹资是指公司借助于银行等金融机构中介筹集资金的方式。间接筹资主要包括银行借款、非银行金融机构借款和融资租赁等筹资方式。间接筹资虽然可利用的筹资渠道和筹资方式较为单一,但因其筹资手续简便、交易成本低、受金融市场限制较少而得到公司的广泛运用。

筹资渠道与筹资方式有着密切的关系,同一筹资渠道的资金往往可以采用不同的筹资方式取得,而同一筹资方式又往往适用于不同的筹资渠道。公司筹集资金时,需要依据各种筹资渠道和筹资方式的特点,将两者合理配合。筹资渠道与筹资方式的配合情况如表3-1所示。

表3-1 筹资渠道与筹资方式的配合

渠　　道	方　　式							
	吸收直接投资	发行股票	金融机构贷款	商业信用	发行债券	发行融资券	租赁	留存收益
国家财政资金	✓	✓						
银行信贷资金	✓	✓	✓		✓	✓		
非银行金融机构资金	✓	✓	✓		✓	✓	✓	
其他法人单位资金	✓	✓		✓	✓	✓		
民间资金	✓	✓			✓	✓		
公司内部资金	✓	✓						✓
境外资金	✓	✓			✓		✓	

三、公司筹资的要求

为了提高资金筹集的综合经济效益,公司在筹资过程中必须分析研究影响筹资的各种要素,遵循下列几点基本要求。

（一）合理确定筹资数量和筹资时间，提高资金使用效果

公司筹资的目的是为了保证供给生产经营所必需的资金。公司应该预先分析生产经营状况，采用科学的方法预测与确定资金的需求量和投放时间，在此基础上制定筹资计划。一方面，公司筹资数量要根据资金需求量来合理确定，使筹资数量与资金需求量达到平衡，既能避免因筹资数量不足影响生产经营的正常进行，又可以防止筹资数量过剩而造成资金的闲置浪费，降低资金使用效果；另一方面，公司筹资时间应根据资金的投放时间来合理安排，使资金的筹集和使用在时间上互相衔接，既能避免过早筹资造成使用前的闲置浪费，又能防止滞后筹资而错过资金投放的最佳时机。

（二）正确选择筹资渠道和筹资方式，降低资金成本

公司筹集资金可采用的渠道和方式多种多样。无论通过什么渠道，采取哪种方式筹集资金，都要付出一定的代价，即资金成本，如股票发行费、债券注册费、借款利息、债券利息、股利等。不同筹资渠道和方式的资金成本、财务风险及筹资难易程度各不相同，利弊各异，有的资金成本较低，有的财务风险较小，有的资金供应比较稳定，有的资金取得比较方便，有的对筹集巨额资金有利，有的对筹集少量资金有利，等等。因此，公司要综合考察各种筹资渠道和方式的特征，在对比分析的基础上选择最经济可行的筹资渠道和筹资方式，实现最优筹资组合，以降低综合资金成本。

（三）正确选择投资项目，提高投资效果

公司筹资是为了满足投资的资金需求，因此，投资是决定是否需要筹资以及筹资量多少的重要因素之一。投资收益与资金成本相权衡，可反映投资项目的经济可行性，也决定着是否要筹资；而投资规模的大小则决定着筹资的数量。在大多数情况下，公司总是要先确定有利的投资方向，安排明确的资金用途，才能选择适当的筹资渠道和方式。如新公司进行筹建，老公司进行扩建，都要在安排筹资前对投资项目进行技术、经济等多方面的可行性分析，要避免不顾投资效果的盲目筹资。

（四）合理安排资本结构，适度负债经营

资本结构是指各种资金来源占全部资金来源的比重以及各类资金来源之间的比例关系，如自有资金与借入资金的比例，长期资金与短期资金的比例等。自有资金的多少反映了公司的资金实力，但大多数公司还会通过借债来筹集部分资金，即负债经营。适度负债经营能降低资金成本，提高自有资金收益水平，还可缓解自有资金紧张的矛盾。如果借入资金过多，则会增加公司的财务风险，甚至有可能丧失偿债能力而面临破产。因此，公司在筹集资金时，要科学合理地确定自有资金与借入资金的比例，从整体上优化公司的资本结构，既要利用负债经营的积极作用，又要保持适当的偿债能力，避免可能产生的财务风险。

（五）遵守国家有关法规，维护各方合法权益

公司的筹资活动影响着社会资金的流向和流量，涉及资本市场上众多参与方的经济利益。为了维护社会良好的经济运行秩序，公司筹资必须接受国家的宏观调控，遵守国家的有关法律法规和制度，遵循公开、公平、公正的原则，履行约定的责任，切实维护各参与方的合法权益。

第二节　权益资本筹资

一、普通股筹资

股票是股份公司为筹集权益性资本而发行的有价证券,是持股人用来证明其在公司中投资股份的数额,并按相应比例分享权利和承担义务的书面凭证,它代表持股人对公司拥有的所有权。股票持有人即为公司的股东。

(一)股票种类

股份有限公司发行的股票种类很多,可按不同标准进行分类。

1. 普通股和优先股

按股东的权利和义务不同,股票可分为普通股和优先股。

普通股,是股份有限公司发行的无特别权利的股份,也是最基本的、标准的股份,具有股票最一般的特性。普通股股东享有平等权利,不加以特别限制,其收益取决于股份公司的经营效益及所采取的股利政策,并对公司清算时的资产分配拥有最后的请求权。通常情况下,股份有限公司只发行普通股。

优先股,是股份有限公司发行的具有一定优先权的股份。优先股股东优先于普通股股东分得公司收益和剩余资产。优先股不需要偿还本金,具有普通股的某些特性;优先股是股息固定的股票,又具有债券的一些特性。

2. 记名股票和无记名股票

按股票票面上有无记名,可分为记名股票和无记名股票。

记名股票,是指在股票票面上记载股东姓名或名称并将其计入股东名册的一种股票。这种股票只有股票上所记载的股东才能行使其股权,所以记名股票的转让、继承都要按法律规定严格办理过户手续。

无记名股票,是指在股票上不记载股东姓名或名称,也不将其计入股东名册的一种股票。这种股票的持有人即股份的所有人,具有股东资格。股票的转让、继承无须办理过户手续,只要将股票移交给受让人就可实现股权的转移。

我国《公司法》规定,向发起人、国家授权投资机构、法人发行的股票,应为记名股票。向社会公众发行的股票,既可以是记名股票,也可以是无记名股票。

3. 面值股票和无面值股票

按股票票面是否标明金额,可分为面值股票和无面值股票。

面值股票,是指在票面上标有一定金额的股票。持有面值股票的股东,按照所持有的股票面值总额占公司发行在外的全部股票面值总额的比例,来确定其在公司享有权利和承担义务的大小。

无面值股票,是指股票票面上不标示金额,只载明每股股票占公司股本总额的比例或股份数的股票,并据此确定股东在公司享有权利和承担义务的大小。

我国《公司法》规定,股票应记载股票的面额,并且其发行价格不得低于票面金额。不允许公司发行无面值股票。

4. 国家股、法人股、个人股和外资股

按投资主体不同，可分为国家股、法人股、个人股和外资股。

国家股，是有权代表国家投资的部门或机构以国有资产向公司投资而形成的股份。

法人股，是公司法人依法以其可支配的财产向公司投资而形成的股份，或具有法人资格的事业单位和社会团体以国家允许用于经营的资产向公司投资而形成的股份。

个人股，是社会个人或公司内部职工以个人合法财产投入公司而形成的股份。

外资股，是以外汇投入我国境内上市公司和境外上市公司而形成的股份。

5. A股、B股、H股和N股

按发行对象和上市地区的不同，可分为A股、B股、H股和N股。

A股，也叫境内上市内资股，是专供我国大陆地区个人或法人买卖的，以人民币标明面值，以人民币认购和交易的在我国境内上市的股票。

B股，也叫境内上市外资股，是以人民币标明股票面值，以外币认购和交易的在我国境内上市的股票。

H股、N股，也叫境外上市外资股，是专供外国和我国港、澳、台地区投资者买卖的，以人民币标明面值，以外币认购和交易的股票。其中，H股在我国香港地区上市；N股在美国纽约地区上市。

6. 其他种类股票

股票还可以从投资者投资的角度，根据收益和风险的不同分为以下类别：

蓝筹股，也叫绩优股或白马股，是指一些大型绩优公司发行的股票，表示股市上的热门股票。这类公司一般在所属行业中占有重要、甚至是支配性地位，经营业绩良好，股利较高且稳定，信誉较好，投资风险较小。

次新股，是指规模较小，流通在外的股份较少的一种绩优股。

成长股，是指那些销售额和收益额均保持比较稳定的增长水平的公司所发行的股票。这类公司一般处于成长期，有良好的发展前景。

ST股，也叫黄牌股，是指连续两年亏损，证券交易所对其进行特别处理的股票。ST股具有供其他公司借壳上市的壳资源优势，因此也具有一定的投资价值。

垃圾股，表示股价持续下跌，公司资产的质量和信誉较差，没有投资价值，类似垃圾而乏人问津的冷门股票。

(二)普通股的基本特征

1. 普通股是一种权益性证券

普通股所代表的权利是一种具有财产价值的权利，可以通过买卖等方式有偿转让的权益性证券。

有关的法律、法规和股份公司章程通常赋予普通股股东下列权利：

(1)公司管理权。普通股股东在董事会选举中有选举权和被选举权，经选举的董事会代表所有股东行使公司管理权。具体包括修改公司章程、任免公司重要管理人员、参与公司重大决策、查阅公司账目和股东会议纪要、质询公司事务等权利。

(2)盈余分配权。普通股股东按其所持股份的比例参与盈余分配、取得股利。

(3)股份转让权。普通股股东可以在法律、法规和公司章程规定的条件下转让其持有的股份。普通股股东一般不得从股份公司随意抽回投入的股本，但如果对投资收益不满或需要

现金时,可在证券市场上出售或转让其股票。

（4）优先认股权。公司发行新股时,原有普通股股东有权优先按比例购买,以便保持其在公司中的权益份额。对于优先认股权,股东可行使,也可放弃,还可以有偿转让。

（5）剩余财产要求权。当公司解散清算时,普通股股东有权要求清偿剩余财产。但这种权利的行使必须在公司剩余财产变价收入清偿了债务和优先股股本之后。

普通股股东同时须承担相应的责任和义务,如应遵守公司章程,应按时、足额缴清股本,应以出资额为限对公司承担债务偿还责任和亏损责任等。

2. 普通股是无限期证券

普通股没有到期期限,发行普通股筹集的资金是公司永久性使用的资金,只要公司处于正常经营状况,股东就不能要求退回股金。只有在公司解散清算时,股东才能要求取得剩余财产。在公司的正常经营期内,股东只能在证券市场上通过转让股票间接收回投资。

3. 普通股是收益不确定性证券

向普通股支付股利不是公司的法定义务。普通股股东的股利收益高低一方面取决于公司的经营业绩,另一方面还受制于公司的股利政策。由于公司经营业绩的不确定性和公司股利政策的可变性,使普通股股利收益不能预先确定。

（三）普通股的价值要素

普通股是一种股权凭证,代表着一定的财富和权力,具有一定的价值,并可在证券市场按一定的价格买卖交易。普通股的价值要素有如下多种形式。

1. 面值

普通股的面值是指股票票面上标明的金额,也称票面价值。股份公司将注册资本划分为若干等额股份,注册资本总额除以总股数即为每股面值,也就是说,全部股票面值总和等于公司注册资本总额。面值既不表示股票的价格,也不表示股票的价值。面值表示每一股份的原始投资额,是确定股东在公司享有权利份额和分配股利的依据。

2. 账面价值

普通股的账面价值是指每股股票拥有的本公司账面资产净值,是按账面资产价值计算的每一股的价值。在数额上等于普通股的总权益除以发行在外的普通股总股数。计算公式为:

$$账面价值 = \frac{资产总额 - 负债总额 - 优先股股本}{发行在外的普通股总股数}$$

$$= \frac{普通股本 + 资本公积 + 留存收益}{发行在外的普通总股数}$$

股票账面价值是按会计核算上所确认的金额计算出来的结果,是股票投资者进行股票投资评估分析的重要参考数据。

3. 清算价值

普通股的清算价值是指公司停止经营进行清算,在处置掉各项财产,清偿完债务,并支付具有优先求偿权的各种财权后,能分配给普通股股东每股的剩余价值,在数额上等于公司清算后结余净资产的实际价值除以发行在外的普通股总股数。计算公式为:

$$清算价值 = \frac{资产总变现价值 - 清算费用 - 负债总额 - 优先股股本}{发行在外的普通股总股数}$$

由于清算费用的发生,加上在清算时公司资产的变现价值往往低于账面价值,所以清算价值一般小于账面价值。破产公司的清算价值为零。

4. 内在价值

普通股的内在价值即普通股的真实价值,又称为股票的理论价值。根据西方经济学理论,股票的内在价值是该股票预期未来现金流入的总现值。估算股票内在价值的基本模型为:

$$内在价值 = \sum_{t=1}^{n} \frac{D_t}{(1+k)^t} + \frac{P_n}{(1+k)^n}$$

式中,D_t 为第 t 年预期收到的股利;P_n 为第 n 年预计股票价格;k 为股票最低必要报酬率;n 为股票预计持有期数。

由于普通股未来收益的不确定性,其内在价值仅是一种理论上的推断,在实务中很难准确计算。

5. 市场价格

普通股的市场价格是指股票在股票交易市场上流通转让的成交价格。市场价格主要受股票内在价值的影响,总是围绕其内在价值上下波动。此外,市场价格还在很大程度上受股票的供求关系、政治经济环境、资金供求关系和投资者心理等多种因素的影响。股票市场价值的变化对公司的资本数额不产生影响。

(四) 普通股筹资利弊及策略

1. 普通股筹资的优点

(1) 没有固定到期日,不需归还。

发行普通股筹集的资本是永久性资本,除公司清算外,无须偿还。这对保证公司对资金的最低需求,保证公司资本结构的稳定,维持公司长期稳定经营具有重要意义。

(2) 没有固定的股利负担。

股份公司对普通股股利的支付与否和支付多少,主要取决于公司的盈利能力和股利政策,公司分配股利的一般原则是"多盈多分、少盈少分、不盈不分"。普通股融资显然不会构成公司固定的股利负担,因经营波动给公司带来的财务负担相对较小,公司的现金收支因此也有很大的灵活性。

(3) 筹资风险小。

由于普通股筹资没有固定到期还本付息的压力,股利只是在盈利的情况下需要支付,不是公司的法定费用支出。因此普通股筹资实际上不存在不能偿付的风险,筹资风险小。

(4) 增强公司举债能力。

普通股筹资形成的资本是公司的自有资金,也是股份公司最基本的资金来源。它反映了公司的资金实力,可为债权人权益提供保障,使公司更容易获得债务资金。因此,普通股筹资能增强公司的信誉和举债能力。

2. 普通股筹资的缺点

(1) 资本成本较高。

从投资者的角度看,投资于普通股风险较高,相应地要求有较高的投资报酬率,为此公司支付的普通股股利一般要高于债务利息。而从发行公司来看,普通股股利从税后利润中支付,无抵税作用。此外,普通股的发行费用一般也高于其他证券。

（2）分散公司控制权。

当公司增资发行新股时，会有新股东加入，新股东的加盟势必分散老股东对公司的控制权。老股东若想维持原有的控制权，就必须动用大量资金来购买新股。

（3）降低每股收益。

由于普通股具有同股、同权、同利的特点，当公司增资发行新股时，新股东会分享公司未发行新股前积累的盈余，降低普通股的每股净收益，从而可能引发普通股市价下跌。

3. 普通股筹资策略

股份公司在下列情况下宜采用普通股筹资：

（1）公司负债比例较高，财务风险较大时。

通过发行普通股筹资，增加自有资金比例，降低债务资金比例，可以降低财务风险、改善公司财务状况。

（2）公司赢利水平较低时。

只有在投资报酬率高于债务利息率时，负债筹资才会产生正财务杠杆效益；而在投资报酬率低于债务利息率时，负债筹资将导致负财务杠杆作用，从而降低普通股东的收益。因此，当公司的赢利水平较低时，通过发行普通股筹资，可避免负债筹资带来的负财务杠杆损失。

（3）公司资金需要量较大时。

发行股票往往能吸引一些投资机构的投资和积聚社会公众大量闲置资金，能满足公司融资量大的需求。

此外，如果公司原来的资本结构比较合理，单纯采用某一种筹资方式筹集大量资金势必破坏原本合理的资本结构。这时应考虑按原来自有资金和债务资金的比例，同时发行普通股和债券筹资，以保持合理的资本结构。

二、优先股筹资

（一）优先股特征

优先股是相对于普通股来说具有某种优先权的股票，是一种兼具普通股和债券双重特性的混合性有价证券。

1. 优先股是有一定优先权的证券

相对于普通股股东而言，优先股股东的优先权主要体现在两个方面：一是优先分配股利，优先股股息分配优先于普通股红利分配；二是优先求偿剩余财产，当公司解散清算时，优先股股东对公司剩余财产的求偿权虽然在债权人之后，但优先于普通股股东，其求偿额为股票面值加累积未支付的优先股股息。因此，优先股股东的风险比普通股股东小。

2. 优先股是无限期证券

优先股没有到期期限，发行优先股筹集的资金也是公司可以永久性使用的资金。如果发行公司将来需要收回优先股，可以采取两种做法：其一是发行可赎回优先股或可转换优先股；其二是从证券市场按市价购回。

3. 优先股是收益确定性证券

优先股股东每年应得的股利，是按优先股的面值乘以预先确定的股息率计算的。优先股股东的股利收益通常是固定的，受公司经营状况和盈利水平的影响较少。

4. 优先股是无经营管理权证券

在一般情况下,优先股股东不能参加股东大会,没有选举权和被选举权,也不能对公司重大经营决策进行表决。只有涉及优先股股东权益问题时才有表决权,如讨论把一般优先股改为可转换优先股,或推迟优先股股息支付等问题时就有表决权。

（二）优先股种类

一些公司为了保障优先股股东的权益,对优先股附加了一些权益或条件,根据附属权益或条件的不同,优先股可做进一步分类。

1. 累积优先股和非累积优先股

累积优先股,是指当年未支付的优先股股息可累积到以后年度补足付清的优先股。公司只有在付清历年拖欠的优先股股息后,才能支付普通股股利。累积优先股对优先股股东形成利益保护,防止公司有意不付或少付优先股股息,而将大部分盈余留给普通股股东。这也是一种最常见的优先股。

非累积优先股,是指本年度盈余仅用以支付当年优先股股息,往年欠付的优先股股息不予以累积补付的优先股。如果当年优先股股息未能分派或分派不足,优先股股东无权要求公司在以后年度予以补发。非累积优先股对投资者显然不利,所以认购者少,发行量也少。

2. 参加优先股与不参加优先股

参加优先股,是指优先股股东在取得固定股息之外,如公司有额外盈余,还有权以特定方式与普通股股东一同参加额外盈余分配的优先股。按参加利润分配程度的不同,又可分为全部参加优先股和部分参加优先股。在普通股股东和优先股股东按相同股利率分得股利后,优先股股东有权与普通股股东一起分享剩余利润,若优先股股东参加分配以一定额度为限,为部分参加优先股;若与普通股股东等额参加分配,为全部参加优先股。参加优先股由于收益率过高,往往会损害普通股股东的利益,公司在一般情况下很少发行参加优先股。

不参加优先股,是指优先股股东只按预定的股息率分配股息,无论公司的盈利状况如何,均无权再参加分配。

3. 可转换优先股和不可转换优先股

可转换优先股,是指按发行契约规定,优先股持有人可以在一定时期内按事先约定的比例将优先股转换为该公司的普通股。

不可转换优先股,是指不能转换为普通股的优先股。这种优先股只能获得固定股息报酬,不能获得转换收益。

4. 可赎回优先股和不可赎回优先股

可赎回优先股,是指在发行条款中预先设有赎回条款,当赎回条件成熟时,股份公司有权按预定的价格和方式购回已发行的优先股。

不可赎回优先股,是指在发行条款中没有赋予发行公司赎回优先股的权利,公司无权收回的优先股。公司若要收回优先股,只能到证券市场按市价购回。

5. 股利可调整优先股和固定股利优先股

股利可调整优先股,是指股息率可以随资本市场平均利率的变动而调整的优先股。股利可调整优先股的发行,主要是考虑到金融市场上各种有价证券价格与银行存款利率的经常波动。

固定股利优先股,是指股息率不随资本市场平均利率变动而固定的优先股,较为常见。

（三）优先股筹资利弊及策略

1. 优先股筹资的优点

（1）无固定还本负担，并能形成灵活的资本结构。

利用优先股筹资，没有固定的到期日，不用偿付本金。实际上相当于得到一笔永续性借款，使公司既获得了稳定的资金，又无须承担还本义务，减少了财务风险。同时，优先股的种类很多，公司可通过发行不同种类的优先股来形成灵活的资本结构，也可以使公司在资金使用上更有弹性。如公司发行可赎回优先股，有利于结合资金需求灵活控制优先股资金数额，并能调整资本结构。

（2）股利支付有一定的弹性。

虽然优先股的股息率是预先确定的，一般情况下公司须支付固定的股息。但优先股股息的支付具有一定的灵活性，当公司无利润或利润不足时，可以暂时不支付，以后也不一定要补偿。

（3）提高公司举债能力。

发行优先股所筹资金，与普通股一样是公司的主权资金。优先股资金的增加，可以提高公司权益资金比例，增强公司的资金实力和信誉，提高了公司的举债能力。

（4）可使普通股股东获得财务杠杆收益。

由于优先股股东按票面面值和固定的股息率取得股息，所以当公司的权益资金收益率高于优先股股息率时，发行优先股筹资，就可以提高普通股资金收益率，普通股股东因此获得财务杠杆收益。

（5）保持普通股股东的控制权。

由于优先股股东没有表决权和参与公司经营决策权，发行优先股筹资对普通股股东的控制权没有任何影响。如果公司既想筹措主权资本又不愿意分散公司的控制权，利用优先股筹资不失为一种恰当的选择。

2. 优先股筹资的缺点

（1）资金成本较高。

优先股的股息率一般高于债券利息率，并且优先股股息是用税后利润支付的，不能抵税，增加了公司的所得税负担。所以，利用优先股筹资的资金成本虽低于普通股，但高于债务资金。

（2）可能形成固定的财务负担。

相对于债务资金筹资方式而言，尽管发行优先股筹资具有"股利支付有一定弹性"的好处。但一般情况下公司仍须尽力支付优先股股息，从而形成相对固定的财务负担。因为股利的延期支付有可能影响公司的财务形象，导致普通股股价下跌，给公司的生产经营和以后的筹资带来障碍。此外，优先股股东的优先权还增加了普通股股东的风险。

（3）可能产生负财务杠杆作用。

当公司的权益资金利润率低于优先股股息率时，发行优先股筹资，就会降低普通股资金收益率，普通股股东因此遭受负财务杠杆损失。

（4）优先股筹资的限制较多。

发行优先股通常附有一些限制性条款，如规定公司留存盈余的标准和某些财务比率的水平，公司不能连续多年拖欠优先股股息，公司负债额度较高时需征求优先股股东的意见等。

3. 优先股筹资策略

股份公司在下列情况下宜采用优先股筹资：

（1）如果公司盈利水平较高，即公司的权益资金利润率高于优先股股息率，且公司的负债比例过高不宜再负债融资时，应发行优先股筹资。这样既可以使普通股股东获得财务杠杆收益，又可以降低公司的财务风险。

（2）处于成长中的公司，需要投入大量的资金。如果不愿分散原股东的控制权，而其信誉又不允许过多举债的情况下，应避免过多发行普通股，而应发行优先股筹资。

（3）当公司通过股票交换方式兼并另一家公司时，为了避免被对方控制，应发行优先股与对方的股票交换。

至于发行哪种类型的优先股，要视当时经济发展状况、公司的具体情况及投资者的态度而定。

2013年11月30日国务院印发《关于开展优先股试点的指导意见》，2014年3月21日中国证券监督管理委员会令第95号公布《优先股试点管理办法》，我国股份公司开始公开发行优先股，使用这一新的筹资方式进行筹资。

三、认股权证筹资

（一）认股权证的概念

认股权证是指由股份公司发行的，允许持有者在一定时期内，以预定价格购买一定数量该公司普通股的选择权凭证。认股权证是一种认购股票的期权，是股票的衍生工具。持有者既不是公司的股东，也不是公司的债权人。认股权证可以随公司其他证券一起发行，也可以单独发行。

1. 附在其他证券上发行

股份公司在发行债券、普通股及优先股等证券时附带发行认股权证。其中最普遍的发行方式是附在债券上发行，即发行附认股权证债券。一般情况下，附认股权证债券的发行价格不会因此受到影响，但该债券的利息率低于普通债券。附认股权证债券的发行方式具体还可分为两种：一种是发行后的债券与认股权证不可分割，不能作为两种独立的证券分开在证券市场上流通，这种附认股权证债券实质上就是可转换债券；另一种是发行后的债券与认股权证可分割，可作为两种独立的证券分开在证券市场上流通，发行后的债券仍是普通债券。认股权证则作为一种独立的证券，有其独立的作用、价值和价格。目前市场上几乎所有的认股权证都属于可分割的。

我国《上市公司证券发行管理办法》规定，发行附认股权证债券的公司，除了具备发行普通股的条件外，还必须具备下列条件：

（1）公司最近一期末经审计的净资产不低于人民币十五亿元；

（2）最近三个会计年度实现的年均可分配利润不少于公司债券一年的利息；

（3）最近三个会计年度经营活动产生的现金流量净额平均不少于公司债券一年的利息；

（4）本次发行后累计公司债券余额不超过最近一期末净资产额的百分之四十，预计所附认股权全部行权后募集的资金总量不超过拟发行公司债券金额。

2. 无偿配送

股份公司在发行新股时，原普通股股东有优先认购权。这种优先认股权如果采用证券的形式来体现,就是认股权证。采用这种方式时,股份公司在公布配股方案后,于配股除权日将认股权证按比例无偿配送给原股东。

（二）认股权证合约内容

认股权证合约一般都包括认购期限、认购数量、认购价格及相关条款等基本内容。

1. 认购期限

它是指认股权证的有效期限。在有效期内,认股权证持有人可以随时行使其认股权,也有个别公司规定某一时点为统一认购时间。我国规定:认股权证自发行结束至少已满六个月起方可行权,行权期间为存续期限届满前的一段期间,或者是存续期限内的特定交易日。发行公司在确定认购期限时应考虑的主要因素有:① 公司的筹资规划。认股权证持有人行使认股权之日,就是发行公司发行新股之时,而公司要发行新股,必须事先进行筹划,并经有关部门批准。② 与认股权证一起发行的其他证券的期限。③ 对公司股票价格未来变动趋势的预测。如果公司股票价格呈持续上升趋势,认购期限可定得短一点;如果公司股票价格难以预料,认购期限则可定得长一些。

2. 认购数量

它是指每一张认股权证可以认购的普通股的股数。

3. 认购价格

它是指认股权证持有人行使认股权购买普通股时的价格。认购价格是根据发行认股权证时公司普通股市价与预测的股价变动情况加以确定的,通常高出发行时的股价10%～30%。当公司普通股市价已超出认购价格,且普通股股利报酬高,或者认股权即将到期的情况下,认股权证持有人一般会行使认股权;而在认购期限内,如股票的市价一直未超过认购价格,认股权证持有人必然会放弃认股权。

4. 保护条款

为了保护投资者的利益,并使发行认股权证达到预定的目的,在协议中应设定保护条款。其主要内容是在认股权证有效期内,如遇到公司送股、配股等引起公司股份变动的情况,认购价格应做相应调整。如原定认购价格为9元/股,该公司在认购期限内进行了10送2的股利分配,使公司总股本增加了20%,为此,认购价格应调整为7.5元/股(=9÷1.2)。

（三）认股权证价值评估

认股权证是一种权利凭证,该权利可能使持有者获得股票市价超过认购价格的溢价收益,因此认股权证具有一定的价值,可以在证券市场上作为一种独立的证券买卖交易。

1. 认股权证的初始价值

认股权证初始价值是指认股权证发行时的价值。附债券发行的认股权证的初始价值,理论上应等于投资者所放弃的债券利息收入的现值。例如,某股份公司发行面值1 000元的附认股权证债券,期限5年,年利率为3%,投资者每购买一张债券可获得3张认股权证。当时市场上相同期限普通债券的年利率为5%。投资者若购买该公司附认股权证债券一张,每年减少的利息收入为20元[=1 000×(5%-3%)],5年总现值为86.59元[≈20×(P/A,5%,5)],每张认股权证的价值为28.86元/张(≈86.59÷3)。

2. 认股权证的理论价值

认股权证实质上是一种买入期权,与一般期权一样,在其有效期内是有价值的。其价值高低主要取决于所认购股票的市场价格,认股权证规定的认购价格、认购数量,距认股权证到期日的时间长短等因素的影响。认股权证理论价值的估算公式如下:

$$V = (P - E) \cdot N$$

式中,V——认股权证理论价值;

E——认购价格;

P——股票市价;

N——认购数量。

依据上述公式,当股票市价高于认购价格时,认股权证理论价值为正值;当股票市价等于认购价格时,认股权证理论价值为零;当股票市价低于认购价格时,认股权证理论价值为负值,其实,此时人们是不会以认购价格去购买股票的,其理论价值也为零。也就是说,认股权证的最低理论价值为零。

3. 认股权证的市场价格

由于套利机制,认股权证的市场价格一般高于理论价值。如果认股权证的市场价格低于理论价值,人们就会购入认股权证,并以认购价格购进股票后再按市场价格抛售出去,即可获利。由于股票市场价格的不确定性,使得认股权证具有较高的投机价值,从而形成市场价格高于理论价值的溢价。当普通股市场价格上涨时,认股权证投资的潜在收益将大于股票投资的潜在收益;当普通股市场价格下跌时,认股权证的期权性质保证了持有者可选择弃权,其最大损失限定在最初购买认股权证的费用。认股权证的市场价格同时还受投资者对股票市场价格预期及市场供求关系的影响。此外,还要考虑认股权证的权利一旦付诸实施,必然增加公司流通在外的股票数量,进而影响股票的市场价格和每股盈利,反过来又会对认股权证本身的价值产生影响。

(四) 认股权证筹资利弊及策略

1. 认股权证筹资的优点

(1) 降低筹资成本。

当认股权证附在债券上一起发行时,公司为附认股权证债券支付的利率低于普通公司债券,从而降低了债券筹资成本。而投资者虽然暂时牺牲了一些利息收入,但得到了一项权利,这项权利可能使他未来获得的股票溢价收益超过他牺牲的利息收入。因此附认股权证债券对投资者也很有吸引力。

(2) 增加筹资的灵活性。

股份公司发行认股权证后,如果公司发展顺利,一方面公司股价会随之上升,促使认股权的行使;另一方面,公司对资金的需求也会增加,认股权的行使正好为公司及时注入大量资金。反之,如果公司不景气,公司不会有新筹资需求,股价的呆滞也会使认股权证持有者放弃认股权。

(3) 保护原股东的利益。

股份公司在利用认股权证对原股东配售新股时,可使一些没有认购能力或不打算认购新股的股东有机会将认股权证转让并从中获利,从而有效地保护了原股东的利益。同时新股认购率也会提高,使公司的股票能顺利发行。

2. 认股权证筹资的缺点

(1) 公司取得资金的时间不确定。

对于行权期间较长的认股权证,由于认股权的行使不是强制的,认股权证持有者是否行使、何时行使该权利,公司无法预先确定。因此公司很难控制资金的取得时间,会给公司有效安排资金使用带来困难。在公司急需资金时,很可能会使公司处于虽有潜在的资金来源但无资金可用的尴尬之中。

(2) 认购价格难以合理确定。

认股权证融资能否取得成功,在很大程度上取决于其认购价格的合理性。认购价格定得太高,股票的市价一旦跌破认购价格,人们必然放弃认股权而导致新股发行失败;认购价格定得太低,虽然能保证新股的顺利发行,但又会大大稀释原股票的价值。

3. 认股权证筹资策略

股份公司在下列情况下宜采用认股权证筹资:

(1) 公司目前股票市价较低,普通股筹资不具有吸引力。

(2) 预计公司未来有筹措高额长期资金的需求。

(3) 预计公司未来收益能力和普通股市价会稳步上升。

第三节　债务资本筹资

负债筹资是与权益筹资性质不同的筹资方式。与资本筹集相比,负债筹资的特点表现为:筹集的资金具有使用上的时间性,需到期偿还;不论企业经营好坏,都有固定支付债务利息的义务,从而形成企业固定的负担;其成本一般比资本筹资成本低,且不会分散投资者(股东)对企业的控制权。

目前我国负债筹资的方式主要有银行借款、发行企业债券、融资租赁、商业信用等。

一、长期借款筹资

长期借款是指企业向银行或其他非银行金融机构借入的使用期在一年以上的各种借款。目前,我国金融机构提供的长期借款主要用于企业固定资产投资及更新改造、科技开发和新产品试制。

(一) 长期借款筹资的原因

企业长期借款大多可分期还本付息,这对于债权人和债务人都较为有利。因为对于债权人来讲,分期收回借款本息要比到贷款期限终止收回更安全,贷款的风险更小。而对于债务人来讲,由于分期偿还债务的期限和金额都已确定,则可以分期均匀地进行资金调度和现金流出,便于预先在财务上做合理的安排和调控。采用长期借款筹资对企业的另一好处是可以用项目投资创造的盈利分期偿还借款本息。所以,当企业需要数额大、期限长的资金,而又没有发行股票进行权益融资的条件和能力时,则可采用长期借款融资方法来筹集企业需要的资金。

一般来说,企业采用长期借款方式筹资,是出于以下几个基本原因。

1. 扩大生产能力

企业为扩大生产能力,急需购置一定数量的设备和其他设施,或要对原设备进行更新改造时,通常可采用长期借款筹资方式。长期借款速度快、效益高、资金到位及时。

2. 扩大经营能力

企业为了扩大经营能力，需要增加持续使用的资金，但企业又不想盲目扩大其注册资本，这时大多会采用长期借款筹资方式。

3. 证券市场的利率水平过高

有时企业虽然有能力发行证券，但是由于证券市场的利率水平过高，对企业不利，就会采用借款方式筹资，待证券市场情况对企业更有利时，再及时发行证券筹资，取得资金后再归还借款。

4. 企业预测未来资金供应将日趋紧张

根据目前资金市场情况，未来资金供应将日趋紧张，这时企业可先取得长期借款，以备未来的需要。

（二）长期借款的条件与基本程序

我国金融部门对企业发放贷款的原则是：按计划发放、择优扶持、有物资保证、按期归还。企业申请贷款应具备一定的条件，具体包括：① 独立核算，自负盈亏，有法人资格；② 经营方向和业务范围符合国家产业政策，借款用途属于银行贷款办法规定的范围；③ 借款企业具有一定的物质和财产保证，担保单位具有相应的经济实力；④ 具有偿还贷款的能力；⑤ 财务管理和经济核算制度健全，资本使用效益及企业经济效益良好；⑥ 在银行设有账户，办理结算。

具备上述条件的企业要取得贷款，首先要向银行提出申请，陈述借款原因与金额、用款的时间与计划、还款期限与计划。银行根据企业的借款申请，针对企业的财务状况、信用等级、盈利的稳定性、发展前景、借款投资项目的可行性等进行审查。银行审查同意贷款之后，再与借款企业进一步协商贷款的具体条件，明确借款种类、借款用途、借款金额和期限、借款利率和利息、提款条件、提款安排、还款资本来源及还款、担保、双方的权利和义务、违约责任等，并以借款合同的形式将其法律化。借款合同生效之后，企业便可取得借款。

（三）长期借款的成本

长期借款的成本主要包括利息和其他相关费用。长期借款的利息率通常高于短期借款。但信誉好或抵押品流动性强的借款企业也可以争取到利率较低的长期借款。长期借款利率有固定利率和浮动利率两种。浮动利率通常有最高限和最低限，并在借款合同中予以明确。从企业理财的角度看，若预测市场利率将上升，应与银行签订固定利率合同；反之，则应与银行签订浮动利率合同。

除了利息之外，金融部门还会向借款企业收取其他费用，如实行周转信贷协定所收取的承诺费、要求借款企业在银行中保持补偿余额所形成的间接费用等。

（四）长期借款的偿还方式

长期借款的偿还方式由金融部门与借款企业共同商定。从一般情况看，主要有以下几种方式：

（1）定期支付利息、到期一次性偿还本金的方式。这是最一般、最有代表性的长期借款的偿还方式。采用这种方式，对于借款企业来说，由于利息分期支付，支付利息的压力较小，但它会加大企业借款到期时的偿还本金压力。

（2）定期等额偿还方式。该偿还方式的优点是减轻了一次性偿还本金的压力，但是，由于可供借款企业使用的借款额会逐期减少，因此会提高企业使用借款的实际利率。

（3）平时逐期偿还小额本金和利息、期末偿还余下的大额部分的方式。该偿还方式综合了前面两种方式的优缺点。

（4）到期一次还本付息的方式。该偿还方式的优点是平时没有利息和本金的偿还,有利于借款企业合理安排资金的使用,改善平时的现金流转状况,但到期偿还本金和利息的压力较大。

企业应该根据自身的实际情况,合理选择借款偿还方式。

（五）长期借款的利弊分析

与其他筹资方式相比,长期借款的优点有:

（1）筹资速度快。长期借款通过借贷双方直接谈判签署负债契约,手续比发行股票、债券要简单得多,因此得到借款所花费的时间也就比较短。

（2）筹资弹性较大。借款时企业与银行等金融部门直接交涉,有关条件可谈判确定,用款期间发生变动,也可与金融部门协商。因此,长期借款筹资对借款企业来讲,具有较大的灵活性,这是发行股票、债券筹资所没有的。

（3）筹资成本较低。长期借款利率一般低于债券利率,筹资费用也较低。另外,与股票等权益筹资方式相比,由于长期借款的利息属于可以在所得税前列支的费用,因而能给借款企业带来所得税的节省。

（4）具有杠杆作用。借款只需要支付固定的利息,当企业的利润率高于借款利率时,长期借款能发挥财务杠杆作用,使所有者获得更高的报酬。

虽然长期借款有上述许多优点,但也有不足之处,主要表现为以下几点:

（1）长期借款的限制性条件较多。企业从金融部门取得借款,要受到许多限制性条款的限制,企业必须严格遵循,这可能会影响到企业日后的财务活动。

（2）筹资风险较高。长期借款通常有固定的利息负担和固定的本金偿还期,因而借款企业采用该筹资方式的筹资风险较大,也使企业的偿债能力相应降低。

（3）筹资数量有限。该方式一般不像发行股票、债券那样能够一次筹集到数额巨大的资金。

二、长期债券筹资

（一）长期债券筹资的意义和特点

1. 长期债券筹资的意义

债券是债务人依照法定程序发行的、约定在一定期限向债权人还本付息的有价证券。债券是债务凭证,反映发行者与购买者之间的债权、债务关系。

债券是世界各个国家、各地区政府、企业等向社会大众筹资的重要手段之一。当今世界上所有的国家建设资金短缺时,几乎都是通过发行债券筹资来解决所需资金的。债券是一种重要的筹资手段,在市场经济体制中发挥着重要作用。另外,债券筹资也可以是政府和企业在经常收入不能弥补经费开支时的一种补充手段。通过吸收社会上富余资金,可以刺激生产与投资,发展经济。

债券发行主体,既可以是国家、地方政府、金融机构,也可以是企业。本书讲述的是企业（公司）债券。

2. 债券筹资的特点

(1) 发行债券所筹资金必须按期还本并按规定支付利息。

发行债券所筹资金属于负债性质,筹资企业必须履行到期还本并按规定支付利息的义务。因此,能否按投资项目的预期效果取得还本付息的资金,并保证履行还本付息的义务,将使筹资企业承受较大的风险。为此,筹资企业发行债券筹资时,必须首先考虑利用债券筹资方式所筹资金进行的投资项目未来收益的稳定性和增长性问题。

(2) 发行债券所筹资金属于长期资金。

发行债券所筹资金一般属于长期资金,可供企业使用时间一般都在一年以上。这为企业安排投资项目提供了有利的资金支持。

(3) 发行债券筹资要受限制性条款的限制。

债券的期限一般较长。虽然在发行债券前,一般都要求对发行债券的企业及其债券品质进行评价,以保证债权人资金的安全性。但由于在较长的债券期限内,发行债券企业的财务状况难免发生变化。若债券期限内发行债券企业发生财务状况恶化,持券人同样会有到期不能收回本金和收到利息的风险。债权人为确保债券发行企业财务状况的稳定与良好,以保障其债权的安全,通常会在债券合同中与发行债券企业签订各种保护性契约条款。这些保护性契约条款是保护持券人债权的安全,对发行债券企业而言,它实质上是一种限制契约条款。这种保护性条款(或限制契约条款)大致有一般性条款、例行性条款、特殊性条款三类。

(4) 债券筹资的范围大。

发行债券筹资的筹资对象十分广泛。它既可以向各类银行或非银行金融机构筹资,也可以向其他法人单位、个人筹资。因此,筹集资金比较容易。

(5) 资金成本较低。

债券的利率一般低于股票的股息率,并且债券利息可作为成本费用在税前列支,抵减了部分所得税。所以发行债券的资金成本低于股票。

另外,由于债券可以流通和交易,这使债券筹资比其他负债筹资方式具有较大的灵活性。

(二) 债券的种类

公司债券的种类很多,按不同的标准有不同的分类。一般有以下几种。

1. 按是否记名,债券可分为记名债券和无记名债券

(1) 记名债券。

记名债券是在债券券面上载明债券持有人的姓名或者名称的债券。发行公司对记名债券上的记名人偿还本金,持券人凭印鉴支取利息。记名债券的转让,由记名债券上的记名人以背书方式或者法律、行政法规规定的其他方式转让,并由发行公司将受让人的姓名或者名称及住所记载于公司债券存根簿上。

(2) 无记名债券。

无记名债券是在债券券面上不记载债权人的姓名或名称的债券。无记名债券的转让,由债券持有人在依法设立的证券交易所将该债券交付给受让人后即发生转让的效力。

2. 按有无特定的财产担保,债券可分为抵押债券和信用债券

(1) 抵押债券。

抵押债券又称为担保债券,是指发行公司有特定财产作为担保品发行的债券。

按担保品的不同,抵押债券又可分为:

① 一般抵押债券,即以公司的全部产业作为抵押品而发行的债券;

② 不动产抵押债券,即以公司的不动产作为抵押品而发行的债券;

③ 动产抵押债券,即以公司的动产作为抵押品而发行的债券;

④ 证券信托抵押债券,即以公司持有的股票、债券以及其他担保证书交付给信托公司作为抵押发行的债券。

(2) 信用债券。

信用债券又称无担保债券,是指发行公司没有抵押品做担保,完全凭信用发行的债券。信用债券通常只有信誉卓著的大公司才能发行。由于信用债券没有财产担保,故在债券契约中一般规定有反抵押条款,即不准公司把财产抵押给其他债权人,以保证公司的财产完整无缺,从而保障信用债券持有人债权的安全。

3. 按能否转换为公司股票,债券可分为可转换债券和不可转换债券

(1) 可转换债券。

可转换债券是根据发行公司债券募集办法的规定,债券持有人在一定时期内,可以按某一固定的价格或一定的比例将所持债券转换为一定数量的普通股的债券。发行可转换债券的公司,应规定转换办法。根据我国《公司法》规定,发行可转换为股票的公司债券,应当报请国务院证券管理部门批准。发行可转换为股票的公司债券的企业,除具备发行公司债券的条件外,还应当符合股票发行的条件。

(2) 不可转换债券。

不可转换债券是指不可以转换为普通股的债券。

4. 按利率是否固定,债券可分为固定利率债券和浮动利率债券

(1) 固定利率债券。

固定利率债券是将利率明确记载于债券券面上,并按这一固定利率向债权人支付利息的债券。

(2) 浮动利率债券。

浮动利率债券是债券券面上不明确规定利率,发放利息时利率水平按某一标准(如政府债券利率、银行存款利率等)的变化而同方向调整的债券。发行浮动利率债券,通常是为了应付通货膨胀。

5. 按照偿还方式,债券可分为一次到期债券和分期债券

(1) 一次到期债券。

一次到期债券是发行公司于债券到期日一次集中清偿全部债券本金的债券。

(2) 分期债券。

分期债券是一次发行而分期或分批偿还的债券,即对同批债券的本金分次偿付。发行分期债券,可使发行公司避免集中还本的财务负担。

6. 按是否上市,债券可分为上市债券和非上市债券

(1) 上市债券。

上市债券是可在证券交易所挂牌交易的债券。上市债券信用度高,变现速度快,对投资者具有较大吸引力。但上市条件严格,而且要承担相应的上市费用。

(2) 非上市债券。

非上市债券是不在证券交易所挂牌交易的债券。

7. 按能否提前偿还，债券可分为可提前偿还债券和不可提前偿还债券

（1）可提前偿还债券。

可提前偿还债券（也称可赎回债券）是债券发行一段时间后，发行公司可在债券到期前按约定的价格将其收回的债券。可提前偿还债券有利于发行公司灵活调整财务结构，但发行公司必须在发行债券时对何时收回及偿还价格做出规定。并且，可提前偿还债券的收购价格必须高于发行面额，以便对债券持有人予以补偿。

（2）不可提前偿还债券。

不可提前偿还债券（也称不可赎回债券）即不能在债券到期之前偿还的债券。

8. 按照其他特征，公司债券还有收益公司债券、附认股权债券、次级信用债券等之分

（1）收益公司债券。

收益公司债券是只有当发行公司获得盈利时才向持券人支付利息的债券。这种债券对发行公司而言，可避免固定的利息负担，但对投资者而言，则风险较大，因而其收益也相对较高。

（2）附认股权债券。

附认股权债券是附带允许持券人按特定价格认购公司普通股股票权利的债券。这个特定价格即认股权行使价格。当股票市价超过认股权行使价格一定程度时，若债券持有人行使认股权，那么，他不仅可获得债券利息收入，还可以获得股票市价超过认股权行使价格的资本利得。发行附认股权债券，可降低债券利率，这一点与可转换债券类似。但与可转换债券不同的是，可转换债券在债券持有者行使转换权后，发行公司只是改变了资本结构，而没有新增资金来源；而附认股权债券持有者行使认股权后，发行公司除了获得原发行附认股权债券时已筹集到的资金外，还可以新增一笔权益资金。

（3）次级信用债券。

次级信用债券又称附属信用债券，是指对发行公司资产的求偿权次于其他各种债务的债券。由于次级信用债券的求偿权次于发行公司的其他所有债务，优先债权者在评价公司的财务状况时，都认为这种债券是公司的产权。实际上，次级信用债券通常被发行公司用来扩大产权基础，支持公司增加借款。由于次级信用债券持有人投资风险较大，因而次级信用债券的利率也相对较高。

（三）债券的发行

1. 发行债券的资格与条件

（1）发行债券的资格。

我国《公司法》规定，股份有限公司、国有独资公司和两个以上的国有企业或者其他两个以上的国有投资主体投资设立的有限责任公司，有资格发行公司债券。

（2）发行债券的条件。

根据我国《公司法》规定，发行公司债券，必须符合下列条件：

① 股份有限公司的净资产额不低于人民币 3 000 万元，有限责任公司的净资产额不低于人民币 6 000 万元；

② 累计债务总额不超过公司净资产额的 40%；

③ 最近三年平均可分配利润足以支付公司债券一年的利息；

④ 筹集的资金投向符合国家产业政策；

⑤ 债券的利率不得超过国务院限定的利率水平；

⑥ 国务院规定的其他条件。

如果公司发行可转换为股票的公司债券,除具备发行公司债券的条件外,还应当符合股票发行的条件。

2. 债券的发行方式

公司债券的发行方式有私募发行和公募发行两种。

私募发行即由发行公司直接向社会发行公司债券。

公募发行即由发行公司与承销机构签订承销合同,通过承销机构向社会发行公司债券。承销机构一般是证券经营机构或投资银行。承销又有代销与包销两种方式。代销即由承销机构代为销售公司债券,在约定期限内未售出的公司债券将退还给发行公司,承销机构不承担发行风险。包销是由承销机构先购入发行公司拟发行的全部债券,然后再出售给社会上的认购者。如果承销机构在约定期限内未能将债券全部售出,则未售出债券由承销机构负责认购。

公募发行是世界各国通常采用的公司债券发行方式。在我国,根据有关法规,公司发行债券必须与证券经营机构签订承销合同,由其承销。

采用公募发行方式时,公司债券认购人直接向承销机构付款认购,承销机构代理收取债券款,交付债券。事后,承销机构与发行公司办理债券款的结算。

3. 公司债券的基本要素

(1) 债券面值。

债券面值就是债券票面上标定的价值。债券面值是债券到期时发行公司偿还本金的数额,也是在债券有效期限内据以按票面利率计算利息的本金额。

(2) 债券利率。

债券的票面上必须载明债券的利率,通常用年利率来表示。债券面值与利率相乘可得出年利息。

(3) 债券期限。

债券从发行之日起,至到期日之间的时间称为债券的期限。在债券的期限内,公司必须定期支付利息,债券到期时,必须偿还本金,也可按规定分批偿还或提前一次偿还。

(4) 债券的价格。

债券的价格是指债券在发行和流通中的价格。债券的发行价格有三种:债券按面值发行的称为等价发行,债券按高于面值发行的称为溢价发行,债券按低于面值发行的称为折价发行。

4. 债券的发行价格

公司债券的发行价格是发行公司或其承销机构发行债券时所使用的价格,亦即投资者向发行公司或其承销机构认购债券时实际支付的价格。发行债券时,若市场利率与债券票面利率不一致,就要计算确定债券的发行价格,以调节债券购销双方的利益。

债券的发行价格具体可按下面的公式计算确定:

$$债券的发行价格 = \frac{债券面值}{(1+市场利率)^n} + \sum_{t=1}^{n} \frac{债券年利息}{(1+市场利率)^t}$$

式中,n——债券期限;

$\quad t$——付息期数;

市场利率——债券发行时的市场利率；

债券年利息——债券面值×票面利率。

现举例说明公司债券发行价格的确定方法。

【例3-1】 某公司发行面值为1 000元,期限为10年的债券,每年年末付息一次。债券发行时的市场利率为10%,当债券票面利率为以下三种情况时,债券的发行价格计算如下：

(1) 当票面利率为12%时。

由于债券的票面利率高于债券发行时的市场利率,所以该债券采取溢价发行方式。其发行价格可计算如下：

$$\frac{1\,000}{(1+10\%)^{10}}+\sum_{t=1}^{10}\frac{1\,000\times12\%}{(1+10\%)^{t}}$$
$$=1\,000\times(P/F,10\%,10)+120\times(P/A,10\%,10)$$
$$=1\,000\times0.386+120\times6.145$$
$$=1\,123.40(元)$$

(2) 当票面利率为8%时。

由于债券的票面利率低于债券发行时的市场利率,所以该债券采取折价发行方式。其发行价格可计算如下：

$$\frac{1\,000}{(1+10\%)^{10}}+\sum_{t=1}^{10}\frac{1\,000\times8\%}{(1+10\%)^{t}}$$
$$=1\,000\times(P/F,10\%,10)+80\times(P/A,10\%,10)$$
$$=1\,000\times0.386+80\times6.145$$
$$=877.60(元)$$

(3) 当票面利率为10%时。

由于债券的票面利率等于债券发行时的市场利率,所以该债券采取等价发行方式。其发行价格可计算如下：

$$\frac{1\,000}{(1+10\%)^{10}}+\sum_{t=1}^{10}\frac{1\,000\times10\%}{(1+10\%)^{t}}$$
$$=1\,000\times(P/F,10\%,10)+100\times(P/A,10\%,10)$$
$$=1\,000\times0.386+80\times6.145$$
$$=1\,000(元)$$

5. 债券的信用评级

由于企业发行的债券品种繁多,信誉优劣各异,所以投资者希望有专门的机构对债券的质量进行评价。所谓债券的信用评级是由专门的中介机构对债券发行企业的经营状况、财务质量、偿债能力等因素进行评估,以不同的级别表示债券的信用高低、风险大小。投资者根据评级结果选择债券进行投资。当前国际上最著名的债券评级机构是穆迪投资者服务公司(Moody's Investor Service)和标准普尔公司(Standard and Poor,S&P),它们对债券的分级如表3-2所示。

表 3-2 债券信用评级表

名　称	较高等级	高　级	投机级	低　级
标准普尔(S&P)	AAA　AA	A　BBB	BB　B	CCC　CC　C　D
穆迪(Moody's)	Aaa　Aa	A　Baa	Ba　B	Caa　Ca　C　D

标准普尔	穆迪	说明
AAA	Aaa	AAA 级和 Aaa 级是债券等级中的最高级别,表明债券具有极强的偿付本利的能力
AA	Aa	AA 级和 Aa 级债券有较强的本利偿付能力,它同最高等级债券一起构成债券的最高级别
A	A	A 级债券偿还本利能力强,但是它比较容易随环境和经济状况的变动而发生不利的变动
BBB	Baa	评为 BBB 级和 Baa 级的债券被看作是具有足够的能力偿还本金和利息的,因为它一般都规定有充分的保护措施,因此比起高级别债券,不利的经济状况或环境变化更能削弱该级别债券的本利偿付能力。这类债券属于中级债务
BB B CCC CC	Ba B Caa Ca	一般认为该等级债券具有显著的投机性。BB 级和 Ba 级债券的投机度最低,CC 级和 Ca 级债券的投机度最高。尽管这种债券可能具有某种特质与保护性特点,然而最重要的是,它们带有更大的不确定性或者更有可能经历不利的情况
C	C	该等级归属从未支付利息的收益债券
D	D	无力清偿债务的债券被判定为 D 级债券,该种债券无法按时支付利息以及归还本金

资料来源:《标准普尔债券指南》和《穆迪债券指南》

有时穆迪和标准普尔会调整债券等级。标准普尔使用加、减号:A+代表 A 级中的最高级别,A-则代表 A 级中的最低级别。穆迪采用的是符号 1、2、3,其中 1 代表最高级别。

由表 3-2 可见,债券的最高等级是 AAA 级或 Aaa 级,它表明债券具有最高质量和最低风险程度。D 级是债券等级中最低的级别,它表明发行公司无法履行偿还义务。从 20 世纪 80 年代开始,越来越多的公司利用低等级债券,即"垃圾债券"筹资。"垃圾债券"是指被权威评级机构评为低于"投资等级"的债券(即信用评级低于标准普尔公司的 BB 级或穆迪公司的 Ba 级的债券),这类债券的风险较大,收益率较高,体现了"高风险、高收益"的公司理财观念,因此,吸引了越来越多的投资者关注这类筹资工具。

我国的债券评级工作正处于起步阶段,还没有统一的债券等级标准和系统的评级制度。如果企业向社会公开发行债券,则按中国人民银行的有关规定,由中国人民银行及其授权的分行指定资信评级机构进行信用评级。目前,我国已发行债券的信用等级都为 AAA,并且都有信誉卓著的第三方提供担保。

6. 债券的偿还

债券的偿还方法有很多种,其中最常用的方法有两种,即偿债基金和分批偿还。

(1) 偿债基金。

偿债基金是债券发行者为保证所发各类债券的到期或不到期偿还而设置的专项基金。通常的做法是信托管理人根据公司债券信托契约规定接受债券发行公司逐期提交的偿债基金,并用以偿还债券。

按年支付的偿债基金可以固定也可以变动,这要根据公司信托契约条款的规定而定。如果公司信托契约条款规定该偿债基金为固定偿债基金,则债券发行企业应定期提交相同数量的偿债基金给信托管理人;如果公司信托契约条款规定该偿债基金为变动偿债基金,则债券发行企业应根据税前利润额计算、提交偿债基金给信托管理人。很显然,如果企业的盈利状况波动较大,而债券发行企业的股东倾向于采用变动偿债基金的办法,而债券持券人则愿意采用固定偿债基金的办法,以减少风险。

(2) 分批偿还。

在分批偿还公司债券办法下,公司债券的到期日是分批的、错开的。一般情况下,债券总是在发行若干年后才开始偿还。

发行分批偿还公司债券,可以由债权人挑选最能满足他们需要的到期日。因此,分批偿还公司债券通常比集中到期偿还公司债券更能满足债权人的需要。

在选择债券偿还方式时,还应注意:① 企业现金流转的预期状况;② 未来利率的预期值。

虽然债券调换办法可为债券发行企业挽回一些损失,但在此之前企业必须花费一笔数额可观的投资支出。因此,企业在选择债券偿还方式时必须慎重,应当设法选择一种与整个举债期内企业现金流动状况相适应的偿还债券的方法。

7. 长期债券筹资的利弊分析

发行长期债券是企业筹集长期资金的方式之一,与其他筹资方式相比,债券筹资的优缺点主要有以下几个方面。

(1) 债券筹资的优点。

① 资金成本较低。

债券筹资资本成本低于普通股。债券的利息通常低于普通股的股息,而且利息费用可在税前收益中支付,起到抵减所得税的作用,而发行股票筹资向股东支付的股利属于非免税费用,没有节税的效用,因此债券的资本成本低于普通股的资本成本。但是,与长期借款等其他长期负债筹资方式相比,由于债券筹资的筹资费用较高,利率也较高,故而债券筹资的资金成本比长期借款等其他长期负债筹资方式的资金成本略高。

② 可保障股东的控制权。

债券筹资,其资金提供者是企业的债权人。作为债权人,只从企业获取固定的利息收入,他们是无权参与企业经营管理的。他们对企业的约束仅仅通过债券合同中的限制性契约条款来实现。因此,债券筹资,同其他负债筹资方式一样,不会分散企业的控制权。

③ 可获得财务杠杆收益。

债券筹资可使股东获得财务杠杆收益。这是因为债券利息是按固定的面值和利率计算的,利息支出的数额是固定的,债券持有人不参加企业盈利的分配,当企业的投资收益率高于债券利息率时,与长期借款一样,可产生财务杠杆作用,增加股东收益。

④ 便于调整资本结构。

由于债券的种类很多,企业可以根据需要,通过发行不同种类的债券进行筹资,并以此形成企业灵活的资本结构。

(2) 债券筹资的缺点。

① 会增加企业的财务风险。

债券有明确的到期日,且利息必须按期支付,当企业的经营状况较差时,易使企业陷于财务困境,甚至成为企业破产的"加速器"。

② 限制条件较多。

债权人为保障其债权的安全,一般都会在债券合同中订立保护性条款,即对债券发行企业的限制性契约条款。这些限制性契约条款对债券发行企业的限制有时较多也较苛刻。债券筹资的限制条件比其他长期负债筹资方式如长期借款、租赁等的限制条件更严格、更苛刻。这些限制性契约条款可能对企业财务的灵活性造成不良影响,从而在一定程度上限制了债券筹资这种方式的使用。

③ 所筹资金数量有限。

由于债券筹资属于负债筹资方式,其筹资数量要受发行债券企业财务实力的约束。若企业的负债比率过高,企业就很难将债券发行出去。许多国家对发行债券筹资的额度也有规定。我国《公司法》规定,债券发行企业的累计债券总额不得超过公司净资产额的40%。

三、租赁融资

租赁是出租人以收取租金为条件,在契约或合同规定的期限内,将资产租让给承租人使用的一种经济行为。租赁业在近些年来发展得很快,据伦敦金融集团统计,近20年来,世界租赁业务发展迅速,全世界租赁业务年交易额从3 233亿美元增加到4 325亿美元,增长了33.7%,融资租赁在西方发达国家已是企业仅次于银行借款的第二大筹资渠道。尤其在美国,租赁业特别发达,凡是可以购买到的固定资产都可以通过租赁方式取得,目前美国的租赁公司有3 000多家,美国企业生产经营中所需的全部新设备约有30%是通过租赁获得的。但是在我国,由于企业信用的缺失,租赁业发展缓慢,而且经营困难、规模小、筹资能力低,因此我国还要在政策、法律等方面加大扶持力度,以促进我国租赁业的发展。

(一)租赁的种类

现代租赁的种类很多,按租赁的性质或目的,租赁通常可以分为经营租赁和融资租赁两大类。

1. 经营租赁

(1) 经营租赁的含义和特点。

经营租赁,也称营业租赁,是一种最典型的租赁形式,通常是指出租人为承租人提供租赁设备,同时提供租赁设备的维修保养、原料及配件的供应和技术人员的培训等服务的一种租赁,故又称为服务租赁。这种租赁的主要目的不是融通资金,而是在于提供或获取租赁资产的使用权以及出租人的专门技术服务。经营租赁通常是一种短期租赁。

经营性租赁的基本特点:① 租赁期较短,通常小于租赁设备的使用寿命;② 租赁合同一般包含解约条款,在合理限制条件范围内,承租人有权在租赁期内预先通知出租人后,解除租赁合同或要求更换租赁的资产;③ 设备的维修、保养由出租人负责;④ 租赁期满或合同终止以后,租赁的财产一般归还给出租者。

(2) 采用经营租赁方式的好处。

① 不必承担所有权上的风险。这类风险包括由于生产能力闲置或工艺技术陈旧而造成的损失。由于承租人只取得了租赁资产的使用权而没有取得该项资产的所有权,因而他可避免这种风险。出租人虽然承担了资产所有权上的风险,但他可以通过提高租金将风险分散给所有承租人。

② 可以获得周到的服务。由于出租人专营此道,故能向承租人提供维修和咨询等各种既

经济又快捷的服务。

③ 可以在短期内试用某项设备。通过经营租赁,承租人可在一个较短的时期内获得使用某项设备的全部权利,这就给承租人提供了一个了解该项设备各种技术性能的相当好的机会,为企业购买该类设备提供了决策信息。

2. 融资租赁

(1) 融资租赁的含义和特点。

融资租赁是指出租人按照承租人的要求融资购买设备,并在契约或合同规定的较长期限内提供给承租人使用的一种信用性租赁业务。这种租赁的目的是融通资金,即通过获取资产的使用价值来达到融资的目的。融资租赁是现代租赁的主要形式。

融资租赁的主要特点:① 出租的资产一般由承租人提出要求,出租人融通资本,购进用户所需资产,然后再租给出租人使用;② 租赁期较长,融资租赁的租期一般要超过租赁资产寿命的75%;③ 融资租赁禁止中途解约;④ 租约期满后,按事先约定的方法处理租赁资产,包括将设备作价转让给承租人、由出租人收回、延长租期、继续租赁等;⑤ 租赁资产的维修、保养等均由承租人负责。

(2) 融资租赁的形式。

融资租赁的形式可以按租赁业务的不同特点具体细分为以下三种:

① 直接租赁。

直接租赁是指承租人直接向出租人承租其所需的资产并向出租人交付租金。直接租赁的出租人可以是制造商、租赁公司或金融公司等。除制造商外,其他出租人都是向制造商或供应商购买租赁资产后,再出租给承租人。通常所指的融资租赁,不做特别说明时即为直接租赁。

② 售后租回。

售后租回是指承租人根据协议将其资产卖给出租人,然后又将其租回使用并按期向出租人支付租金的一种租赁形式。在这种形式下,承租人可获得出售资产的资金,同时又获得资产的使用权。在这种租赁形式下,出售资产的企业可得到相当于资产售价的一笔资本,同时仍然可以使用资产,就如同企业贷款买进资产并以之作为贷款的抵押品一样,所以售后租回与抵押贷款非常相似。

③ 杠杆租赁。

杠杆租赁是国际上比较流行的一种融资租赁形式。它一般要涉及承租人、出租人和贷款人三方当事人。从承租人的角度看,这种租赁与其他融资租赁形式并无区别,同样是按租赁契约的规定,在租赁期内获取资产的使用权,并按其支付租金。但是,对出租人却不同,出租人只需拿出购买资产的部分资金(一般为20%～40%)作为自己的投资,而其余部分资金(一般为60%～80%)以该租赁资产为担保向贷款人借入。因此,杠杆租赁的出租人既是出租人又是借款人(债务人),同时拥有对租赁资产的所有权,既要收取租金又要偿付债务。如果出租人不能按期偿还债务,资产的所有权就要转移给资金的出借者(债权人)(一般情况下,这种贷款属于无追索权贷款,只能以租赁资产的残值作为抵押)。由于其租金收入一般大于借款成本支出,从而可获得财务杠杆利益,所以这种租赁被称为杠杆租赁(也称为借款租赁)。这种租赁一般适用于价值特别大、租赁期长的资本密集型设备的融资需要,如飞机、输油管道、卫星系统等。

3. 融资租赁的程序

不同的租赁业务,有不同的程序。融资租赁的程序较为复杂,通常包括以下几个步骤:

（1）选择租赁公司。

企业决定采取租赁方式租赁某项设备时，首先应了解各租赁公司的经营范围、业务能力、资信情况、融资条件和租赁费用等资料，以便进行分析、比较，择优选择。

（2）办理租赁委托。

企业选定租赁公司后，便可以向其提出申请，办理租赁委托。企业在办理租赁委托时，应提出对租赁资产的具体要求，同时向租赁公司提供企业的相关资料。

（3）签订租赁协议。

不同融资租赁形式下，有关的租赁协议也不一样，融资租赁通常应包括两项协议：承租人与出租人之间的租赁协议；出租人按承租人的要求与制造商签订的购货协议。

（4）签订租赁合同。

租赁合同是由承租人与出租人签订的、具有法律效力的重要文件。租赁合同的内容可分为一般条款和特殊条款两部分。

（5）办理验货与保险。

承租人按购货协议收到租赁设备时，要进行验收，验收合格后签发交货及验收证书，并提交出租人，出租人据以向供货商（制造商）支付设备价款。同时，承租人还应向保险公司办理保险事宜。

（6）支付租金。

承租人在租期内应按租赁合同的规定，向出租人支付租金。

（7）合同期满处理设备。

融资租赁合同期满时，承租人根据合同规定可以对租赁设备进行续租、退租或留购。

（二）租金的计算

在租赁筹资方式下，由于租金的数额和支付方式对承租人的未来财务状况有着直接的影响，因此，租金的计算是租赁筹资决策的重要依据。

1. 租金的构成

（1）经营租赁租金的构成。

经营租赁的租金一般由租赁资产购买成本、租赁期间利息、租赁资产维修费、业务及管理费、税金、保险费及陈旧风险补偿等构成。

（2）融资租赁租金的构成。

融资租赁的租金一般由租赁设备的价款（购置成本）和租息两部分构成。其中租息又可以分为出租人的融资成本、租赁手续费等。租赁设备的价款（购置成本）是构成租金的主要内容，它包括设备的买价、运杂费和途中保险费等。融资成本是指出租人为购买租赁资产所筹资金的成本，即租赁公司为购置设备融资所应计的利息。租赁手续费包括出租人承办租赁设备的营业费用和一定的盈利。租赁手续费的高低一般无固定的标准，主要由租赁双方协商确定。

2. 影响租金的因素

影响经营租赁租金的因素主要是构成租金的内容、租赁期的长短及租金的支付方式等。

影响融资租赁租金的因素，则主要有：

（1）构成融资租赁租金的内容。

（2）预计租赁设备的残值，指设备租赁期满时预计可变现的净值。

（3）租赁期限。租赁期限的长短既影响租金总额，也影响每期租金的数额。

（4）租金支付方式。租金的支付方式影响到每期租金的数额，支付次数越多，每次支付额越小。常用的支付方式有以下几种：① 按支付间隔期，可以分为年付、半年付、季付和月付；② 按在期初还是期末支付，可以分为先付租金和后付租金；③ 按每期支付数额，可以分为等额支付和不等额支付。在租赁实务中，采用期末等额支付租金的方式较为常见。

3. 租金的计算方法

租金的计算方法有很多种，通常有平均分摊法、等额年金法、附加率法、浮动利率法等。在融资租赁实务中，大多采用平均分摊法和等额年金法。

（1）平均分摊法。

平均分摊法是指承租人将应付的租金（包括设备购置成本、利息费用和手续费用）在租赁期内平均计算的一种方法。这种方法计算较为简单，但没有充分考虑时间价值因素。其计算公式如下：

$$A = \frac{(P-S)+I+F}{N}$$

式中，A——每次支付的租金；

P——租赁设备的购置成本；

S——租赁设备预计残值；

I——租赁期间的利息费用；

F——租赁期间的手续费用；

N——租赁期限。

【例 3-2】 某公司采用融资租赁方式从租赁公司租入一套设备，该设备的价值为 80 万元。租赁期为 5 年，预计租赁期满后设备的残值为 10 万元（归租赁公司所有）。年利率为 10%，租赁手续费率为设备价值的 2%。每年年末支付一次租金。则该设备每年年末应支付的租金为：

$$A = \frac{(80-10)+[80\times(1+10\%)^5-80]+80\times2\%}{5} = 24.096（万元）$$

（2）等额年金法。

等额年金法是指运用年金现值的计算原理计算每期应付租金的方法。

在后付等额租金情况下，每期租金的计算可以根据普通年金现值的计算公式，推导出后付等额租金情况下每年年末支付租金额的计算公式，即：

$$A = \frac{P}{(P/A,i,n)}$$

式中，P——租赁设备的现值；

A——每期应付的租金；

I——折现率；

N——支付租金期数。

【例 3-3】 沿用前例资料，假定设备残值归承租企业所有，为保证租赁公司的相关利益，双方协商的折现率为 8%，则承租企业每年年末支付的租金为：

$$A = \frac{80}{(P/A,8\%,5)} = \frac{80}{3.993} \approx 20.035（万元）$$

（三）租赁筹资的利弊分析

1. 租赁筹资的优点

（1）租赁筹资能迅速获得所需资产。

融资租赁是融资与融物相结合的筹资方式，租赁筹资往往比借款筹资取得资金之后再购置设备更迅速、更灵活。因为在这一方式下，筹资与设备购买是同时进行的，从而可缩短设备的购进、安装时间，使企业尽快形成生产能力，开始生产产品，及时占领市场。

（2）维持企业的信用能力。

当企业的负债比率较高、外部筹资困难时，采用租赁方式可使企业在资本不足的情况下，不用付出大量资本就能取得所需的资产。这样，既加强了企业未来的举债能力，又能维持企业现有的信用状况。

（3）租赁筹资的限制较少。

企业采取发行股票、债券以及长期银行借款等筹资方式，往往都有相当多的条件和条款限制，相比之下，租赁筹资的限制要少一些，为企业筹资提供了更大的弹性空间。

（4）租赁能减少设备陈旧、过时的风险。

在当今社会，科学技术发展迅速，固定资产更新周期日趋缩短，企业设备陈旧、过时的风险日益增大。采取租赁筹资方式则可减少这一风险，这是因为：

① 经营租赁期限较短，如果设备陈旧、过时，可以终止租赁协议，这种风险完全由出租人承担；

② 融资租赁的期限虽然一般为资产使用年限的75%，但不会像自己购买设备那样承担整个期间的（陈旧、过时）风险；

③ 多数租赁协议中都规定由出租人承担设备陈旧、过时的风险。

（5）租金通常是在整个租赁期内分期支付，可以适当降低企业不能偿付的风险。

有些筹资方式，如债券筹资、借款筹资等可能是到期一次偿还本金，这就有可能给企业增加财务上的困难，甚至造成不能偿付的风险。而租赁筹资方式则可将这种风险在整个租赁期内均分，从而适当降低企业不能偿付的风险。

（6）租金属于免税费用。

租金可以在所得税前扣除，从而减少企业的所得税支出。

2. 租赁筹资的缺点

租赁筹资的缺点主要表现在：资本成本较高，一般而言，租赁资产所付的租金要比负债筹资的利息高得多，而且企业所支付的租金总额通常要高于租赁资产价值的30%；承租人在财务困难时期，固定的租金也会构成一项较沉重的负担。另外，采用租赁方式如果不能享有设备残值，也将是承租人的一种损失。

第四节　短期债务筹资

短期负债筹资是企业筹集短期资金的主要方式。一般而言，短期负债资金是指需要在一年内偿还的资金,以应付短期性需要为主的资金需求。短期负债资金的主要筹资方式有银行短期借款、商业信用、短期融资券等。

一、银行短期借款

(一) 短期借款的种类

短期借款是指企业向银行和其他非银行金融机构借入的期限在一年以内的借款。按照国际惯例,短期借款按有无担保分为信用借款(无担保借款)和抵押借款(担保借款);按照偿还方式分为一次偿还借款和分期偿还借款;按照利息支付方式的不同,分为收款法、贴现法和加息法借款。

1. 信用借款

信用借款是指不需要抵押品的借款。信用借款具有能自动清偿的特点。这种借款只适应于信誉好、规模大的公司,满足其应收账款和存货占用资金的需要。银行对公司进行风险—收益分析后,决定是否向公司贷款,并拟定具体的贷款条件。这些条件主要有:

(1) 信用额度。

信用额度是银行和企业之间商定的,在未来一段时间内银行向企业提供无担保贷款的最高限额。企业在商定的信用额度内可随时向银行申请借款,但银行并不承担必须提供全部信用额度贷款的义务,如果企业信誉恶化,企业也可能得不到信用额度内的贷款。此时,银行不会承担法律责任。信用额度的期限通常为一年,信用额度的数量一般是银行对企业信用状况详细调查后确定。这种借款的最大优点是为企业提供了较大的筹资弹性,借款只要不超过限额,借款和还款都比较灵活。

(2) 周转信贷协定。

周转信贷协定也称限额循环周转证,是银行具有法律义务地承诺提供不超过某一最高限额的贷款协定。它是另一种形式的信用额度,即由银行和企业共同确定借款的最高限额,在协议的有效期内,只要公司的借款总额未超过最高限额,银行必须满足公司任何时候提出的借款要求。公司享用周转信用协议,通常要就贷款限额的未使用部分付给银行一笔承诺费。这是因为尚未使用的信用额度仍属稀缺资源,尤其是那种有法律约束力的信用额度协议。承诺费一般按信用额度总额中尚未使用部分的一定百分比计算。如果周转信用额度为 100 万元,借款公司年度内使用了 60 万元,余额为 40 万元,借款公司该年度内应向银行支付承诺费,假设承诺费率为 0.5%,则公司在该年度内享有周转信贷协议所付出的代价为 2 000 元。周转信贷协议不仅可以满足公司的季节性资本需要,还可以满足一般流动资本需要。

(3) 补偿性余额。

补偿性余额是指银行要求借款企业在银行中保持按贷款限额或实际借款额的一定百分比(通常为 10%～20%)计算的最低存款余额。银行的这种要求主要是为了降低银行贷款风险,提高贷款的有效利率,以补偿银行可能遭受的损失。但是,对借款企业来说,补偿性余额则提高了借款的实际利率,加重了企业的利息负担。

$$存在补偿性余额的借款实际利率 = \frac{名义利率}{1 - 补偿性余额比率} \times 100\%$$

【例 3-4】 某公司按 12% 的利率向银行借款 1 000 000 元,银行要求维持贷款限额 15%

的补偿性余额,那么,公司实际可用的借款只有 850 000 元,该项借款的实际利率为:

$$借款实际利率 = \frac{1\,000\,000 \times 12\%}{1\,000\,000 \times (1-15\%)} \times 100\% = 14.12\%$$

(4) 利息率。

通常商业贷款的票面(名义)利率是通过借贷双方协商确定的。在某些情况下,利率也会随货币市场的状况而变动。

(5) 逐笔贷款。

逐笔贷款是指根据某种短期需要向银行取得的借款。对于这类贷款,银行要逐笔审核公司的贷款申请,并测算和确定贷款的相应条件和信用保证。

2. 抵押借款

抵押借款是指企业以提供担保品为条件向银行取得的借款。银行在发放贷款时,为降低贷款风险,通常要求那些信用不好、财务状况较差的借款企业必须有担保品作抵押。担保品价值的大小通常取决于借款企业的信用状况和担保品的变现能力。如果企业不能履行偿还义务,银行可以出售担保品,以其变现价值抵偿借款。如果担保品变现价值超过借款本金和应付利息,多余部分应退还借款企业;如果担保品变现价值低于借款本金和应付利息,差额部分则为无担保借款。所以,这也是银行在发放贷款时往往不按担保品的估价(或市价)足额贷款的根本原因(一般为抵押品价值的 30%~90%。这一比例的高低取决于抵押品的变现能力和银行对风险的偏好)。

在短期抵押借款中,用作担保品的资产通常是应收账款、应收票据和存货等易于变现的流动资产。所以,抵押借款又有应收账款抵押借款和存货抵押借款等之分。

除了上述两种抵押借款以外,企业也可用股票、债券、第三者担保等方式作为抵押,取得短期借款。

(二) 短期借款的成本

1. 短期借款的成本内容

短期借款的成本包括银行借款利息、手续费、抵押借款时抵押品的评估确认费用等。其中银行借款利息是短期借款成本的最主要的部分。

银行借款利率会因借款企业的类型、借款额及时间的不同而有所不同。通常有以下几种:

(1) 优惠利率。优惠利率是指银行给实力雄厚、财务状况好、信誉佳的企业发放贷款时收取的名义利率,是银行向企业贷款所收取的最低利率。银行向这类企业贷款风险小,因此所要求的利率也较低。

(2) 浮动优惠利率。这是一种随其他短期利率的变动而浮动的优惠利率,即随市场条件的变化而随时调整、变化的优惠利率。

(3) 非优惠利率。非优惠利率是指银行贷款给一般企业时收取的高于优惠利率的利率,通常是在优惠利率基础上加一定的百分比。非优惠利率与优惠利率之间的差距大小由借款企业的信誉、借款企业与银行的往来关系、银行对风险的偏好及当时的资金市场状况所决定。

此外,当企业采取抵押借款方式时,银行借款的成本一般要高于信用借款的成本。这是因为银行除收取利息之外,还要收取高于信用借款的手续费和其他费用。

2. 短期借款利息支付方式

一般,借款企业采用三种方法来支付银行贷款利息。

(1) 收款法。

收款法是指在借款到期时向银行支付利息的方法,也叫作"利随本清法"。采用这种方法,借款的名义利率(即约定利率)等于其实际利率(即有效利率)。

(2) 贴现法。

贴现法是指银行向企业发放贷款时,先从本金中扣除利息部分,贷款到期后借款企业再偿还全部本金的一种计息方法。采用这种方法,企业可以利用的贷款额只有本金扣除利息后的差额部分,因此,借款的实际利率高于名义利率。

【例3-5】 某企业从银行取得借款200万元,借款期限为1年,名义利率为10%,利息为20万元。按照贴现法付息。则

该企业实际获得的借款=200-20=180(万元)

该项借款的实际利率为:

$$贴现贷款的实际利率=\frac{利息}{贷款金额-利息}\times100\%$$

$$=\frac{20}{200-20}\times100\%$$

$$=11.11\%$$

$$或者,贴现贷款的实际利率=\frac{名义利率}{1-名义利率}\times100\%$$

$$=\frac{10\%}{1-10\%}\times100\%$$

$$=11.11\%$$

(3) 加息法。

加息法是指银行发放分期等额偿还贷款时所采用的利息收取方法。在分期等额偿还贷款的情况下,银行要把根据名义利率计算的利息加到贷款本金上,计算出贷款的本息和,如何要求企业在贷款期内分期偿还本息之和的金额。由于贷款分期均衡偿还,借款企业实际上只平均使用了贷款本金的半数,却支付了全额利息。这样,贷款的实际利率就高于名义利率大约1倍:

【例3-6】 某企业借入年利率为12%(名义利率)的贷款2万元,分12个月等额偿还本息。则该项贷款的实际利率为:

$$该项贷款的实际利率=\frac{2\times12\%}{2\div2}\times100\%=24\%$$

(三) 短期借款的利弊

1. 短期借款的优点

短期借款较之其他筹资方式而言,具有如下优点:一是所需时间短、筹资效率高。因为在其他筹资方式下,企业需要接受银行和贷款人的全面调查,要让其了解企业的财务状况,所以要花费较多的时间。二是筹资弹性大,便于企业灵活安排资金。当企业的资金不足时可以随时取得借款,而在资金富余时可以及时偿还借款。这样,企业就可以灵活调整资金余缺,提高

短期资金的使用效率。

2. 短期借款的缺点

短期借款这种筹资方式的缺点：一是筹资风险大。因为借款期限短，势必要求企业能随时偿还到期债务，一旦出现债务不能及时偿还的情况，就有可能对企业财务状况乃至企业生产经营活动产生较大的影响。二是筹资成本较高，特别是当存在补偿性余额和附加利率等条件时，实际的借款利率会更高。

二、商业信用

（一）利用商业信用筹资的具体形式

商业信用是指商品交易中以延期付款或延期交货（预收货款）进行购销活动而形成的借贷关系，是企业之间的一种直接信用行为。商业信用几乎是所有企业都会采取的一种短期融资方式。在商品经济社会中，由于竞争的缘故，买方在购货时不需立即支付货款，卖方为了扩大销售，同意或允许买方推迟一定时期再付款或分期付款。在这段时间内，卖方给予买方信用，买方由此而获得一笔临时性的资金来源。

在信用发达的今天，商业信用是短期筹资的主要方式之一。特别是对于一些小型企业来说，由于自身条件的限制，无法或者很难通过其他渠道取得资金，因此，它们对商业信用的依赖程度很高。

企业利用商业信用筹资的具体形式通常有应付账款、应付票据和预收账款。

1. 应付账款筹资

赊购商品是一种典型的商业信用形式。在这种方式下，买卖双方发生商品交易，买方收到商品后不立即支付货款，也不出具借据，而是形成"欠账"，延迟一定时期后才付款。这种关系完全由买方的信用来维持。对于卖方来说，可以利用这种方式促销商品，而对于买方来说，延期付款则等于向卖方借用资本购进商品，以满足短期资本周转的需要。

公司在一定时期应付账款筹资额度的大小不但与公司生产经营状况有关，也与供应商（卖方）提供的信用条件有关。如供应商的信用条件是"net 30"，表示购货方必须在 30 天内支付货款。有时供应商为促使购货方按期付款、及早付款，通常给予购货方一定的现金折扣。如信用条件"2/10,n/30"，意即购货方如于购货后 10 天内付款，可以享受 2％的现金折扣；如于 10 天到 30 天内付款，购货方必须支付全额货款；允许购货方付款的期限最长为 30 天。假设某公司按"net 30"的条件平均每天从供货商处采购价值 5 000 元的货物，如果公司总是在信用期限末（第 30 天）付款，则它相当于通过应付账款获得了价值 150 000 元（＝30×5 000）的筹资。如果公司的采购计划随着生产周期进行调整，其应付账款筹资额度也将随之变动。从付款方角度看，实际业务中经常会出现如下两种情形：① 公司放弃现金折扣而在信用期最后一天付款；② 公司超出信用期付款。

应付账款这种形式还可按其给予的信用条件划分为免费信用、有代价信用和展期信用。免费信用是指买方企业在规定的折扣期内享受折扣而获得的信用。有代价信用是指买方企业放弃折扣（即选择按发票全额付款，放弃的折扣即相当于为此而付出的代价）而获得的信用。展期信用是指买方企业超过规定的信用期推迟付款而强制获得的信用。

（1）应付账款（信用期内付款）筹资成本。

如果购货方放弃现金折扣，而在规定的信用期限内支付货款，则会产生信用期内付款筹资成本。

【例3-7】 假设某公司按"3/10,n/30"的条件购买一批商品,价值100 000元。如果公司在10天内付款,则可获得最长为10天的免费筹资,并可取得折扣3 000元(=100 000×3%),免费筹资额为97 000元(=100 000-3 000)。如果公司放弃这笔折扣,在第30天付款,付款总额为100 000元。公司推迟付款20天,需多支付3 000元。这种情况可以看作一笔为期20天、金额为97 000元的借款,利息为3 000元,则借款的实际利率为:

20天的实际利率=3 000÷97 000×100%=3.09%

利息通常以年为时间单位表示,因此,必须把20天的利率折算为360天的利率。假设按单利计算,则实际年利率为:

实际年利率=3.09%×(360÷20)=55.62%

若用公式来表述,公司放弃现金折扣的实际利率(或机会成本)可按下式计算:

$$放弃现金折扣的实际利率=\frac{折扣率}{1-折扣率}\times\frac{360}{信用期限-折扣期限}$$

根据例3-7中的资料,放弃现金折扣的实际利率为:

$$放弃现金折扣的实际利率=\frac{3\%}{1-3\%}\times\frac{360}{30-10}=55.62\%$$

计算结果表明,如果公司放弃现金折扣,以取得这笔资金为期20天的使用权,是以承担55.62%的年利率为代价的。或者说,放弃3%的现金折扣意味着该公司可向供应商融通97 000元资金使用20天。

公司是否放弃现金折扣,通常应与其短期筹资成本相比较,如果其他筹资成本低于这一水平,就不应放弃赊销方提供的折扣优惠,因为公司可通过其他渠道融通成本较低的资本,来提前支付这笔应付款。假设例3-7中同期银行短期借款利率为12%,则买方公司应利用成本更低的银行短期借款在折扣期内偿还应付账款;反之,应放弃折扣。

公司在利用商业信用时,还必须将其在一定条件下可自由使用的资本来源用于短期投资所获得的收益,与放弃现金折扣的实际利率及延期付款而导致的信用等级下降的机会成本进行权衡,以求取得的利益最大。

(2)超出信用期付款(延期付款)。

公司超出信用期付款,一般称为延期支付应付账款或者拖账。

延期付款可降低成本,但由此会带来一定的风险或潜在的筹资成本和代价,主要包括:第一,信用损失。如果公司过度延期支付其应付账款,或严重违约,公司的信用等级就将下降。不良的信用等级会影响公司与其他供应商和金融机构的关系。第二,利息罚金。有些供应商可能会向延期付款的客户收取一定的利息罚金;有些供应商则将逾期应付账款转为应付票据或本票,这两者都是付款义务的正式凭证,一旦破产,应付票据或本票对供应商更为有利。第三,停止送货。拖欠货款会使供应商停止或推迟送货,这不但会因停工待料而丧失生产或销售机会,也会失去公司原有的客户。第四,法律追索。供应商可能利用某些法律手段,如对公司所购原材料保留留置权、控制存货,或诉诸法庭,使公司不得不寻求破产保护等。

当然,供应商有可能同意偶尔的延期支付,特别是在季节性供求或者市场竞争严酷的情况下,只要在合理时间内如数支付,供应商也可以原谅与容忍。供应商对于偶尔的违约支付行为看得远没有银行家和其他贷款人那么严重,但延期支付有可能成为供应商提价的理由。公司在延期支付时,必须谨慎、全面地考虑由谁承担延期支付的成本。

2. 应付票据筹资

应付票据是企业进行延期付款商品交易时以书面形式开具有载明债务人有义务按规定期限向债权人无条件支付一定金额的凭证,它是以票据来取代无任何凭证的信用方式。通常在下列情况下买方被要求开立票据:一是应付账款被展延;二是当卖方赊销价值较大的商品时,也会要求买方开立票据。

应付票据根据承兑人不同可分为商业承兑汇票和银行承兑汇票两种。应付票据的支付期最长不超过 9 个月。应付票据可以带息,也可以不带息。带息应付票据的利息率通常低于其他筹资方式的利率,比如低于短期借款利率,且不用保持相应的补偿性余额和支付各种手续费等。

使用应付票据结算方式,收款人需要资本时,可持未到期的商业承兑汇票或银行承兑汇票向其开户银行申请贴现。贴现银行需要资本时,可持未到期的汇票向其他银行转贴现。

贴现和转贴现的期限一律从其贴现之日起到汇票到期日止。实际支付贴现金额按票面金额扣除贴现息后计算。

票据贴现实际上是持票人把未到期的汇票转让给银行,贴付一定利息以取得银行借款的行为。因此,它是商业信用发展的产物,实为一种银行信用。应付票据贴现息及应付贴现票款的计算方法如下:

$$贴现息＝汇票金额×贴现天数×（月贴现率÷30 天）$$

$$应付贴现票款＝汇票金额－贴现息$$

【例 3-8】　假设大为公司向欣欣公司购进材料一批,价款 500 000 元,双方商定 6 个月后付款,采用商业承兑汇票结算。欣欣公司于 3 月 10 日开出汇票,并经大为公司承兑。汇票到期日为 9 月 10 日。如欣欣公司急需资本,于 4 月 10 日办理贴现,其月贴现率为 0.6%。试计算欣欣公司的应付贴现票款。

根据上述资料可计算如下:

贴现息＝500 000×150×0.6%÷30＝15 000(元)

应付贴现票款＝500 000－15 000＝485 000(元)

上述计算结果表明,大为公司通过商业承兑汇票取得了一笔短期资本来源;欣欣公司虽然为大为公司提供了商业信用,但当它需要资本时又可通过贴现取得资本。因此,应付票据是一种灵活的短期筹资方式。

3. 预收账款筹资

预收账款是卖方在正式交付货物之前向买方预先收取部分或全部货款的信用形式。它相当于卖方向买方预先借用资金,然后用货物来抵偿。预收账款一般用于生产周期长、成本价格高的货物销售。卖方通过预收账款能够取得一定的短期资金来源。

另外,企业生产经营活动过程中还会由于非商品交易而产生一些自然融资(应计费用),其中包括应付工资、应付税金、应付利润、其他未交未付款和预提费用等。这些自然融资与应付账款不同之处在于:① 这些自然融资大多是由于现行法令和结算制度等规定形成的;② 它们大多数是免费性质的;③ 它们大多能使企业受益在前,费用支付在后,相当于享受了收款方的借款;④ 它们的期限具有强制性,不能由企业自由选择使用。

(二)利用商业信用筹资的利弊分析

1. 商业信用筹资的优点

商业信用之所以成为企业短期资金的重要筹资方式之一,主要是由于它具有一些明显的优点:

(1)非常方便及时。因为商业信用与商业交易同时进行,购买方可以自动地取得商业信用,即自动地形成购买方的资金来源,属于一种自然性筹资。

(2)限制条件少。商业信用无须经过谈判或协商即可获得,销售方很少提出其他授予信用的附加条件。而其他许多短期筹资方式,为确保货款的安全性,都必须就货款条件进行正式的商议,如要求签发票据,以资产作抵押或提出某种付款条件等。

(3)弹性大。商业信用有较大的筹资弹性。企业购货增加,商业信用也随之增加,所取得的资金也增加;反之,随企业购货减少,商业信用也减少,所取得的资金也减少。购货企业可以根据自身对资金的需要来决定商业信用的取舍,其资金筹措额可以随时调整。

(4)可以得到免费的筹资。如果销售方没有提供现金折扣,或者购货方不放弃现金折扣以及使用不带息的应付票据等,则企业利用商业信用筹资不会产生筹资费用。

2. 商业信用筹资的缺点

商业信用筹资的期限一般较短,有时购货方为了争取获得供货方提供的现金折扣,则时间会更短。如果放弃现金折扣,则要付出较高的资金成本。

三、短期融资券

(一)短期融资券的概念及分类

短期融资券又称商业票据、短期债券,是由大型工商企业或金融企业所发行的短期无担保本票,是一种新兴的筹集短期资金的方式。

按照不同的标准,可对短期融资券做不同的分类。按发行方式可分为经纪人代销的融资券和直接销售的融资券;按发行人的不同可分为金融企业的融资券和非金融企业的融资券;按融资券的发行和流通范围,可分为国内融资券和国际融资券。

(二)短期融资券筹资的利弊分析

在西方国家,短期融资券的利率加上发行成本,通常要低于银行的同期贷款利率。但是我国短期融资券的利率一般要比银行借款利率高,这主要是因为我国短期融资券市场才建立,投资者对短期融资券缺乏了解,随着短期融资券市场的完善,短期融资券的利率会逐渐接近银行贷款利率,直至略低于银行贷款利率。能在货币市场上发行短期融资券的公司都是著名的大公司,因而能提高公司的信誉且能筹集到数额比较大的资金。

但是,发行短期融资券的风险比较大,这是由于短期融资券到期必须归还,一般不会有延期的可能;发行短期融资券的弹性也比较小,这是由于只有当企业的资金需求达到一定数量时才能使用短期融资券且不能提前偿还;另外,发行短期融资券的条件也比较严格,必须是信誉好、实力强、效益高的企业才能发行。

复习思考题

【思考题】

1. 公司股权筹资和债务筹资的方式主要有哪些?
2. 公司筹资管理的基本要求有哪些?
3. 我国相关法律对资本金筹集主要做出了哪些规定?
4. 对比说明普通股和优先股的基本特征。
5. 普通股的价值形式有哪些?
6. 分析说明普通股筹资的利弊及筹资策略。
7. 分析说明优先股筹资的利弊及筹资策略。
8. 认股权证筹资有哪些特点?
9. 债券主要有哪几种分类方法?
10. 试述在不同的市场利率水平下,债券发行价格和债券面值的关系。
11. 债券和股票这两种筹资方式在性质上有何区别?
12. 什么是商业信用? 它有哪几种形式?

【练习题】

一、单项选择题

1. 相对于股票筹资而言,银行借款的缺点是(　　)。
   A. 筹资速度慢　　　B. 筹资成本高　　　C. 借款弹性大　　　D. 财务风险大
2. W企业债券面值为1 000元,票面利率为12%,市场利率为10%,期限为2年,其发行价格应该是(　　)。
   A. 1 150元　　　B. 1 000元　　　C. 1 030元　　　D. 985元
3. 某债券面值为1 000元,票面年利率为12%,期限6年,每半年支付一次利息。若市场利率为12%,此债券发行的价格将(　　)。
   A. 高于1 000元　　　B. 等于1 000元　　　C. 低于1 000元　　　D. 不确定
4. 长期借款筹资与债券筹资相比,其特点是(　　)。
   A. 筹资费用大　　　　　　　　B. 利息支出具有节税效益
   C. 筹资弹性大　　　　　　　　D. 债务利息高
5. 某股份公司发行债券,面值为1 000元,年利率为10%,发行时的市场利率为12%,故以887元的价格折价发行,则该债券的期限为(　　)年。
   A. 9　　　B. 10　　　C. 11　　　D. 12

二、多项选择题

1. 下列关于企业债券特征的描述中正确的是(　　)。
   A. 企业债券具有利润分配优先权

B. 企业债券表明一种债权债务关系

C. 企业债券持有人无权参与企业经营决策

D. 企业债券采取平价、溢价或折价发行

2. 影响债券发行价格的因素是（　　）。

A. 债券面值　　　B. 票面利率　　　C. 市场利率　　　D. 债券期限

3. 融资租赁租金主要构成内容是（　　）。

A. 租赁手续费　　　　　　　　B. 租赁设备运输费

C. 利息　　　　　　　　　　　D. 融资租赁设备买价

4. 融资租赁的特点是（　　）。

A. 设备租赁期限较长　　　　　B. 不得任意终止租赁合同或契约

C. 按约定方式处理租赁资产所有权　D. 租金高

5. 企业申请长期银行借款，一般应具备的条件是（　　）。

A. 独立核算，自负盈亏，有法人资格　B. 在银行开立账户，办理结算

C. 借款用途属于银行贷款办法规定的范围　D. 财务管理和经济核算制度健全

E. 具有偿还贷款的能力

6. 长期借款筹资的特点是（　　）。

A. 筹资风险较高　　　　　　　B. 与发行股票、债券相比，融资速度快

C. 借款弹性较大　　　　　　　D. 限制条件较多，筹资数量有限

E. 借款成本较低

7. 关于债券的特征，下列说法中正确的是（　　）。

A. 债券代表着一种债权债务关系　B. 债券不能折价发行

C. 债券持有人无权参与企业决策　D. 债券具有分配上的优先权

E. 债券必须溢价发行

8. 企业在负债筹资决策时，除了考虑资本成本因素外，还需要考虑的因素有（　　）。

A. 限制条件　　　　　　　　　B. 偿还期限

C. 财务风险　　　　　　　　　D. 偿还方式

E. 经营风险

三、判断题

1. 利用商业信用进行筹资与利用银行借款进行筹资不同，前者不必负担资金成本，而后者必须向债权人支付利息。（　　）

2. 与长期负债速效相比，流动负债速效的期限短、成本低，且偿债风险相对较小。（　　）

3. 一般说来，企业债券筹资成本要高于银行借款筹资成本。（　　）

4. 相对于抵押债券，信用债券利率较高的原因在于其安全性差。（　　）

5. 在市场利率大于票面利率的情况下，债券的发行价格低于其面值。（　　）

四、计算题

1. 某公司原已发行在外的普通股共 500 万股，每股面值 1 元。2015 年 1 月 1 日发行累积优先股 10 万股，每股面值 10 元，股息率 6%。2017 年、2018 年该公司由于经营效益不佳未分

派股利。2019 年、2020 年经营业绩上升,分配的现金股利(包括优先股股息)分别为 28 万元和 30 万元。试分别对 2019 年、2020 年普通股股东和优先股股东收益情况予以说明。

2. 某股份公司发行面值 1 000 元的附认股权证债券,期限 3 年,年利率为 2.8%,每年付息,投资者每购买一张债券可获得 5 张认股权证,每张可以认购 2 股普通股,认股价格是 10 元/股。当时市场上相同期限普通债券的年利率为 4.5%,求每张认股权证的初始价值;当该公司普通股市价上升到 14 元/股时,求每张认股权证的理论价值,若此时该认股权证的期限将至,请问投资者应否行权?并对投资者的投资收益做出评价。

3. 某上市公司发行了 1 000 万份认股权证,每份可按 4 元/股的价格认购 2 股普通股,公司原有普通股 3 000 万股,股东权益总额 15 000 万元,税后利润 1 200 万元,如果所有认股权证的持有人均购买了股票,股东权益报酬率不变,则公司的每股收益将如何变化?

4. X 公司发行企业债券单张面值为 100 元,期限为 10 年,票面利率为 10%,市场利率为 8%。计算在采用债券到期一次还本付息和每年付息到期还本两种方式下,该张债券的价格是多少?

5. 某企业运用融资租赁方式,于 2016 年 1 月 1 日从租赁公司租入一台设备,设备价款为 80 000 万元,租期为 5 年,到期后设备归承租企业所有,租赁期间贴现率为 15%,采用后付年金方式支付租金。

要求:

(1) 计算每年支付租金的数据。

(2) 编制租金摊销计划表。

6. W 公司预计销售额将从 200 万元增长到 250 万元,但公司需要增加 30 万元流动资金。可以向银行以 10% 的利率借款,也可以通过放弃折扣增加应付账款从而提供所需资金。该公司的购货条件是 1/10,期限 30 天,但还可以拖延 30 天再付款,即付款期是 60 天,拖延付款 30 天无罚金。根据对利率的比较,问 W 公司应选择哪种方式筹资?

第四章　资本成本

学习目标

　　企业资金中的主要部分是长期资金,由于长期资金也称为资本,所以企业筹集和使用长期资金而付出的代价即为资本成本。资本成本是企业筹资管理的主要依据,也是企业投资管理的重要标准。通过本章学习主要了解资本成本的含义与性质,个别资本成本的掌握、综合资本成本和边际资本成本的计算。

第一节　资本成本概述

一、资本成本的含义

　　资本成本是企业筹集和使用长期资金而付出的代价。由于资本的稀缺性和不可或缺性,企业从各种渠道或者通过各种方式取得的资金都不是无偿使用的,而是要付出代价、发生费用的。广义地讲,企业筹集和使用任何资金,不论短期的还是长期的,都要付出代价。由于短期资金来源渠道多,融资数量少,资金成本低,通常人们更多地研究长期资金成本,由于长期资金也称为资本,所以长期资金成本称为资本成本。

　　资本成本从绝对量的构成来看,包括筹资费用和用资费用。

　　(一)筹资费用

　　筹资费用是指企业在资金筹集过程中支付的各种费用。如向银行支付的借款手续费,发行股票、债券支付的广告宣传费、印刷费、代理发行费等。筹资费用通常是在筹集资金时一次全部支付,在获得资金后的用资过程中不再发生,因而属于固定性的资本成本,可视为对筹资额的一项扣除。

　　(二)用资费用

　　用资费用是指企业资金使用过程中向资金所有者支付的报酬。如向股东分配的股利,向银行支付的利息,向债券持有者支付的债息等。用资费用是资本成本的主要内容。长期资本的用资费用是经常性的,并随使用资金数量的多少和时间的长短而变动,因而属于变动性资本成本。

二、资本成本的性质

　　资本成本是商品经济条件下资本所有权与使用权分离而形成的财务范畴,具有特定的经济性质。

首先,资本成本是资本使用者向资本所有者和金融中介支付的用资费用和筹资费用,是资本所有权与使用权分离的结果。企业融资是一种产权交易行为,对资本所有者而言,由于让渡了资本使用权,必须要求取得一定的补偿,资本成本表现为让渡资本使用权所带来的报酬。对融资者而言,由于取得了资本的使用权,必须支付一定的代价,资本成本便表现为取得资本使用权所付出的代价。

其次,资本成本作为一种耗费,最终通过收益来补偿,体现一种利益分配关系。资本成本和产品成本都属于劳动耗费,产品成本的价值补偿是对耗费自身的补偿,直接从销售收入中收回,这种补偿金还会回到再生产过程中。而资本成本的补偿是对资本所有者让渡资本使用权的补偿,一旦从企业收益中扣除以后,就退出企业再生产过程,其补偿的本质属于收益分配的范畴,体现为一种利益分配关系。

值得指出的是,资本成本与货币的时间价值既有联系又有区别。货币时间价值是资本成本的基础,资本成本的定义包含了时间价值的因素。但资本成本除考虑了时间价值因素外,还包括风险因素和通货膨胀因素。筹资项目风险越大,则投资者要求的报酬率也越高;如通货膨胀率大于零,则资本成本还应考虑通货膨胀率的影响。

三、资本成本的种类

资本成本的计量形式有多种,根据用途可分为个别资本成本、综合资本成本和边际资本成本。

(一) 个别资本成本

个别资本成本是指单一融资方式的资本成本,包括长期借款成本、债券成本、优先股成本、普通股成本和留存收益成本,其中前二者是债务资本成本,后三者是权益资本成本。个别资本成本可用于比较和评价各种融资方式。

(二) 综合资本成本

综合资本成本是对各种个别资本成本进行加权的结果,也称为加权平均资本成本,其权重可以使用账面价值权重、市场价值权重和目标价值权重等,综合资本成本主要用于资本结构决策。

(三) 边际资本成本

边际资本成本是指追加单位资本所增加的成本。边际资本成本通常也按加权平均法计算,是追加融资时使用的加权平均成本,一般用于追加融资决策。

四、资本成本的作用

资本成本广泛运用于企业财务管理的许多方面,具有以下重要意义与作用。

(一) 资本成本是企业选择资金来源、确定筹资方案的重要依据

资本成本是影响筹资决策的一个重要因素。企业筹资方式多种多样,可以从银行贷款,可以发行股票,也可以发行债券,不同的筹资方式,其个别资本成本是不同的。企业在筹资决策时很重要的一点就是比较不同方式的资本成本,尽管不能把资本成本作为选择筹资方式的唯一依据,但资本成本作为影响企业经济效益的重要因素,在评选筹资方案时,应该以资本成本

为重要经济依据,在其他条件相当时,选择资本成本最低的筹资方案。

（二）资本成本是企业评价投资项目、确定投资方案的主要标准

任何一个投资项目,如果它的预期的投资收益率超过资本成本率,则将有利可图,这个方案在经济上就是可行的;如果它的预期投资收益率不能达到资本成本率,这项方案就应舍弃不用。因此国际上通常将资本成本视为投资项目的"最低收益率"或是否采用投资项目的取舍率,是比较选择投资方案的主要标准。

（三）资本成本是企业进行资本结构决策的基本依据

企业的资本结构一般由借入资金与自有资金组合而成,不同的资本结构,会给企业带来不同的风险与成本,从而影响企业的价值。在确定最优资本结构时主要考虑的因素有资本成本与财务风险,因此,综合资本成本的高低是比较各个筹资组合方案、做出资本结构决策的基本依据。

（四）资本成本是衡量企业整个经营成果的一项重要标准

资本成本是企业从事生产经营活动必须实现的最低收益率,只有这样才能补偿企业因筹资而支付的所有费用。因此将企业的实际资本成本与相应的利润率进行比较,则可以评价企业的经营业绩。若利润率高于资本成本,可以认为企业经营有利;反之,如果利润率低于资本成本率,则表明企业经营不利,需要改善经营管理,提高企业全部资本的利润率和降低成本率。

五、影响资本成本的因素

在市场经济环境中,影响资本成本高低的因素是多种多样,其中主要包括总体经济环境、证券市场条件、企业内部经营和融资状况以及企业筹资规模等。

（一）总体经济环境

经济环境决定了市场中资本的供给与需求以及预期通货膨胀的水平。经济环境变化的影响,反应在无风险收益率上。显然,如果整个社会经济中的资金需求和供给发生变动,投资者也会相应改变其所要求的投资收益。具体地说,资本需求增加,但资本供给不足,投资者就会提高其要求的投资收益率,企业的资本成本就会上升,反之,投资者就会降低其要求的投资收益率,资本成本就会下降。同样的道理,如果通货膨胀率提高,货币购买力水平就会降低,投资者要想达到预期的收益水平,自然会要求更高的投资报酬率来弥补预期的投资损失,必然会引起资本成本的提高。显然对于无风险收益率,企业无法加以控制。

（二）证券市场条件

证券市场条件包括证券的市场流通难易程度和价格波动程度。如果某种证券的市场流动性不好,投资者想买进或卖出证券相对困难,变现风险大,要求的投资收益率就会高。或者虽然存在对某种证券的需求,但其价格波动较大,投资的风险大,投资者要求的收益率也会相应提高,那么通过证券市场融通的资本其成本就高。

（三）企业内部经营和融资状况

企业内部经营和融资状况,主要指经营风险和财务风险的大小。企业内部经营风险是企业投资决策的结果,表现为资产收益率的变动上;融资状况导致的财务风险是企业融资决策的结果,表现为权益资本收益率的变动上。二者共同构成企业总体风险,如果企业经营风险高,

财务风险大,则企业总体风险水平高,投资者要求的预期报酬率大,企业资本成本相应就大。

(四)企业筹资规模

资本成本的高低还与筹资规模有关。企业筹资规模大,资本成本也较高。比如,企业发行的证券金额很大,随着筹资金额的上升,资金筹集费和资金占用费会上升,而且筹资规模的扩大,往往会增加筹资难度,企业要想顺利筹资,则要花费更多支出,同时证券发行规模的增大还会降低其发行价格,由此也会增加企业的资本成本。当然,筹资规模与资本成本的正向相关性并非线性关系,一般来说,筹资规模在一定限度内,并不引起资本成本明显的变化;当筹资规模突破一定限度时,才引起资本成本的明显变化。

第二节　个别资本成本

资本成本可以用绝对数表示,也可以用相对数表示。在财务管理中,通常用资本成本的相对数即资本成本率作为衡量资本成本高低的标准,以便对不同条件下筹集资金的资本成本进行分析和比较。

一、个别资本成本率计算的基本公式

个别资本成本是指各种长期资金的成本,包括长期借款成本、债券成本、优先股成本、普通股成本和留存收益成本,其中前两者是债务资本成本,后三者是权益资本成本。在计算时,通常将资本的筹资费用作为筹资金额的一项扣除,扣除筹资费用后的金额为实际筹资额或有效筹资额,因此一般而言,个别资本成本率是指企业的用资费用与有效筹资额的比率。其基本的测算公式如下:

$$K = \frac{D}{P - F}$$

或
$$K = \frac{D}{P(1-f)}$$

式中,K——资本成本率;

　D——资金使用成本;

　P——筹资总额;

　F——资金筹集成本;

　f——筹资费用率,即资金筹集成本占筹资总额的比率。

以上资本成本计算公式是就一般情况而言的。采用不同筹资方式,由于影响资本成本的具体因素不同,其资本成本的计算方法也有区别。

二、债务资本成本的计算

债务资本成本主要有长期借款成本和债券成本。债务资本的用资费用表现为借款或债券的利息费用。根据企业所得税法的规定,企业债务的利息允许从税前利润中扣除,从而可以抵免企业所得税。而权益资本用资费用,表现为股利或潜在收益,在缴纳所得税后列支。在计算资本成本时,就需要考虑所得税因素,以使债务资本成本与权益资本成本具有可比性。因此可见企业债务资本实际负担的利息小于名义利息,即：

$$企业实际负担的利息＝名义利息×（1－所得税税率）$$

（一）长期借款成本

长期借款需支付的借款利息和借款手续费是计算资本成本的基础,由于借款利息可在税前列入成本,这就抵减了企业的一部分所得税。长期借款资本成本的计算公式如下：

$$K_l = \frac{I_l(1-T)}{L(1-f_l)}$$
$$= \frac{L \times i \times (1-T)}{L(1-f_l)}$$
$$= \frac{i \times (1-T)}{1-f_l}$$

式中, K_l——长期借款成本；

　　I_l——长期借款利息；

　　T——企业所得税税率；

　　L——长期借款本金；

　　f_l——长期借款筹资费率；

　　i——借款利率。

由于借款手续费较少,为了简化计算,上式简化为：

$$K_l = i \times (1-T)$$

【例4-1】 某企业取得5年期的长期借款200万元,年利率为8%,手续费率为1%,每年付息一次,到期一次还本,企业所得税税率为25%。该项借款的资本成本率为：

$$K_l = \frac{200 \times 8\% \times (1-25\%)}{200 \times (1-1\%)} = 6.06\%$$

如不考虑筹资费,则借款的资本成本率为：

$$K_l = 8\% \times (1-25\%) = 6\%$$

（二）债券成本

债券成本的计算与长期借款成本的计算类似,其区别是：① 筹资费用一般比较高,不可在计算资本成本时省略；② 债券的发行价格与面值有时有差异,筹资额应按发行价格计算；③ 一般而言,债券的成本高于长期借款成本,因为债券利率水平通常高于长期借款,同时债券的发行费用较高。

债券资本成本可按下列公式测算：

$$K_B = \frac{I_B(1-T)}{B(1-f_B)}$$

式中, K_B——长期债券成本；

　　I_B——长期债券利息；

B——债券筹资额,按发行价格确定;

f_B——长期债券筹资费率。

【例 4-2】　某企业拟平价发行面值 1 000 元、期限 5 年、票面利率 10% 的债券,发行费用为发行价格的 4%,企业所得税税率为 25%。该项债券的资本成本率为:

$$K_B = \frac{1\,000 \times 10\% \times (1-25\%)}{1\,000 \times (1-4\%)} = 7.81\%$$

上例如按溢价 100 元发行,则其资本成本率为:

$$K_B = \frac{1\,000 \times 10\% \times (1-25\%)}{1\,100 \times (1-4\%)} = 7.1\%$$

上例如按折价 100 元发行,则其资本成本率为:

$$K_B = \frac{1\,000 \times 10\% \times (1-25\%)}{900 \times (1-4\%)} = 8.68\%$$

三、权益资本成本的计算

权益资本又称为自有资金,主要有优先股、普通股和留存收益三种形式。权益资本的成本也包含两大内容:投资者的预期投资报酬和筹资费用。其计算有下列特点:一是权益资本的投资报酬即股利是以所得税后净利支付的,不会减少企业应缴的所得税;二是权益资本投资报酬完全是由企业经营效益所决定,这使得权益资本成本具有较大的不确定性。

（一）优先股成本

优先股的投资报酬表现为股利形式,股利率固定,本金不需要偿还。优先股的成本包括两部分:筹资费用与预定的股利。优先股同时具有债券和普通股的一些特征,具体表现为:优先股须定期按固定的股利率向持股人支付股利,但股利支付须在所得税后进行,不具有所得税的抵减作用。因此可以把优先股视为一种永续年金,利用永续年金现值计算公式计算优先股成本,其计算公式如下:

$$K_p = \frac{D}{P(1-f_p)}$$

式中,K_p——优先股成本;

　　D——优先股年股利;

　　P——优先股筹资额;

　　f_p——优先股筹资费率。

【例 4-3】　某企业发行优先股总面值为 400 万元,发行价格为 450 万元,筹资费用率为 4%,预定年股利率为 14%。则优先股资本成本为:

$$K_p = \frac{400 \times 14\%}{450 \times (1-4\%)} = 12.96\%$$

企业破产时,优先股股东的求偿权位于债权人之后,优先股股东的风险大于债权人的风险,故优先股股利率一般高于债权人的利息率。另外,优先股股利从税后净利支付,没有减税作用。因此,优先股成本通常高于债务资本成本。

(二)普通股成本

企业发行普通股筹资,成本包括普通股筹资费用与用资费用。普通股用资费用的表现形式是各种股利,股利的支付主要取决于每股收益和股利政策,具有很大的不确定性。一般而言,普通股在收益分配和剩余财产分配上位于优先股之后,投资者投资于普通股风险大于优先股。因此,企业普通股成本大于优先股成本。按照资本成本实质上是投资必要报酬率的思路,普通股的资本成本就是普通股投资的必要报酬。普通股成本计算方法主要有以下几种。

1. 股利折现模型

理论上,普通股价值可定义为预期未来股利现金流按股东要求的报酬率贴现后的现值。由于普通股没有到期日,故未来股利现金流是无限的。股利折现模型的基本形式为:

$$P_0 = \sum_{t=1}^{\infty} \frac{D_t}{(1+K_s)^t}$$

式中,P_0——当前普通股市场价格;

D_t——预期第 t 年的股利;

K_s——普通股股东要求的报酬率,即普通股资本成本率。

运用上述模型测算普通股资本成本率,因具体股利政策而有所不同,主要有以下具体形式:

(1)零成长模型。

如果股利固定不变,且持股人永久持股,则有:

$$K_s = \frac{D}{P_0}$$

如果是发行新的普通股,则应将筹资费用 f 考虑进来,则有:

$$K_s = \frac{D}{P_0(1-f)}$$

(2)固定增长模型。

如果股利以固定的年增长率 g 递增,且增长率小于投资者要求的报酬率 K_s,则有:

$$K_s = \frac{D_1}{P_0(1-f)} + g$$

【例4-4】 某企业发行普通股总价为800万元,筹资费用率为5%,第一年股利率为8%,以后每年增长6%。普通股资本成本率为:

$$K_s = \frac{800 \times 8\%}{800 \times (1-5\%)} + 6\% = 14.42\%$$

2. 资本资产定价模型

普通股的资本成本可以用投资者对发行企业的风险程度与股票投资承担的平均风险水平来评价。根据资本资产定价模型,普通股的资本成本公式为:

$$K_s = R_f + \beta(R_m - R_f)$$

式中,R_f——无风险报酬率;

β——股票的贝塔系数;

R_m——市场平均报酬率。

在这种方法中,K_s 由两部分组成:R_f 是无风险报酬率,一般采用国库券利率;$\beta(R_m-R_f)$ 是对该种股票投资的风险补偿,其中 β 和 R_m 是由股票市场的数据统计得出的。

【例4-5】 已知某股票的 β 值为 1.5,市场平均报酬率为 12%,无风险报酬率为 6%。该股票的资本成本率为:

$$K_s = 6\% + 1.5 \times (12\% - 6\%) = 15\%$$

(三)留存收益成本

留存收益是企业税后净利形成的,包括盈余公积和未分配利润。其所有权属于普通股股东,可以用于未来股利的发放,也可以将其资本化,作为扩大再生产的资金来源。因此,留存收益也是一种筹资方式,其实质是普通股股东对企业的追加投资。从表面上看,企业使用留存收益好像不需要付出代价,但实际上,股东愿意将其留用于企业而不作为股利取出投资于他处,总会要求与普通股等价的报酬。因此,留存收益的使用也有成本,不过是一种机会成本。从企业筹资角度看,留存收益资本化与发行普通股具有相互替换的作用,区别只在于资金来源渠道不同,而且留存收益无须筹措,没有筹措费用,故留存收益成本可参照普通股资本成本计算,只是不需要考虑筹资费用。若股利按固定比率递增,则留存收益成本计算公式为:

$$K_r = \frac{D_1}{P_0} + g$$

式中,K_r——留存收益成本。

第三节 综合资本成本与边际资本成本

一、综合资本成本

(一)综合资本成本的含义

市场经济条件下,企业融资方式多元化。企业资本构成包括多种不同的权益资本和债务资本,虽然债务资本成本一般低于权益资本成本,但债务资本比重增加会导致企业财务风险的增加。因此,受成本、风险诸因素制约,企业通常情况下不可能只使用单一融资方式,往往需要通过多种方式融通所需要的资金,在评价和衡量单一融资方式方案时,需要计算个别资本成本。而在分析和评价企业总体融资的经济性时需要计算综合资本成本,以确定企业理想的资本结构。

综合资本成本也称加权资本成本,是以各种个别资本在企业总资本中的比重为权数,对各项个别资本成本进行加权平均而得到的资本成本。其计算公式为:

$$K_w = \sum_{j=1}^{n} K_j W_j$$

式中, K_w ——综合资本成本;

  K_j ——第 j 种个别资本成本;

  W_j ——第 j 种个别资本在全部资本成本中的比重,即权数。

(二)权数的确定

从上述公式可以看出,计算综合资本成本除了要计算个别资本成本外,还需要确定各种筹资方式筹集的资本占全部资本的比重,即权数。权数的具体确定方法主要有以下三种。

1. 账面价值权数

账面价值权数是指债券、股票等以账面价值确定的权数,其数据主要来源于账簿和资产负债表。账面价值权数的优点是资料容易取得,且计算结果相对稳定,适合分析过去的筹资成本。但如果资本的账面价值与市场价值相差较大时,计算出来的综合资本成本就会脱离实际,不利于正确地进行筹资决策。

2. 市场价值权数

市场价值权数是指债券、股票等以现行市场价格确定权数,这样计算出来的综合资本成本能够反映企业现实的资本结构和目前实际的资本成本,有利于筹资管理决策。但其不足之处在于证券的市场价格处于经常变动中不易选定。为弥补这个不足,在实务中可以采用一定时期证券的平均价格。值得注意的是,按账面价值和市场价值确定资本比例,反映的是企业现在和过去的资本结构,未必适用于公司未来的筹资决策。

3. 目标价值权数

目标价值权数是债券和股票等以企业预计的未来目标市场价值确定的权数,其数据是由有关财务人员根据企业未来筹资的要求和企业债券、股票在证券市场上的变动趋势预测得出的。它适用于企业今后筹集新资金的需要,它能按企业期望的资本结构反映资本成本,有利于企业决策者对筹资方案的决策。

一般认为,采用目标价值权数,能够体现期望的目标资本结构要求。但资本的目标价值难以客观合理地确定,因此通常应选择市场价值作为权数。在企业筹资实务中,目标价值和市场价值虽然有许多优点,但仍有不少企业愿意采用账面价值权数,因其具有易于确定的优点。

(三)综合资本成本计算举例

【例4-6】 某企业现有长期资本1 000万元,其中长期借款200万元,长期债券300万元,优先股50万元,普通股350万元,留存收益100万元;各种长期资本成本率分别为4%、6%、8%、12%和11%。该企业综合资本成本可按如下两步测算:

第一步,计算各种资本占全部资本的比重。

$$长期借款资本比重 = \frac{200}{1\ 000} = 0.2$$

$$长期债券资本比重 = \frac{300}{1\ 000} = 0.3$$

$$优先股资本比重 = \frac{50}{1\ 000} = 0.05$$

$$普通股资本比重 = \frac{350}{1\ 000} = 0.35$$

$$留存收益资本比重＝\frac{100}{1\,000}＝0.1$$

第二步,计算综合资本成本。

$$K_w＝4\%×0.2＋6\%×0.3＋8\%×0.05＋12\%×0.35＋11\%×0.1＝8.3\%$$

二、边际资本成本

(一)边际资本成本的含义

一般来说,企业无法以某一个固定的资本成本来筹集资金,当其筹集的资金超过一定的限度时,原来的资本成本就会增加,在企业追加筹集资金时,需要知道筹资额在什么范围内可以保持资本成本不变,而超出这个范围,资本成本会如何变化。也就是说,当企业筹资规模扩大和筹资条件发生变化时,企业应计算边际资本成本以便进行追加筹资决策。

边际资本成本是指增加单位资本额而增加的资本成本,即企业增加1元资本所需要负担的成本。由于一个企业无法以某一固定的资本成本来筹措无限的资金,因此,当其筹措的资金超过某一特定限度,其边际资本成本就会增加。当企业拟筹资进行某项目投资时,应以边际资本成本而不是企业全部资本成本作为评价该投资项目可行性的经济标准。当企业追加筹资的资本来源不是单一方式时,边际资本成本也是按加权平均法计算的,即加权平均边际资本成本。

(二)边际资本成本计算的一般程序

1. 确定目标资本结构

企业追加筹资即可以保持原有的资本结构,也可以改变原来的资本结构。是否改变资本结构取决于它是否符合企业筹资要求,目标资本结构是影响边际资本成本的一个重要因素。不同的资本成本结构对边际资本成本有着不同的影响,因此追加筹资决策时需要确定目标资本结构。

2. 确定各种筹资方式的个别资本成本的临界点

花费一定的资本成本只能筹集到一定限度的资金,超过这一限度多筹集资金就要多花费资本成本,引起原有资本成本的变化,所以有必要找出各种筹资方式的个别资本成本的临界点,此临界点是个别资本成本发生变化前的最高筹资限额。

3. 确定筹资总额分界点

在保持某资本成本不变条件下可以筹集到的资金总限额称为现有资本结构下的筹资总额分界点。在筹资总额分界点内筹资,原有的资本成本不会改变,一旦筹资额超过筹资总额分界点,即使维持现有的资本结构,其资本成本也会增加。筹资总额分界点的计算公式为:

$$筹资总额分界点＝\frac{可用某一特定成本筹集到的某种资金限额}{该种资金在资本结构中所占比重}$$

4. 计算边际资本成本

由于企业筹资方式的多样性和个别资本成本随筹资数额的变动性,使得企业最终确定的筹资总额分界点有若干个。企业有关人员应综合考虑各种筹资方式,确定若干组新的筹资总额范围,对各筹资总额范围内分别计算加权平均资本成本,即可得到各种筹资总额范围内的边际资本成本。

（三）边际资本成本计算举例

下面举例说明边际资本成本的计算和应用。

【例4-7】 某企业目前拥有长期资金100万,其中长期借款20万元,债券30万元,普通股50万元。企业考虑扩大经营规模,拟筹集新的资金。其边际资本成本计算过程如下:

（1）该企业财务人员分析认为目前的资本结构处于目标资本结构范围,因此决定追加筹资后仍保持原先的资本结构。即长期借款20%,债券30%,普通股50%。

（2）该企业根据资本市场状况及自身条件测算的个别资本成本临界点,如表4-1所示。

表4-1　各种筹资方式成本临界点

筹资方式	个别资本筹资临界点	个别资本成本
长期借款	20万元以下	6%
	20~50万元	7%
	50万元以上	8%
债券	30万元以内	8%
	30万元以上	10%
普通股	50万元以下	12%
	50~100万元	13%
	100万元以上	14%

（3）测算筹资总额分界点。根据该企业的个别资本的筹资临界点及目标资本结构,可以计算各种筹资方式的筹资总额分界点,其测算结果如表4-2所示。

表4-2　筹资总额分界点计算表

筹资方式	资本成本	个别资本筹资分界点	目标资本结构	筹资总额分界点（万元）	筹资范围（万元）
长期借款	6%	20万元以下	20%	20÷20%=100	100以下
	7%	20~50万元		50÷20%=250	100~250
	8%	50万元以上			250以上
债券	8%	30万元以内	30%	30÷30%=100	100以下
	10%	30万元以上			100以上
普通股	12%	50万元以下	50%	50÷50%=100	100以下
	13%	50~100万元		100÷50%=200	100~200
	14%	100万元以上			200以上

表4-2显示了特定筹资种类资本成本变动的分界点。例如,长期借款在20万元以下时,其资本成本为6%,而在目标资本结构中,长期借款的比重为20%,这表明当长期借款成本由6%上升到7%之前,在维持目标资本结构下,企业可以筹集到的资本总额为100万元,当筹资总额超过100万元时,长期借款成本就要上升到7%。

（4）计算边际资本成本。根据上步骤测算出的筹资总额分界点，可以得出下列四个新的筹资总额范围：① 100 万元以下；② 100～200 万元；③ 200～250 万元；④ 250 万元以上。对这四个筹资总额范围分别测算其加权平均资本成本，即可得到各种筹资范围的边际资本成本，计算结果如表 4-3 所示。

表 4-3　边际资本成本计算表

筹资总额范围	资本种类	目标资本结构	个别资本成本（%）	边际资本成本（%）	综合边际资本成本（%）
100 万元以下	长期借款	20%	6	1.2	9.6
	债券	30%	8	2.4	
	普通股	50%	12	6.0	
100～200 万元	长期借款	20%	7	1.4	10.9
	债券	30%	10	3.0	
	普通股	50%	13	6.5	
200～250 万元	长期借款	20%	7	1.4	11.4
	债券	30%	10	3.0	
	普通股	50%	14	7.0	
250 万元以上	长期借款	20%	8	1.6	11.6
	债券	30%	10	3.0	
	普通股	50%	14	7.0	

通过以上的计算就可以了解在保持目标资本结构前提下各筹资范围组的新增筹资总额的边际资本成本，通过与投资项目的内含报酬率进行比较，可以进行投资与筹资相结合的决策。

复习思考题

【思考题】

1. 资本成本在理财中有何作用？
2. 资本成本主要受哪些因素的影响？
3. 如何确定债券、借款、股票、留存收益的资本成本？
4. 什么是加权资本成本？什么是边际资本成本？它们与企业投资决策有何联系？

【练习题】

一、单项选择题

1. 下列费用中，属于资金筹集费用的是（　　）。

A. 股票的发行费用　　　　　　　B. 向股东支付的股利

C. 向投资者分配的利润   D. 汇兑损益

2. 债券成本一般低于普通股成本,这主要是因为( )。

A. 债券发行量小   B. 债券的利息固定

C. 债券风险较低,且债息具有抵税效应 D. 债券的筹资费用少

3. 一般来说,在企业的各种资金来源中,资本成本最高的是( )。

A. 优先股   B. 普通股   C. 债券   D. 长期银行借款

4. 一般情况下,下列筹资方式中,资金成本最低的是( )。

A. 发行股票   B. 发行债券   C. 长期借款   D. 留存收益

5. 下列资本成本的计算无须考虑筹资费用的是( )。

A. 留存收益成本 B. 借款成本 C. 债券成本 D. 普通股成本

6. 可以作为比较选择追加筹资方案重点依据的成本是( )。

A. 个别资本成本   B. 边际资本成本

C. 综合资本成本   D. 资本总成本

7. 已知某企业目标资本结构中长期债务的比重为 20%,债务资金的增加额在 0～10 000 元,其利率维持 5% 不变,该企业与此相关的筹资总额分界点为( )元。

A. 5 000   B. 20 000   C. 50 000   D. 200 000

二、多项选择题

1. 下列关于留存收益的资金成本,正确的说法是( )。

A. 留存收益的资金成本为零

B. 其成本是一种机会成本

C. 其成本计算不考虑筹资费用

D. 它相当于股东对公司再投资所要求的必要收益率

2. 以下关于资本成本概念的表述中正确的是( )。

A. 资本成本是一种机会成本

B. 资本成本是符合投资人期望的最小收益率

C. 任何投资项目的投资收益率必须低于资本成本

D. 综合资本成本等于各项资本来源的成本加权计算的平均数

3. 下列资本成本计算需考虑所得税因素的是( )。

A. 债券成本 B. 普通股成本 C. 优先股成本 D. 长期借款成本

4. 加权平均资本成本的权数,可有( )这几种选择。

A. 清算价值 B. 账面价值 C. 市场价值 D. 目标价值

三、判断题

1. 资本成本是投资者对投入资本所要求的最低收益率,也是判断投资项目是否可行的依据。 ( )

2. 资本成本包括筹资费用和用资费用两部分,其中筹资费用是资本成本的主要内容。 ( )

3. 留存收益筹资属于内部筹资,是在企业内部"自然地"形成的,一般无须花费筹资费用。

因此,留存收益筹资没有资本成本。　　　　　　　　　　　　　　　　　　　（　　）

4. 借款要支付利息,普通股不需支付利息,所以,普通股筹资的成本要小于债务资金。

　　　　　　　　　　　　　　　　　　　　　　　　　　　　　　　　　　　（　　）

5. 超过筹资突破点筹集资金,只要维持现有资本结构,其资本成本率就不会增加。

　　　　　　　　　　　　　　　　　　　　　　　　　　　　　　　　　　　（　　）

6. 在长期资金的各种来源中,普通股成本通常是最高的。　　　　　　　　　　（　　）

7. 计算普通股成本必须考虑所得税的影响。　　　　　　　　　　　　　　　　（　　）

四、计算题

1. 企业拟投资某新的生产线,该企业所得税税率为 25%,准备采用以下三种方式筹资:

(1) 向银行借款 1 000 万元,借款年利率为 9%,借款手续费率为 1%。

(2) 发行债券总面值 2 000 万元,债券年利率为 10%,发行价格总额为 2 200 万元,债券发行费用占发行价格总额的 4%。

(3) 发行普通股 3 000 万元,预计第一年股利率为 12%,以后每年增长 5%,股票发行费用 100 万元。

要求:计算各种筹资方式的个别资本成本。

2. 企业在初创时拟筹资 500 万元,现有 A、B 两个备选筹资方案。有关资料如下:

筹资方式	筹资方案 A		筹资方案 B	
	筹资额(万元)	个别资本成本(%)	筹资额(万元)	个别资本成本(%)
长期借款	80	7.0	110	7.5
长期债券	120	8.5	40	8.0
普通股	300	14.0	350	14.0
合　计	500	—	500	—

要求:试测算比较该企业 A、B 两个筹资方案的综合资本成本并据以选择筹资方案

3. 某企业拥有长期资金 4 000 万元。其中长期借款 600 万元,长期债券 1 000 万元,普通股 2 400 万元。由于扩大经营规模的需要,拟筹集新资金。经分析认为筹集新资金后,仍保持目前资本结构,并测算出了随着筹资额的增加,各种资本成本的变化如下:

筹资额与资本成本变化情况表

资金种类	新筹资额	资本成本
长期借款	45 万元以内	6%
	45~90 万元	6.5%
	90 万元以上	8%
长期债券	200 万元以内	9%
	200~400 万元	10%
	400 万元以上	12%

续　表

资金种类	新筹资额	资本成本
普通股	300 万元以内	11%
	300～600 万元	12%
	600 万元以上	15%

要求：

(1) 计算各种筹资条件下的筹资分界点。

(2) 计算不同筹资范围内的综合资本成本。

第五章　杠杆理论与资本结构

学习目标

融资决策的核心是确定企业的资本结构。所谓资本结构，是指企业各种资本尤其是长期资本的构成及其比例关系，实质是债务资本的比例。本章将集中阐述资本结构决策问题，重点是企业如何遵循资本结构理论的基本要求，合理地权衡融资风险、杠杆利益和资本成本之间的关系，确定企业最佳资本结构，以实现企业价值的最大化。

第一节　负债经营与杠杆理论

一、负债经营的意义与风险

随着资本市场的不断发展与完善，现代社会中企业可选择的融资渠道和融资方式越来越多。但是，无论是从何种渠道融资，也不管采用什么方式融资，企业的资本都不外乎所有者权益和负债两大类。前者由所有者投资，后者由债权人提供。

所谓负债经营，就是企业以有偿的方式使用债权人的资金，从事生产经营活动，以期谋取更大收益的一种经营方式。

负债经营不仅是商品经济发展过程中必然存在的财务现象，而且也是企业在竞争中求生存、谋发展的有效举措，它对企业具有重要的意义。

（一）负债经营能有效降低企业综合资本成本

企业利用负债资本必须定期支付利息并按时还本，所以，债权人的收益相对稳定，投资风险较小，故要求的报酬率较低；再加之，负债利息可作为财务费用在税前列支，抵减部分所得税，从而使得负债资本成本明显低于权益资本成本。因此，在一定程度内增加债务，合理提高负债比率，就可降低企业的加权平均资本成本。

（二）负债筹资具有财务杠杆作用

由于负债利息通常都是固定不变的，当息税前利润增加时，单位利润所负担的固定利息就会相应降低，从而可分配给企业所有者的税后利润就会相应增加。因此，在企业息税前利润较多、增长幅度较大时，合理地利用债务资本，可以充分发挥财务杠杆的作用，给企业所有者带来财务杠杆利益。

（三）加大企业的财务风险

运用债务资本，虽然可以降低企业资本成本，为企业所有者增加财富，但同时也会给企业带来一定的风险,而且负债比率越高,企业风险越大。因为企业为取得财务杠杆利益而增加债务,必然增加利息等费用的负担,而且这是一笔固定的支出,不论企业经营业绩如何,都必须支付。如果企业的业绩不佳,没有足够的资金作为还本付息的后备,或虽有资金,但因周转上的原因未能安排有足够的现金来偿还到期的债务,企业便有可能因丧失偿债能力而被迫清算。另外,由于财务杠杆的作用,在息税前利润下降时,普通股每股收益也会以更大的幅度下降。

总之,企业利用债务资本负债经营具有双重作用,适当利用负债,可以降低企业资本成本,获取财务杠杆利益;但如果负债比例过高,也会带来较大的财务风险。因此,企业融资决策的重要内容之一,就是要合理权衡杠杆利益与财务风险的关系,既保证企业获得负债经营的额外利益,又有效规避过高的财务风险。

二、杠杆分析的基本假设

杠杆分析是财务经理在进行财务分析时经常运用的工具,为分析方便,特做以下假设:① 企业仅生产销售一种产品,且价格不变;② 经营成本中的单位变动成本和固定成本总额在相关范围内保持不变;③ 企业适用的所得税税率统一为 25%。

同时,设 Q 为产销量或业务量;p 为单位产品销售价格;v 为单位变动成本;V 为变动成本总额;F 为固定成本总额;$EBIT$ 为息税前利润;I 为债务利息;T 为企业适用的所得税税率;D_P 为优先股股息;N 为流通在外的普通股股数;EPS 为普通股每股收益。

三、经营风险与经营杠杆

(一)经营风险

经营风险是企业生产经营活动的固有风险,即由生产经营活动而产生的未来预期收益的不确定性或可能的波动程度。经营风险是企业投资活动的结果,其大小取决于企业经营活动的性质,和企业的资本结构(是否负债经营、发行优先股等)无关。具体而言,影响企业经营风险的因素主要有以下几个方面。

1. 产品需求

在其他因素不变的条件下,市场对企业产品的需求越不稳定,企业未来的经营收益就越不稳定,经营风险就越大;反之,市场对企业产品需求越稳定,企业经营风险就越小。

2. 产品销售价格

价格是影响销售收入的重要因素之一,如果产品销售价格变动不大,销售收入越稳定,企业经营风险就越小;反之,如果产品销售价格不稳定,销售收入就不稳定,企业经营风险即相对较大。

3. 产品成本的变化

产品成本是销售收入的抵减。成本不稳定,会导致利润的不稳定,除非企业有能力根据产品成本及时调整销售价格,否则经营风险就大;反之经营风险就小。

4. 企业的应变和调整能力

企业面临的市场存在较大的不确定性,有些企业可根据市场的变化不断调整企业经营策略和产品结构,以适应市场的需要,保持企业经营收入和利润的稳定性,这些应变能力较强的企业,其经营风险就比较小;反之,有些企业应变市场和调整自身的能力比较差,其需要面对的经营风险就比较大。

5. 固定成本的比重

在企业的全部成本中,固定成本所占的比重越大,当产销量发生变动时,单位产品分摊的固定成本变动越大,企业未来经营收益变动的可能就越大,经营风险也越大;反之,固定成本所占的比重越小,经营风险就越小。

(二) 经营杠杆

在上述影响企业经营风险的诸因素中,固定成本的比重很重要。在某一固定成本比重的作用下,产销量变动对利润产生的作用,被称为经营杠杆。由于经营杠杆对经营风险的影响最为综合,因此常常被用来衡量经营风险的大小。

经营杠杆的大小一般用经营杠杆系数(Degree of Operating Leverage,DOL)表示,它是企业息税前利润的变动率相当于产销量变动率的倍数。其计算公式为:

$$经营杠杆系数 = \frac{息税前利润变动率}{产销量变动率}$$

$$DOL = \frac{\Delta EBIT / EBIT}{\Delta Q / Q}$$

式中,$\Delta EBIT$——息税前利润变动额;

ΔQ——产销量变动额。

为了便于计算和应用,假定企业的成本——销售量——利润保持线性关系,变动成本在销售收入中所占的比例不变,固定成本也保持稳定,经营杠杆系数便可通过销售量和成本来表示。

因为

$$EBIT = Q \cdot (p - v) - F$$

且

$$\Delta EBIT = \Delta Q \cdot (p - v)$$

所以

$$DOL_Q = \frac{\Delta EBIT / EBIT}{\Delta Q / Q} = \frac{\Delta Q \cdot (p - v)}{Q \cdot (p - v) - F} \div \frac{\Delta Q}{Q}$$

$$= \frac{Q \cdot (p - v)}{Q \cdot (p - v) - F}$$

或

$$DOL_S = \frac{S - V}{S - V - F}$$

在实际工作中,人们通常运用 DOL_Q 公式计算单一产品的经营杠杆系数;而运用 DOL_S 公式计算多种产品乃至整个企业的经营杠杆系数。

【例 5-1】　海达科技公司只生产一种产品,固定成本总额为 800 000 元,变动成本率为 60%,当其预期销售额分别为 6 000 000 元、4 000 000 元和 2 000 000 元时,计算其经营杠杆系数如表 5-1 所示。

表 5-1　经营杠杆系数计算表　　　　　　　　　　　　　　　　　　　单位:元

项　目	方案Ⅰ	方案Ⅱ	方案Ⅲ
销售额	6 000 000	4 000 000	2 000 000
变动成本率	60%	60%	60%

续 表

项　目	方案Ⅰ	方案Ⅱ	方案Ⅲ
变动成本额	3 600 000	2 400 000	1 200 000
边际贡献	2 400 000	1 600 000	800 000
固定成本	800 000	800 000	800 000
息税前利润	1 600 000	800 000	0
经营杠杆系数 DOL	1.5	2.0	∞

上述计算结果说明：

（1）在固定成本不变的情况下，经营杠杆系数说明了销售变动所引起的息税前利润变动的幅度。比如，方案Ⅰ说明在销售额为 6 000 000 元时，销售额的增长（或减少）会引起息税前利润 1.5 倍的增长（或减少）；而方案Ⅱ则说明在销售额为 4 000 000 元时，销售额的增长（或减少）将引起息税前利润 2.0 倍的增长（或减少）。

（2）在固定成本不变的情况下，销售规模越大，经营杠杆系数越小，经营风险也就越小；反之，销售规模越小，经营杠杆系数越大，经营风险也就越大。比如，当销售额为 6 000 000 元时，DOL 为 1.5；而当销售额为 4 000 000 元时，DOL 为 2.0。显然后者利润的不稳定性大于前者，故而后者的经营风险也大于前者。

（3）当销售额达到盈亏平衡点时，经营杠杆系数则趋近于无穷大。比如方案Ⅲ的情况，此时企业经营只能保本，若销售额稍有增加便可出现盈利，若销售额稍有减少便会发生亏损。

以上是对固定成本不变情况下的分析。我们再将经营杠杆系数计算公式进一步分解，可得：

$$经营杠杆系数 = \frac{边际贡献}{息税前利润} = \frac{边际贡献}{边际贡献 - 固定成本}$$

上式清楚表明，经营杠杆系数将随着固定成本的变化成同方向的变化，即在其他因素不变的条件下，固定成本越高，经营杠杆系数越大，企业的经营风险也就越大。如果固定成本为 0，经营杠杆系数将等于 1；而如果固定成本大于 1，则经营杠杆系数也将大于 1。

企业一般可以通过增加销量、提高销售额、降低产品单位变动成本、降低固定成本比重等措施使经营杠杆系数下降，从而降低企业的经营风险。但这往往要受到多种客观因素的制约。因此，在许多情况下，企业事实上是难以控制其经营风险的。

四、财务风险与财务杠杆

（一）财务风险

财务风险，也称融资风险，是指与企业筹资相关的风险，尤其是指企业利用债务资本而导致所有者收益发生大幅变动，甚至可能导致企业破产的风险，它是企业举债后而由所有者（一般指普通股股东）承担的附加风险。例如，假设有 10 个投资者共同出资创办了一家公司，如果公司资本均为普通股股本，等额出资，每人占 10% 的股份，则公司的经营风险将由 10 个投资者平均分摊；而如果公司的资本中 50% 是股本，另 50% 是债务，由 5 个普通股股东、5 个债权人等额出资，由于债权人一般不承担经营风险，在这种情况下，5 个普通股股东便平均分摊了原来由 10 个人平均分摊的风险,每个普通股股东的风险都增加了一倍。所以,企业利用债务资本,会把经营风险全部集中到现有股东的身上。

影响企业财务风险的因素很多,其中比较重要的有以下几个方面。

1. 资本供求关系

在其他因素不变的条件下,金融市场上资本供给越充裕,企业举借能力越强,财务风险就越小;反之,金融市场上资本供给越紧张,企业举借能力越弱,财务风险就越大。

2. 市场利率水平

筹资时市场利率越高,企业负担的利息费用越多,财务风险就越大;反之,筹资时市场利率越低,企业负担的利息费用则越少,财务风险也就越小。

3. 企业获利能力

由于企业能否按期还本付息,归根到底是要看企业的获利情况。因此,企业获利能力强时,企业偿债能力肯定也强,财务风险就小;反之,企业获利能力下降时,偿债能力也会随之下降,故而企业财务风险就会相对增大。

4. 资本结构

资本结构的变化对财务风险的影响最为直接,在其他因素不变的条件下,资产负债比例越高,企业财务风险越大;反之,资产负债比例越低,企业财务风险也越小。

(二) 财务杠杆

一般来说,企业在经营中总会发生借入资金。企业负债经营,不论利润多少,债务利息是固定不变的。于是,当息税前利润增大或减少时,每单位息税前利润所负担的债务利息就会相应地减少或增大,从而给企业所有者带来额外的收益或损失。这种债务对所有者收益的影响就是财务杠杆。

财务风险的大小及其给企业带来杠杆利益的程度即财务杠杆程度,通常用财务杠杆系数 (Degree of Financial Leverage,DFL)来衡量。所谓财务杠杆系数,是指普通股每股收益的变动率相当于息税前利润变动率的倍数。其计算公式为:

$$财务杠杆系数 = \frac{普通股每股收益变动率}{息税前利润变动率}$$

$$DFL = \frac{\Delta EPS/EPS}{\Delta EBIT/EBIT}$$

式中,ΔEPS——普通股每股收益变动额。

为了便于计算和应用,财务杠杆系数的计算公式可进一步推导变换如下:

因为
$$EPS = (EBIT - I) \cdot (1-T)/N$$
且
$$\Delta EPS = \Delta EBIT \cdot (1-T)/N$$
所以
$$DFL = \frac{\Delta EPS/EPS}{\Delta EBIT/EBIT} = \frac{\Delta EBIT \cdot (1-T)/N}{(EBIT - I) \cdot (1-T)/N} \div \frac{\Delta EBIT}{EBIT}$$
$$= \frac{EBIT}{EBIT - I}$$

在存在优先股的情况下,由于优先股股利通常也是固定的,并以税后利润支付,则上式应改写成下列形式:

$$DFL = \frac{EBIT}{EBIT - I - \dfrac{D_P}{1-T}}$$

【例 5-2】 假设有甲、乙、丙三家经营相同业务的公司,它们的资本总额相等,息税前利润及其增长率也相同,所不同的只是资本结构不一样。有关情况如表 5-2 所示。

表5-2 公司每股收益与财务杠杆系数计算表   单位:元

项 目	甲公司	乙公司	丙公司
普通股本(面值10元)	2 000 000	1 500 000	1 000 000
发行股数	200 000	150 000	100 000
债务(利率8%)	0	500 000	1 000 000
资本总额	2 000 000	2 000 000	2 000 000
息税前利润	200 000	200 000	200 000
债务利息	0	40 000	80 000
税前利润	200 000	160 000	120 000
所得税(税率25%)	50 000	40 000	30 000
税后利润	150 000	120 000	90 000
财务杠杆系数DFL	1.00	1.25	1.67
普通股每股收益	0.75	0.80	0.90
息税前利润增加(1倍)	200 000	200 000	200 000
(EBIT+ΔEBIT)	400 000	400 000	400 000
债务利息	0	40 000	80 000
税前利润	400 000	360 000	320 000
所得税	100 000	90 000	80 000
税后利润	300 000	270 000	240 000
普通股每股收益	1.50	1.80	2.40

表5-2说明:

(1)财务杠杆系数表明的是息税前利润增长所引起的普通股每股收益的增长幅度。比如,甲公司的息税前利润增长1倍时,其普通股每股收益也增长1倍;乙公司的息税前利润增长1倍时,其普通股每股收益将增长1.25倍;而丙公司的息税前利润增长1倍时,其普通股每股收益则将增长1.67倍。

(2)在资本总额、息税前利润相同的情况下,负债比率越高,财务杠杆系数越高,财务风险越大,但预期普通股每股收益也越高。比如,乙公司比起甲公司来,负债比率高(乙公司资本负债率=500 000÷2 000 000=25%,而甲公司资本负债率为0),财务杠杆系数高(乙公司为1.25,而甲公司为1),故而财务风险大,但普通股每股收益也高(乙公司为0.80元,而甲公司只有0.75元);同样,丙公司比起乙公司来,负债比率高(丙公司资本负债率=1 000 000÷

2 000 000＝50％)，财务杠杆系数高(丙公司为1.67)，故而财务风险大，但普通股每股收益也高（丙公司为0.90元)。

可见，财务杠杆是把双刃剑。在息税前利润较高的情况下，财务杠杆的运用将会增加股东的财富；反之，在息税前利润较低的情况下，过高的财务杠杆也会侵蚀股东的财富。有人喜欢财务杠杆，是因为它具有一本万利的魔力；而有人厌恶财务杠杆，则是因为它会把企业推向破产的深渊。

但不管怎样，负债比率是可以控制的。企业一般可以通过合理安排资本结构，适度负债，使财务杠杆利益抵消风险增大所带来的不利影响。同时，企业也可以通过增加销售额、降低产品单位变动成本、降低固定成本比重等进而提高息税前利润的方法，以增加企业的财务风险承担能力，使财务风险相对降低。

五、总风险与总杠杆

(一)总风险

企业总风险等于经营风险加上财务风险。经营风险与财务风险是相互独立的两个部分，这就是说，即使企业不存在财务杠杆，所有者仍然要面临财务风险与经营风险。但总风险是经营风险与财务风险联合作用的结果。对于使用财务杠杆的企业来说，它们的 *DFL* 放大了经营杠杆对普通股每股收益变动性的影响。因此，对于经营比较稳定的企业，管理者可以考虑使用较大的财务杠杆，即承担一定的财务风险，从而使所有者收益有更大幅度的提高。而对于本身经营风险就比较大的企业来说，采用很高的财务杠杆(即面临很大的财务风险)则是不明智的。

因此，企业在经营中必须注意防范和控制企业的经营风险，过高的经营风险必然更进一步扩张企业的财务风险，使负债经营陷入危机。

(二)总杠杆

当经营杠杆和财务杠杆共同起作用时，我们称之为总杠杆或联合杠杆效应。企业利用总杠杆效应可以分两步将产销量的变动反映为普通股每股收益的变动：第一步，经营杠杆放大了销售变动对息税前利润的影响；第二步，财务杠杆将前一步导致的息税前利润变动对每股收益变动的影响进一步扩大。其具体作用过程如图5-1所示。

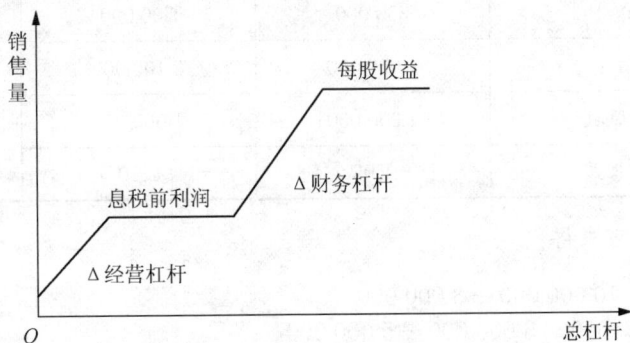

图 5-1 总杠杆作用示意图

总杠杆作用的大小一般用总杠杆系数(Degree of Total Leverage 或 Degree of Combined Leverage,DTL 或 DCL)来衡量,它是普通股每股收益的变动率相当于产销量变动率的倍数。其计算公式为:

$$总杠杆系数 = \frac{普通股每股收益变动率}{产销量变动率}$$

$$DTL(或 DCL) = \frac{\Delta EPS/EPS}{\Delta Q/Q}$$

为便于计算和运用,总杠杆系数也可以用经营杠杆系数和财务杠杆系数的乘积来表示,即:

$$DTL = DOL \times DFL$$

$$= \frac{Q \cdot (p-v)}{Q \cdot (p-v) - F - I - \frac{D_P}{1-T}}$$

$$= \frac{S-V}{S-V-F-I-\frac{D_P}{1-T}}$$

【例5-3】 湘南实业开发股份公司 2019—2020 年的有关资料如表 5-3 所示。

表5-3　公司经营情况和每股收益计算表　　　　　　单位:元

项　目	2019 年	2020 年	杠杆性质
销售收入(单价10元)	10 000 000	12 000 000	经营杠杆
变动成本(变动成本率30%)	3 000 000	3 600 000	
固定成本	5 000 000	5 000 000	
息税前利润	2 000 000	3 400 000	
债务利息	600 000	600 000	财务杠杆
税前利润	1 400 000	2 800 000	
所得税	350 000	700 000	
税后利润	1 050 000	2 100 000	
普通股发行股数	1 000 000	1 000 000	
普通股每股收益	1.05	2.10	

根据表5-3,可求得:

$$DOL = \frac{10\,000\,000 - 3\,000\,000}{10\,000\,000 - 3\,000\,000 - 5\,000\,000} = 3.5$$

$$DFL = \frac{2\,000\,000}{2\,000\,000 - 600\,000} \approx 1.429$$

$$DTL = \frac{10\,000\,000 - 3\,000\,000}{10\,000\,000 - 3\,000\,000 - 5\,000\,000 - 600\,000} = 5$$

或者，$DTL = 3.5 \times 1.429 \approx 5$

总杠杆系数既揭示了经营杠杆系数与财务杠杆系数的关系，又可以用来估计销售变动对普通股每股收益的影响程度，并借以衡量企业风险的大小。比如，本例中，总杠杆系数为 5 即表明：当销售额增长 1 倍时，普通股每股收益将增长 5 倍；反之，当销售额降低 1 倍时，普通股每股收益也将降低 5 倍。

显然，总杠杆效应大于经营杠杆和财务杠杆的单独效应。而这两种杠杆又可以有多种不同的组合。因此，企业为了达到某一总杠杆系数，可以通过经营杠杆和财务杠杆的有效组合，以获得一个理想的企业风险水平。

第二节　资本结构理论

一、资本结构的概念

资本结构是指企业各种资本的价值构成及其比例关系。例如，某公司的资本总额 10 000 万元，系由银行借款 2 000 万元、企业债券 2 000 万元、普通股 3 500 万元、留存收益 2 500 万元组成，其比例分别为银行借款 0.20、企业债券 0.20、普通股 0.35、留存收益 0.25。由此可见，一个企业的资本结构，既可以用绝对数（金额）来反映，也可以用其相对数（比例）来表示。

在实务中，资本结构有广义和狭义之分。广义的资本结构是指企业全部资本的价值构成及其比例关系，它不仅包括长期资本，还包括短期资本，主要是短期债务资本。而狭义的资本结构则仅指企业各种长期资本的价值构成及其比例关系，尤其是指长期的股权资本与债务资本的构成及其比例关系。

企业的资本结构是由企业采用的各种筹资方式筹资而形成的，各种筹资方式的不同组合类型决定着企业资本结构及其变化。虽然企业可采用的筹资方式很多，而且还呈现出越来越多的发展势头，但总体来看仍不外乎负债资本和权益资本两大类，因此，资本结构问题总的来说就是负债资本的比率问题，亦即负债在企业全部资本中所占的比重。

二、早期资本结构理论

资本结构问题（实质是资本结构变动对企业价值的影响问题）一直是财务管理中的重要理论与实际问题。围绕这一问题，现已形成了各种各样的理论学派与理论观点，详细如图 5 - 2 所示。

习惯上，人们常把美国财务学家大卫·杜兰特（David Durand）在 1952 年提出的资本结构理论称为早期资本结构理论。这一理论提出和划分了当时有关资本结构的三种基本见解，即净收益理论、净营业收益理论和传统理论。

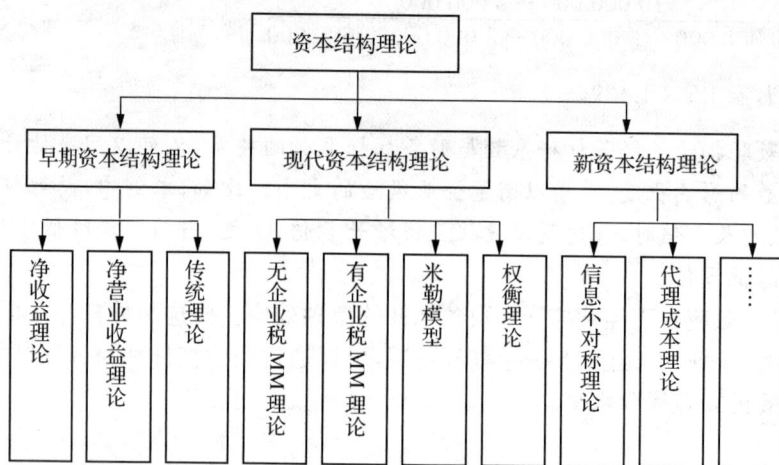

图 5-2 资本结构理论框架体系图

（一）净收益理论（Net Income Theory，NI）

净收益理论是早期资本结构理论中的一种极端理论。该理论认为，负债可以降低企业的资本成本，负债程度越高，企业的价值越大。这是因为债务利息和权益资本成本均不受财务杠杆的影响，无论负债程度多高，企业债务资本成本和权益资本成本都不会变化。因此，只要债务资本成本低于权益资本成本，那么负债越多，企业的加权平均资本成本就越低，企业价值就越大。当负债比率为100％时，企业加权平均资本成本降至最低，企业总价值达到最大。

该理论隐含的假设是：负债的资本成本和权益的资本成本均固定不变。

如果用 K_d 表示债务资本成本，K_s 表示权益资本成本，K_w 表示加权平均资本成本，V 表示企业总价值，则净收益理论可用图 5-3 来描述。

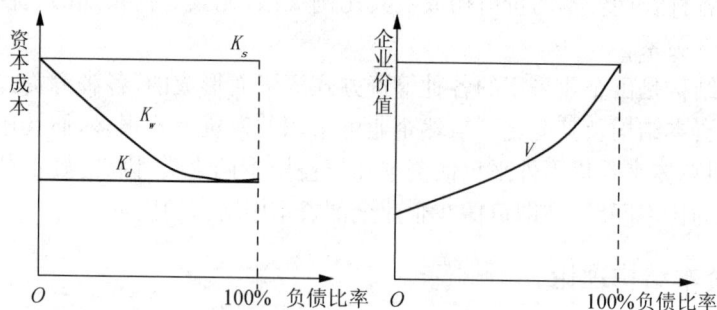

图 5-3 净收益理论

（二）净营业收益理论（Net Operating Income Theory，NOI）

净营业收益理论认为，不论财务杠杆如何变化，企业加权平均资本成本都是固定的，因而企业的总价值也是固定不变的。这是因为企业利用财务杠杆时，即使债务资本成本本身不变，但由于加大了权益的风险，也会使权益成本上升，于是加权平均资本成本并不会因为负债比率的提高而降低，而是维持不变。因此，资本结构与企业价值无关；决定企业价值高低的应是其经营收益。

净营业收益理论隐含着这样的假设,即负债的资本成本不变而权益的资本成本会随负债的增加而上升,同时认为负债的资本成本小于权益的资本成本,结果使加权平均资本成本不变。

净营业收益理论下资本成本与企业价值间的关系,可用图5－4描述。

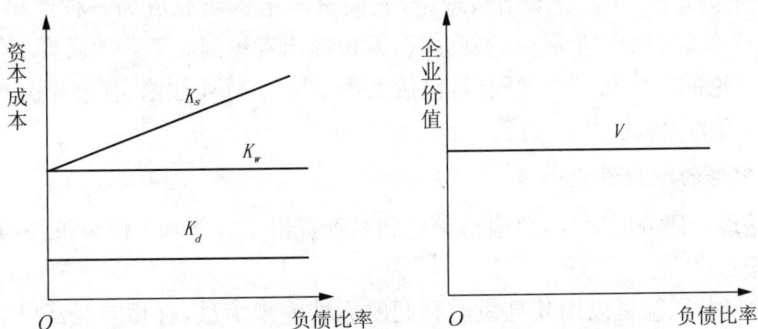

图5－4　净营业收益理论

按照这种理论,企业不存在所谓的最佳资本结构,融资决策也无关紧要。可见,净营业收益理论和净收益理论是完全相反的两种理论。

（三）传统理论(Traditional Theory)

传统理论是一种介于净收益理论和净营业收益理论之间的折中理论。该理论认为,企业利用财务杠杆尽管会导致权益成本的上升,但在一定限度内却不会完全抵消利用成本率低的债务资本所获得的好处,因此可使加权平均资本成本下降,企业总价值上升。但是,负债水平一旦超出某一限度,权益成本的上升就不再能为债务的低成本所抵消,加权平均资本成本便会上升。以后,债务成本也会上升,它和权益成本上升的共同作用,将使加权平均资本成本上升加快。因此,加权平均资本成本线呈现为U型结构,加权平均资本成本从下降变为上升的转折点,是加权平均资本成本的最低点,其所对应的负债比率就是企业最佳的资本结构。具体如图5－5所示。

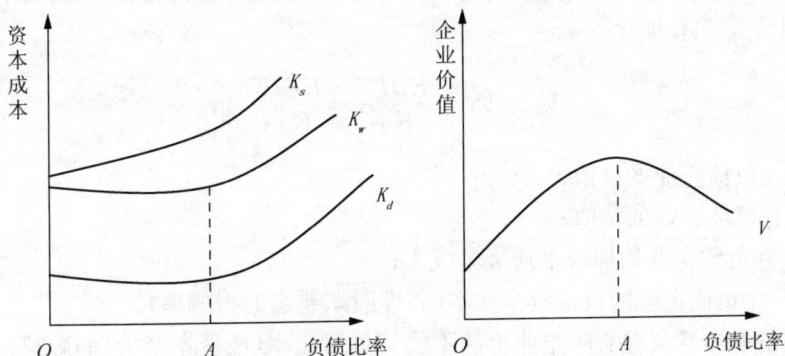

图5－5　传统理论

按照传统理论,企业确实存在一个最佳的资本结构,它存在于负债比率处于"适度状态时",而并非是100%的负债。

三、MM 资本结构理论

早期资本结构理论其实还谈不上理论,仅具有假说的性质,虽然传统理论看起来较为符合实际,但也难以令人信服。而美国著名学者莫迪格莱尼(Franco Modigliani)和米勒(Merton Miller)在 1958 年创建的 MM 资本结构理论,则使资本结构研究成为一种严格的、科学的理论,并开创了现代资本结构理论研究的新时代,两位提出者也因此荣获了诺贝尔经济学奖。

根据 MM 理论的产生和发展过程,其包括无企业税的 MM 理论、有企业税的 MM 理论和考虑了个人所得税的米勒模型。

(一)MM 理论的理论假设

在最初开始理论研究的时候,莫迪格莱尼和米勒提出了以下基本假设条件,其中一些条件后来又有所放松:

(1)企业的经营风险可以用其息税前利润的标准差来衡量,有相同经营风险的企业处于同一风险等级中。

(2)所有现在的和将来的投资者都能够对每一个企业未来的经营收益和收益风险做出正确的、相同的估计(这实际上意味着信息是对称的,即企业的经理和一般投资者获取的信息完全相同)。

(3)投资者在完善的资本市场上交易股票和债券,没有交易成本,投资者和企业一样可以在同等条件下借款。

(4)企业和个人的债务均为无风险债务,所以债务利率为无风险利率,且不会因为债务的增加而改变。

(5)企业每年所产生的盈余或预期现金流量固定不变,且会一直持续到永远,即企业的预期增长率为零,具有永续年金的性质。

(二)无企业税的 MM 理论

莫迪格莱尼和米勒是在无税状态下开始其理论研究的。根据有关假设,他们首先提出并以代数形式证明了三个基本命题。

命题Ⅰ:不论有无负债,任何企业的价值均等于其预期息税前利润除以适用于其风险等级的报酬率。用公式表示即为:

$$V_U = V_L = \frac{EBIT}{K_W} = \frac{EBIT}{K_{SU}}$$

式中,V_U——无负债企业的价值;

V_L——有负债企业的价值;

K_w——有负债企业的加权平均资本成本;

K_{SU}——无负债企业的权益资本成本(亦即股东要求的报酬率)。

这一命题的基本含义是:① 企业价值不受其负债比率(或资本结构)的影响;② 有负债企业的加权平均资本成本等于同一风险等级的无负债企业的权益资本成本,即 $K_w = K_{SU}$;③ K_{SU} 和 K_w 的高低视企业的经营风险而定。

命题Ⅱ:有负债企业的权益资本成本等于同一风险等级的无负债企业的权益资本成本加上风险报酬,而风险报酬的多少由负债融资程度和无负债企业权益资本成本与债务资本成本之差决定。用公式表示即为：

$$K_{SL} = K_{SU} + 风险报酬 = K_{SU} + (K_{SU} - K_d) \cdot \frac{D}{S_L}$$

式中，D——企业负债价值；

　　S——企业权益价值。

这一命题的基本含义是，随着负债的增加，有负债企业的权益资本成本也会相应增加。因此，企业的总价值不会随着负债比率的提高而上升，因为低成本负债所带来的利益完全被上升的权益资本成本所抵消。其结果就是有负债企业的加权平均资本成本等于无负债企业的权益资本成本，从而从另一角度证实了企业价值与资本结构无关的基本结论。

命题Ⅲ：为了保护股东的利益，企业只能投资于那些内含报酬率大于或等于加权平均资本成本或无负债企业权益资本成本的项目。用公式表示即为：

$$IRR \geqslant K_w = K_{SU}$$

MM 命题Ⅲ对于企业投资决策不仅具有重要的理论意义，而且具有重要的应用价值。该命题已经被广泛地应用于投资决策，成为企业投资决策的基本准则。

上述三个命题中，命题Ⅰ最为关键，是整个 MM 理论的核心；命题Ⅱ是命题Ⅰ在资本成本领域的派生；命题Ⅲ则是命题Ⅰ和Ⅱ在投资决策上的应用。

（三）有企业税的 MM 理论

MM 的无税模型虽然在逻辑推理上得到了肯定，但其企业价值与资本结构无关的基本结论却在实践中遭遇了挑战：现实中，似乎没有哪一个企业是不在意其资本结构的，并且资本结构还具有十分明显的行业特征。为了解释这一现象，莫迪格莱尼和米勒于 1963 年对他们自己的理论进行了修正，其要点是把企业所得税因素纳入原来的分析之中，并得出了三个新的命题：

命题Ⅰ：有负债企业的价值等于相同风险等级的无负债企业的价值加上负债的节税价值。用公式表示即为：

$$V_L = V_U + T_c \cdot D$$

式中，T_c——企业所得税税率。

命题Ⅰ表明，在引入企业所得税后，有负债企业的价值会超过无负债企业的价值，并且负债越多，两者差异越大。所以，当负债比率达到 100% 时，企业价值将达到最大。

命题Ⅱ：有负债企业的权益资本成本等于无负债企业的权益资本成本加上风险报酬，而风险报酬的高低由负债融资程度与企业所得税税率决定。用公式表示即为：

$$K_{SL} = K_{SU} + 风险报酬 = K_{SU} + (K_{SU} - K_d) \cdot (1 - T_c) \cdot \frac{D}{S_L}$$

注意除了 $(1-T_c)$ 一项外，本公式同无企业税情况时的公式完全相同：

$$K_{SL} = K_{SU} + 风险报酬 = K_{SU} + (K_{SU} - K_d) \cdot \frac{D}{S_L}$$

由于 $(1-T_c)$ 总小于 1，所以，引入企业税收因素之后，尽管企业权益资本成本还会随着负债比率的提高而上升，但其上升的幅度会小于无税时的上升幅度。也正因为此，再加上负债的节税利益,才产生了命题Ⅰ的结论,即负债越多,加权平均资本成本越低,企业价值越高。

命题Ⅲ:为了保护股东的利益,企业只能投资于内含报酬率符合以下条件的项目:

$$IRR \geqslant K_{SU} \cdot (1 - T_C) \cdot \frac{D}{V_L}$$

由于这一命题业已在投资决策被广为接受,这里不再讨论。

(四) 米勒模型

修正后的 MM 理论虽然包括了企业所得税因素,但没有考虑个人所得税的影响。为此,米勒教授于 1977 年发表了题为《债务与税收》的论文,系统探讨了企业所得税和个人所得税同时存在的情况下,资本结构对企业价值的影响,并再一次证实了 MM 理论。

米勒指出,考虑了个人所得税因素以后,在前述各项假设不变的情况下,无负债企业的价值可用下列公式表示:

$$V_U = \frac{EBIT \cdot (1 - T_C) \cdot (1 - T_S)}{K_{SU}}$$

而如果企业负债经营,则它每年产生的现金流量将被分割成两部分:

$$
\begin{aligned}
CF_L &= 属于股东的现金流量 + 属于债权人的现金流量 \\
&= (EBIT - I) \cdot (1 - T_C) \cdot (1 - T_S) + I \cdot (1 - T_d) \\
&= EBIT \cdot (1 - T_C) \cdot (1 - T_S) - I \cdot (1 - T_C) \cdot (1 - T_S) + I \cdot (1 - T_d)
\end{aligned}
$$

式中,T_S——股票利得的个人所得税税率;

T_d——利息收入的个人所得税税率;

I——债务利息支出或收入。

由于上式中右边的各项均具有永续年金的性质,因此,只需将它们分别除以适当的折现率,就可求得有负债企业的市场价值,即:

$$
\begin{aligned}
V_L &= \frac{EBIT \cdot (1 - T_C) \cdot (1 - T_S)}{K_{SU}} - \frac{I \cdot (1 - T_C) \cdot (1 - T_S)}{K_d} + \frac{I \cdot (1 - T_d)}{K_d} \\
&= V_U + \frac{I \cdot (1 - T_d)}{K_d} \cdot \left[1 - \frac{(1 - T_C) \cdot (1 - T_S)}{1 - T_d} \right] \\
&= V_U + D \cdot \left[1 - \frac{(1 - T_C) \cdot (1 - T_S)}{1 - T_d} \right]
\end{aligned}
$$

这就是通称的米勒模型。分析这一表达式,可以看出:

(1) 如果忽略所有的税率,亦即 $T_C = T_S = T_d = 0$,则 $V_L = V_U$,这就与 MM 无税理论的价值表达式相同。

(2) 如果忽略个人所得税,亦即 $T_S = T_d = 0$,则 $V_L = V_U + DT_C$,这就与 MM 有税理论的价值表达式相同。

(3) 如果股票和债券收益的个人所得税税率相等,亦即 $T_S = T_d$,则它们对有负债企业的市场价值的影响正好相互抵消,$V_L = V_U + DT_C$,这也与 MM 有税理论的价值表达式相同。

(4) 如果 $(1 - T_C) \times (1 - T_S) = (1 - T_d)$,则括号中的项目等于零。这意味着企业负债节税的好处正好被投资个人所得税所抵消。在这种情况下,资本结构对企业价值或资本成本无任何影响,从而又回到了 MM 无税理论。

由此可见,米勒模型是在 MM 理论的基础上建立起来的,是 MM 理论的拓展,本质上仍属于 MM 理论体系。

MM 理论成功地利用数学模型,揭示了资本结构中负债的意义,是对企业财务理论的重大贡献。虽然,在现实中,人们对该理论的有效性是持怀疑态度的,实际上也没有一家企业采纳 MM 理论的建议,因为其假设条件不符合实际情况,如 MM 有税理论和米勒模型均得出同一结论,即企业应 100% 负债,这显然在实际生活中不会出现。但是,这一似是而非的理论却在学术界引起了极大的反响。在莫迪格莱尼和米勒发表了他们的证明和推导后,很多学者又从不同角度用不同方法做了再证明。

四、权衡理论

MM 理论和米勒模型只是单方面地考虑了负债带来的节税利益,而忽略了负债可能导致的风险和额外费用。既考虑负债带来的利益,也考虑负债可能导致的各种风险和成本,并对它们进行适当权衡借以确定企业价值的理论,就是所谓的权衡理论。尽管权衡理论也是在 MM 理论的基础上产生的,但因考虑了更多的现实因素,因此更能切合实际。

（一）财务拮据成本

财务拮据是指企业没有足够的支付能力,不能及时清偿到期债务。在市场经济体制下,许多企业都要经历财务拮据的困扰,严重的甚至可能破产。但不论破产与否,都会引发一定的成本费用或损失,即财务拮据成本。一般来说,财务拮据成本分为直接成本和间接成本。

1. 直接成本

因财务拮据而诱发的直接成本,主要是指物质损耗支出和法律、行政事务方面的开支。具体包括:① 破产发生时,企业所有者和债权人之间的争执不休常常会延缓企业资产的清偿,从而导致存货和固定资产在物质上的破损、贬值或过时。② 清算过程中,企业需支付的律师费、诉讼费和其他行政开支如清算费用等。

2. 间接成本

由财务拮据而诱发的间接成本,是指由于企业决策者的短期行为,以及供应商和客户的逃避行为而造成的成本支出或损失。具体包括:① 当企业出现严重的财务拮据时,企业管理当局为解燃眉之急,往往会采取一些短期行为,诸如推迟机器的大修、低价变卖长期资产、为节约成本而降低产品和服务质量等,从而损害企业的长期市场份额和价值。② 大量债务到期,债权人纷纷上门讨债,为了偿还债务,企业不得不以高利率举债,从而陷入更严重的恶性循环。③ 当企业陷入财务困境时,客户和供应商往往会采取逃避行为,而不再向企业供应原材料或购买产品,或是附加一些额外苛刻的条件,从而使企业的经营越发困难,财务更加拮据。

财务拮据成本只会发生在有负债的企业,并且负债越多,固定利息负担越重,收益下降的概率及其所导致的财务拮据的概率也就越高。而财务拮据成本的发生和增加,势必提高企业的资本成本,降低企业价值。

（二）代理成本

股东和债权人将资金投向企业以后,一般会委托经理人员管理这些资金并负责日常的运营,由此形成股东和债权人与经理人员之间的委托代理关系。由于经理人员往往是由股东聘任的,因此,经理人员在管理决策中更多的是考虑股东的利益,其次才是债权人的利益。

债权人贷款给企业时,其要求的报酬率(利率)是根据贷款时对企业信用分析所确定的贷款风险而确定的。然而,在企业获得贷款后,经理人员却有可能为了替股东谋取更大的利益而选择实际风险大于债权人预期风险的投资项目。因为,如果风险更大的投资计划一旦获得成功,所得好处将全部归于股东,债权人只能得到事先规定的固定利息收入;而一旦投资失败,债权人则要承担相应的风险,这实际上就损害了债权人的利益。类似地,如果企业为增加利润而决定进一步举债,则企业旧债的价值将减少。这是因为企业一旦发行新债,一方面对旧债的破产保护将减少,另一方面新债的高利率也会使低利率的旧债价值相对降低,但增加的利润多数会被股东拿走。

这就是说,股东们可以通过其代理人即企业经理人员从债权人那里获得好处。由于存在这种可能性,因此会发生以下两方面的代理成本:① 债权人为保护自身利益,在给企业贷款或购买企业债券时订立"保护性约束条款",如限制企业进一步举借新债、规定最低现金余额、限制现金股利的发放等;而这些保护性约束条款会在一定程度上限制企业的经营,影响企业效率,从而导致效率损失。② 为了确保这些保护性约束条款的实施,还必须用特定的方法(如外聘注册会计师审计财务报表等)对企业进行监督,从而引发额外的监督费用,抬高负债成本,降低负债利益。

与财务拮据成本一样,代理成本也会随企业负债程度而变化:如果企业债务很少,债权人可能会放宽限制条款或只进行有限的监督,相应发生的代理成本就比较低;如果债务数额较大,债权人则会提出更为苛刻的限制条款或要求进行广泛的监督,从而发生较高的代理成本。

(三)权衡理论的数学模型

如果 MM 有税理论是正确的话,那么,随着负债比率的增加,企业的价值也会不断增加,直至负债为 100% 时,企业价值将达到最大。但当我们把上述财务拮据成本和代理成本考虑进来后,负债企业价值的计算则会有所变化,具体公式为:

$$V_L = V_U + TD - (FPV + TPV)$$

式中,TD——负债节税利益的现值;

FPV——预期财务拮据成本的现值;

TPV——预期代理成本的现值。

这就是所谓的权衡模型,如图 5-6 所示。

从图 5-6 可以看出,在企业负债水平达到 A 点之前,举债节税效应起完全支配作用,企业价值主要由含税 MM 理论决定,即 $V_L = V_U + TD$;在负债水平超过 A 点后,财务拮据成本和代理成本的作用显著增强,抵消部分节税利益,从而使企业价值低于 MM 理论值;在 B 点上,节税的边际收益完全被边际财务拮据成本和代理成本所抵消;而一旦超过 B 点,则财务拮据成本和代理成本将起主导作用,企业价值随负债水平的提高而下降。因此,按照权衡理论,企业有其最佳资本结构,也就是图中的 B 点,当企业负债比率达到此点时,企业市场价值最大。

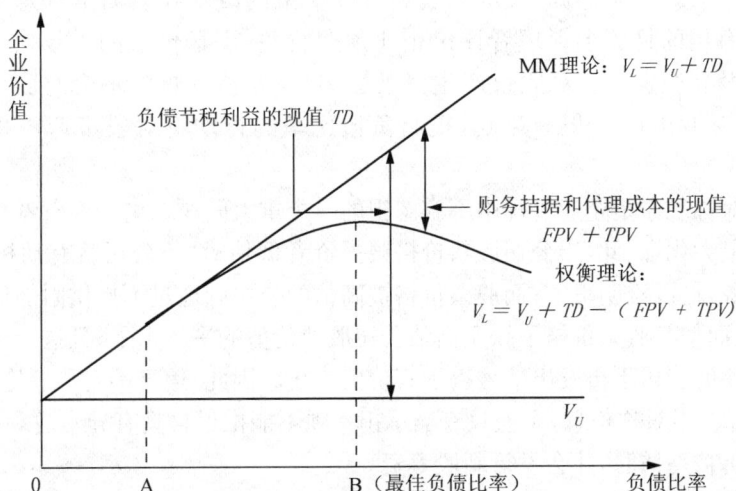

图 5-6　权衡理论的数学模型

权衡理论提供了确定最佳资本结构的基本思路,即最佳资本结构的确定应当在节税利益与财务拮据成本、代理成本之间进行审慎地权衡。通常,风险企业,即资产收益波动性大的企业的负债在其他条件不变的情况下应该较少;使用有形、容易市场化资产如不动产和标准生产机械的企业可比那些主要依靠无形资产如专利权、商誉等的企业举借更多的款项;当前以最高税率支付税款,且在将来也不会改变的企业,比现在或将来以较低税率交税的企业可承担更多的负债。

权衡理论的局限性在于对财务拮据成本和代理成本所引起的价值降低几乎是主观臆断的。尽管我们知道这些成本将随负债的增加而增加,但却无法知道它们之间确切的函数关系。

五、信息不对称理论

20 世纪 60 年代初,美国哈佛大学的戈顿·唐纳森教授对企业实际是如何建立其资本结构的问题进行了一项广泛的调查,他发现:

(1) 企业宁愿以企业内部产生的资金筹资,如留存收益、折旧基金等。

(2) 企业根据其未来投资机会和预期未来现金流量确定目标股利发放率。目标股利发放率是建立在正常情况下留存收益加上折旧能适应资本费用支付要求的水平上。

(3) 股利在短期内具有"刚性",企业不愿意在现金股利上有较大的变动,特别是削减股利往往会遭到股东的强烈反对。

(4) 企业如果有剩余留存收益,它或是投资于有价证券,或是用于偿还负债。如果企业没有足够留存收益来支持不可取消的新项目,它会出售其部分有价证券。

(5) 如果需要外部筹资,企业首先会发行债券,然后是可转换债券,最后万不得已才是发行普通股票。唐纳森教授将此称为筹资的"啄食顺序",这显然不同于权衡理论的平衡原理。

斯沃特·迈尔特教授注意到了唐纳森教授的研究发现与权衡理论的不一致,并据此提出了一个新的理论,即信息不对称理论。

信息不对称理论是企业资本结构理论的重要组成部分,其基本思想是由于不对称信息的存在,企业在决定筹资顺序和确定最佳资本结构时应当考虑投资者对企业价值的不同预期这一重要因素。企业筹资、投资和股利分配决策的改变在实质上都意味着一种信号,一种对投资者有用的且关于管理者评价企业预期收益、市场价值的市场信号。一般来说,资本结构改变及新股发行将对股市产生消极影响,而新债发行将不会对股市产生重大影响,股票回购将对股市产生积极影响,提高负债比率的行动将对股市产生积极作用;反之则相反。

信息不对称现象是企业管理中不容忽视的一个重大问题。由于经营者总是试图谋求现有股东的利益最大化,因此,当公司股票价格被投资者低估时,该公司就有动机在财务信息上耗费额外的资源,借以澄清事实;而股票价格被高估的公司则通过不提供附加信息的方式含蓄地澄清事实,从而使其股票价格下跌至高估公司股票价值的平均水平,且这个过程会一直持续到那些业绩最差的公司不再发出信号揭示其价值为止。因此,信息不对称理论认为:

(1) 若存在不对称信息,企业只有当承担一项不能推迟且具有异常盈利的项目,或者管理当局认定股价被高估时,才会发行新股筹资。

(2) 投资者若得知公司将发售新股的消息,会抛售公司股票,从而导致股价下跌。

(3) 当存在不对称信息时,实际观察到的筹资顺序是合理的,这就需要将很大一部分留存收益转作生产性资金,提高股本比重,降低负债比率以保持筹资的储备能力。这种能力在企业承担一项有巨额现金净流量,或需要外部资金来完成的投资项目时,将显得特别重要。

根据信息不对称理论,为了提高企业价值,经理人员应当提高自有资本比重,降低负债比率,并增强自我筹资能力。在通常时期,企业应少负一些债务,保留一部分负债的容量,以便特别好的投资机会到来时再举债。只有当上述负债容量或现行股价被高估时,我们前面提及的筹资顺序才是合乎逻辑的,先用内部资金,其次举债,最后才发行新股。因为使用内部资金融资,加大了权益比重,也就等于增加了负债容量。一般而言,在存在一定负债容量的情况下,从外部筹资的首选方式是举债;如果对资本仍有需求,最后就只好发行股票了。

除此之外,在对资本结构的继续研究中,还有不少学者提出了一些新理论、新主张,比较典型的如代理成本理论、激励理论和控制权理论等。总的来说,各种各样的资本结构理论均为企业进行融资决策提供了有价值的参考,可用于指导企业的决策行为。

第三节　资本结构决策

一、影响资本结构决策的因素

在现实中,影响和制约资本结构决策的因素,除了前已述及的资本成本、财务风险以外,还有如下一些重要因素,企业在资本结构决策中应予以综合考虑。

(一) 企业经营的长期稳定性

企业经营的长期稳定性是企业自下而上获得发展的重要保证。企业对财务杠杆的运用,必须限制在不危及其自身长期稳定经营的范围以内。

(二) 企业所有者与管理者的态度

企业所有者和管理者的态度对资本结构有重要影响,因为企业资本结构的决策最终是由他们做出的。

　　一个企业的股票如果被众多投资者所持有,谁也没有对企业的绝对控制权,这个企业可能会更多地采用发行股票的方式筹集资金,因为所有股东都不担心控制权的稀释。反之,一个企业如果只被少数股东所控制,为保证少数股东对企业的绝对控制权,企业一般会尽量避免发行普通股筹资,而是更多地采用优先股或负债的方式来筹集资本。

　　管理者对待风险的态度也是影响资本结构的重要因素。喜欢冒险的经理人员可能会安排较高的负债比率;反之,一些持稳健态度的经理人员则会使用较少的债务资本。

　　(三)贷款银行和评信机构的态度

　　虽然企业对如何适当地运用财务杠杆,进行资本结构决策有自己的分析判断,但在涉及较大规模的债务筹资时,贷款银行和信用评级机构的态度实际上往往成为决定企业资本结构的关键因素。通常,企业在决定资本结构并付诸实施之前,都会向贷款银行和评信机构咨询,并充分尊重他们的意见。如果企业坚持使用过多债务,则贷款银行可能拒绝贷款,或是附加额外条款后才会同意增加贷款。同样,如果企业债务太多,信用评级机构往往也会降低企业的信用等级,从而影响企业的再筹资能力,抬高资本成本。

　　(四)企业成长性

　　企业成长性一般可用销售增长率来度量。成长性强的企业在固定成本既定的情况下,营业利润会随销售的增长而更为快速地增长。因此,一般而言,企业成长性越强,预期利润增长越快,就越可以更多地负债。但是,如果企业成长过程中波动性较大,说明企业的经营风险较大,因而预期利润也将表现为不稳定,这样的企业则应谨慎举债经营,以避免经营风险和财务风险的"共振"。

　　(五)企业财务状况

　　一般而言,获利能力较强、财务状况良好、变现能力较强的企业,可以承担较高的财务风险,并支付较多的债务利息,因而可以适当加大负债比率;相反,财务状况较差的企业则不宜选择高负债比率。当然,如果企业因为财务状况不好而无法顺利发行股票的话,也可能只好通过发行债券来筹集资金,但必须注意的是,它是以高利率为代价的。

　　(六)税率与利率

　　企业利用负债所能获得的节税利益,与所得税税率的高低成正比。因此,在其他因素既定的条件下,所得税税率越高,企业就越倾向于多负债;反之,则会倾向于少负债。

　　利率水平也是影响企业资本结构安排的一个重要因素。利率水平越高,负债所带来的财务负担越重,企业只能将负债比率安排得低一些;反之,则可以安排得高一些。此外,当预期利率上涨时,企业会在当前较多地利用长期债务筹资方式,而当预期利率下跌时,企业则会较谨慎地利用长期债务筹资方式。

　　(七)金融市场的发育程度

　　金融市场是企业筹集资本的场所,金融市场的完善和发育程度,将在一定程度上制约企业的筹资行为和资本结构。如果货币市场相对资本市场发达、完备、健全,企业就可以适当提高流动负债比率;如果货币市场不健全、不完善,企业就应当减少流动负债比率,扩大长期资本规模,以降低筹资风险。

（八）行业差异

实践表明，不同行业或同一行业的不同企业，在运用债务融资的策略和方法上大不相同，从而也使资本结构产生差异。表5-4提供的是按照SIC编码（由美国政府创建的标准行业分类编码）划分的美国部分行业的资本结构情况，较为清晰地列出了这种差异。

表5-4　美国企业的资本结构

行　业	SIC 编码	企业数量	总资本负债率*	负债—股权比率
药品	283	109	3.15%	3.25%
橡胶鞋	302	5	4.67%	4.90%
计算机	357	116	5.91%	6.28%
奶制品	202	8	13.57%	15.73%
纺织品、衣服	23	30	18.58%	22.83%
餐饮	5 812	52	22.65%	29.29%
汽车	371	40	25.74%	31.73%
纸业	26	29	28.98%	40.82%
炼油	29	21	31.03%	45.00%
钢铁	331	26	32.98%	49.21%
飞机制造	372	12	34.56%	52.89%
百货商场	531	11	38.74%	63.23%
航空业	4 512	14	43.81%	89.41%
电力公用事业	491	74	51.01%	104.00%
有线电视	484	12	58.38%	141.00%

注：负债是指优先股和长期债务（包括一年内到期的长期债务）的账面价值之和，股权是指发行在外股份的市场价值，总资本是债务与股权之和。

资料来源：斯蒂芬·罗斯等，公司理财精要，第238页，北京：人民邮电出版社，2003。

（九）国别差异

由于历史传统、文化背景、经济制度等因素的影响，国际间资本结构差别明显。有些国家的企业偏好债务融资，而另外一些国家的企业则出于稳健性考虑，偏好于股权融资，具体如表5-5所示。

表5-5　不同国家资本结构差异比较

国　家	权　益	总债务	长期债务	短期债务
英国	68.3%	31.7%	N/A	N/A
美国	48.4%	51.6%	26.8%	24.8%
加拿大	47.5%	52.5%	30.2%	22.7%
德国	39.7%	60.3%	15.6%	44.7%

续　表

国　家	权　益	总债务	长期债务	短期债务
西班牙	39.7%	60.3%	22.1%	38.2%
法国	38.8%	61.2%	23.5%	37.7%
日本	33.7%	66.3%	23.3%	43.0%
意大利	23.5%	76.5%	24.2%	52.3%

注:这里的分值按各国货币计算。如法国公司的总资产数据单位为法郎。

资料来源:*OECD Financial Statistics*,*Part 3*:*Non-Financial Enterprises Financial Statements*,1996;转引自:斯科特·贝斯利等,财务管理精要,第328页,北京:机械工业出版社,2003。

二、资本结构决策分析

从理论上讲,企业最佳资本结构是客观存在的,但事实上很难确定。在实践上,通常可以采用下列方法来确定企业最佳资本结构。

（一）比较资本成本法

企业在做出筹资决策之前,先拟订若干个备选方案,分别计算各方案的加权平均资本成本,并根据加权平均资本成本的高低来确定资本结构的方法,叫比较资本成本法。现举例说明如下:

【例5-4】　南方工贸股份公司原来的资本结构如表5-6所示。

表5-6　南方工贸股份公司资本结构

资本来源	金额(万元)
企业债券(年利率10%)	600
优先股(年股息率10%)	200
普通股	800
合　计	1 600

该公司普通股每股面值1元,发行价10元,共发行80万股,目前股票价格也为10元;今年预期每股股利为1元,以后每年还可增加5%。为扩大生产经营规模,公司拟增资400万元,现有三个备选方案可供选择。

A方案:发行企业债券400万元,因负债增加,投资人风险加大,债券利率须增至12%才能发行;同时,普通股的市价将跌至每股8元。

B方案:发行企业债券200万元,年利率10%;另外发行普通股200万元,每股发行价为10元,预计普通股股利水平不变。

C方案:发行股票36.364万股,由于公司信誉提高,普通股市价增至11元。

若公司适用的所得税税率为25%,发行各种证券均无筹资费用,请为南方工贸股份公司选择最好的筹资方式。

为了确定上述三个方案哪个最好,需要分别计算并比较各自的加权平均资本成本。

(1)计算计划期初的加权平均资本成本,如表5-7所示。

表5-7 计划期初加权平均资本成本计算表

资本来源	资本来源结构	资本成本
企业债券	600/1 600＝37.5％	10％×(1－25％)＝7.5％
优先股	200/1 600＝12.5％	10％
普通股	800/1 600＝50％	1/10＋5％＝15％
合　计	100％	$K_{W0}\approx11.56\%$

（2）计算A方案的加权资本成本,如表5-8所示。

表5-8 A方案加权平均资本成本计算表

资本来源	资本来源结构	资本成本
原来的企业债券	600/(1 600＋400)＝30％	10％×(1－25％)＝7.5％
增发的企业债券	400/(1 600＋400)＝20％	12％×(1－25％)＝9％
优先股	200/(1 600＋400)＝10％	10％
普通股	800/(1 600＋400)＝40％	1/8＋5％＝17.5％
合　计	100％	$K_{W1}＝12.05\%$

（3）计算B方案的加权资本成本,如表5-9所示。

表5-9 B方案加权平均资本成本计算表

资本来源	资本来源结构	资本成本
企业债券	(600＋200)/2 000＝40％	10％×(1－25％)＝7.5％
优先股	200/2 000＝10％	10％
普通股	(800＋200)/2 000＝50％	1/10＋5％＝15％
合　计	100％	$K_{W2}＝11.5\%$

（4）计算C方案的加权资本成本,如表5-10所示。

表5-10 C方案加权平均资本成本计算表

资本来源	资本来源结构	资本成本
企业债券	600/2 000＝30％	10％×(1－25％)＝7.5％
优先股	200/2 000＝10％	10％
普通股	(800＋400)/2 000＝60％	1/11＋5％＝14.1％
合　计	100％	$K_{W3}＝11.71\%$

从上述计算可以看出,南方工贸股份公司应选择B方案。B方案不仅加权平均资本成本最低,而且新增资本也没有改变原来的资本结构,即50％为债务资本(含优先股),50％为普通股权益。

比较资本成本法通俗易懂,计算过程也不是十分复杂,是确定资本结构的一种常用方法。但因所拟订的方案数量有限,因此有把最佳方案漏掉的可能。故而这种方法一般只适宜于资本规模较小、结构较为简单的企业采用。

(二) 每股收益分析法

资本结构是否合理,可以通过分析每股收益的变化来衡量。一般而言,凡是能够提高每股收益的资本结构就是合理的;反之,就是不合理的。然而,每股收益的变化不仅受到资本结构的影响,还受到销售水平的影响。要处理好这三者之间的关系,则必须运用每股收益分析法。

每股收益分析法是利用每股收益的无差别点来进行。所谓每股收益无差别点,是指普通股每股收益不受筹资方式影响的销售水平。根据每股收益无差别点,可以判断在什么样的销售水平下,适合采用何种筹资方式,帮助管理者进行资本结构决策。

每股收益的无差别点可以通过计算得出。

每股收益 EPS 的计算公式为:

$$EPS = \frac{(S-V-F-I)\cdot(1-T)-D_P}{N} = \frac{(EBIT-I)\cdot(1-T)-D_P}{N}$$

在每股收益无差别点上,无论是采用债务筹资,还是采用权益筹资,每股收益都是相等的。因此,若以 EPS_1 代表债务筹资方式下的每股收益,以 EPS_2 代表权益筹资方式下的每股收益,则有:

$$EPS_1 = EPS_2$$

$$\frac{(\overline{EBIT}-I_1)\cdot(1-T)-D_{P1}}{N_1} = \frac{(\overline{EBIT}-I_2)\cdot(1-T)-D_{P2}}{N_2}$$

或 $$\frac{(\overline{S}-V_1-F_1-I_1)\cdot(1-T)-D_{P1}}{N_1} = \frac{(\overline{S}-V_2-F_2-I_2)\cdot(1-T)-D_{P2}}{N_2}$$

式中,$\overline{EBIT}$——以息税前利润表示的每股收益无差别点;

$\overline{S}$——以销售额表示的每股收益无差别点。

【例 5-5】 中新实业股份有限公司原有资本 7 000 000 元,其中债务资本 2 000 000 元(每年需负担利息 240 000 元),普通股权益 5 000 000 元(普通股每股面值 5 元,发行股数 1 000 000 股)。由于扩大业务规模,公司拟追加筹资 3 000 000 元,现有两个备选方案可供选择。

A 方案:全部发行普通股,每股面值仍为 5 元,共发行 600 000 股;

B 方案:全部发行企业债券,债券票面利率仍为 12%,按年付息,年利息额 360 000 元。

假设公司预期追加筹资后的息税前利润为 1 400 000 元,适用所得税税率为 25%,要求根据资本结构的变化进行每股收益分析。

每股收益分析其实就是分析资本结构变化对普通股每股收益的影响,具体如表 5-11 所示。

表 5-11 不同方案增资后的每股收益 单位:元

项 目	A 方案	B 方案
预期息税前利润	1 400 000	1 400 000
减:债务利息	240 000	600 000
税前利润	1 160 000	800 000

续　表

项　　目	A 方案	B 方案
减:所得税	290 000	200 000
税后利润	870 000	600 000
普通股股数	1 600 000	1 000 000
普通股每股收益	0.54	0.60

由表 5-11 可见,不同增资方式下,普通股每股收益是不等的。本例中,当息税前利润为 1 400 000 元时,增加债务后普通股每股收益相对较高。这表明从每股收益立场分析来看,中新实业股份有限公司应当选择 B 方案增加筹资,即资本结构中债务资本与权益资本各占 50% 时较为理想。

但表 5-11 中所反映的只是息税前利润为 1 400 000 元时的情形。对于企业来说,可能更为重要的是要了解竟息税前利润为多少时发行普通股筹资有利,息税前利润又为多少时发行债券筹资有利,而这需要借助于每股收益无差别点来判断。

将公司相关资料代入前述计算公式进行测算,可得:

$$\frac{(\overline{EBIT}-240\,000)\times(1-25\%)-0}{1\,000\,000+600\,000}=\frac{(\overline{EBIT}-240\,000-360\,000)\times(1-25\%)-0}{1\,000\,000}$$

解之可得: $\overline{EBIT}=1\,200\,000$(元)

此时,普通股每股收益为:

$$EPS_1=EPS_2$$

$$\frac{(1\,200\,000-240\,000)\times(1-25\%)-0}{1\,000\,000+600\,000}=\frac{(1\,200\,000-240\,000-360\,000)\times(1-25\%)-0}{1\,000\,000}$$

解之即得: $EPS=0.45$(元)

上述 $\overline{EBIT}=1\,200\,000$ 元的意义在于:当预期息税前利润大于 1 200 000 元时,增加债务筹资要比增发普通股有利;当预期息税前利润小于 1 200 000 元时,增加债务则不利,应当考虑增加权益资本;而当预期息税前利润正好等于 1 200 000 元时,无论采用哪一种方式都是可行的。本例中,中新实业股份有限公司预期息税前利润为 1 400 000 元,故以采用增发债券的方式较为有利。

利用表 5-11 的资料,还可以绘制每股收益无差别分析图(见图 5-7),也能一目了然地说明问题。

需要指出的是,以上每股收益无差别点的计算,是建立在债务永久存在的假设前提下的,并没有考虑债务本金的偿还问题。实际上,尽管企业可以随时借入新债以偿还旧债,努力保持债务规模的延续,但也不能不安排债务本金的清偿。因为很多债务合同中均要求企业设置偿债基金,强制企业每年投入固定的金额。设置偿债基金使得企业每年有一大笔费用支出,而且不能用来抵减税负。设置偿债基金后的每股收益称为每股自由收益(VEPS),是建立偿债基金企业的可供自由支配的资金,既可用于支付股利,也可用于其他新的投资。在这种情况下,每股收益无差别点的计算公式则应调整为:

$$\frac{(\overline{EBIT}-I_1)\cdot(1-T)-D_{P1}-SF}{N_1}=\frac{(\overline{EBIT}-I_2)\cdot(1-T)-D_{P2}-SF}{N_2}$$

或

$$\frac{(\overline{S}-V_1-F_1-I_1)\cdot(1-T)-D_{P1}-SF}{N_1}$$

$$=\frac{(\overline{S}-V_2-F_2-I_2)\cdot(1-T)-D_{P2}-SF}{N_2}$$

式中,SF——企业每年提取的偿债基金额。

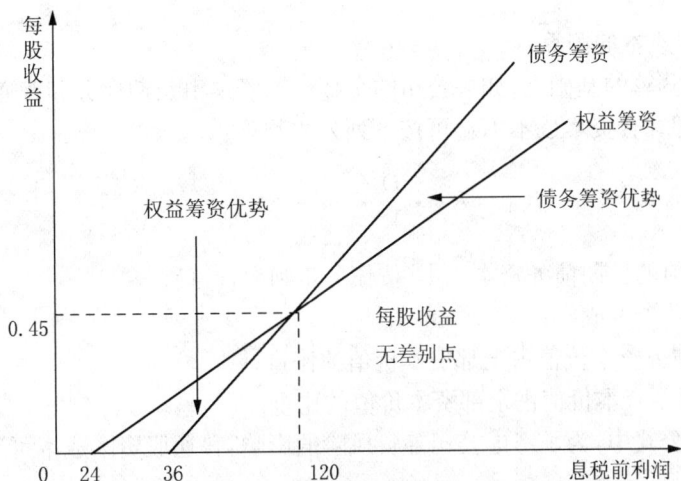

图 5-7　每股收益无差别分析图

　　每股收益分析法比较容易理解,测算过程也较为简单。但是仅以普通股每股收益最高作为决策依据,而不考虑财务风险,是不全面的。因为随着负债的增加,企业财务风险的加大,投资者的风险也在加大,股票价格和企业价值也会有下降的趋势。所以,单纯地用每股收益分析法有时会做出错误的决策。一般来说,这种方法适宜于资本规模不大、结构不太复杂的股份有限公司选用。

　　（三）比较公司价值法

　　比较公司价值法是在反映财务风险的前提下,以公司价值的大小为标准,经过测算确定企业最佳资本结构的方法。与比较资本成本法和每股收益分析法相比,比较公司价值法充分考虑了公司财务风险和资本成本等因素的影响,进行资本结构决策以公司价值最大为标准,更加符合企业财务目标;但其测算原理及测算过程较为复杂,通常适用于资本规模较大的上市公司。

　　1. 公司价值的测算

　　公司价值的测算具有多种不同的基础与方法,较为合理并且常用的是认为公司价值等于其长期债务和股票的折现价值之和。即:

公司价值＝长期债务的折现价值＋公司股票的折现价值

　　用符号表示就是:

$$V=D+S$$

其中,为简化测算起见,设债务(含长期借款和长期债券)的现值等于其面值(或本金),股票的现值则按其未来净收益折现测算,测算公式为:

$$S = \frac{(EBIT - I) \cdot (1 - T)}{K_S}$$

上述测算公式假定公司的长期资本系由长期债务和普通股组成。如果公司的股票有普通股和优先股之分,则上列公式可改写成下列形式:

$$S = \frac{(EBIT - I) \cdot (1 - T) - D_P}{K_S}$$

2. 公司资本成本的测算

在公司价值测算的基础上,如果公司的全部长期资本由长期债务和普通股组成,则公司的全部资本成本,即综合资本成本 K_W 可按下列公式测算:

$$K_W = K_d \cdot \frac{D}{V} \cdot (1 - T) + K_S \cdot \frac{S}{V}$$

式中,K_d——税前的长期债务资本成本(按债务年利率计算);

K_S——股票资本成本;

D/V——债务资本价值占全部资本价值的比重;

S/V——股票资本价值占全部资本价值的比重。

在上列测算公式中,为了考虑公司筹资风险的影响,普通股资本成本可运用资本资产定价模型来测算,即:

$$K_S = R_F + \beta \cdot (K_M - R_F)$$

式中,R_F——无风险报酬率;

K_M——所有股票的市场报酬率;

β——公司股票的贝塔系数。

3. 公司最佳资本结构的测算与判断

运用上述原理测算公司的总价值和综合资本成本,并以公司价值最大化为标准比较确定公司的最佳资本结构。

【例5-6】 长新股份有限公司全部资本均为普通股权益,股票账面价值2 000万元。公司认为目前资本结构不合理,拟举债购回部分股票予以调整。公司预计年息税前利润为500万元,适用所得税税率为25%。经咨询调查,目前的长期债务利率和权益资本的成本情况详细如表5-12所示。

表5-12　不同债务规模下的债务利率和权益资本成本的测算表

D(万元)	$K_d(\%)$	β	$R_F(\%)$	$K_M(\%)$	$K_S(\%)$
0	—	1.20	10	14	14.8
200	10	1.25	10	14	15.0
400	10	1.30	10	14	15.2

续 表

D(万元)	$K_d(\%)$	β	$R_F(\%)$	$K_M(\%)$	$K_S(\%)$
600	12	1.50	10	14	16.0
800	14	1.80	10	14	17.2
1 000	16	2.10	10	14	18.4

在表5-12中,当$D=200$万元,$\beta=1.25$,$R_F=10\%$,$K_M=14\%$时,则:

$$K_S=10\%+1.25\times(14\%-10\%)=15\%$$

其余同理计算。

根据表5-12的资料,运用前述原理与公式即可测算出不同债务规模下的公司价值和综合资本成本(详见表5-13),并据以判断最佳资本结构。

表5-13 不同债务规模下的公司价值和综合资本成本

D(万元)	S(万元)	V(万元)	$K_d(\%)$	$K_S(\%)$	$K_W(\%)$
0	2 534	2 534	—	14.8	14.80
200	2 400	2 600	10	15.0	14.42
400	2 270	2 670	10	15.2	14.05
600	2 006	2 606	12	16.0	14.39
800	1 692	2 492	14	17.2	15.05
1 000	1 386	2 386	16	18.4	15.72

在表5-13中,当$D=200$万元,$K_d=10\%$,$K_S=15.0\%$,且$EBIT=500$万元时,则:

$$S=\frac{(500-200\times10\%)\times(1-25\%)}{15\%}=2\,400(万元)$$

$$V=D+S=200+2\,400=2\,600(万元)$$

$$K_W=10\%\times(1-25\%)\times\frac{200}{2\,600}+15\%\times\frac{2\,400}{2\,600}=14.42\%$$

其余同理计算。

从表5-13中可以看出,在没有债务的情况下,公司的价值就是其原有股票的价值,即$V=S=2\,534$万元。当公司尝试利用债务资本部分地替换股票资本时,公司的价值开始上升,同时综合资本成本开始下降。当债务资本达到400万元时,公司价值达到最大,为2 670万元,同时综合资本成本降至最低,为14.05%。而当债务资本超过400万元后,继续增加负债,公司的价值则转而开始下降,综合资本成本也同时上升。因此,可以判断该股份有限公司债务资本为400万元时的资本结构就是其最佳的资本结构。

三、资本结构调整

一般来说,企业的资本结构一经形成就应保持相对的稳定性,但这个稳定是相对的。从现代资本结构理论的结论看,所谓的最佳资本结构只能是某一企业某一时期,在一定条件下的"最佳"。因此,从长远看,企业资本结构必须随时间、理财环境等条件的变化而不断调整与优化。

（一）资本结构调整的原因

虽然影响资本结构变动的因素很多,但就某一具体企业而言,资本结构变动或调整有其直接的原因。这些原因,归纳起来主要有以下几个方面。

1. 风险过大

资本结构的风险过大,往往表现在资本结构中有大量的债务,使企业无法承担还本付息的义务,且财务拮据成本和代理成本将直接抵减因负债而获取的财务杠杆利益。因此,企业唯有调整资本结构,才能避免因风险过大而可能遭受的巨大损失。

2. 成本过高

当企业资本结构的加权平均资本成本过高时,会导致收益和利润下降,不利于企业的长远发展,因此必须进行资本结构调整。

3. 弹性不足

所谓弹性是指企业在进行资本结构调整时原有结构应有的灵活性,包括融资期限弹性、各筹资方式间的转换弹性等。其中,期限弹性针对负债筹资方式是否具有展期性、提前收兑性等而言;转换弹性则是针对负债与负债间、负债与权益间、资本与资本间是否具有可转换性而言。弹性不足虽然使得资本结构的调整难度增大,但也正是因为弹性不足才促使企业加大调整资本结构的力度,使其拥有一定的弹性,以便资本结构的进一步优化。因此从某种意义上讲,弹性大小也是判断资本结构是否健全的重要标志。

4. 约束过严

不同的筹资方式下,投资者对筹资者的使用约束是不同的。约束过严,会在一定程度上有损企业的财务自主权,有损企业资金的灵活调度与运用。正因为如此,企业有时会宁愿承担较高的代价而去选择那些使用约束相对较少的筹资方式。

（二）资本结构调整的时机

调整和优化企业的资本结构虽然是一项重要的理财工作,但并非是经常性工作,只有把握好时机,才能取得良好的效果。一般认为,调整与优化企业资本结构的时机主要有:① 资本结构弹性较好时;② 企业增加投资或者减少投资时;③ 企业盈利较多,内、外部筹资较容易时;④ 企业进行债务重组或资产剥离与资产重组时。

（三）资本结构调整的方法

资本结构的调整,一般包括存量调整、增量调整和减量调整三种情况。

1. 存量调整

它是指在不改变现有资产规模的基础上,根据目标资本结构即企业确定的最佳资本结构的要求,通过各种资本来源间的增减或互换,实现资本结构的内部重组。具体方式包括:① 在债务资本比率过高时,利用可转换证券进行调整,即在不增加资本的条件下,创造条件,促使企业发行的可转换债券、优先股等按一定比率转换为普通股,从而降低债务资本比率,减轻企业财务负担。② 在债务资本比率过高时,将长期债务提前予以收兑或归还,并筹集相应的自有资本,从而减少负债,降低债务资本比率。③ 在权益资本过多时,通过减资并增加相应的负债额来调整资本结构,不过这种方式很少被采用。

2. 增量调整

它是指通过追加筹资量,从而增加总资本的方式来调整资本结构,以实现原有筹资结构的重新整合与优化。具体方式包括:① 在债务资本比率过高时,通过追加权益资本投资来改善资本结构,如直接增发普通股,或将留存收益资本化,从而增加企业自有资本,并相应降低负债比率。② 在债务资本比率过低时,通过增加借款或增发债券等方式增加负债,提高债务资本比率。

3. 减量调整

它是指通过减少资本总额的方式来调整资本结构。具体方式包括:① 在权益资本比率过高时,通过直接减资或利用出售资产收益回购并注销一部分流通股票来降低权益资本比率,迅速提高企业的杠杆作用。② 在债务资本比率过高时,利用出售资产收益和税后留存等偿还债务,以减少总资本,并相应降低债务资本的比例。

四、资产结构与资本结构

企业资本结构的一个基本问题是企业债务筹资与股权筹资方式的组合,也就是最佳筹资结构的选择问题。从逻辑上讲,资本结构的设置不仅依赖于企业各种筹资方式的成本、风险的比较与分析,更依赖于企业现在和将来的盈利状况,而这又与企业的资产结构、成长机会和规模因素有关。因此,企业资本结构的选择与确定必须与其资产结构相结合,或者说应该根据企业资产配置与其资金来源、筹资方式之间的关系来探讨企业的投融资策略。

(一)资产盈利能力与风险

一般而言,流动资产的盈利能力低于非流动资产,但由于流动资产比非流动资产更易于变现,其潜亏的可能性或风险小于非流动资产,故而其投资风险也小于非流动资产。当然,某些非流动资产,如固定资产也可以通过在市场出售变现为现金,但固定资产是企业的主要生产手段,如将其出售,则企业将不复存在。因此,除了不需用固定资产出售转让之外,企业生产经营中的固定资产未到迫不得已时(如面临破产)是不会轻言出售的,故企业固定资产的变现能力较弱。企业在一定时期持有的流动资产越多,承担的风险相对就越小。因为当企业有足够的易变现资产时,一方面可以保证偿还到期债务;另一方面则可以增强应付各种意外情况的能力。但企业持有的流动资产越多,占有的资本就越多,这些资产(如现金、有价证券等)作为生息资本所产生的收益必然小于将这些资产用作生产资本所带来的收益。因此,持有流动资产所带来的风险减少是以收益的降低为代价的。

上述分析表明,资产的盈利能力与其流动性成反向变动,流动性的提高是以其盈利能力的降低为代价的;而盈利能力则与风险成同向变动,也就是要想获得更高的盈利能力,就必须承担更大的风险。因此,在其他因素一定的情况下,企业流动资产与非流动资产的配置比例关系也就是一个获利与风险的权衡关系。

(二)长短期筹资成本与风险

负债筹资按到期时间的长短可分为长期负债和短期负债两类。根据利率期限结构理论,在正常情况下,企业负债的到期日越长,筹资成本就越高。尽管有时也会出现短期利率超过长期利率,但这只是暂时的,从较长的一段时期看,长期负债的利率总会高于不断续借的短期借款利息。此外,由于短期负债相对于长期负债来说,债款在不需要的时候可以立即归还,更有甚者,在短期负债筹资中还存有一些成本较低抑或完全无成本的"自然筹资"方式,如商业信用、其他应付款和应计费用等,这都可降低短期负债的筹资成本。

从筹资风险来看,通常来说,企业的债务到期日越短,企业不能偿还债务的风险越大。假设某企业通过短期借款进行一项固定资产投资,该项投资在短期内获得的现金流量不足以偿还其借款。其结果是,该企业将承担债务到期时债权人不对该笔债务延期(续借)的风险。而如果在一开始,就对该项投资采取长期筹资方式,这种再筹资的风险就可降低,因为预期的长期未来现金流量足以逐渐偿还这笔债款。因此,将短期借款用于长期资产将使企业承担不能续借的风险。如果企业再出现经营困难,债权人就会认为续借风险很大,并要求立即偿还,从而将导致企业紧缩开支,甚至可能出售资产以获取现金,或者宣告破产。除了再筹资风险之外,还有利息成本上的不确定性。当企业通过长期负债方式筹资时,它可确切地知道资本需求期内的利息成本,而通过短期负债方式筹资,再筹资的利息成本将变得不确定。也就是说,利息成本的不确定性就代表了债务人的风险。一般而言,短期利率波动远远大于长期利率波动。在利率上升时期,被迫通过短期债务再筹资的企业为短期债务所支付的总的利息成本,将高于它一开始时就用长期负债筹资的利息成本。因此,未来短期借款利息的不确定性,对企业而言也意味着风险。

综上所述,企业长短期负债筹资比例的确定,实际上就是筹资成本与风险的权衡。提高短期筹资比例,虽然可以降低筹资成本,提高企业的盈利能力,同时也会增加企业的风险。提高长期负债筹资比例,虽然企业风险较低,但筹资成本较高,而且企业还有可能在不需要资本的时候仍须为其支付利息,从而在其他因素一定的情况下,降低企业的盈利能力。因此,债务期限结构的特点也影响或决定着企业长短期负债筹资的比例关系。

（三）无形资产投资与筹资行为

一般来说,拥有实物资产或有形资产的企业比那些拥有无形资产(如专利、商誉和增长机会等)为主的企业在筹资方式的选择上具有更大的灵活性。特别是在举债筹资中,前者的举债能力往往大于后者。从理论上说,筹资契约可控制企业对债权人不利的影响,如限制企业从事高风险项目、防止投资不足等问题。但是,这种做法的成本是很高的,这不但取决于债权人对企业投资行为的监控能力,而且取决于债权人对企业投资行为的可观测性。特别是对企业进行无形资产投资所进行的监督和控制较之有形资产就更加困难。这是因为投资于有形资产比无形资产的风险和投资额度更容易度量,也就容易发现企业投资策略的变化或投资不足等问题。这种举债筹资而产生的代理问题在企业发生财务危机时更加突出。这是因为,财务危机成本不仅取决于发生财务危机的概率的大小,而且取决于财务危机发生以后的状况,企业的无形资产在财务危机时要比有形资产更有可能贬值,特别是某些无形资产是在企业继续经营时才会有一定的价值。由此可知,企业资产的清算价值是无形资产的减函数,企业无形资产越多,其举债能力就越弱。也就是说,有形资产变现能力较强,具有较高的担保价值,而无形资产则很难作为举债的担保品。在债权人看来,无形资产占有量较多一般意味着企业的经营风险较大,由此导致贷款风险增加从而增加贷款条件或利率水平。因此,一个拥有无形资产较多的企业在进行项目投资时,不仅要考虑尽量降低系统风险或市场风险,而且更加重视降低或分散企业的总风险。在筹资方式选择上,相对其资产主要是无形资产构成的企业来说,一般更倾向于内部筹资或外部股权筹资,而不是债务筹资。

复习思考题

【思考题】

1. 试说明经营杠杆的基本原理和经营杠杆系数的测算方法。

2. 试说明财务杠杆的基本原理和财务杠杆系数的测算方法。

3. MM 资本结构理论的基本观点有哪些？

4. 影响企业资本结构的因素有哪些？

5. 试分析资本成本比较法、每股收益分析法和比较公司价值法在基本原理和决策标准上的异同之处？

6. 资本结构调整的原因是什么？资本结构调整方法的思路有哪几种？

【练习题】

一、单项选择题

1. 只要企业存在着固定成本，那么其经营杠杆系数必（　　）。

A. 恒大于 1
B. 与销售量成反比
C. 与固定成本成反比
D. 与风险成反比

2. 某公司的经营杠杆系数为 1.8，财务杠杆系数为 1.5，则该公司销售额每增长 1 倍，将会导致每股收益增加（　　）。

A. 0.3 倍
B. 1.2 倍
C. 1.5 倍
D. 2.7 倍

3. 下列关于资本结构的说法中，错误的是（　　）。

A. 迄今为止，仍难以准确地揭示出资本结构与企业价值之间的关系
B. 能够使企业预期价值最高的资本结构，不一定是预期每股收益最大的资本结构
C. 在进行融资决策时，不可避免地要依赖人的经验和主观判断
D. 按照净营业收益理论，负债越多则企业价值越大

4. 考察了企业的财务拮据成本和代理成本的资本结构模型是（　　）。

A. MM 理论
B. CAPM 模型
C. 权衡模型
D. 信息不对称模型

5. 某企业产品的变动成本率为 30%、销售利润率为 30%，且企业资产负债率为 50%，则企业（　　）。

A. 只存在经营风险
B. 只存在财务风险
C. 经营风险与财务风险呈负相关
D. 存在经营风险和财务风险

6. 某公司年营业收入为 500 万元，变动成本率为 40%，经营杠杆系数为 1.5，财务杠杆系数为 2，如果固定成本增加 50 万元，那么，总杠杆系数将变为（　　）。

A. 2.4
B. 3
C. 6
D. 8

7. 调整企业资本结构并不能（　　）。

A. 降低资本成本
B. 降低经营风险

C. 降低财务风险　　　　　　　　　　D. 增加融资弹性

二、多项选择题

1. 企业降低经营风险的途径一般有(　　)。

A. 增加销售量　　　　　　B. 增加自有资本　　　　　　C. 降低变动成本

D. 增加固定成本比例　　　E. 提高产品售价

2. 下列说法中,正确的有(　　)。

A. 在固定成本不变的情况下,经营杠杆系数说明销售额增长(减少)所引起的利润增长(减少)的程度

B. 当销售额达到盈亏临界点时,经营杠杆系数趋近于无穷大

C. 财务杠杆表明债务对投资者收益的影响

D. 财务杠杆系数表明息税前利润增长所引起的每股收益的增长幅度

E. 经营杠杆程度较高的公司一般不宜在较低的程度上使用财务杠杆

3. 最佳资本结构的判断标准是(　　)。

A. 加权平均资本成本最低　　B. 企业财务风险最小　　　　C. 企业价值最大

D. 企业资本规模最大　　　　E. 企业风险最小

4. 关于财务杠杆系数,表述正确的有(　　)。

A. 财务杠杆系数是由企业资本结构决定的,债务资本比率越高,财务杠杆系数越大

B. 财务杠杆系数反映财务风险,即财务杠杆系数越大,财务风险也就越大

C. 财务杠杆系数受销售结构的影响

D. 财务杠杆系数可以反映息税前利润随着每股收益的变动而变动的幅度

E. 财务杠杆系数可以反映财务杠杆作用的大小

5. 对每股收益无差别点的表述,正确的是(　　)。

A. 在每股收益无差别点上,负债融资和权益融资可获得相同的每股收益

B. 当预期的息税前利润高于无差别点的息税前利润水平时,运用负债融资更有利

C. 当预期的销售额低于无差别点的销售额水平时,运用负债融资更有利

D. 每股收益无差别点是判断资本结构合理与否的标准

E. 每股收益无差别点是确定最佳资本结构的标准

三、判断题

1. 经营杠杆并不是经营风险的来源,而只是放大了经营风险。　　　　　　　　(　　)

2. 财务杠杆的作用在于通过扩大销售量以影响息税前利润。　　　　　　　　(　　)

3. 没有财务风险的企业,经营风险也将不存在。　　　　　　　　　　　　　(　　)

4. 通过每股收益无差别点分析,我们可以准确地确定一个企业业已存在的财务杠杆、每股收益、资本成本与企业价值之间的关系。　　　　　　　　　　　　　　　　(　　)

5. 假设其他因素不变,销售量超过盈亏临界点以后,销售量越大则经营杠杆系数越小。　　　　　　　　　　　　　　　　　　　　　　　　　　　　　　　　(　　)

6. 每股利润最大时,企业价值也将达到最大。　　　　　　　　　　　　　　(　　)

四、计算题

1. 五达公司下年度拟生产单位售价为 12 元的甲产品,现有两个生产方案可供选择:A 方案的单位变动成本为 6.72 元,固定成本为 675 000 元;B 方案的单位变动成本为 8.25 元,固定成本为 401 250 元。该公司资金总额为 2 250 000 元,资产负债率为 40%,负债利率为 10%。预计年销售量为 200 000 件,企业正处在免税期。

要求:

(1) 计算两个方案的经营杠杆系数,并预测当销售量下降 25% 时,两个方案的息税前利润各下降多少?

(2) 计算两个方案的财务杠杆系数,并说明息税前利润与利息是如何影响财务杠杆的?

(3) 计算两个方案的联合杠杆系数,对比两个方案的总风险。

2. 众诚实业公司发行在外普通股 100 万股(每股面值为 1 元),已发行有年利率为 10% 的债券 400 万元。该公司计划为一个新的投资项目融资 500 万元,预计新项目投产后公司每年息税前利润将增加至 200 万元。经过调查研究,公司财务部门提出了两个方案以备选择:按 12% 的年利率发行债券(方案 1);按每股 20 元的价格溢价发行新股(方案 2)。若公司适用所得税税率为 25%,发行各种证券均无筹资费用。

要求:

(1) 计算两个方案的普通股每股收益;

(2) 计算两个方案的财务杠杆系数;

(3) 判断两个方案的优劣。

3. 湘水股份公司目前的资本结构为:总资本 1 000 万元,其中,债务 400 万元,年平均利率为 10%;普通股 600 万元(每股面值 10 元)。目前市场无风险报酬率为 8%,市场风险股票的必要报酬率为 13%,该公司股票的贝塔系数为 1.6。假定该公司年息税前利润为 240 万元,适用所得税税率为 25%。

要求:

(1) 计算现条件下该公司的市场总价值和综合资本成本;

(2) 如该公司计划追加筹资 400 万元,有两种方式以供选择:等价发行债券 400 万元,年利率为 12%;发行普通股 400 万元,每股面值 10 元,试计算两种筹资方案的每股收益无差别点。

4. 华星工贸股份公司目前拥有长期资本 8 500 万元,其资本结构为:长期债务 1 000 万元,普通股本 7 500 万元。公司准备追加筹资 1 500 万元,现有三个筹资方案备选:增发普通股、增发债券和发行优先股,详细资料如下表所示(金额单位:万元)。

资本来源	目前资本结构		追加筹资后的资本结构					
			增发普通股		增发长期债券		发行优先股	
			金额	比例	金额	比例	金额	比例
长期债务	1 000	0.12	1 000	0.10	2 500	0.25	1 000	0.10
优先股	—	—	—	—	—	—	1 500	0.15

资本来源	目前资本结构		追加筹资后的资本结构					
			增发普通股		增发长期债券		发行优先股	
			金额	比例	金额	比例	金额	比例
普通股	7 500	0.88	9 000	0.90	7 500	0.75	7 500	0.75
资本总额	8 500	1.00	10 000	1.00	10 000	1.00	10 000	1.00
其他资料								
年利息额	90		90		270		90	
年优先股股利							150	
普通股股数	1 000 万股		1 300 万股		1 000 万股		1 000 万股	

假设息税前利润为 1 600 万元,目前资本结构中长期债券利息为 90 万元,增发长期债券后利息为 270 万元,公司适用所得税税率为 25%。

要求:用每股收益分析法决策公司应选择哪种筹资方案,并分析在什么样的息税前利润水平下应采取什么样的方式筹资。

第六章 项目投资管理

本章阐述项目投资的有关问题。学习本章,要求了解项目投资管理的程序,理解现金流量的内容和估算,掌握投资评价的基本方法;要能全面理解项目投资的有关理论问题和相关概念,并能熟练地运用各种专门方法。

第一节 资本预算

一、资本投资的概念及构成

投资是指为了将来获得更多现金流入而现在付出现金的行为。企业作为投资主体,其投资对象主要包括生产性资产和金融资产,具体内容如图 6-1 所示。

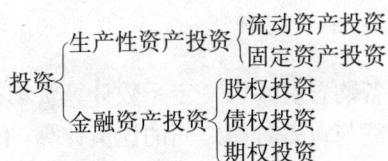

图 6-1 投资构成示意图

本章讨论的资本投资是指企业为获得直接经济效益而对生产经营所需的固定资产、铺底流动资金和无形资产等进行的投资。其投资金额一般由以下几个方面构成。

(1) 前期工程费用,是指项目正式开工前为做好准备工作而发生的费用,包括项目策划、勘察设计、土地购置等相关费用。

(2) 建安工程费用,包括设备购置费、设备安装费、建筑工程费用等。

(3) 铺底流动资金,是为项目进入正常运转而垫支的用于购置原材料、支付工资、应收账款投资等方面的资金。这部分投资要到项目终结才能收回。

(4) 不可预见费,是指在项目建设过程中不能完全估计却又很可能发生的各项费用,如设备价格上涨,建设条件突变等,一般按投资额的 10% 左右预估。

二、资本预算方法

资本预算的方法有很多种,投资者在不同的投资决策阶段可选用不同的方法,在投资机会选择阶段,由于估算误差可控制在 30% 以内,投资者可采用单位产品投资估算法、指数估算法、工程系数法等。而到了详细可行性研究阶段,估算误差应控制在15%以内,投资者应采用概算指标法。

(一)机会选择阶段的资本预算方法

1. 单位产品投资估算法

单位产品投资估算法又称为单位生产能力估算法,根据类似企业的单位产品投资额乘以项目设计生产能力计算资本投资额。这种估算方法十分粗略,一般要求拟建项目和类似项目或企业的生产能力比较接近,而且要考虑物价因素的影响。

2. 生产能力指数法

生产能力指数估计法根据拟建项目与类似企业生产规模之比的指数幂确定建设投资的方法。公式为:

$$C_2 = C_1 \cdot \left(\frac{X_2}{X_1}\right)^n \cdot f$$

式中,X_1、X_2——分别为类似项目和拟建项目的生产能力;

C_1、C_2——分别为类似项目和拟建项目的投资额;

n——指数,取值在(0,1)之间;

f——不同时期不同地点的定额、单价、费用变更等综合调整系数。

【例6-1】 已知已建成年产200 kt乙烯装置的投资额为70 000万元,试估计年产500 kt乙烯装置的投资额。($n=0.6,f=1.2$)

解: $C_2 = C_1 \cdot \left(\frac{X_2}{X_1}\right)^n \cdot f = 70\,000 \times \left(\frac{500}{200}\right)^{0.6} \times 1.2 = 145\,560$(万元)

3. 工程系数法

工程系数法是根据主要设备购置费乘以一定系数计算资本投资额的方法。系数的确定可根据类似项目必要的资本投资额与设备价格之间的比值计算,不同项目其系数是不一样的。

【例6-2】 某企业为生产大型机械设备需要购置成套设备价值1 000万元,根据同行业提供的可靠资料,总投资额与设备价值之比为3.65,则

企业需要投入此项目的总投资额=1 000×3.65=3 650(万元)

(二)可行性研究阶段的资本预算方法:概算指标法

建设项目经过初步的论证后进入可行性研究阶段,投资者聘请专业人员对项目进行扩大初步设计,并以此为依据编制投资概算,它是项目管理过程中控制施工图预算进而控制竣工决算的依据。

1. 固定资产投资

固定资产投资是项目按拟定的建设规模、产品方案、工艺要求进行建设所需要的费用,包括建筑工程费用、设备购置费用、安装工程费用以及其他费用、预备费用。

(1)建筑工程费,包括地基工程、土建工程、工业管道工程、卫生工程、电气照明工程等。一般按工程内容以单位造价计算。

(2)设备购置,包括设备买价及运输途中的保险费、运杂费等。

(3)设备安装费,一般按设备原价乘以本行业设备安装费费率确定。

（4）其他费用，指不直接构成固定资产，但与设备购置、土建工程等密切相关的前期工程费用、土地购置费、各种税费、管理费等。

（5）预备费用，包括基本预备费和涨价预备费。

基本预备费是指估算时难以预测的工程与费用，其计算公式如下：

$$基本预备费＝（工程费用＋其他费用）×基本预备费率$$

基本预算费率一般取 $8\%\sim15\%$。

涨价预备费指从估算开始到项目建成，因建设费用上涨而增加的费用。

公式为：

$$PF=\sum_{t=1}^{n}C_t\left[(1+f)^{m+t-1}-1\right]$$

式中，PF——涨价预备费；

C_t——第 t 年预计的投资额；

f——物价上涨指数；

n——建设年数；

m——估算到开工时的年数。

根据上述各项内容，进行汇总可编制固定资产投资估算表：

表6-1 ××项目固定资产投资估算表　　　　　　　　单位：万元

费用名称		估算价值				
		建筑工程	设备购置	安装工程	其他	合计
1	固定资产投资					
	工程费用					
	其他费用					
	预备费用					
2	建设期利息					
3	建设投资额					

注：其中建设投资总额构成固定资产原值。

2. 流动资金投资估算

流动资金估算可采用扩大指标估算法，也可采用分项详细估算法。

（1）扩大指标估算法，又称粗略估算法或比例估算法，是运用流动资金与某经济指标的比例关系来估算流动资金的方法。如：

$$流动资金＝固定资产投资×流动资产投资资金率$$
$$流动资金＝年经营成本×经营成本资金率$$
$$流动资金＝年产值（年销售收入）×产值资金率（销售收入资金率）$$

（2）分项详细估算法，也称分项定额估算法，是国际上通行的流动资金估算方法。按下列公式进行计算：

$$流动资金＝流动资产－流动负债$$
$$流动资产＝现金＋应收及预付账款＋存货$$
$$流动负债＝应付账款＋预收账款$$

流动资产和流动负债各项构成公式如下：

① 现金的估算。

$$现金=\frac{年应付职工薪酬＋年其他费用}{周转次数}$$

$$\frac{年其他}{费用}=\frac{制造}{费用}＋\frac{管理}{费用}＋\frac{财务}{费用}＋\frac{销售}{费用}－\begin{array}{l}以上四项费用中所包含的应付职工薪酬、折旧费、\\维简费、摊销费、修理费和利息支出\end{array}$$

$$周转次数=\frac{360 天}{最低需要周转天数}$$

② 应收(预付)账款的估算。

$$应收账款=\frac{年经营成本}{周转次数}$$

③ 存货的估算。存货包括各种外购原材料、燃料、包装物、低值易耗品、在产品、外购商品、协作件、自制件半成品和产成品等，在估算中的存货一般仅考虑外购原材料、燃料、在产品、产成品，也可考虑备品备件。

$$外购原材料燃料=\frac{年外购原材料燃料费用}{周转次数}$$

$$在产品=\frac{年外购原材料燃料及动力费＋年应付职工薪酬＋年修理费＋其他制造费用}{周转次数}$$

$$产成品=\frac{年经营成本}{周转次数}$$

④ 应付(预收)账款的估算。

$$应付账款=\frac{年外购原材料燃料动力和备品备件费用}{周转次数}$$

三、项目投资管理的程序

新项目能为企业带来收益，使企业价值增值，但它也是一个复杂的工程，按时间顺序将项目投资管理分为三个阶段：① 投资决策阶段，主要包括投资方案的提出、评价与决策；② 投资项目实施阶段，主要进行项目投资、监督与控制；③ 后评价阶段，项目进入正常运转后要对投资效果进行评价。

（一）投资项目决策

投资决策阶段是整个投资过程的开始阶段，也是非常重要的阶段。有很多不同性质、不同盈利能力的投资项目等着投资者进行决策，只有正确的决策，才会带来更多的效益。

1. 投资项目的提出

投资项目来自管理者的灵感,管理者只有获得丰富的信息并进行筛选后才能获得这些灵感,一般来说,高层管理人员会提出一些新项目或扩建项目,而中层管理人员则偏向于与技术密切相关的设备更新。

2. 投资项目评价

投资项目评价的主要内容包括以下几部分:① 进行完善的市场调查,估计每一个项目各期的现金流量;② 进行细致的建设条件调查,做出相应的投资预算;③ 进行合理的融资预测,充分估计资金成本及市场风险;④ 选择恰当的指标对各项目进行评价,并在资本限额条件下,选择最优组合,编写评估报告。

3. 投资项目决策

投资项目经过评价后,由公司决策层做出最后决策,最终决定接受哪几个项目,放弃哪几个项目。

(二) 投资项目的实施与控制

在此阶段,投资者具体要做好以下几个方面的工作。

1. 为投资方案筹集资金

项目所需资金可以是企业自有资金,也可以是借款或融资租赁等各种方式筹集的资金。投资者应尽可能降低资金成本率,同时考虑资金的及时性,不能有资金短缺,也不能过早地融入太多资金。

2. 按照投资进度计划有步骤地实施投资项目

为了保证项目按预期顺利进行,项目实施过程中应做到"三控、两管、一协调"。"三控"是指施工过程的工期控制、质量控制与成本控制;"两管"是指合同管理与信息管理;"一协调"是指全面协调。

投资者应加强对施工操作规程、施工进度、原材料质量、原材料成本等进行监督,协调好供应商、施工企业、监理公司等各方面的关系,严格按合同办事,灵活处理和化解矛盾,使项目低成本、高质量、如期完成。

3. 投资项目的选择权决策

在项目的实施过程中,要定期将项目的实际现金流量与预期进行对比,找出差异,分析原因,并根据不同情况做出不同的处理。

(1) 延迟投资。由于投资过程中出现了突发事件,如出现了不明地质条件,可以暂时停工,等地质条件查明,并修改设计后恢复施工。

(2) 放弃投资或缩小投资。在项目施工过程中如遇经济危机、出口限制等使现金流量与预期相距甚远,投资者可考虑放弃投资或缩减投资,以使损失减少到最小。

(3) 扩充投资。当项目运营过程中市场状况十分有利,项目的收益明显优于预期,投资者在做好充分的市场调查与预测后可加大投入力度,设法提高项目的生产能力,以增加效益。

(4) 投资转让。投资者可能会在市场中寻找到效益更好的其他项目,但没有足够的资金投入,这时应考虑将现有的项目稍做让利转让出去,以投资于新项目。

(三) 投资项目的后评价

投资者应当对项目投资效果进行分析,并与预期进行对比,深入了解预测偏差存在的原因,查出项目实施过程中的漏洞,适时地进行纠正,总结经验,吸取教训,提高企业的投资管理水平。

第二节　现金流量分析

一、现金流量的概念及构成

长期投资决策中的现金流量是指与长期投资决策有关的现金流入和流出的数量,按项目所处不同时期将其划分为三个构成部分。

（一）初始现金流量

即项目开始投资时发生的现金流量,一般包括:
(1) 固定资产投资。固定资产投资包括购建厂房的投资和设备购置及安装成本。
(2) 流动资产投资。用于对材料、在产品、产成品及现金等流动资产的投资。
(3) 其他投资费用。其他投资费用指与长期投资有关的培训费、咨询费、注册费等。
(4) 原有固定资产变现收入。

上述前三项费用将引起企业现金支出的增加,属于现金流出,在现金流量表中用负数表示。

（二）营业现金流量

营业现金流量指投资项目投入使用后,在其寿命周期内由于生产经营所带来的现金流入和流出的数量。一般以一个会计年度作为一个计算期,对于一个企业来说其现金流入量一般就是其营业收入,或者说销售收入,而现金流出量则是指企业为获得收入而支付的付现成本,由此我们求得年营业净现金流量。

$$每年净现金流量(NCF)＝每年营业收入－付现成本－所得税$$

或 $$每年净现金流量(NCF)＝净利＋折旧$$

（三）终结现金流量

终结现金流量是指投资项目完结时所发生的现金流量。这里所指的投资项目终结是根据相关财务制度规定的年限,如港口码头项目为 15 年。终结现金流量主要包括:① 固定资产的残值收入或变价收入;② 回收流动资金;③ 剩余年限土地使用权变价收入等。

二、现金流量预测的原则

估算投资方案的资本支出及每年的现金流入与流出需要各部门的参与配合,预测者在基础数据预测时所选择的标准不一,会直接影响预测结果的准确性,如更换生产线将产生新的效益,但原产品的效益会随之失去;又如在成本预测时就有历史成本、机会成本、重置成本等。现金流量预测必须遵循增量现金流量的原则,并注意以下四个方面的问题。

（一）考虑机会成本

机会成本是指生产者所放弃的使用相同的生产要素在其他生产用途中能得到的最高收入。企业选择了一个投资方案,必然会放弃其他方案,而其他方案所能取得的收入就是本方案的机会成本。如某企业有一厂房,账面原值 900 万元,净值 400 万元,如果将其出售,可获售价 700 万元,目前有一投资项目拟使用该厂房,此时,厂房的价值应作为新项目的成本。

（二）考虑重置成本

在投资方案分析中,成本选择是非常重要的,在上述案例中,我们将拟使用厂房的价值作为新项目的成本之一。可是按 900 万元、400 万元,还是 700 万元计算呢? 虽然该厂房的账面净值只有 400 万元,但由于市场房价发生了变化,在计算成本时,应按 700 万元计算,否则该厂房可以通过出售获得 700 万元的价款。

（三）考虑新旧项目之间的影响

新项目与公司原有项目之间可能存在三种关系,即不相关、竞争关系或互补关系。竞争性新项目极有可能会抢占原有项目的市场,因而使原有项目的销售收入减少,公司在对新项目进行分析时要将由此而减少的老项目的收入在新项目的收入中扣除,也就是说此时新项目的收入应按公司的增量收入来核算。互补性新项目将增加原有项目的收入,如某汽车制造厂原采用外购发动机,目前拟投资发动机生产车间,技术方面专家认定,自制发动机的性能将明显高于外购发动机的性能,由此将大大增加该厂汽车的销量。公司在对发动机生产车间做投资分析时,要将增加的汽车销售利润作为新项目收入的一部分予以计算。

（四）考虑对净营运资金的影响

净营运资金是指增加的经营性流动资产与增加的经营性流动负债之间的差额。

上述案例中,发动机生产车间生产的产品直接进入汽车生产车间,公司在存货上占用的资金会明显减少,而汽车销售量和销售额的增加会使应收账款投资增加,此时应当合理测算出净营运资金的数额。

三、现金流量预测案例

在项目评价时,投资者既要考虑项目自身的盈利水平,又要考虑投入资本金和融资条件限制下项目对企业来说盈利水平如何,因而要分别编制全部投资现金流量表和自有资金现金流量表。

（一）全部投资现金流量表

全部投资现金流量表是假定项目全部投资不需对外借款,企业有足够的资金投入,以此为前提测算项目的现金流入与流出,从而测算出项目的净现金流量。

在全部投资现金流量表中:① 资金投入的数量和时间与企业对项目投入的资金数量和时间相同;② 由于不考虑借款融资,因而没有还本付息等内容。

【例 6-3】 某企业欲投资于一新产品,需投资 1 500 万元购建固定资产,投资购建固定资产,投资期一年,另需投入流动资金 100 万元,项目投产后,每年可生产产品 10 000 件,每件售价 1 000 元,为生产产品而支付的付现成本预计为 490 元/件,项目的经济寿命为 10 年,残值率为 5%,所得税税率假定为 30%,试测算项目各年的全部投资现金流量。

解: (1) 项目的投资总额＝1 500＋100＝1 600（万元）

其中,固定资产 1 500 万元,流动资金 100 万元。

(2) 项目的净现金流量测算。

$$年折旧额＝\frac{1\,500×(1-5\%)}{10}＝142.5（万元）$$

年销售收入＝1 000×10 000＝1 000(万元)

年付现成本＝490×10 000＝490(万元)

税前利润＝1 000－490－142.5＝367.5(万元)

所得税＝367.5×30％＝110.25(万元)

税后利润＝367.5－110.25＝257.25(万元)

经营期净现金流量＝257.25＋142.5≈400(万元)

期末净现金流量＝400＋100＋1 500×5％＝575(万元)

(3) 全部投资现金流量表如表6-2所示。

表6-2　××项目全部投资现金流量表　　单位:万元

项　目	年　数											
	0	1	2	3	4	5	6	7	8	9	10	11
固定资产投资	1 500											
投资流动资金		100										
营业收入			1 000	1 000	1 000	1 000	1 000	1 000	1 000	1 000	1 000	1 000
付现成本			490	490	490	490	490	490	490	490	490	490
折旧			142.5	142.5	142.5	142.5	142.5	142.5	142.5	142.5	142.5	142.5
税前利润			367.5	367.5	367.5	367.5	367.5	367.5	367.5	367.5	367.5	367.5
所得税(30%)			110	110	110	110	110	110	110	110	110	110
税后利润			257.5	257.5	257.5	257.5	257.5	257.5	257.5	257.5	257.5	257.5
加:折旧			142.5	142.5	142.5	142.5	142.5	142.5	142.5	142.5	142.5	142.5
回收流动资金												100
回收残值												75
净现金流量	－1 500	－100	400	400	400	400	400	400	400	400	400	575
累计净现金流量	－1 500	－1 600	－1 200	－800	－400	0	400	800	1 200	1 600	2 000	2 575

(二) 自有资金现金流量表

企业在投资时都要运用财务杠杆"借鸡生蛋",借款是免不了的,自有资金现金流量表从企业资金限制条件出发考虑借款融资,以此为前提测算项目的现金流入与流出,从而测算出项目的净现金流量。

在自有资金现金流量表中,资金投入的时间是企业支付资金的时间,企业支付资金的数量包括自有资金部分和盈利后向银行还本的部分,由于借款而产生的利息,如果是建设期利息,应计入固定资产投资,因而在还本中考虑,而经营期利息则作为财务费用考虑。

【例6-4】 仍以例6-3的数据为例,企业自有资金640万元(占投资额的40％),其余向银行申请贷款,假定案例的年贷款利率为7％,宽限期1年,还款期5年,试测算项目各年的自有资金现金流量。

（1）计算每年还款额。

$$A = 960 \times (1 + 7\%) \times (A/P, 7\%, 5) \approx 250(万元)$$

还本付息估算表如表6-3所示。

表6-3　××项目还本付息估算表　　　　　　　　　　　单位:万元

年　数	年初借款余款	本年应付利息	本年还利息	本年还本金	期末余额
1	960	67			1 027
2	1 027	72	72	178	849
3	849	59	59	191	658
4	658	46	46	204	454
5	454	32	32	218	236
6	236	17	17	236	0

（2）经营期净现金流量的测算（以第2年为例）。

年销售收入＝1 000×10 000＝1 000（万元）

年付现成本＝490×10 000＝490（万元）

税前利润＝1 000－490－142.5－72＝295.5（万元）

所得税＝295.5×30%＝88.7（万元）

税后利润＝295.5－88.7＝206.8（万元）

经营期净现金流量（第2年）＝206.8＋142.5－178＝171（万元）

（3）自有资金现金流量表如表6-4所示。

表6-4　××项目自有资金现金流量表　　　　　　　　　　单位:万元

项　目	年　数										
	0	1	2	3	4	5	6	7	8	9	10	11
投入自有资金	540	100										
借款本金偿还			178	191	204	218	236					
营业收入			1 000	1 000	1 000	1 000	1 000	1 000	1 000	1 000	1 000	1 000
付现成本			490	490	490	490	490	490	490	490	490	490
财务费用			72	59	46	32	17					
折旧			142.5	142.5	142.5	142.5	142.5	142.5	142.5	142.5	142.5	142.5
税前利润			295.5	308.5	321.5	335.5	350.5	367.5	367.5	367.5	367.5	367.5
所得税(30%)			88.7	93	96	101	105	110	110	110	110	110
税后利润			206.8	215.5	225.5	234.5	245.5	257.5	257.5	257.5	257.5	257.5
加:折旧			142.5	142.5	142.5	142.5	142.5	142.5	142.5	142.5	142.5	142.5
回收流动资金												100

项　目	年　数										
	0	1	2	3	4	5	6	7	8	9	10	11
回收残值												75
净现金流量	−540	−100	171	167	164	159	152	400	400	400	400	575
累计净现金流量	−540	−640	−469	−302	−138	21	173	573	973	1 373	1 773	2 348

第三节　投资评价的基本方法

投资者经常会遇到很多投资项目,在对项目进行市场分析、投资估算和现金流量估算后,投资者面对的问题是采用什么方法对项目进行评价,项目到底是否可行呢?

投资项目的评价方法分静态评价方法和动态评价方法。静态评价方法比较简单,也比较直观,它没有考虑资金时间价值,而是直接根据项目的现金流量计算投资回收期和会计收益率;动态评价方法则考虑了资金时间价值,将项目的现金流量按资金成本率折算为现值进行计算,从而计算出项目的净现值、获利指数、动态投资回收期及内部收益率。

一、静态评价方法

静态评价方法不考虑资金时间价值,把不同时间的货币收支看成等效的。在项目机会选择初期,这种方法对决策者分析项目相当直观、相当重要,决策者根据静态指标初步了解项目的可行性。

(一) 投资收益率

投资收益率又叫投资利润率,是指项目达到设计生产能力后的一个正常年份所得的利润总额,或生产期年平均利润总额(当项目在生产期内各年的利润总额变化幅度较大时)与项目总投资的比率。计算公式为:

$$投资利润率 = \frac{年利润总额或平均利润额}{总投资额} \times 100\%$$

决策者将项目的投资利润率与企业目前的利润率或期望收益率对比,如果项目的投资收益率大于企业的最低期望收益率,则可以考虑接受该项目,否则该项目不可行。

【例 6−5】　据例 6−3,假如企业期望的会计收益率为 15%,试计算投资利润率,并判断该项目是否可行。

解:　由例 6−3 计算结果可知,

$$投资利润率 = \frac{257.25}{1\ 600} \times 100\% = 16.08\%$$

项目的投资利润率高于企业期望收益率,因而可初步确定项目可行。

(二) 静态投资回收期(PP)

项目的静态投资回收期是指投资引起的现金流入累积到与投资额相等时所需的时间。投资回收期越短,方案越有利。

(1) 原始投资一次支出,每年现金流入量相等时:

$$投资回收期(PP) = \frac{原始投资额}{每年现金净流入量} + 建设期$$

仍以上述项目(例6-3)为例:

$$投资回收期(PP) = \frac{1\,600}{400} + 1 = 5(年)$$

(2) 计算投资回收期时,也可以先计算出项目的累计净现金流量,再计算投资回收期,如表6-2所示,$PP = 5$年。

二、动态评价方法

项目评价中的动态评价方法考虑了资金的时间价值,发生在不同时间点的现金流量必须以某一折现率进行等值计算,常有的动态评价指标主要有净现值、获利指数、内部收益率和动态投资回收期。

(一) 净现值

净现值是指投资方案未来现金流入与未来现金流出的现值之间的差额。

在项目评价中,如果净现值为正数,则折现后的收益大于支出,项目可行,否则项目不可行。在多个互斥方案的选择中,应选择净现值较大的项目。

净现值的计算公式:

$$NPV = \sum_{t=0}^{n} \frac{NCF_t}{(1+i)^t} - \sum_{t=0}^{n} \frac{C_t}{(1+i)^t}$$

式中,n——项目经济年限;

NCF——第t年的净现金流量;

C_t——第t年的初始投资额;

i——预定的折现率。

也可以用下式计算:

$$NPV = \sum_{t=0}^{n} \frac{CFAT_t}{(1+i)^t}$$

式中,$CFAT_t$——第t年的现金流量。

在项目评价中,通常直接从净现值计算表的累计净现值的最后一个数据读取,如表6-5所示,本案例净现值为:

$$NPV(12\%) = 479(万元)$$

另外,本例正常年份各年的收益相等,也可采用公式计算:

$$NPV(12\%) = -1\,500 - 100(P/F,12\%,1) + 400(P/A,12\%,10)(P/F,12\%,1) +$$
$$175(P/F,12\%,11)$$
$$= 479(万元)$$

（二）内部收益率（IRR）

项目的内部收益率是使项目净现值为零的折现率，它是项目的真实收益率，也是项目所能承受的最高资金成本率。其计算公式为：

$$\sum_{t=0}^{n} \frac{NCF_t}{(1+IRR)^t} - \sum_{t=0}^{n} \frac{C_t}{(1+IRR)^t} = 0$$

式中，NCF_t——第 t 年的净现金流量；

C_t——第 t 年的初始投资；

n——项目的使用年限；

IRR——内部收益率。

1. 内部收益率的计算原理

根据表 6-5 提供的数据，当 $i = 12\%$ 时，净现值为 479 万元。根据净现值的计算公式，i 越大，净现值越小，如图 6-2 所示，当 i 增大到一定值（IRR）时，净现值等于零，此时 IRR 被称为内部收益率。如果 i 再增大，则净现值小于零，投资决策人员必定可以通过试算找到 IRR，使净现值等于零。

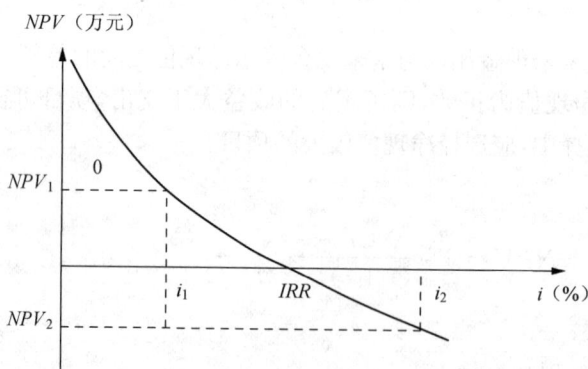

图 6-2　净现值与折现率关系图

2. 内部收益率的计算步骤

（1）试算。

先假定一个贴现率，并以此贴现率计算出净现值。若大于零，则应提高贴现率，若小于零，则降低贴现率，反复试算，直至找到一个 i_1，其对应的 NPV_1 大于零，及一个 i_2，其对应的 NPV_2 小于零，且 $i_2 - i_1 \leqslant 2\%$。

（2）插值。

由于 $i_2 - i_1 \leqslant 2\%$，净现值曲线在 i_1 到 i_2 段的曲率变化不太大，近似直线，因而根据相似三角形对应边成比例定理有：

$$\frac{i_2 - i_1}{NPV_1 + |NPV_2|} = \frac{IRR - i_1}{NPV_1}$$

得

$$IRR = i_1 + \frac{NPV_1}{NPV_1 + |NPV_2|}(i_2 - i_1)$$

内部收益率指标在单方案评价中要与企业期望收益率或资本成本率或行业基准收益率进

行比较,内部收益率较大则项目可行,在多方案比选中,应选内部收益率较大的项目。

以表 6-2 的数据为例($i_0=12\%$):

当 $i_1=17\%$ 时,

$$NPV_1=400(P/A,17\%,10)(P/F,17\%,1)+175(P/F,17\%,11)-$$
$$1500-100(P/F,17\%,1)$$
$$=38.33(万元)$$

当 $i_2=18\%$ 时,

$$NPV_2=400(P/A,18\%,10)(P/F,18\%,1)+175(P/F,18\%,11)-$$
$$1500-100(P/F,18\%,1)$$
$$=-32.92(万元)$$

由此可得: $IRR=17\%+\dfrac{38.33}{38.33+32.92}\times(18\%-17\%)=17.54\%>12\%$,项目可行。

(三) 动态投资回收期

项目的动态投资回收期 P_t 是指项目经营期现金流量现值累积到足以抵偿投资现值的时间。

$$\sum_{t=0}^{P_t}\frac{NCF_t}{(1+i)^t}-\sum_{t=0}^{P_t}\frac{C_t}{(1+i)^t}=0$$

动态投资回收期指标在项目评价中应与企业期望的投资回收期或行业标准进行对比,考察项目资金回收速度,在评价中此指标仅作参考,不是主要评价指标,仍以表 6-5 的数据为例:

当 $i=12\%$ 时,由累计净现金流量栏目可以看出:

当 $t=7$ 年时, $\displaystyle\sum_{t=0}^{7}\frac{NCF_t}{(1+12\%)^t}-\sum_{t=0}^{7}\frac{C_t}{(1+12\%)^t}<0$

当 $t=8$ 年时, $\displaystyle\sum_{t=0}^{8}\frac{NCF_t}{(1+12\%)^t}-\sum_{t=0}^{8}\frac{C_t}{(1+12\%)^t}>0$

由此,7 年 $<P_t<$ 8 年

$$P_t=7+\frac{|-120.9|}{|-120.9|+40.7}=7.75(年)$$

(四) 获利指数

获利指数又称利润指数(PI),是项目未来报酬的总现值与初始投资额现值之比,其计算公式为:

$$PI=\sum_{t=0}^{n}\frac{NCF_t}{(1+i)^t}\bigg/\sum_{t=0}^{n}\frac{C_t}{(1+i)^t}$$

在单项目评价中,获利指数大于 1,则项目可行;在多项目比选中,应选择获利指数较大的项目。仍以表 6-2 中的数据为例:

当 $i=12\%$ 时,

项目的未来报酬总现值 $=400(P/A,12\%,10)(P/F,12\%,1)+175(P/F,12\%,11)$
$$=2\,068.3(万元)$$

项目投资额现值＝1 500＋100(P/F,12%,1)＝1 589.3(万元)

则：$PI = \dfrac{2\,068.3}{1\,589.3} = 1.3 > 1$,项目可行。

根据××项目全投资现金流量相关数据,各投资评价方法的相关指标计算结果,如表6-5所示。

表6-5　××项目全投资现金流量现值计算表　　　　　　单位:万元

项　目	年　数											
	0	1	2	3	4	5	6	7	8	9	10	11
净现金流量	−1 500	−100	400	400	400	400	400	400	400	400	400	575
累计净现金流量	−1 500	−1 600	−1 200	−800	−400	0	400	800	1 200	1 600	2 000	2 575
$i=12\%$的现值	−1 500	−89.3	318.9	284.7	254.2	227	202.7	180.9	161.6	144.2	128.8	165.3
累计净现值	−1 500	−1 589.3	−1 270.4	−985.7	−731.5	−504.5	−301.8	−120.9	40.7	184.9	313.7	479
$i=17\%$的现值	−1 500	−85.5	292.2	249.8	213.5	182.4	155.9	133.3	113.9	97.4	83.2	102.2
累计净现值	−1 500	−1 585.5	−1 293.3	−1 043.5	−830	−647.6	−491.7	−358.4	−244.5	−147.1	−63.9	38.3
$i=18\%$的现值	−1 500	−84.8	287.3	243.4	206.3	174.8	148.2	125.6	106.4	90.2	76.4	93.1
累计净现值	−1 500	−1 584.8	−1 297.5	−1 054.1	−847.8	−673	−524.8	−399.2	−292.8	−202.6	−126.2	−33.1

投资利润率:16.08%　　　　　　　　净现值(12%):479万元
静态投资回收期:5年　　　　　　　获利指数(12%):1.3
　　　　　　　　　　　　　　　　动态投资回收期(12%):7.75年
　　　　　　　　　　　　　　　　内部收益率:17.54%

第四节　投资评价方法的应用

投资者经常会有多个方案需要决策,根据各备选方案自身特点及方案之间的关系,投资者可以采用不同的比选技巧。

一、独立方案的选择

在一系列的方案中,如果接受某一方案不会影响其他方案的采纳,这组方案被称为相互独立的方案。在没有资金限制的情况下,投资者可以根据净现值、净年值、内部收益率及获利指数选择其中一个或多个方案投资。

【例6-6】　如果企业有3个独立项目可供选择,资金不受限制,各项目具体资料如表6-6所示,若企业要求的基准收益率为10%,应选择哪些方案?

表6-6

独立方案	投资(元)	收益(元)	经济寿命(年)	残值(元)
A	40 000	6 000	20	0
B	100 000	14 000	20	0
C	200 000	22 000	20	0

根据其中的数据及基准收益率(10%)计算得表 6-7:

表 6-7

独立方案	NPV(元)		IRR(%)		PI	
A	10 881.6	可行	13.89	可行	1.27	可行
B	19 190.4	可行	12.73	可行	1.19	可行
C	−12 700.8	不可行	9.06	不可行	0.94	不可行

由表 6-7 可知,$NPV_C < 0$,$IRR_C < 10\%$,$PI_C < 1$,C 项目不可行,A、B 项目都是可行的,企业可对 A、B 项目同时进行投资。

二、互斥方案投资决策

如果在一系列备选方案中,各方案具有排他性,选择了其中一个方案就不能选择其他方案,我们把这组方案称为互斥方案。如在一块已定的土地上可以建一个化工厂,也可以建一个钢铁厂,但由于土地面积有限,两者不可兼得,则这两个方案就一定是互斥方案。

互斥方案的评价分两个步骤,首先应采用 NPV、IRR 等动态指标判断方案是否可行,然后在各方案之间进行相对效果的检验,以确定最优方案。如果互斥方案的投资规模大体相当,可以采用净现值、净年值、内部收益率、获利指数及增量方案法进行比选。如果互斥方案的投资规模相差较大,则不能采用内部收益率和获利指数比选。

(一) 采用净现值指标对互斥方案择优

【例 6-7】 为生产某种产品,有下列三个投资方案可供选择,具体数据如表 6-8 所示,若企业要求的基准投资收益率为 10%,应选择哪个方案?

表 6-8

互斥方案	投资(元)	收益(元)	寿命(年)	残 值
A	20 000	3 000	20	0
B	50 000	7 000	20	0
C	100 000	11 000	20	0

解: 采用净现值指标判断($i = 10\%$):

$NPV_A = -20\ 000 + 3\ 000(P/A, 10\%, 20) = 5\ 440.8(元)$

$NPV_B = -50\ 000 + 7\ 000(P/A, 10\%, 20) = 9\ 595.2(元)$

$NPV_C = -100\ 000 + 11\ 000(P/A, 10\%, 20) = -6\ 350.4(元)$

(1) 由 A、B、C 各方案 NPV 指标判断 C 方案不可行。

(2) A、B、C 方案进行对比 $NPV_A < NPV_B$,因而 B 方案最优。

(二) 内部收益率、获利指数法

采用内部收益率、获利指数对互斥方案择优时应注意:

(1) 对于投资规模大致相同的互斥项目,可以采用 IRR 指标和 PI 指标进行评价。

(2) 对于投资规模不同的互斥项目,不能采用 IRR 指标和 PI 指标对互斥方案进行评价。仍以表 6-6 的数据为例($i=10\%$):

根据表中数据分析计算出三个项目的 IRR 值和 PI 值,如表 6-9 所示。

表 6-9

方　案	NPV(元)	IRR(%)	PI
A	5 440.8	13.89	1.27
B	9 595.2	12.73	1.19
C	−6 350.4	9.06	0.94

分析:① 由于 $IRR_C=9.06<10\%$,$PI_C=0.94<1$,因而 C 方案不可行。

② A、B 两方案进行比较,$IRR_A>IRR_B$,$PI_A>PI_B$。如果仅从这两个指标比较的结果来看,会误认为 A 方案优于 B 方案,但这个结果与 NPV 比选结果相反。主要原因在于方案 A 与方案 B 的投资额不一样。

为了论证 NPV 指标评价结果的正确性及 IRR 和 PI 指标的不准确性,我们有必要采用增量分析法对方案进行评价比选。

(三)增量分析法

对于上述 A、B 两方案,投资的方案 A 本身是可行的,而 B 方案可以看作是在 A 投资基础上增加 30 000 元,由此项目增加 4 000 元年现金流入,我们把这个增加的投资和收益看作是增量方案。如果增量方案可行,则说明要增加投资,从而得出 B 方案更优。

我们把增量方案称为"B-A",则:

① $NPV_{B-A}=-30\ 000+4\ 000(P/A,10\%,20)=4\ 054.4(元)>0$

② $-30\ 000+4\ 000(P/A,i,20)=0$ 得:$IRR_{B-A}=11.94\%>10\%$

③ $PI_{B-A}=34\ 054.4/30\ 000=1.135>1$

由此可见,增量方案"B-A"可行,即 B 方案优于 A 方案,投资者应选择 B 方案投资。

增量分析的结果与净现值指标比选结果相一致,从而否定了内部收益率和获利指数比选结果。

三、费用比较投资决策

投资者有时候会碰到这样一些项目,如污水处理、空气净化等,投资者可以选择不同的投资方案或设备,以达到预期的效果。由于这些项目的收益是无法用价值衡量的,因此,在进行方案比选时,应采用费用比较法,常用的方法有费用现值法、费用年值法、最小公倍寿命法。

费用现值法和费用年值法也可用于现金流入相同的投资项目的比较。

(一)费用现值法

费用现值又称全寿命周期成本,是将项目的现金流出按一定的折现率计算到期初的总和。采用费用现值对互斥项目进行比选,以费用现值较小为优。费用现值法适用于寿命周期相同的项目比选。

【例 6-8】 某单位需购置一台复印机,现有两种设备都满足要求,A 设备购置价格为

20 000 元,平均每年维护费为 3 000 元,可使用 5 年;B 设备购置价格为 15 000 元,平均每年维护费用为 5 000 元。该公司的资金成本率为 10%,试问应购置哪款设备?（假定维护费用年末支付）

解： $PC_A = 20\,000 + 3\,000(P/A, 10\%, 5) = 31\,373$

$PC_B = 15\,000 + 5\,000(P/A, 10\%, 5) = 33\,955$

由于 $PC_A < PC_B$,因而应选项目 A。

（二）费用年值法

费用年值是把投资项目在各年中发生的费用按一定的折现率平均摊入各年中每年要分摊的费用。采用费用年值法对互斥项目进行必选以费用年值较小为优,费用年值既适合于项目寿命周期相同的项目比选,也适合于项目寿命周期不相同的项目比选。

【例 6-9】 某企业为处理本企业废水,有两个方案可选择。A 方案期初投资 100 万元,每年净化成本 20 万元,可使用 10 年。B 方案期初投资 150 万元,每年净化成本 20 万元,可使用 20 年,该项目的资金成本率为 10%。试问要选择哪个方案?

解： $AC_A = 20 + 100(A/P, 10\%, 10) = 36.27$（万元）

$AC_B = 20 + 150(A/P, 10\%, 20) = 37.62$（万元）

由于 $AC_A < AC_B$,因而选 A 方案进行投资。

（三）最小公倍寿命法

上述例 6-9 中两个方案的寿命周期不同,也可采用最小公倍寿命法比选。

具体步骤如下：

(1) 计算两个方案的最小公倍寿命。

A、B 两个项目的最小公倍寿命为 20 年。

(2) 在最小公倍寿命内对项目进行重复投资（假定设备购置价格及运行成本不变）。

A 项目重复投资后的现金流量图为：

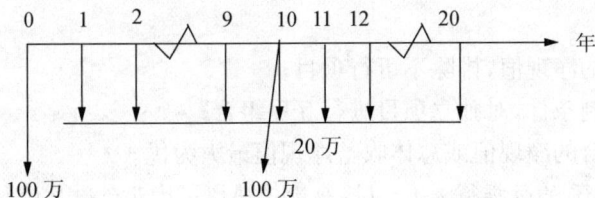

B 项目本身的寿命为 20 年,其现金流量图为：

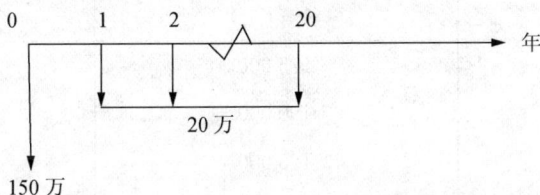

图 6-3　最小公倍法重复投资现金流量图

(3) 计算投资后的项目费用现值并进行比较：

$$PC_{A'} = 100 + 100(P/F, 10\%, 10) + 20(P/A, 10\%, 20) = 308.83(万元)$$

$$PC_{B'} = 150 + 20(P/A, 10\%, 20) = 320.28(万元)$$

由于 $PC_{A'} < PC_{B'}$，因而选 A 方案进行投资。

四、资本限额决策

投资者在进行项目决策时往往会遇到资本限制，在一组独立方案中有多个可行的方案，但在资本有限的条件下，选择哪些方案才能使总投资效益最大呢？

在资本限额条件下，评选投资项目可以采用互斥组合法、内部收益率排序法和获利指数排序法等，下面我们将介绍前面两种方法。

（一）互斥组合法

互斥组合法是在资金限量条件下，对独立项目进行互斥组合，按组合投资收益率、净现值等指标计算各互斥组合的经济效益，选取经济效益最大的一组作为资金分配对象。

【例 6-10】 某公司现有资金 200 000 元，有六个投资项目可供选择，其现金流量如表 6-10 所示，应选择哪几个方案？($i = 10\%$)

表 6-10

项目	投资额(元)	寿命(年)	年收益(元)	残值	IRR(%)	NPV(元)
A	10 000	6	2 432	0	12	592
B	20 000	5	5 687	0	13	1 559
C	35 000	8	9122	0	20	13 666
D	50 000	10	11 126	0	18	18 369
E	60 000	8	12 934	0	14	9 003
F	75 000	7	17 405	0	16	9 735

1. 净现值法

(1) 计算各方案的净现值，排除不可行项目；

(2) 根据资金限制条件，对独立项目进行互斥组合；

(3) 计算互斥组合的净现值或总体收益净现值最大为优。

解： 根据表 6-10 的数据得表 6-11，应选择 ABCDF 五个项目进行投资。

表 6-11

互斥组合	投资(元)	净现值(元)
ABCDE	175 000	43 140
ABCDF	190 000	43 865
ADEF	195 000	37 643
ABCEF	200 000	34 499

2. 组合投资收益率法

（1）计算各方案的内部收益率；

（2）用加权算术平均的方法计算方案组合的组合效益率，组合方案的盈余资金按基准收益率计算；

（3）选取组合收益率最大者为优。

$$组合投资的收益率 = \frac{\sum 各项目投资额 \times 项目内部收益率 + 剩余资金 \times 基准收益率}{资金总数}$$

如 ABCDE 组合：$Y_{ABCDE} = (10\,000 \times 12\% + 20\,000 \times 13\% + 35\,000 \times 20\% + 60\,000 \times 14\% + 50\,000 \times 18\% + 25\,000 \times 10\%) \div 200\,000 = 15.35\%$

同理可得其他组合组合投资收益率如表 6-12 所示，根据表 6-12 的数据，应选择 ABCDF 五个项目进行投资。

表 6-12

互斥组合	投资（元）	组合投资收益率（%）
ABCDE	175 000	15.35
ABCDF	190 000	16.40
ADEF	200 000	15.60
ABCEF	195 000	15.55

（二）内部收益率排序法

（1）计算各方案的内部收益率，排除不可行项目；

（2）将剩余项目按内部收益率大小排序；

（3）按资金限制条件对项目进行选择。

在表 6-10 中，投资者的六个项目内部收益率均大于 10%，因而均可行，将它们按内部收益率排序后如图 6-4 所示。

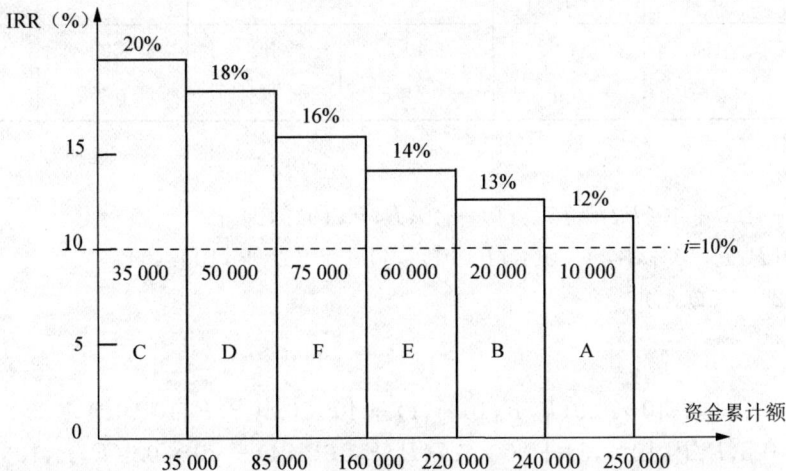

图 6-4 资本限额下的内部收益率排序图

分析:决策者按内部收益率大小选择组合 C+D+F 项目在投资限额内,再加入 E 项目超支,此时决策者可考虑 C+D+F 再选择 B 和 A,因而项目组合 ABCDF 为最优。

第五节　项目风险分析

由于长期投资决策涉及的时间较长,成本和收益会随瞬间万变的市场发生变化,从而导致预测结果在一定程度上存在不准确性,对于项目客观存在的风险,我们必须对它进行专门的研究。

一、按风险调整现金流量

(一)确定当量法

在风险投资决策中,由于各年现金流量的不确定性,因而要对它进行调整。约当系数是肯定的现金流量对与之相当的不肯定的期望现金流量的比值,用 d 表示,即

$$约当系数 = \frac{肯定的现金流量}{期望的现金流量}$$

约当系数的取值根据现金流量的风险大小确定,取值标准如下:

现金流量是确定的　　$d=1$
风险小　　　　　　　$0.8 \leqslant d < 1$
风险一般　　　　　　$0.4 \leqslant d < 0.8$
风险很大时　　　　　$0 < d < 0.4$

在风险调整时,根据各年现金流量风险的大小,选取不同的约当系数把各年不确定的现金流量折算为大约相当于确定的现金流量的数量,然后利用无风险贴现率评价风险投资项目的决策分析方法叫确定当量法。

【例 6-11】　假定某公司拟进行一项目投资,其各年预计的现金流量和约当系数如表 6-13 所示,无风险贴现率为 10%,试判断项目的可行性。

表 6-13　项目现金流量和约当系数表　　　　　　　　　　　　单位:万元

年　数	0	1	2	3	4	5
NCF	−100	40	40	30	30	20
dt	1	0.9	0.8	0.8	0.7	0.6

调整前:

$$NPV = -100 + 40(P/F,10\%,1) + 40(P/F,10\%,2) + 30(P/F,10\%,3) + 30(P/F,10\%,4) + 20(P/F,10\%,5)$$
$$= 24.87(万元) > 0$$

调整后:

$$NPV' = -100 + 40 \times 0.9(P/F,10\%,1) + 40 \times 0.8(P/F,10\%,2) + 30 \times 0.8(P/F,10\%,3) + 30 \times 0.7(P/F,10\%,4) + 20 \times 0.6(P/F,10\%,5)$$
$$= -1(万元) < 0$$

分析：由上述计算可以看出，按风险程度对现金流量进行调整，项目的净现值为负，不能进行投资。

（二）敏感性分析法

在风险决策中，由于现金流量的不确定性会使项目存在风险，该现金流量变动一定幅度时，净现值会变动一定比率，我们把净现值随现金流量变动而变动的程度称为敏感性。敏感性分析法就是通过研究净现值对现金流量的敏感性而做出投资决策的一种方法。

【例 6-12】　某项目的现金流量如表 6-14 所示（$i=10\%$），若现金流量分别下降 10%、20%时，试计算出净现值，并判断项目是否可行。

表 6-14　某项目的现金流量表（$i=10\%$）　　　　　单位：万元

年　数	0	1	2	3	4	5
NCF_t	-100	40	40	30	30	20

（1）根据现金流量表可求得：

$$NPV = -100 + 40(P/F,10\%,1) + 40(P/F,10\%,2) + \\ 30(P/F,10\%,3) + 30(P/F,10\%,4) + 20(P/F,10\%,5) \\ = 24.87（万元）> 0$$

（2）假定现金流量将下降 10%，则：

$$NPV' = -100 + 40 \times 0.9(P/F,10\%,1) + 40 \times 0.9(P/F,10\%,2) + 30 \times \\ 0.9(P/F,10\%,3) + 30 \times 0.9(P/F,10\%,4) + 20 \times 0.9(P/F,10\%,5) \\ = 12.38（万元）$$

$$NPV \text{下降比例} = \frac{24.87 - 12.38}{24.87} \approx 50.2\%$$

（3）假定现金流量下降 20%，则同理可计算出：

$$NPV'' = -100 + 40 \times 0.8(P/F,10\%,1) + 40 \times 0.8(P/F,10\%,2) + 30 \times \\ 0.8(P/F,10\%,3) + 30 \times 0.8(P/F,10\%,4) + 20 \times 0.8(P/F,10\%,5) \\ = -0.104\,99（万元）< 0$$

分析：由上述计算可知，若净现金流量下降 10%，则净现值下降 50.2%；当净现金流量下降 20%时，项目的净现值小于 0，项目将变得不可行。

二、概率法

概率法是在多因素敏感性分析的基础上发展起来的，假设各参数是服从某种分布的相互独立的随机变量，则以方案经济效益作为参数的函数必然也是一个随机变量。在进行概率分析时，先对参数（如各年的净现金流入量等）做出概率估计，并以此为基础计算的经济效益期望值、累计概率、标准差及离差系数等反映方案的风险及不确定程度。

$$\overline{NCF_t} = \sum_{t=1}^{n} NCF_{ti} \cdot P_{ti}$$

$$\overline{NPV}=\sum_{t=1}^{n}\overline{NCF_t}\times(P/F,i,t)$$

式中，NCF_{ti}——第 t 年 i 种情况的净现金流量；

P_{ti}——第 t 年 i 种情况发生的概率；

$\overline{NCF_t}$——第 t 年的期望净现金流量；

$\overline{NPV}$——项目的期望净现值。

【例 6-13】 有一个项目一次性投资 9 000 元，如果年成好可获收入 5 000 元，概率为 0.7；若年成不好可获利 3 000 元，概率为 0.3；收入期限为 3 年，资金成本率为 20%，试判断项目的可行性。

$$\overline{NCF_t}=3\,000\times0.3+5\,000\times0.7=4\,400(元)$$

$$\overline{NPV}=4\,400(P/A,20\%,3)-9\,000=266(元)>0$$

（1）从净现值指标 $\overline{NPV}>0$ 分析，项目是可行的；

（2）应当从概率分布角度做进一步研究，如表 6-15 所示。

表 6-15　××项目期望值及概率计算表　　　　单位:元

第 0 年	第 1 年	第 2 年	第 3 年	期望值	概　率
		5 000	5 000(0.7)	1 532.5	0.343
	5 000	(0.7)	3 000(0.3)	375	0.147
	(0.7)	3 000	5 000(0.7)	144	0.147
−9 000		(0.3)	3 000(0.3)	−1 014	0.063
		5 000	5 000(0.7)	−1.34	0.147
	3 000	(0.7)	3 000(0.3)	−1 292	0.063
	(0.3)	3 000	5 000(0.7)	−1 523	0.063
		(0.3)	3 000(0.3)	−2 681	0.027

由上表可以看出，各种可能出现的情况中，净现值大于零的概率有 63.7%，而亏损的概率只有 36.3%，因而在此情况下，投资者可以考虑选择此项目。

三、管理期权

投资者在进行投资决策时，最容易考虑到的是投资效果，即每年所能获得的现金流量，然而投资环境并不是一成不变的。在项目实施过程中，投资者可以根据实际情况对以前的决策做出相应的更改，这种权利被称为管理期权。

由于管理期权的存在，项目的投资价值提高了，此时，投资项目的价值＝项目原价值＋管理期权的价值。

在投资过程中，管理期权的内涵相当丰富，包括改变投资规模选择权、延期选择权、放弃选择权、改变经营方向选择权等多种形式。无论是哪一种选择权，都是通过控制未来不利因素的发展，从而增加项目的价值，不确定性越大，管理期权的价值越大。下面以改变经营方向选择权为例进行说明。

【例 6-14】　金鑫公司拟投资 250 万元公司进口设备生产新产品,经济寿命预计 10 年,如果经营状况好,年营业现金流量为 50 万元,概率为 70％,如果经营状况不好,年营业现金流量为 40 万元,概率为 30％。若经营状况不好,一年后企业可考虑追加 20 万元投资转产,转产后,每年可获年营业现金流量 45 万元,资本成本率为 10％。

解：　(1) 在无改变经营方向选择权的情况下：

$$NPV = -250 + 50 \times (P/A, 10\%, 10) \times 70\% + 40 \times (P/A, 10\%, 10) \times 30\%$$
$$= 38.8(万元)$$

(2) 设置改变经营方向选择权的情况下：

$$NPV = -250 + 50 \times (P/A, 10\%, 10) \times 70\% + [(40-20) \times (P/F, 10\%, 1) +$$
$$45 \times (P/A, 10\%, 9) \times (P/F, 10\%, 1)] \times 0.3$$
$$= 41.21(万元)$$

由此可以分析,在设置了经营方向选择权后,项目的投资价值增加了 2.41 万元。

(3) 进一步分析,在市场条件差时,不设置经营方向选择权：

$$NPV_{差} = -250 + 40 \times (P/A, 10\%, 10) = -4.22(万元)$$

在市场条件差时,设置经营方向选择权：

$$NPV_{差} = -250 + (40-20) \times (P/F, 10\%, 1) + 45 \times (P/A, 10\%, 9) \times (P/F, 10\%, 1)$$
$$= 3.78(万元)$$

也就是说,即使在市场条件差的情况下,由于改变经营方向选择权的存在,使项目由亏损变为盈利,无论市场情况如何变化,项目的可行性是 100％,项目风险完全化解了。

四、按风险调整贴现率

按风险调整贴现率法是更为实际、更为常用的风险处理方法,这种方法的基本思路是对高风险的项目,应采用较高的折现率计算净现值。

从机会成本角度考虑,在项目评价时,决策者会参考行业基准收益率或较典型的类似项目的收益率作为项目的折现率。然而,当项目的资本结构与行业平均资本结构有显著不同时,应根据资本结构进行相应调整。具体地要通过对项目的系统风险 β 值的调整来实现,调整步骤如下：

(1) 根据行业基准收益率测算出行业的 β 值。

根据资本定价模型：　　　　　　$K = R_F + \beta(K_M - R_F)$

得：　　　　　　　　　　　$\beta = (K - R_F)/(K_M - R_F)$

(2) 加载目标企业财务杠杆。

即根据企业的资本结构调整 β 值,计算公式如下：

$$\beta_{权益} = \beta_{资产}[1 + (1 - 所得税税率) \times (负债/权益)]$$

(3) 根据企业的 β 权益计算股东要求的报酬率。

$$K_{权益} = R_F + \beta_{权益}(R_M - R_F)$$

【例6-15】 在例6-3中,假定项目的负债/权益比率为6/4,无风险收益率为5%,市场平均收益率为10%,则折现率应按如下步骤调整:

(1) 计算行业 β 值。

$$\beta_{资产} = (12\% - 5\%)/(10\% - 5\%) = 1.4$$

(2) 加载目标财务杠杆。

$$\beta_{权益} = 1.4 \times [1 + (1 - 30\%) \times 6/4] = 2.87$$

(3) 计算股东要求的报酬率。

$$K_{权益} = 5\% + 2.87 \times (10\% - 5\%) = 19.35\%$$

分析:由于项目负债而使得项目风险增加,股东要求的报酬率也增加,根据净现值与折现率的关系,净现值会降低甚至为负。

值得一提的是,采用 $K = 19.35\%$ 作为折现率必须考虑项目贷款产生的投资利息因素,应适当调整项目现金流量,采用自有资金现金流量表,依据表6-3的数据,可得自有资金现金流量现值计算表,如表6-16所示。

表6-16 ××项目自有资金现金流量现值计算表 单位:万元

项 目	年 数										
	0	1	2	3	4	5	6	7	8	9	10
净现金流量	−540	−100	173	167	164	159	152	400	400	400	575
累计净现金流量	−540	−640	−463	−300	−136	23	175	575	975	1 375	1 950
$i = 19.35\%$ 的现值	−540	−84	121	98	81	66	53	116	97	81	98
累计净现值	−540	−624	−503	−405	−324	−258	−205	−89	8	89	187

投资利润率:45%
静态投资回收期:4.46年

净现值(19.35%):187万元
获利指数(19.35%):1.29
动态投资回收期(19.35%):7.92年
内部收益率:24.25%

复习思考题

【思考题】

1. 项目投资决策中的现金流量由哪几部分构成?各部分具体包括哪些内容?

2. 投资决策中使用现金流量的原因是什么?

3. 营业期的净现金流量如何计算?

4. 项目投资的评价指标主要有哪些?运用这些指标进行投资决策时的规则是什么?

5. 在项目投资决策中如何考虑投资风险程度?

【练习题】

一、单项选择题

1. 下列指标中,属于项目投资决策评价主要指标的是(　　)。

A. 投资利润率　　　　　　　　　B. 净现值

C. 静态投资回收期　　　　　　　D. 净现金流量

2. 某投资方案,当贴现率为 16% 时,其净现值为 338 元,当贴现率为 18% 时,其净现值为 -22 元。该方案的内部收益率为(　　)。

A. 15.88%　　　　B. 16.12%　　　　C. 17.88%　　　　D. 18.14%

3. 某投资项目于建设期初一次投入原始投资 400 万元,获利指数为 1.35。则该项目净现值为(　　)万元。

A. 540　　　　　B. 100　　　　　C. 140　　　　　D. 200

4. 某企业计划投资 10 万元建一生产线,预计投资后每年可获得净利 1.5 万元,年折旧率为 10%,则静态投资回收期为(　　)年。

A. 6　　　　　　B. 5　　　　　　C. 3　　　　　　D. 4

5. 某投资项目原始投资额为 100 万元,使用寿命为 10 年,已知该项目第 10 年的经营净现金流量为 25 万元,期满处置固定资产残值收入及回收流动资金共 8 万元,则该投资项目第 10 年的净现金流量为(　　)万元。

A. 8　　　　　　B. 33　　　　　C. 25　　　　　D. 43

6. 所谓现金流量,在投资决策中是指一个项目引起的企业(　　)。

A. 现金支出和现金收入量　　　　B. 货币资金支出和货币资金收入量

C. 现金支出和现金收入增加的数量　D. 营运资金增加和减少量

7. 一个投资方案年销售收入 300 万元,年销售成本 210 万元,其中折旧 85 万元,所得税税率 25%,则该方案年营业现金流量为(　　)万元。

A. 90　　　　　　B. 152.5　　　　C. 175　　　　　D. 54

8. 若净现值为负数,表明该投资项目(　　)。

A. 投资报酬率小于零,不可行

B. 为亏损项目,不可行

C. 投资报酬率不一定小于零,因此也有可能是可行方案

D. 投资报酬率没有达到预定的折现率,不可行

9. 某公司曾以 500 万元购入一块土地,当前市价为 650 万元,如果公司计划在这块土地上兴建厂房,应(　　)。

A. 以 500 万元作为投资分析的机会成本　B. 以 650 万元作为投资分析的机会成本

C. 以 150 万元作为投资分析的机会成本　D. 以 350 万元作为投资分析的沉没成本

10. 下列各项中,不属于投资项目的现金流出量的是(　　)。

A. 建设投资　　　　　　　　　　B. 垫支流动资金

C. 固定资产折旧　　　　　　　　D. 经营成本

11. 如果投资项目有资本限额,且各个项目是独立的,则应选择的投资组合是(　　)。

A. 内部收益率最大   B. 净现值最大

C. 获利指数最大   D. 回收期最短

12. 按风险调整现金流量的基本思路是(　　)。

A. 计算一个投资项目的风险投资报酬率

B. 用一个系数将有风险的现金流量调整为无风险的现金流量

C. 用一个系数将有风险的折现率调整为无风险的折现率

D. 计算一个投资项目的净现值

二、多项选择题

1. 净现值法的优点有(　　)。

A. 考虑了资金时间价值   B. 考虑了项目计算期的全部净现金流量

C. 考虑了投资风险   D. 可从动态上反映项目的实际收益率

2. 下列项目投资决策评价指标中,其数值越大越好的指标是(　　)。

A. 净现值   B. 投资回收期   C. 内部收益率   D. 投资收益率

3. 长期投资决策中的初始现金流量包括(　　)。

A. 固定资产上的投资   B. 流动资产上的投资

C. 原有固定资产的变价收入   D. 其他投资费用

4. 在投资决策分析中使用的折现现金流量指标有(　　)。

A. 净现值   B. 静态投资回收期   C. 内部收益率   D. 获利指数

5. 下列说法正确的是(　　)。

A. 内部收益率是能够使未来现金流入量现值等于原始投资额现值的贴现率

B. 内部收益率是方案本身的真实报酬率

C. 内部收益率是使方案净现值等于零的折现率

D. 内部收益率是使方案获利指数等于零的折现率

6. 影响投资项目净现值大小的因素有(　　)。

A. 投资项目各年的现金净流量   B. 投资项目的有效年限

C. 投资者要求的最低收益率   D. 投资项目本身的报酬率

7. 下列属于项目投资动态评价的指标有(　　)。

A. 投资收益率   B. 净现值

C. 获利指数   D. 内部收益率

三、判断题

1. 开发商在一块土地上可以建设工业厂房,也可以建一个住宅小区,这两个方案是独立方案。(　　)

2. 互斥方案必选可以采用净现值或净年值法。(　　)

3. 自有资金现金流量表的测算必须先计算财务费用及本年还本金额。(　　)

4. 生产能力指数法主要适用于详细可行性研究阶段的投资估算。(　　)

5. 费用现值法对互斥方案进行比选时以费用现值较大为优。(　　)

四、计算题

1. 某企业准备购入一设备,需投资 20 000 元,使用寿命 5 年,残值率 10%,5 年内预计每年销售收入 12 000 元,每年付现成本 4 000 元,假定所得税税率为 30%。

(1) 试测算项目的全部投资现金流量;

(2) 根据现金流量表计算投资收益率、投资回收期、净现值、内部收益率、获利指数等各项指标($i_0 = 15\%$),并判断项目的可行性。

2. 生产某产品有 3 个方案供选择,其具体数据如下表所示($i_0 = 10\%$),应选择哪个方案?

方　案	投资(元)	收益(元)	寿命(年)	残值(元)
A	200 000	30 000	20	0
B	350 000	50 000	20	0
C	1 000 000	90 000	20	100 000

第七章　证券投资管理

学习目标

　　我国资本市场发展迅速,已经具备相当的规模,成为推动中国金融体系发展的重要力量。目前,资本市场与人们的经济生活息息相关,证券投资管理对于企业显得越发重要。本章主要阐述债券投资、股票投资和基金投资的含义及其种类与目的,以及债券、股票、基金的估价及收益率的计算。

第一节　证券投资管理概述

　　证券投资是企业投资管理的重要组成部分。科学地进行证券投资,可以充分地利用企业的闲置资金,增加企业的收益,减少风险,有利于实现企业的财务目标。

一、证券投资的概念及特征

（一）证券投资的概念

　　证券是有价证券的简称,它是指具有一定的票面金额,代表财产所有权和债权,可以有偿转让的凭证,包括股票、公司债券、金融债券、国库券等。证券必须具有法律特征和书面特征两个基本特征,凡具备这两个特征的书面凭证才可称之为证券。从法律特征看,证券反映的是某种法律行为的结果,其本身必须具有合法性;证券所包含的特定内容具有法律效力。从书面特征看,证券必须采用书面形式或与书面形式具有同等效力的其他形式,并且必须按照特定的格式进行书写制作,载明有关法规规定的全部必要事项。

　　证券投资是指公司为获取投资收益或其他投资目的而买卖股票、债券、基金等有价证券的一种获得收益的行为和过程。证券投资是一种间接投资活动,比直接投资具有更大的风险性;证券投资是一种存在双重获利机会的投资,因为它除了取得利息或红利外,还有可能获得资本利得。当企业持有的现金余额超过其正常经营活动的需要量或最佳现金余额时,企业应将多余的现金进行证券投资。

　　相对于固定资产投资而言,证券投资的流动性大,变现能力强,少量资金也能参与投资,买卖又十分方便,便于随时调用和转移资金,这为企业有效利用资金、充分挖掘资金运用的潜力提供了十分理想的途径。另外,企业通过证券投资除了可获得股利、利息、证券买卖的价差收入外,还可以通过对某些公司持股量的增加,扩大对其经营的影响或控制被投资企业。

（二）证券投资的特点

　　相对于项目资产投资而言,证券投资具有如下特点。

1. 流动性强

一项资产被认为具有流动性的条件有三个：第一，有明显的、大规模的投资者参与交易；第二，营业时间内存在连续的买价和卖价；第三，存在"微小"的买卖价差。证券交易有着十分活跃的二级市场，与实物资产的交易相比其转让过程快捷、手续简单方便、容易变现，可见证券投资的流动性明显高于实物投资。

2. 价值不稳定

影响证券价值的因素除了证券发行人的财务状况外，还有许多因素，如政治的、经济的、心理的，甚至还有自然的因素。这些因素影响着证券交易主体之间的财务交易，推动了证券价格的变动，导致证券价格的不稳定。

3. 交易成本低

证券交易集中于少数几个证券市场，便于投资者寻找投资对象；证券交易过程中，交易手续简便快捷、手续费相对较少。另外，证券交易一般通过交易系统化自动形成，避免实际资产交易的谈判、合同签署等一系列环节，既节约金钱，又节约时间。

二、证券投资的分类

证券的种类是多种多样的，与此相联系，证券投资的种类也是多种多样的，可以按照不同的标准进行分类。按其投资的对象划分，可以分为以下几种。

（一）债券投资

债券是某一社会经济主体为筹措资金而向债券投资者出具的、承诺按一定利率定期支付利息，并到期偿还本金的债权债务凭证。债券一般包含票面价值、利率、偿还期限以及发行主体名称、发行时间等基本要素。债券投资是指企业购买债券以取得资金收益的一种投资活动。通常按发行主体不同，债券可分为政府债券、金融债券和公司债券。与股票投资相比，债券投资能够获得稳定收益，投资风险较低，但是其收益也较低。

1. 政府债券

政府债券是指由中央政府或地方政府发行的债券，如我国发行的国库券、国家重点建设债券、特种国债等。政府债券通常分为中央政府债券和地方政府债券。中央政府债券，也称国家债券，是中央政府为筹集财政资金凭其信誉按照一定的法律程序向投资者发行的承诺在一定时期还本付息的债权债务凭证。政府债券，也称地方债券，是地方政府为了某一特定目的而发行的债券，如修建地方公共基础设施，建设地方大型工程项目等。

在我国，国库券是政府债券的主要形式，它是中央政府为调节国库短期收支差额，弥补政府正常财政收入不足而由国家财政部门发行的一种短期或中长期政府债券。国库券的偿还期限长短不一，西方国家的国库券一般为短期政府债券，通常分为 3 个月、6 个月、9 个月和 1 年期四种；我国的国库券一般是中长期政府债券，主要有 2 年、3 年、5 年和 10 年期的。国库券的发行可以采用贴现发行方式和平价发行方式，在西方国家一般采用贴现发行方式，发行价格低于国库券的面值，票面不标明利率，到期时按面值偿还，发行价格与面值之差额就是利息；我国一般都采用平价发行方式，按票面面额发行，票面标明利率，到期一次或分次还本付息。国库券是中央政府发行的，以国家财政做担保，信用度很高，是证券市场上风险最小的证券，所以投资于国库券的安全性是很高的。但是，在投资时要注意其流动性，西方国家的国库券一般都可以在市场流通；在我国，国库券一般有凭证式国库券和实物式国库券两种，前者不能上市流通，可以提前兑现,后者可以上市流通。

2. 金融债券

金融债券是指由银行或者非银行性金融机构为筹集信贷资金而向投资者发行的债券。金融债券一般为中长期债券,主要向社会公众、企业和社会团体发行,金融债券的发行必须经中央银行的批准。金融债券的分类标准很多,一般按发行条件可以分为普通金融债券、累进利息金融债券和贴现(贴水)金融债券。

(1)普通金融债券。普通金融债券是一种定期存单式的到期一次还本付息的金融债券,期限以中短期居多,均以平价发行,利率略高于同期银行存款利率,实行单利计息。

(2)累进利息金融债券。累进利息金融债券是指由金融机构发行的一种期限浮动、利率与期限挂钩和分段累进计息方式的金融债券。其期限为 1～5 年,平价发行,债券持有者可以在最短与最长期限之间随时到发行机构兑付。例如,中国工商银行曾发行过一种累进利息金融债券。该种债券期限为 5 年,满 1 年兑付,利率按 9% 计算;满 2 年兑付,第 1 年利率仍为 9%,第 2 年则为 10%;满 3 年兑付,第 1、第 2 年同前,第 3 年利率为 11%;依此类推,满 4 年兑付,前 3 年同前,第 4 年利率为 12%;满 5 年兑付时,前 4 年同前,第 5 年利率为 13%。利息计算采用对年对月对日的计算方法,不足年的部分不计息,超过 5 年期限的不再计算。

(3)贴现金融债券。贴现金融债券,也称贴水金融债券,是指金融机构在一定期限内按一定的贴现率,以低于债券票面价值的价格折价发行的一种金融债券。这种债券的票面金额就是到期兑付的本息之和,票面面额与发行价格的差额就是债券的利息。这种债券的利率不印在券面上,发行价格是根据债券的券面金额和事先已确定的利率计算出来的。贴现金融债券收益率的计算,一般使用复利到期收益率公式,按实际天数计算利息。

3. 公司债券

公司债券是指股份有限公司和有限责任公司为筹集长期资金而发行的,约定在一定期限内向债权人还本付息的有价证券。

公司债券按不同的标准可分为以下几类。按是否记名,公司债券可分为记名债券和无记名债券;按有无特定的财产担保,可分为抵押债券和信用债券;按利率是否固定,可分为固定利率债券和浮动利率债券;按能否转换为公司股票,可分为可转换债券和不可转换债券;按是否上市,可分为上市债券和非上市债券。

债券上市对发行公司和投资者都有一定的好处,具体有:信用度较高,价格较高;有利于提高发行公司的知名度;成交速度快,变现能力强,更易于吸引投资者;交易便利,成交价格比较合理,有利于公平筹资和投资。

(二)股票投资

股票是股份有限公司依照公司法的规定,为筹集资本所发行的表示一定数额或一定比例股份的有价证券。股票的持有人就是公司的股东,对公司财产享有所有权和经营权,并可凭股票权益比例分享企业净收益,获得股利收入。股票的特点是既不定期支付,也没有规定的偿还期限。

股票投资是指企业将资金投向股票,通过股票的买卖获取收益的投资行为。企业将资金投向其他企业所发行的股票,将资金投向优先股和普通股都属于股票投资。企业投资于股票,尤其是投资于普通股,要承担较大风险。但在通常情况下,也会取得较高收益。

股份有限公司发行的股票种类很多,可按不同标准进行分类。按股东的权利和义务不同,股票可分为普通股和优先股；按股票票面上有无记名，可分为记名股票和无记名股票；按股票票面是否标明金额，可分为面值股票和无面值股票；按投资主体的不同，可分为国家股、法人股、个人股和外资股；按发行对象和上市地区的不同，可分为 A 股、B 股、H 股和 N 股。

（三）基金投资

投资基金，在美国称为共同基金（Mutual Fund），在英国称为信托单位（Trust Unit），它是一种集合投资制度，由基金发起人以发行收益证券形式汇集一定数量的具有共同投资目的的投资者的资金，委托由投资专家组成的专门投资机构进行各种分散的投资组合，投资者按出资的比例分享投资收益，并共同承担投资风险。

基金投资是指企业通过购买投资基金股份或收益凭证来获取收益的投资方式。这种方式可使投资者享受专家服务，有利于分散风险，获得较大投资收益。

投资基金的种类较多，可以按不同的标准进行分类。

1. 契约型投资基金与公司型投资基金

按照投资基金的组织形式不同，可以分为契约型投资基金和公司型投资基金。

契约型投资基金，也称信托型投资基金，它是基于一定的信托契约而形成的代理投资机构。契约型投资基金一般由基金管理公司作为发起人，通过向社会公开发行受益证券的形式筹集投资基金。基金管理公司负责对所筹集的投资进行具体的投资营运，并依据契约所筹基金作为信托财产委托给受托人保管。受托人一般由信托公司或银行担任，专门负责保管信托财产、办理有关证券和现金的管理、核算等日常业务。投资者购买基金发起人发行的收益证券后，就成为该投资基金的受益人，在约定的投资基金存续时间内凭所持受益证券分享投资收益。契约型投资基金广泛流行于英国、日本、韩国、新加坡等国家。

公司型投资基金是依公司法组建的，以营利为主，主要投资于有价证券的投资机构。公司型投资基金本身就是投资公司，它主要通过发行股票的方式来筹集资金，投资者购买了该公司股票就成为公司的股东，凭股票领取股利，分享投资收益。公司型投资资金由股东大会选举出董事会和监事会，再由董事会选出公司的总经理，负责管理公司的投资业务。美国的投资基金大多数是公司型投资基金。

契约型投资基金与公司型投资基金的主要区别是契约型投资基金是根据信托契约来运营信托财产的，它没有法人资格，受益人不是股东，而是基金持有人。基金持有人大会对基金的运营具有发言权；而公司型投资基金是根据公司章程来运营信托财产的，并具有法人资格，基金受益人是基金公司的股东，可以享有固定应有的权利。

2. 封闭式投资基金与开放式投资基金

按照投资基金能否赎回，可分为封闭式投资基金与开放式投资基金。

封闭式投资基金，是指在基金的持续时间内，不允许证券持有人赎回基金证券，不得随意增减基金证券，证券持有人只能通过证券交易所买卖证券。这种基金证券的资产比较稳定，便于经营，但价格受市场供求关系的影响较大。公司型的封闭式投资基金，其经营业绩对基金股东来说至关重要，在其经营业绩好时，股东可以通过超过基金净资产价值的证券价格而获得较高的收益，但在其经营业绩不好时，投资人则会承担较大的亏损，因此其投资风险也较大。开放式投资基金，是指在基金的存续时间内，允许证券持有人申购或赎回所持的基金单位或股份，在基金发行新证券时，一般按基金的净资产价值加经销手续费出售基金证券，持有人赎回基金证券时，则按净资产价值减除一定的手续费作为赎回价格。开放式投资基金由于允许赎回,因此其资产经常处于变动之中,一般要求投资于变现能力较强的证券,如上市的股票或债券。一般来说,开放式投资基金的投资风险比封闭式投资基金小。

3. 股权式投资基金与证券投资基金

股权式投资基金是指以合资或参股的形式投资于实业,以获取投资收益为主要目的,它可以参与被投资企业的经营,但一般不起控制支配作用。股权式投资基金的流动性和变现能力较差,一般要求采用封闭式投资基金。证券投资基金是指以投资于已经公开发行的股票和债券为主的投资基金。这种投资基金的流动性较好,容易变现,可以采用开放式投资基金。

4. 固定式投资基金与管理式投资基金

固定式投资基金是指将信托基金投资于预先确定的证券,在整个信托期间,一般不允许变动,不能转卖或重买。

管理式投资基金是指可以根据市场变化对购买的证券进行调整,以获取较高的投资收益。因此也称为管理式投资基金或融通式投资基金。

5. 股票基金、债券基金、货币基金、期货基金、期权基金、认股权证基金和专门基金

根据投资标的不同,可分为股票基金、债券基金、货币基金、期货基金、期权基金、认股权证基金和专门基金等。

股票基金是所有基金品种中最为流行的一种类型,它是指投资于股票的投资基金,其投资对象通常包括普通股和优先股,其风险程度较个人投资股票市场要低得多,且具有较强的变现性和流动性,因此它也是一种比较受欢迎的基金类型。

债券基金是指投资管理公司为稳健型投资者设计的,投资于政府债券、市政公债、企业债券等各类债券品种的投资基金。债券基金一般情况下定期派息,其风险和收益水平通常较股票基金低。

货币基金是指由货币存款构成投资组合,协助投资者参与外汇市场投资,赚取较高利息的投资基金。其投资工具包括银行短期存款、国库券、政府公债、公司债券、银行承兑票据及商业票据等。这类基金的投资风险小,投资成本低,安全性和流动性较高,在整个基金市场上属于低风险的安全基金。

期货基金是指投资于期货市场以获取较高投资回报的投资基金。由于期货市场具有高风险和高回报的特点,因此投资期货基金既可能获得较高的投资收益,同时也面临着较大的投资风险。

期权基金就是以期权作为主要投资对象的基金。期权交易就是期权购买者向期权出售者支付一定费用后,取得在规定时期内的任何时候,以事先确定好的协定价格,向期权出售者购买或出售一定数量的某种商品合约的权利的一种买卖。

认股权证基金就是指以认股权证为主要投资对象的基金。认股权证是指由股份有限公司发行的、能够按照特定的价格,在特定的时间内购买一定数量该公司股票的选择权凭证。由于认股权证的价格是由公司的股份决定的,一般来说,认股权证的投资风险较通常的股票要大得多。因此,认股权证基金也属于高风险基金。

专门基金由股票基金发展演化而成,属于分类行业股票基金或次级股票基金,它包括黄金基金、资源基金、科技基金、地产基金等。这类基金的投资风险较大,收益水平易受市场行情的影响。

三、证券投资的目的

企业进行证券投资的主要目的有以下几个方面。

(一)暂时存放闲置资金

企业在资金逐利本性的驱动下,拥有过多的货币资金必然会降低企业的赢利能力。因此,企业出于理性理财的需要有必要持有一定量的有价证券,以替代较大量的非赢利的现金和低赢利的货币资金。企业出现现金短缺时,通过将持有的有价证券出售,以增加现金持有量。

(二)与筹集长期资金相配合

处于成长期或扩张期的企业一般每隔一段时间就会发行长期证券(股票或债券)。但筹集的资金所投资的项目存在一定的建设期,在资金不是一次投入的情况下,就会形成暂时不用的资金。这一部分暂时不用的资金可以投资于有价证券以谋求保值增值,在项目需要资金时出售有价证券,满足项目资金的需要。

(三)满足未来的财务需求

企业在其财务战略的指引下,为了满足中长期资金的需求,必须进行一定的资本积累。对于企业为未来积累的资金,基于保值和增值的需要,将这部分资金投资于有价证券,在需要资金时出售有价证券,满足财务需求。

(四)满足季节性经营对现金的需求

如果企业的生产经营受季节性影响,则意味着企业的现金随季节波动。淡季出现现金短缺而旺季出现现金盈余,为了调节季节间现金余缺,企业可以在旺季购买有价证券以降低现金的持有量,同时,在淡季出售有价证券取得现金,以弥补淡季现金的不足。

(五)获得相关企业的控制权

有些企业往往从企业发展战略上考虑有必要控制一些相关企业,那么为了实现对相关企业进行控制,可以通过购买目标企业的普通股实现。例如,一家铅锌冶炼企业为了保证生产过程中的电力供应,可以购买一家电力公司的股票,甚至将电力公司变成本企业的控股子公司。

四、影响证券投资的因素

企业进行证券投资时,除了要考虑风险,还需要从下列几个方面进行分析。

(一)宏观经济分析

宏观经济分析又称国民经济形势分析,是指从国民经济宏观角度出发,考虑一些宏观经济因素对证券投资的影响。其主要内容包括以下几个方面。

1. 经济发展水平

经济发展水平反映一国在一定时期内经济发展状况和趋势。如果经济发展水平呈上升趋势,则此时企业进行证券投资一般会获得比较好的收益;反之,收益则会降低。投资者可以通过对经济发展的预期估计股市的大致走向。

2. 通货膨胀

(1)通货膨胀会降低投资者的实际收益水平。因为投资者进行投资时,考虑的报酬是实际报酬率,而不是名义报酬率,实际报酬率等于名义报酬率减去通货膨胀率。只有当实际报酬率为正值时,才说明投资者的实际购买力增长了。

(2)通货膨胀严重影响股票价格,影响证券投资决策。一般认为,通货膨胀率较低时,危害并不大且对股票价格有推动作用。因为通货膨胀主要是由货币供应量增多造成的,货币供应量增加,开始时一般能刺激生产,增加企业利润,从而增加可分派股利。股利的增加会使股票更具有吸引力,于是股票价格将上涨。但是,当通货膨胀持续增长时,会恶化经济环境,影响经济的协调发展,危及整个社会的稳定,国家将采取一系列的紧缩政策,抑制通货膨胀的加速,减少股票市场的资金供应,从而导致股价下降。

3. 利率

利率是影响国民经济发展的重要因素,利率水平的高低反映着一个国家一定时期的经济状况,利率对证券投资也有重大影响。利率升高时,投资者自然会选择安全又有一定收益的银行储蓄,从而大量资金从证券市场中转移出来造成证券供大于求,价格下跌。同时,由于利率上升,企业资金成本增加,利润减少,导致企业派发的股利将减少甚至发不出股利,这会使股票投资的风险增大,收益减少,从而引起股价下跌;反之,当利率下降时,企业的利润增加,派发给股东的股利将增加,从而吸引投资者进行股票投资,引起股价上涨。

4. 汇率

汇率的变化也会影响证券价格,如果本国货币贬值,可能会导致资本流出本国,从而使股票价格下跌。但汇率变化对国际性程度低的证券市场影响较小,而对国际性程度高的证券市场影响较大。

(二)行业分析

行业分析的内容包括行业的市场类型分析和行业的生命周期分析。

1. 行业的市场类型分析

行业的市场类型根据行业中拥有的企业数量、产品性质、企业控制价格的能力、新企业进入该行业的难易程度等因素可分为四种:完全竞争、不完全竞争或垄断竞争、寡头垄断、完全垄断。上述四种市场类型,从竞争程度来看是依次递减的。某个行业内的竞争程度越大,则企业的产品价格和利润受供求关系的影响越大,企业经营失败的可能性越大。因此,投资于该行业的证券风险越大;反之,相对风险较小。

2. 行业的生命周期分析

一般来说,行业的生命周期可分为如下四个阶段:

(1)初创期。在行业的初创期,产品的研究、开发费用很高,导致产品成本和价格都很高,但其市场需求因大众对其缺乏了解而相对较小,因而这时企业的销售收入低,盈利情况也不尽如人意。

(2)成长期。在这一阶段,随着生产技术的提高,产品成本不断降低,产品的市场需求也不断增加,这时,新行业成长较快,利润迅速增加。当然,随着许多企业在利润吸引下加入该行业,企业之间竞争的激烈程度不断加剧。

(3)成熟期。经历成长期后,少数实力雄厚、管理有效的大企业生存下来并基本上控制或垄断了整个行业。每个企业都占有一定的市场份额,而且变化程度很小,这时候,行业进入成熟期。在成熟期,各企业之间的竞争逐渐由价格竞争转入非价格竞争,如提高产品质量、改善产品性能和加强售后服务等,企业的利润增长速度较成长期大为降低,但从总量上看,要比成长期大得多。由于企业所占的市场份额比较稳定,因而,企业遭受的风险较小。

（4）衰退期。经过相当长一段成熟期之后,行业会慢慢走向衰退。这主要是因为新技术不断涌现,新产品不断问世,人们的消费倾向不断发生变化所致。在衰退期,企业的数量下降,利润减少,市场逐渐萎缩。

一般来说,投资者最好不要投资初创期的行业,因为这一时期利润不太高,而风险却比较大。处于成长期的行业,风险也比较大,但利润比较高,能够吸引冒险的投资者进行投资。处于成熟期的行业,一般处于稳定发展阶段,风险小,利润比较多,是比较理想的投资选择。处于衰退期的行业,没有发展前景,投资收益率也不高,风险很大,所以一般不利于进行投资。

（三）企业经营管理情况分析

通过以上分析,投资者基本上可以确定投资的行业,但在同一行业中,又会有很多企业可供选择,这就必须进一步对企业的经营管理情况进行分析,具体包括以下几个方面:

（1）通过净资产收益率、总资产报酬率、销售利润率、利润增长率等指标来分析企业获利能力。企业的获利能力越强,企业所发行的证券就越安全,报酬率也就越高。

（2）通过总资产周转率、流动资产周转率、存货周转率等指标来分析企业营运能力。企业营运能力越强,企业的生产经营效率越高,企业的发展前途越大,企业发行的证券也就越受投资者青睐。

（3）通过流动比率、速动比率、资产负债率、利息保障倍数等指标来分析企业偿债能力。偿债能力是影响企业债券投资的主要因素,在进行证券投资之前,必须认真分析企业的偿债能力。

（4）通过销售增长率、市场占有率等几个指标来分析企业竞争能力。企业的竞争能力越强,企业的发展前景越好,企业的证券也就越具有吸引力。

（5）企业是否能及时地吸收并运用现代化的管理理念和方法,及时进行技术创新和管理创新,形成企业的创新能力。企业的创新能力是企业能否成功的关键。

五、证券投资的基本程序

理性的证券投资过程通常包括以下五个基本步骤,证券投资过程的这五个步骤相辅相成,形成一个密切相关的整体。

（一）确定证券投资政策

证券投资政策的确定涉及决定投资目标和可投资财富的数量。投资目标的确定应包括风险和收益两项内容。投资过程的第一步是确定投资者最终的投资组合中所包含的金融资产的可能的类型特征,这一特征是以投资者的投资目标、可投资财富的数量为基础的。

（二）进行证券投资分析

证券投资分析涉及对投资过程第一步所确定的金融资产类型中个别证券或证券群的具体特征进行考察分析。进行证券投资分析的方法很多,这些方法大多可归入两类。

（1）基本分析。又称基本面分析,是指证券投资分析人员根据经济学、金融学、财务管理学及投资学的基本原理,通过对决定证券投资价值及价格的基本要素的分析,评估证券的投资价值,判断证券的合理价位,从而提出相应的投资建议的一种分析方法。基本分析主要包括三个方面的内容:一是经济分析,主要探讨各经济指标和经济政策对证券价格的影响。二是行业分析,通常包括产业分析与区域分析两个方面。三是公司分析,公司分析是基本分析的重点,无论什么样的分析,最终都要落脚在某个公司证券价格的走势上。

(2) 技术分析。简单地说,技术分析是从证券的市场行为来分析和预测证券将来的行为。技术分析主要关注证券市场的价格、成交量、达到这些价格和成交量所用的时间。技术分析的理论基础是建立在以下三个假设之上的。这三个假设是:① 市场的行为包含一切信息;② 价格沿趋势移动;③ 历史会重复。技术分析理论分为以下几类:K 线理论、切线理论、形态理论、技术指标理论、波浪理论和循环周期理论等。技术分析适用于在时间上较短的行情预测。要进行周期较长的分析必须依靠其他因素,这是应用技术分析最应该注意的问题。

(三) 组建证券投资组合

组建证券投资组合是投资过程的第三步,它涉及确定具体的投资资产和投资者的财富对各种资产的投资比例。在这里,投资者需要注意个别证券选择、投资时机选择和多元化这三个方面的问题。

(四) 投资组合的修正

投资组合的修正作为投资过程的第四步,实际上就是定期重温前三步。即随着时间的推移,投资者会改变投资目标,从而使当前持有的证券投资组合不再成为最优组合,为此需要卖掉现有组合中的一些证券和购买一些新的证券以形成新的组合。

(五) 投资组合业绩评估

投资过程的第五步——投资组合的业绩评估,主要是定期评价投资的表现,其依据不仅是投资的回报率,还有投资者所承受的风险,因此,需要有衡量收益和风险的相对标准(或称基准)。

第二节 债券投资管理

一、债券投资及其特点

债券投资是指企业通过证券市场购买各种债券(如国库券、金融债券、公司债券和短期融资券等)进行的对外投资。相对于股票投资而言,债券投资一般具有以下几方面的特点。

(一) 债券投资属于债权性投资

债券投资者作为债券发行公司的债权人,享有定期获取债权利息,到期收回债券本金的权利,但无权参与公司的经营管理,因此,债券投资者与发行公司之间是一种债权、债务关系,而非所有权关系。

(二) 债券投资的本金安全性高

债券投资的风险小于股票投资的风险。特别是政府发行的债券,由于有国家财力做后盾,本金的安全性非常高,通常被视为无风险证券。公司债券具有规定的还本付息日,其求偿权位于股东之前,当发行公司破产时,债券投资者优先于股东分得公司的财产,因此,相对于股票投资而言,公司债券投资本金的安全性也较高。

(三) 债券投资的收益较稳定

债券投资收益是指债券利息收入和债券转让的价差收入。债券的利息收入是按债券面值和票面利率计算的,债券发行者有按期支付利息的法定义务。通常情况下,债券投资者能获得较稳定的利息收入。另外,债券的价差收入取决于债券市价的变化,而债券的市价比较稳定,因此,债券价差收入比较稳定。

(四)债券的市场价格波动较小

债券的市场价格主要取决于市场利率,而与发行公司的经营状况无关,而市场利率尽管有一定的波动性,但总体来看是比较稳定的,因此,债券市场价格波动幅度较小。

(五)债券投资的流动性好

在证券市场上,许多债券都具有较好的流动性,特别是政府及大公司发行的债券,一般都可在金融市场上迅速出售,具有较强的变现能力。

二、债券投资收益评价

企业决定是否购买一种债券,要评价其收益和风险。企业债券投资管理目标是追求高收益、低风险。这里先讨论收益的评价。

一般来说,不考虑资金时间价值的各种计算收益的方法,不能作为投资决策的依据,例如,票面利率相同的两种债券,一种是每年付息一次,到期还本,另一种是到期时一次还本付息,其实际的经济利益有很大的差别,但从票面利率上无法区分。因此,票面利率不能作为评价债券收益的标准。

评价债券收益水平的指标是债券价值和债券投资收益率。

(一)债券价值评估

债券价值评估就是确定债券的内在价值,它是债券投资者未来资金流入的现值。债券投资者未来资金流入是在一定年限内债券的利息和归还的本金,或者出售时得到的现金。将债券未来现金流入按投资者要求的必要报酬率折成现值,即为债券的内在价值,简称债券价值。投资者进行债券投资决策时,会将债券价值与债券市场价值进行比较,当债券价值大于或等于债券市场价格时,说明债权投资的预期报酬率大于或等于投资者要求的必要报酬率,债券投资是可行的;反之,当债券价值小于债券市场价值时,说明债券投资的预期报酬率小于投资者要求的必要报酬率,投资者会放弃这种债券投资。

由于不同类型的债券,在投资者持有期间所获得的现金流入的内容不同,债券价值的评估方法也不相同。目前主要有以下几种评估模型。

1. 一般情况下的债券价值评估模型

一般情况下的债券是指固定利率、定期等额支付利息、到期一次还本的债券。该类债券的价值评估模型为:

$$P = \sum_{t=1}^{n} \frac{I}{(1+k)^t} + \frac{M}{(1+k)^n} = I(P/A, k, n) + M(P/F, k, n)$$

式中,P——债券价值;

I——每年支付的债券利息;

K——贴现率,即投资者要求的最低报酬率或市场利率;

M——债券面值;

n——债券到期的年限。

【例7-1】 某债券面值为1 000元,票面利率为10%,期限为5年,当前的市场利率为12%,当前债券的市场价格为920元,问:该债券是否值得企业购买?

解:

$$V=\sum_{t=1}^{5}\frac{I}{(1+k)^t}+\frac{M}{(1+k)^n}=1\,000\times10\%(P/A,12\%,5)+1\,000(P/F,12\%,5)$$
$$=1\,000\times3.604\,8+1\,000\times0.547\,4=927.88(元)$$

由于债券的价值为927.88元大于市场价格920元,因此,该债券值得企业购买。

2. 一次还本付息且单利计息的债券价值评估模型

一次还本付息且单利计息的债券,又称利随本清的债券,我国大多数债券属于这种类型。该类债券的价值评估模型为:

$$P=\frac{n\times I+M}{(1+K)^n}$$

【例7-2】 某企业拟购买一种利随本清的企业债券,该债券的面值为1 000元,期限5年,票面利率为6%,不计复利,目前的市场利率为8%。该债券发行价格为多少时,企业才能购买?

由上述公式得:

$$P=\frac{1\,000\times6\%\times5+1\,000}{(1+8\%)^5}=1\,300\times0.681=885.30(元)$$

即债券价格必须低于885.30元,企业才能购买。

3. 贴现债券价值评估模型

贴现债券是指以贴现方式发行,没有票面利率,到期按面值偿还的债券。这种债券的价值评估模型为:

$$P=\frac{M}{(1+K)^n}$$

【例7-3】 A债券面值为1 000元,期限为3年,以贴现方式发行,到期按面值偿还,市场利率为8%。企业在其价格为多少时购买才值得投资?

解:

$$V=\frac{M}{(1+K)^n}=1\,000\times(P/F,8\%,3)=1\,000\times0.793\,8=793.8(元)$$

该债券的价格只有在低于793.8元时,企业才能购买。

(二)债券投资收益率的计算

债券投资收益主要包括两部分:一部分为利息收入,它是根据债券面值和票面利率计算的;另一部分为债券价差收入,即债券到期按面值收回的金额或到期前出售债券时的价款与购买债券时的投资额之差。债券投资收益率是一定时期内债券投资收益与投资额的比率,是衡量债券投资是否可行的重要指标。

由于计息方式不同,债券投资收益率的计算方法也不相同。

1. 附息债券投资收益率的计算

附息债券是指在债券券面上附有各种息票的债券。息票上表明应付利息额和支付利息的时期。息票到期时,只要将息票从债券上剪下来就可以据以领取本期利息。附息债券投资收益率的计算又可以分为两种情况:

(1)单利计息的附息债券投资收益率。附息债券一般采用单利计息方法,每期利息额均相等,在用单利计息方法计算债券投资收益率时,如果不考虑债券利息的再投资收益,则债券投资收益率的计算公式为:

$$R = \frac{I + (S_n - S_o)/N}{S_o} \times 100\%$$

式中,R——债券的年投资收益率;

S_n——债券到期时的偿还金额或到期前出售的价款;

S_o——债券的投资额(购买价格);

I——债券年利息额;

N——债券的持有年限。

【例 7-4】 某企业于 2019 年 7 月 1 日购入面额为 1 000 元的附息债券 100 张,票面利率为 10%,以发行价格每张 1 050 元买入,到期日为 2021 年 7 月 1 日,要求计算该债券到期时的投资收益率。

解:

$$R = \frac{I + (S_n - S_o)/n}{S_o} \times 100\%$$

$$= \frac{1\,000 \times 100 \times 10\% + (1\,000 \times 100 - 1\,050 \times 100) \div 2}{1\,050 \times 100} \times 100\%$$

$$= 7.14\%$$

该债券到期时的投资收益率为 7.14%。

(2)复利计息的付息债券投资收益率。企业在进行债券投资决策时,也可以采用复利计息方法,不仅要考虑债券的利息收入和价差收入,还要考虑债券利息的再投资收益。这种情况下,债券投资收益率的计算公式为:

$$R = \sqrt[n]{\frac{S_n + I(F/A, i, n)}{S_o}} - 1$$

式中,i——债券利息的再投资收益,一般用市场利率;

$(F/A, i, n)$——年金终值系数;

其他符号含义同前。

【例 7-5】 假定上例中,市场利率为 9%,要求用复利计息方法计算该债券的投资收益率。

$$R = \sqrt{\frac{1\,000 \times 100 + 1\,000 \times 100 \times 10\% \times (F/A, 9\%, 2)}{1\,050 \times 100}} - 1$$

$$=\sqrt{\frac{100\,000+100\,000\times10\%\times2.090}{105\,000}}-1$$

$$=7.3\%$$

采用复利计息方法计算的附息债券投资收益率高于采用单利计息方法计算的附息债券投资收益率,债券的期限越长,两者的差异越大。一般在进行债券投资决策时,最好采用复利计息方法计算的债券投资收益率,因为这种方法考虑了货币的时间价值,特别是当债券的投资期限较长时,债券利息的再投资收益就不可忽略。

2. 贴现债券投资收益率的计算

贴现债票是指券面上不附息票,发行时按规定的折扣率,以低于票面面值的价值折价发行,到期按票面面值偿还本金的债券。这种债券无票面利息,债券票面面值大于发行价值的差价就是债券利息。贴现债券的投资收益率也可以按单利和复利两种方法计算。

(1) 单利计息的贴现债券投资收益率。如果债券的投资期限较短,可以采用单利计息方法计算债券投资收益率,其计算公式为:

$$R=\frac{(S_n-S_o)/n}{S_o}$$

【例7-6】 某投资者在债券发行时购买一张面值为1 000元、期限为两年的贴现债券,其发行价格为900元。要求按单利计息方法计算该债券的投资收益率。

根据上面的计算公式,可得:

$$R=\frac{(1\,000-900)\div2}{900}=5.56\%$$

(2) 复利计息的贴现债券投资收益率。如果债券的投资期限较长,应采用复利计息方法计算债券的投资收益率,其计算公式为:

$$R=\sqrt[n]{\frac{S_n}{S_o}}-1$$

公式中的符号含义同前。

【例7-7】 如果上例的债券采用复利计息方法,其投资收益计算如下:

$$R=\sqrt{\frac{1\,000}{900}}-1=5.41\%$$

可见,采用复利计息方法计算的贴现债券投资收益率低于采用单利计息方法计算的贴现债券投资收益率,债券的期限越长,两者的差异越大。

三、债券投资的风险与防范

进行债券投资与进行其他投资一样,在获得未来投资收益的同时,也要承担一定的风险。风险与收益是对应的,高收益意味着高风险,低收益则意味着低风险。风险与收益是影响债券投资决策的两个基本因素。债券投资风险主要包括违约风险、利率风险、购买力风险、流动性风险和再投资风险。

（一）违约风险

违约，是指债务人未能及时偿付债券的本金或利息，或是未履行债券契约规定的义务。违约风险是指债务发行人（债务人）不能履行契约规定的义务，到期无力支付利息和偿还本金而产生的风险。违约风险是投资风险中的一种，它是由于债务发行人的财务状况发生改变所产生的。在债券市场中，大致有政府公债、金融证券和公司债三种债券。一般来说，政府公债以国家财政为担保，政府一般不会违约，所以政府公债通常被看成无风险债券。值得一提的是，政府公债由于几乎无违约风险，与此相对应，政府公债的票面利率也很低；金融债券是规模较大并且信誉较好的金融机构发行的，其违约风险较政府公债高，但又低于公司债券；公司债券是一般的工商企业发行的，由于与金融机构相比，一般工商企业的规模和信誉较差，所以，公司债券的违约风险较大。为了吸引投资人购买，公司债券往往以较高的票面利率作为报酬。

形成违约风险的原因大致有以下几个方面：① 政治、经济形势发生重大变化；② 自然灾害或其他非常事故，如水灾、风灾、火灾等；③ 企业在竞争中失败，丧失生存和发展的机会；④ 企业经营不善，发生重大亏损；⑤ 企业资金调度失灵，缺乏足够现金清偿到期债务。防范违约风险的最好办法是不买信用等级低的债券。按国际惯例，债券的信用等级一般分为 4 等10级。从高到低分别为 AAA、AA、A、BBB、BB、B、CCC、CC、C、D。一般来说，信用等级在 BB以上的债券有投资价值，为了规避违约风险，应尽量购买信用等级在 BB以上的债券。

（二）利率风险

利率风险是指因利率变动，导致债券价格变动的风险。特别是市场利率上升时，债券价格下跌，使得债券持有者的资本遭受损失。因此，投资者购买的债券到期日愈长，则利率变动的可能性愈大，其利率风险也相对愈大。

由于市场利率的变动而导致债券市场价格的涨跌，使得债券持有人承受某种程度的资本风险，我们称之为利率风险。衡量债券利率风险有三个原则：

（1）承受较高利率风险的债券，其价格波动的程度较大。反之，承受较低利率风险的债券，其价格波动的程度较小。

（2）政府债券的市场价格与利率高低成反比。这是因为如果债券投资人预测利率即将下跌，债券价格就会上升，投资人就会开始购买政府债券，这使得价格开始上涨。如果债券投资人预测利率即将提高，债券价格便会下跌，投资人会将手中持有的政府债券出售，以免损失，债券价格自然就开始下跌。但是，当政府将利率提高到很高水平时，债券价格往往开始上涨。因为人们认为利率已到了顶点，纷纷开始购买政府债券。反之，如果利率已经降到很低水平，投资人已不期待政府会再调低利率时，人们开始卖出持有的债券，价格自然一路下跌。

（3）在高利率时期，只要利率仍有上升空间，债券价格总是跌多于涨。在低利率时期，只要利率仍有下降的空间，债券价格总是居高不下，涨多于跌。

（三）购买力风险

购买力风险又称通货膨胀风险，是指由于通货膨胀而使债券到期或出售时所获得的现金购买力减少的风险。

债券常被称为金钱资产，因为债券发行机构承诺在债券到期时，付给债券持有人实质金钱，而非其他有形资产。换句话说，债券发行人在协议中，承诺付给债券持有人的利息或本金的偿还，都是按事先约定的固定金额支付，此金额不因通货膨胀而有所增加。由于通货膨胀的发生,债券持有人从投资债券中所收到的实质金钱的实际购买力是愈来愈低,甚至也有可能低于原先投资金额的购买力。这种在债券投资中投资人常遇到的购买力损失,就是债券投资的购买力风险。

一般来说,在通货膨胀的情况下,固定收益证券要比变动收益证券承受更大的通货膨胀风险。因此,普通股股票被认为比公司债券和其他固定收益的证券能更好地避免通货膨胀风险。

（四）流动性风险

流动性风险又称购买力风险,是指债券持有人打算出售债券获取现金时,其所持债券不能在短期内按目前合理的市场价格出售而形成的风险。如果一种债券能在短期内按市价大量出售,则说明这种债券的流动性较强,投资于这种债券所承担的流动性风险较小;反之,如果一种债券在短期内按市价卖出很困难,则说明其流动性较差,投资者会因此而遭受损失。债券的流动性可用债券的买卖价差来衡量,买卖价差大,表明市场参与者少,有行无市,债券的流动性较差;反之,说明债券的流动性较强。为了防范流动性风险,投资者应尽量购买政府债券和一些著名大公司的债券,因为这些债券有一个活跃的市场,其流动性较强。

（五）再投资风险

再投资风险是购买短期债券而没有购买长期债券的投资者,在市场利率下降时,可能会遭受再投资损失的风险。一般来说,短期债券的再投资风险较大,长期债券的再投资风险较小。例如,长期债券的利率为10%,短期债券的利率为8%,某投资者为了规避利率风险而选择了短期债券投资。在短期债券到期收回现金时,如果市场利率降低5%,该投资者只能找到报酬率大约为5%的投资机会进行再投资,不如当初购买长期债券,现在仍可获得10%的投资报酬率。可见,如预期市场利率下降,选择长期债券投资有利,如预期市场利率会上升,则选择短期债券投资有利。

第三节　股票投资管理

股票投资就是投资者通过购买各种股票进行的对外投资,它是企业证券投资的一个重要组成部分。

一、股票投资的特点

股票投资的特点是相对于债券投资而言的。投资者在进行证券投资时,首先遇到的问题是选择债券投资还是选择股票投资,这就要求充分了解两者的特点,以便根据投资者自身的情况进行选择。与债券投资相比,股票投资一般具有以下特点。

（一）股票投资是股权性投资

股票投资与债券投资虽然都是证券投资,但投资的性质不同,股票投资属于股权性投资,股票是代表所有权的凭证,购买了股票就成了发行公司的股东,可以参与公司的经营决策,有选举权和表决权;而债券投资属于债权性投资,债券是债权债务凭证,购买了债券就成了发行公司的债权人,可以定期获取利息,但无参与公司经营决策的权利。

（二）股票投资的风险大

投资者购买股票之后,不能要求股份公司偿还本金,投资者若要收回投资,只能在证券市场上转让股份。因此,股票投资者至少面临两方面的风险:一是股票发行公司经营不善所形成的风险。如果公司经营状况良好,盈利能力强,股东可以多分股利,公司股价也会上涨;如果公司经营状况不佳,盈利能力较弱,股东就会少分甚至不分股利,公司股价也会下跌;如果公司破产,由于股东的求偿权位于债权人之后,因此,股东可能部分甚至全部不能收回投资。二是股票市场价格变动所形成的价差损失风险。股票价格的高低除了受公司经营状况影响外,还受政治、经济、社会等多种因素的影响,因此,股票价格经常处于变动之中,其变动幅度往往高于债券价格的变动幅度,股票投资者因此要承担更大的投资风险。

(三)股票投资的收益高

股票投资的风险高于债券投资的风险,与此相适应,股票投资收益一般高于债券投资收益。股票投资收益的高低,取决于股票发行公司的盈利水平和整个经济环境的好坏。在经济繁荣时期,公司经营状况好,盈利水平高,股东既可以从发行公司领取高额股利,又可因股票升值而获得较高的价差收益。总体而言,股票投资的收益率高于债券投资的收益率。

(四)股票投资收益不稳定

股票投资收益主要是公司发放的股利和股票转让的价差收入,其稳定性较差。如前所述,股利的多少取决于发行公司的经营状况和盈利能力,而股票转让的价差收入主要取决于股票市场的行情,这两部分收益都是经常变动的,因此,股票投资收益具有不稳定性。而债券投资收益就比较稳定,投资者可以定期获取固定的利息收入。

(五)股票价格的波动性大

股票价格受多种因素的影响,波动性极大。综观国内外股市的发展历史,股价暴涨暴跌的例子屡见不鲜。这一特点决定了股票市场具有极大的投机性,投资者既可以在这个市场赚取高额利润,也可能会损失惨重,甚至血本无归。而债券的市场价格尽管也有一定的波动,但波动性相对较小。

二、股票估价

(一)普通股估价的一般模型贴现现金流模型

该模型基于这样的理论:股票价值应等于股票投资者预期能得到的未来现金流量的现值。股票投资的未来现金流量主要是股票持有期间的股利和将来出售股票的价款收入。其公式为:

$$V = \sum_{t=1}^{n} \frac{d_t}{(1+K)^t} + \frac{V_n}{(1+K)^n}$$

式中,V——股票价值;

V_n——未来出售时预计的股票价格;

K——投资者要求的必要报酬率;

d_t——第 t 期的预计股利;

N——预计股票持有的期数。

对于永久持有股票($n \rightarrow \infty$)的投资者,$\frac{V_n}{(1+K)^n} \rightarrow 0$,投资者获得股利,是一个永续的现

金流入。这个现金流入的现值就是股票的价值,其计算公式为:

$$V = \sum_{i=1}^{n} \frac{d_t}{(1+K)^t}$$

股票估价模型在实际应用时,面临的主要问题是如何预计未来每年的股利,以及如何确定折现率。股利的多少,取决于每股利润和股利支付率两个因素。对其估计的方法是历史资料的统计分析,如回归分析、时间序列的趋势分析等。股票估价的基本模型要求无限期地预计历年的股利,实际上不可能做到。因此,应用的模型都是各种简化办法,如每年股利相同或固定比率增长等。而贴现率的主要作用则是把所有未来不同时间的现金流入折算为现在的价值。折现率的确定方法主要有以下几种:

(1) 根据股票历史上长期的平均收益率来确定。

(2) 参照债券的收益率,加上一定的风险报酬率来确定。

(3) 使用市场利率。

(二) 长期持有股票,股利稳定不变的股票估价模型

在未来每年股利稳定不变,投资者持有期间很长的情况下,投资者未来所获得的现金流入是一个永续年金,则股票的估价模型为:

$$V = \frac{D}{K}$$

式中,V——股票价值;

D——每年固定股利。

【例 7-8】 某企业准备购买一种股票,该股票每年支付固定股利 1.2 元/股,投资者要求的报酬率为 12%,该股票价格为多少时,企业才能购买?

根据上述公式可得:

$$V = \frac{1.2}{12\%} = 10(元)$$

即该股票价格在 10 元以下时,企业才值得投资购买。

(三) 长期持有股票,股利固定增长的股票估价模型

股利固定增长的股票估价模型是假设股票的股利每年以固定的增长率 g 逐年增长。若上年股利为 D_o,则第 n 年的股利为 $D_n = D_o \times (1+g)^n$,代入 $V = \sum_{i=1}^{n} \frac{d_t}{(1+K)^t}$,并做数学变换,得

$$V = \frac{D_0 \times (1+g)}{K-g} = \frac{D_1}{K-g}$$

【例 7-9】 某公司最近一次支付的股利为 1.85 元/股,预期每年股利固定增长率为 12%,该股票的必要报酬率为 16%,则该股票的价值为:

$$V = \frac{D_1}{K-g} = \frac{1.85 \times (1+12\%)}{16\% - 12\%} = 51.80(元)$$

可见,该股票的市价只有低于 51.80 元时,投资者才能购买。

值得注意的是,股票的预期股价和投资报酬率往往和后来的实际发展有很大差别。因为使用的数据是预计的,与实际情况存在差异,而且影响股市价格的某些因素,如未来的利率变化、整个股市的兴衰等,在计算时没有充分考虑。但并不能因此否定预测和分析的必要性和有用性,被忽略的不可预见因素通常影响所有股票,而不是个别股票,对选择决策的正确性往往影响较小。

三、股票投资收益评价

(一)股票投资收益的内容

股票的投资收益,是指投资者从购入股票开始到出售股票为止整个持有期间的收入,由股利和资本利得两方面组成。

1.股利

股利是投资者以股东身份按照持股数量从公司的盈利分配中获得的收益,具体包括股息和红利两部分。优先股的股息是按固定股息率优先取得股息,它是固定的,不以公司利润的多少或有无而变动。普通股的股利一般是支付了优先股的股息之后,再根据剩下的利润数额确定和支付,因而是不固定的,甚至在公司发生亏损时,很可能分不到股利。

2.资产增值

股票投资报酬不仅有股利,股利仅是公司税后利润的一部分。公司税后利润除支付股息和红利外,还留一部分作为资本公积金和未分配利润,股东对其拥有所有权。作为公司资产的增值部分,它仍应当属于股票收益。

3.资本利得

上市股票具有流动性,投资者可以在股票交易市场上出售持有的股票收回投资、赚取盈利,也可以利用股票价格的波动低买高卖赚取差价收入。股票买入价与卖出价之间的差额就是资本损益。当股票卖出价大于买入价时为资本利得,当卖出价小于买入价时为资本损失。

除此之外,认股权证价值也被认为是股票投资收益的一部分。认股权,是指普通股股东有优先认购新股的特权,赋予这个特权的证明就是认股权证。在认股权证的有效期间,股东可以优先低价认购股票,如果放弃优先认股权,则可以将认股权证出售。认股权证实际上代表一种期权,它具有一定的价值。

(二)股票投资收益率

投资者进行股票投资的最终目的是为了取得投资收益。股票的投资收益具有较大的不确定性,因为投资者对所投资的公司的未来盈利情况和股价的变动只靠预测来判断,而预测难免会出现偏差。但是,为了加强股票投资管理,投资者还是要进行投资收益的计算与考核。计算考核股票投资收益必须将股价与收益结合起来进行衡量,通常用下面的公式来计算股票投资收益率:

$$R = \frac{D + S_1 + S_2 + S_3}{P} \times 100\%$$

式中,R——股票投资收益率;

P——股票购买价格;

D——每年收到的股利；

S_1——股价上涨的收益；

S_2——新股认购收益；

S_3——公司无偿增资收益。

这个指标表明投资某一种股票所取得的综合收益，显然，该指标越高，说明股票投资的收益越好。

【例7-10】 某投资者于2020年9月1日以每股12元的价格购买A公司的股票2 000股，2021年2月10日，收到A公司支付的每股1.6元的现金股利，2021年9月1日将A公司的股票以每股14元的价格全出售，则该批股票的投资收益率为：

$$R = \frac{1.6 \times 2\,000 + (14 - 12) \times 2\,000}{12 \times 2\,000} = 30\%$$

在考虑时间价值的情况下，长期股票投资收益率就需按复利计算，它是能使未来现金流入现值等于股票买入价格的折现率，此时通过股票价值估算公式：

$$V = \sum_{t=1}^{n} \frac{d_t}{(1+R)^t} + \frac{V_n}{(1+R)^t}$$

采用逐步测试法和插值法即可推算出收益率。

【例7-11】 某投资者在2018年4月1日以每股5.1元的价格购买B公司股票100万股，在2019年、2020年、2021年的3月31日每股各分得现金股利0.5元、0.6元和0.8元，并于2021年4月1日以每股6元的价格将股票全部出售，试计算该股票投资收益率。

根据上述公式可得：

$$100 \times 5.1 = \frac{100 \times 0.5}{1+R} + \frac{100 \times 0.6}{(1+R)^2} + \frac{100 \times 0.8 + 100 \times 6}{(1+R)^3}$$

首先，采用逐步测试法进行测试，如表7-1所示。

表7-1 股票投资逐步测试表 单位:元

时　间	股利及出售股票的现金流入	测试20%		测试18%		测试16%	
		系数	现值	系数	现值	系数	现值
2019年	50	0.833 3	41.67	0.847 5	42.38	0.862 1	43.11
2020年	60	0.694 4	41.66	0.718 2	43.09	0.743 2	44.59
2021年	680	0.578 7	393.52	0.608 6	413.85	0.640 7	435.68
合　计	—	—	476.85	—	499.32	—	523.38

然后，采用插值法计算股票投资收益率。由于贴现率为18%时，现金流入的现值为499.32万元，比510万元小；贴现率为16%时，现金流入的现值为523.38万元，比510万元大。因此，该股票投资收益率必然介于16%与18%之间。采用插值法计算如下：

$$R = 16\% + \frac{523.38 - 510}{523.38 - 499.32} \times (18\% - 16\%) = 17.11\%$$

在各年股利呈固定比例增长的情况下,股票投资的收益率 R 的计算如下:

$$R = \frac{D_1}{P_0} + g$$

式中,D_1——未来第一年的每股股利;

　　P_0——股票市场价格;

　　g——固定股利增长率。

【例 7-12】 C 公司本期股票的价格为 100 元,预计下一期的股利为 5 元,该股利将以 10% 的速度持续增长。要求:计算该股票的投资报酬率。

解：　$R = \frac{D_1}{P_0} + g = \frac{5}{100} + 10\% = 15\%$

按市场价格购买的股票,其预期报酬率为 15%,如果大于投资者要求的必要报酬率,就值得购买;否则,就不应购买。

四、市盈率分析

股票市盈率(P/E),是指普通股每股市价与每股利润的比率,是衡量股价与收益关系的一个指标,也是衡量股价水平的指标,是投资者进行股票投资的重要参考因素之一。

市盈率的高低取决于两大因素:每股市价和每股收益。在每股市价确定的情况下,每股收益越高,市盈率越低,表明投资风险越小;反之,每股收益越少,市盈率越高,表明投资风险越大。同理,在每股收益确定的情况下,市价越高,市盈率越高,表明投资风险越大;反之,市价越低,市盈率越低,表明投资风险越小。正是因为市盈率指标可以用来估计股票投资风险和报酬,并且在衡量投资回收期、确定新股发行价格、显示投机价值、综合反映股票的投资价值方面发挥着重要作用,所以才引起有关专家、学者、业内人士以及投资者的普遍关注和高度重视。

在分析市盈率时,决定市盈率高低的直接因素是每股市价和每股收益,而进一步分析影响每股市价和每股收益发生变动的因素,排除人为等非正常因素的影响,主要是:① 一国的基本国情;② 经济发展状况和所处的经济周期;③ 市场利率水平;④ 企业的获利能力和成长能力。因此,分析股市市盈率的高低,除了分析直接原因外,还应该结合深层次的原因进行分析,才能做出较为客观、合理、准确的判断。

五、股票投资风险与防范

在证券投资中,股票投资的收益最高,与此相对应,股票的投资风险也最大。股票投资风险包括流动性风险、利率风险、购买力风险,还有经营风险、市场风险、经济风险等。这些风险从性质上可以划分为系统风险和非系统风险。

(一)系统风险

系统风险又称不可分散风险或市场风险。它是指由于某种因素给市场上所有证券造成经济损失的可能性。如宏观经济状况的变化、国家税法的变化、国家财政政策和金融政策的变化、世界能源状况的改变等都会使股票收益发生变动。这些风险会影响所有的股票,因此,不能通过股票投资组合分散掉。对投资者来说,这种风险是无法消除的,故又称不可分散风险。

（二）非系统风险

非系统风险又称可分散风险或公司特别风险。它是指由于某些因素给市场上单个证券造成经济损失的可能性。如发行公司在市场竞争中失败，发生经营亏损等都会导致该公司股票价格下跌。这种风险可以通过股票投资组合来分散，因此，又称可分散风险。

如果投资者同时购买多家公司的股票，其中某些公司的股票收益上升，另一些公司的股票收益下降，那么可以降低股票投资的非系统风险。在实际操作中，投资者只要持有 10 种到 15 种股票，就能减少大部分非系统风险。因此，防范股票投资风险的最有效办法，就是建立股票投资组合。当然，不同的股票投资组合的风险分散效应不同。一般来说，股票收益之间的相关性越低，组合的风险分散效应越好。投资者在进行股票投资时，应尽量选择不同行业、不同地区的股票，以降低股票收益之间的相关性，从而有效地分散股票投资风险。

第四节 基金投资管理

一、基金投资概述

投资基金（Fund），又称共同基金或单位信托基金，它是通过向投资者发行基金股份或受益凭证的形式，汇集众多投资者的零散资金组成基金，然后交由专门的投资机构进行投资，投资收益由原投资者按出资比例分享，投资机构收取一定管理费用的投资工具。其目的是通过集合众多小额投资者的资金进行规模性的专业投资，利用投资组合原理分散投资，以达到在保证投资收益的前提下规避投资风险的目的。

（一）投资基金的特点

1. 集合投资

基金是这样一种投资方式：它将零散的资金巧妙地汇集起来，交给专业机构投资于各种金融工具，以谋取资产的增值。基金对投资的最低限额要求不高，投资者可以根据自己的经济能力决定购买数量，有些基金甚至不限制投资额大小，完全按份额计算收益的分配。因此，基金可以最广泛地吸收社会闲散资金，集腋成裘，汇成规模巨大的投资资金。在参与证券投资时，资本越雄厚，优势越明显，而且可能享有大额投资在降低成本上的相对优势，从而获得规模效益的好处。

2. 分散风险

以科学的投资组合降低风险、提高收益是基金的另一大特点。在投资活动中，风险和收益总是并存的，因此，"不能将所有的鸡蛋都放在一个篮子里"，这是证券投资的箴言。但是，要实现投资资产的多样化，需要一定的资金实力，对小额投资者而言，由于资金有限，很难做到这一点，而基金则可以帮助中小投资者解决这个困难。基金可以凭借其雄厚的资金，在法律规定的投资范围内进行科学的组合，分散投资于多种证券，借助于资金庞大和投资者众多的投资组合使每个投资者面临的投资风险变小，另一方面又利用不同的投资对象之间的互补性，达到分散投资风险的目的。

3. 专业理财

基金实行专家管理制度，这些专业管理人员都经过专门训练，具有丰富的证券投资和其他项目投资经验。他们善于利用基金与金融市场的密切联系,运用先进的技术手段分析各种信息资料,能对金融市场上各种品种的价格变动趋势做出比较正确的预测,最大限度地避免投资决策的失误,提高投资成功率。对于那些没有时间,或者对市场不太熟悉,没有能力专门研究投资决策的中小投资者来说,投资基金,实际上就可以获得专家们在市场信息、投资经验、金融知识和操作技术等方面所拥有的优势,从而尽可能地避免盲目投资带来的失败。

（二）投资基金的作用

1. 分散风险,稳定收益

个人投资者能借助基金的规模操作和组合投资,最大限度地分散风险,同时降低投资成本,使收益处于较好的水平。

2. 变现灵活,流动性好

投资基金一般都有专门的柜台交易,或直接在证券交易所挂牌买卖。投资者可以买进后取得收益,也可随时进行买卖套取差价获利,变现灵活,资金流动性很高。

3. 投资多样化,易于变动

国外的投资基金品种很多,如股票基金、债券基金、黄金基金、期权基金等,投资者可根据自己的分析判断决定购买哪些基金品种或变换手中的基金品种。如股价上升时,可买入股票基金;一旦认为股市可能下行,即可把手中的股票基金换成其他品种的基金。

4. 享受专业服务,参与国内外的证券投资

设立投资基金的初衷就是为了方便中小投资者的国内外投资。投资基金给投资者提供专业性服务,使投资者购买证券的手续大大减少,也节省投资者用于收集资料、决策判断、买卖操作的大部分精力,投资者还可在不具备国外投资的条件下,通过购买国家基金进行国外投资。

对于发展中国家来说,在证券市场有一定的发展基础上建立投资基金,有利于促进金融商品的结构化改革,激发民众的投资热情,开拓吸引外资的新渠道,有助于证券市场的健康发展。

二、基金的价值

（一）基金价值的内涵

债券的价值取决于债券投资所带来的利息收入和所收回的本金,股票的价值取决于股份公司净利润的稳定性和增长性。这些利息和股利都是未来收取的,也就是说未来的而不是现在的现金流量决定着债券和股票的价值,而基金的价值取决于目前能给投资者带来的现金流量,这种目前的现金流量用基金的净资产价值来表示。

（二）基金单位净值

基金单位净值又称为单位净资产值或单位资产净值,是指某一时点每一基金单位所具有的市场价值,是评价基金业绩最基本和最直观的指标,也是开放型基金申购价格、赎回价格以及封闭型基金上市交易价格确定的重要依据。

$$基金单位净值＝\frac{基金净资产价值总额}{基金单位总份额}$$

$$基金净资产价值总额＝基金资产总额－基金负债总额$$

在基金净资产价值的计算中,基金的负债除了以基金名义对外的融资借款外,还包括应付投资者的分红、基金应付给基金经理公司的首次认购费、经理经费等各项基金费用。相对来说,基金的负债金额是固定的,基金净资产的价值主要取决于基金总资产的价值。这里,基金总资产的价值并不是指资产总额的账面价值,而是指资产总额的市场价值。

（三）基金的报价

从理论上说,基金的价值决定了基金的价格,基金的交易价格是以基金单位净值为基础的,基金单位净值高,基金的交易价格也高。封闭型基金在二级市场上竞价交易,其交易价格由供求关系和基金业绩决定,围绕着基金单位净值上下波动。开放型基金的柜台交易价格则完全以基金单位净值为基础,通常采用两种报价形式:认购价和赎回价。基金认购价也就是基金经理公司的卖出价,卖出价中的首次认购费是支付给基金经理公司的发行佣金。基金赎回价也就是基金经理公司的买入价,赎回价低于基金单位净值是由于抵扣了基金赎回费,以此提高赎回成本,防止投资者的赎回,保持基金资产的稳定性。收取首次认购费的基金,一般不再收取赎回费。

$$基金认购价＝基金单位净值＋首次认购费$$

$$基金赎回价＝基金单位净值－基金赎回费$$

三、基金回报率

基金回报率用以反映基金增值的情况,它通过基金净资产的价值变化来衡量。基金净资产的价值是以市价计量的,基金资产市场价值增加,意味着基金的投资收益增加,基金投资者的权益也随之增加。

$$基金回报率＝\frac{年末持有份数×基金单位净值年末数－年初持有数×基金单位净值年初数}{年初持有数×基金单位净值年初数}$$

上式中,"持有份数"是指基金单位的持有份数。如果年末和年初基金单位的持有份数相同,基金收益率就简化为基金单位净值在本年内的变化幅度。

【例 7-13】 基金 A 在 2020 年 12 月 31 日的资产总额为 20 050 万元,负债总额为 50 万元,已售出 1 亿基金单位。要求计算:

(1) 基金 A 在 2021 年 1 月 1 日的基金单位资产净值。

(2) 若 2021 年 1 月 1 日投资者持有基金份数为 2 万份,2021 年 12 月 31 日基金投资者持有份数不变,此时单位净值为 2.5 元,求该基金 2021 年的收益率。

解: (1) 2021 年 1 月 1 日的基金单位资产净值计算如下:

$$基金单位资产净值＝\frac{20\,050－50}{10\,000}＝2(元／基金单位)$$

(2) 2021 年基金 A 的收益率计算如下:

$$基金收益率＝\frac{20\,000×2.5－20\,000×2}{20\,000×2}＝25\%$$

四、有价证券周转率

对投资对象只是有价证券的基金而言,可以用有价证券周转率来衡量基金的投资组合政

策。有价证券周转率的计算方式与一般企业资产周转率的计算方式相同,都是资产周转额与资产平均余额的比值,即有:

$$有价证券周转率 = \frac{证券资产年出售净额}{证券资产年平均余额}$$

有价证券周转率的高低在一定程度上反映了基金的投资组合政策:周转率越高,表明基金投资越偏重于能获取资本利得的投资组合;周转率越低,表明基金投资越偏重于获取稳定红利收入的投资组合。当然,从过高的周转率上可以看出基金投资组合的不稳定,对证券频繁地购买和抛售会带来较高的投资管理成本。过低的周转率只能表明基金没有进取性,也无法判断基金经理人对基金投资的操控能力。

五、基金投资风险与防范

(一)通货膨胀风险

投资报酬不能跟上一般物价上涨速度的风险,越安全的投资标的(如购买国库券、公债等),这类基金的通货膨胀风险越高,而普通股投资组合最能够抵抗通货膨胀风险。在考虑长期投资时,此项亦作为重要的评估要点。

(二)利率风险

债券价格可能面临因为利率上升而下跌的风险。利率风险是指利率大幅上涨或下跌时所带来的损失,例如,投资收益型的债券基金,此种基金的获利主要是债券投资的利息收益和价差收益,当利率上升或下跌时,就会对收益造成影响,而债券基金经常通过久期衡量利率风险。(久期将在第八章予以说明)

(三)外汇风险

投资股票若是跨越了国界,就会面临两种货币间的升贬风险。投资国外的基金,因为海外基金以外币为计价单位,故在两种货币间就存在汇率,也就是两种货币交换的基准点,因为汇率会随政治、经济、国际贸易等因素而有所变动,所以如果外币升值,资金自然也就膨胀,但相对下跌时,就必须承受来自汇兑所产生的损失。

(四)国家风险

某特定国家可能因为政治、经济或天然灾害的问题而造成金融市场的波动。新兴市场单一国家的基金比较容易发生国家风险。风险程度评估的内容为投资标的国本身政治、社会稳定性,经济的发展情况,政策的透明度与贯彻等。投资新兴市场债券基金时,国家风险是重要评估项目,因为不乏新兴市场国家政府债券无能力偿还的前例。

(五)信用风险

信用风险可分为公司及基金两部分,均为选择基金时的重要评量因素。就公司部分而言,基金公司如果有财务问题,虽不至于影响到投资者的资金安全,但多少会造成基金的绩效及行政运作上的困难。就基金部分而言,比如有些公司为追求高绩效,将大部分的资金投资于投机型股票或小型股票,那么此基金的风险自然就较其他基金要高,此二者就是信用风险。

(六)资产类别的风险

定期调整各种资产类别的资金权数,如股票、债券或现金,就可以降低资产类别的风险。

任何一种资产类别都有可能发生投资风险,而过多的基金资金配置在某个资产类别(如股票、债券或现金)或其他次要分类资产(如海外股票),往往会有较大的资产类别的风险。所以采用合理、系统的资产配置计划,定期调整各种资产类别的资金权数,降低资产类别的风险就成了基金经理人重要的功课之一。

（七）管理风险

在投资基金的风险中,基金经理人也是重要的考虑因素,基金经理人的管理绩效可能由好变坏。另外,杰出的经理人可能离职。其中比较特殊的是指数型基金,通常没有管理风险,因为此类基金无须考虑经理人这一投资因素,它是以指数的权数分配作为投资组合依据的。

（八）基金清算风险

基金清算代表该基金即将结束,基金公司会结算这只基金的现有资产,将其转为现金后,全部按投资比例平均分配给基金受益人。被清算的基金通常表现不佳,基金清算时投资者在基金上的资金会被冻结一段时间,最后拿回来的钱通常会比投入时少很多。基金清算的原因如下:

(1) 基金的规模小于主管机关规定的下限;

(2) 基金发生重大人为过失或违法事宜被主管机关要求清算;

(3) 基金规模太小,基金管理公司无法负担固定成本而自行清算;

(4) 基金持有人召开特别决议会议,解散基金。

因此在投资基金时,注重基金公司的诚信问题与避免投资规模太小的基金,都可以降低基金清算的风险。根据《证券投资基金运作管理办法》规定,开放式基金的基金合同生效后,基金份额持有人数量不满 200 人或者基金资产净值低于 5 000 万元的,基金管理人应当及时报告中国证监会。连续 20 个工作日出现上述情形的,基金管理人应当向中国证监会说明原因和报送解决方案。虽然目前国内基金管理公司为了顾及声誉,对小规模基金都偏向持续经营,但投资者还是避免申购基金规模不到 1 亿元的基金来降低基金清算风险。

（九）基金流动性风险

很多基金管理公司在与投资者的合同中,会有当单日申请赎回的金额占基金总额的 10% 以上时,基金管理公司须向主管机关申请暂停赎回。当某项利空因素使恐慌性卖出市场出现时,卖盘远大于买盘,股票乏人承接,基金投资者大幅申请赎回,但在市场上又无法卖出股票,此时会发生基金流动性风险。举例来说,中国台湾地区曾突然宣布实施证券交易所得税,造成台湾地区股市连续 19 天无量下跌,所有股票型基金也都中止赎回。

六、基金投资的策略

投资组合是为了实现基金投资的目标所遵循的基本投资政策,在这个基本政策的前提下,基金投资需要采取一些具体的投资策略,以提高投资效率。

（一）平均成本投资策略

平均成本投资策略是指在均衡的时间间隔内,按固定的金额分次投资于同一证券,这里的平均成本是指各次购买证券的平均价格。在证券市价高于平均成本时,将分批买进的证券一次性全部抛出以获取利润。事实上,只要投资对象的市价超过平均投资成本,就可以把以前所购买的证券全部抛售,而不必等到投资额度全部用完。

采用平均成本投资策略,能够通过证券持有份数的变化来抵消证券价格的波动。由于投资者每次以固定金额投资于同一证券,当证券价格较低时,其所购买的证券份数就多一些;证券价格较高时,其所购买的证券份数就少一些,由此来降低购买成本。

平均成本投资策略的实质是分次投资,能避免一次性在高价位上套牢的价格波动风险。这种策略可以应用于对投资组合的重组。当准备更换投资组合时,安全的做法是分次投转,把资金从一个投资对象中逐步退出,分次转移至另一个投资对象中,既能避免原有投资对象的低价位退出,又能防止新投资对象高价位的进入。

但是平均成本投资策略只针对同一投资对象,与其他投资对象的投资不发生关系,不适用于对投资策略的调整。而且,该投资策略在证券价格高于平均成本时就一次性抛售,当证券价格持续上涨时,就会丧失再投资于该证券的机会,无法完成投资额度的计划。

（二）固定比重投资策略

固定比重投资策略要求将一笔资金按固定的比例分散投资于各类证券上,使持有的各类证券市价总额达到设定的比重。当由于某个证券市价变动而使投资比例发生变化时,投资者就卖出或买进这种证券,从而保证投资比例能够维持原有的固定比例。这样不仅可以分散投资成本,抵御投资风险,还能见好就收,不至于因某个证券表现欠佳或过度奢望价格进一步上升而使到手的收益成为泡影,或使投资额大幅度上升。

固定比重投资策略的实质是用一种投资对象的增值利润投资于另一种投资对象。即当某类证券市价上涨时,就补进价格相对较低的其他证券;当该类证券价格下跌较多时,就抛售其他证券以补进该类证券。这样能使基金投资保持低成本状态,也有助于让投资者及时得到现实的既得利益。

固定比重投资策略一般不适用于投资对象长期持续上涨或长期持续下跌的情况。投资对象长期持续上涨,会使基金经理人过早抛售该证券而失去继续获利的机会;投资对象持续下跌,又会使经理人不断抛售其他证券而承担该证券价格继续下跌的风险。

（三）分级定量投资策略

分级定量投资策略的基本做法是设定投资对象的价格涨跌等级,价格每上升一个等级就抛售,价格每下降一个等级就购进,每次抛售和购进的数量是相等的。

分级定量投资策略与平均成本投资策略相类似,都是针对同一证券分次进行投资,但还是有明显的区别:

（1）分级定量投资策略没有投资额度限制,如果投资对象的价位不断下降,按此策略要求只有不断购进,才会产生资金需求的压力,同时也要求事先应当规划一个购入的最低价位。

（2）每次购进的数量是相等的,而投资额是不同的。

（3）平均成本投资策略按移动平均加权方式计算平均购进价位,在当前价位高于平均成本时出售证券;分级定量投资策略按上一次价位决定下一次购进或出售的行动,在当前价位高于上一次价位并达到设定的价位涨跌等级时出售,反之亦然。

（4）平均成本投资策略的抛售行为往往一次完成,分级定量投资策略的抛售行为往往分次进行。

在分级定量投资策略中,价位涨跌等级间隔的设定是关键因素。等级间隔不宜定得过宽,等级间隔过宽则容易失去抛售或购进的机会。

七、基金投资的优缺点

（一）基金投资的优点

基金投资最大的优点就是能够在不承担太大风险的情况下获得较高收益。这是因为：

（1）投资基金具有专家理财优势。投资基金的管理人都是投资方面的专家，他们在投资前均进行多种研究，这能够降低投资风险，提高收益。

（2）投资基金具有资金规模优势。我国的投资基金一般拥有 20 亿元以上的资金，西方大型投资基金一般拥有资金百亿美元以上，这种资金优势可以进行充分的投资组合，能够降低投资风险、提高收益。

（二）基金投资的缺点

（1）无法获得很高的投资收益。投资基金在投资组合过程中，在降低风险的同时，也丧失了获得巨大收益的机会。

（2）在大盘整体大幅度下跌的情况下，进行基金投资也可能会损失较多，投资人需要承担较大风险。

（3）基金投资于何种证券是由基金托管人代为选择的，个人的操作性比较弱。

复习思考题

【思考题】

1. 股票的主要类型有哪些？
2. 简述普通股股票的基本特征和主要种类。
3. 优先股股票的基本特征是什么？
4. 证券发行价格的确定方法以及应考虑的基本因素？
5. 简述债券的种类。
6. 简述证券投资基金、股票、债券的异同。
7. 证券投资基金主要有哪几种类型？
8. 现代资产定价理论从哪些方面对传统资产定价理论进行了改进和突破？

【练习题】

一、单项选择题

1. 在债券投资中，因通货膨胀带来的风险是（　　）。

A. 违约风险　　　　B. 利息率风险　　　　C. 购买力风险　　　　D. 流动性风险

2. 在债券投资中，债券发行人无法按期支付利息或本金的风险称为（　　）。

A. 违约风险　　　　B. 利息率风险　　　　C. 购买力风险　　　　D. 流动性风险

3. 不会获得太高收益，也不会承担巨大风险的证券投资组合方法是（　　）。

A. 选择足够数量的证券进行组合

B. 把风险大、中、小的证券放在一起进行组合

C. 把投资收益呈负相关的证券放在一起进行组合

D. 把投资收益呈正相关的证券放在一起进行组合

4. 向华公司购入一种准备永久性持有的股票,预计每年股利为 3 元,购入此种股票应获得报酬率为 10%,则其价格为( )元。

A. 20   B. 30   C. 35   D. 40

5. 股票收入稳定、持有时间非常长的情况下的股票股价模型是( )。

A. $V = \dfrac{D_1}{k - g}$ B. $V = \dfrac{D}{K}$

C. $V = \dfrac{K}{D}$ D. $V = \dfrac{D_t}{(1 + k)^t} + \dfrac{V_n}{(1 + k)^n}$

6. 某公司购买某种股票,面值 14 元,市价 358 元,持有期间每股获现金股利 5.6 元,一个月售出,售价为 42 元,则投资收益率为( )。

A. 16%   B. 20%   C. 40%   D. 36%

7. 企业财务部门进行短期证券投资时,应投资( )的股票和债券。

A. 风险低、流动性强   B. 风险低、流动性弱

C. 风险高、流动性强   D. 风险高、流动性弱

8. 减少债券利率风险的方法是( )。

A. 持有单一债券   B. 持有多种债券

C. 集中债券的到期日   D. 分散债券的到期日

9. 债券投资的特点是( )。

A. 债券投资者有权参与企业的经营决策   B. 债券投资的风险高于股票投资

C. 债券投资比直接投资的变现能力强   D. 股票投资的期限较长

10. 股票投资的特点是( )。

A. 股票投资的风险较小   B. 股票投资属于权益性投资

C. 股票投资的收益比较稳定   D. 股票投资的变现能力较差

11. 选择高质量的股票和债券,组成投资组合,既可以获得较高的收益,又不会承担太大的风险。这种证券投资组合策略称为( )。

A. 保守性策略   B. 冒险性策略   C. 投机性策略   D. 适中性策略

12. 当市场利率大于票面利率时,债券发行时的价格小于债券的面值。但随着时间的推移,债券价格将相应( )。

A. 增加   B. 减少   C. 不变   D. 不确定

13. 下列不属于证券投资风险的是( )。

A. 利率风险   B. 流动性风险   C. 财务风险   D. 购买力风险

14. 下列投资中,风险最小的是( )。

A. 购买政府债券   B. 购买企业债券

C. 购买股票   D. 投资开发新项目

15. 下列( )为债务投资的缺点。

A. 对企业资产和盈利的求偿权居后   B. 购买力风险比较大

C. 价格受众多因素的影响　　　　　　D. 收入不稳定,与企业经营状况有关

二、多项选择题

1. 对外证券投资的风险主要有(　　)。

A. 违约风险　　　B. 利息率风险　　　C. 购买力风险　　　D. 流动性风险

2. 证券投资的收益包括(　　)。

A. 现价与原价的价差　　　　　　　　B. 股价收益

C. 债券收益　　　　　　　　　　　　D. 出售收入

3. 债券投资的优点主要有(　　)。

A. 本金安全性高　　B. 收入稳定性强　　C. 投资收益较高　　D. 市场流动性好

4. 股票投资的缺点有(　　)。

A. 购买力风险高　　B. 求偿权居后　　　C. 价格不稳定　　　D. 收入稳定性强

5. 债券投资风险包括(　　)。

A. 违约风险　　　　B. 利率风险　　　　C. 购买力风险　　　D. 变现力风险

6. 影响股票价格的因素为(　　)。

A. 预期股利　　　　B. 市场利率　　　　C. 社会经济环境　　D. 违约风险

7. 评价债券收益水平的指标有(　　)。

A. 债券票面利率　　B. 债券面值　　　　C. 债券到期前年数　D. 到期收益率

三、判断题

1. 投资者可以根据投资经济价值与当前证券市场价格的比较决定是否进行证券投资。
(　　)

2. 一般来说,长期投资的风险要大于短期投资。(　　)

3. 就风险而言,证券投资从大到小的排列顺序为公司证券、金融证券、政府证券。(　　)

4. 一般而言,银行利率下降,证券价格下降;银行利率上升,证券价格上升。(　　)

5. 股票的市盈率较高,表明投资者对公司未来越有信心,其风险也越小。(　　)

6. 在通货膨胀期间,购买力风险对于投资者相当重要,一般来说,预期报酬率会上升的资产其购买力风险会低于报酬率固定的资产。(　　)

7. 股票价格会随经济形势和公司的经营状况而升降,总的趋势一般是上升。(　　)

8. 贴现金融债券的票面面值与发行价格之间的差额就是债券的利息。(　　)

9. 由于债券投资只能按债券的票面利率得到固定的利息,所以公司的盈利状况不会影响该公司债券的市场价格,但会影响该公司的股票价格。(　　)

10. 有效的资本市场是指在证券市场上一切消息都是公开的,每个投资者都能无条件获得这些消息,并且市场消息一旦公开就会立即反映在市场价格上。(　　)

四、计算分析题

1. 广深公司准备对一种股利固定增长的普通股股票进行长期投资,上年股利为 8 元,估计年股利增长率为 4%,该公司期望的收益率为 12%.求该股票的价值。

2. 某公司的普通股基年股利为 6 元,估计年股利增长率为 6%,期望的收益率为 15%,打

算两年后转让出去,估计转让价格为 30 元。求该股票的价值。

3. 某公司持有某种股票,其投资最低报酬率为 12%,预期该股票未来 4 年股利将以 18% 的增长率增长,此后年增长率为 10%,该种股票最近支付的股利为 4 元。求该股票的内在价值。

4. 某公司在 2016 年 1 月 1 日平价发行新债券,每张面值 1 500 元,票面利率为 10%,5 年到期,每年 12 月 31 日付息,问:

(1) 假定 2020 年 1 月 1 号的市场利率下降到 7%,那么此时该债券的价值是多少?

(2) 假定 2020 年 1 月 1 日的市价为 1 375 元,此时购买该债券的到期收益是多少?

(3) 该债券 2021 年 1 月 1 日的到期收益率为多少?

5. 某公司持有甲债券,还有 4 年到期,其面值为 1 000 元,票面利率为 8%,每年付息一次。

要求:

(1) 若该债券当前市价为 825 元,请计算债券到期收益率。

(2) 若当前你认为的期望报酬率应为 10%,你是否会以 825 元的价值购入该债券,试说明理由。

第八章 流动资产管理

学习目标

流动资产在生产经营活动中具有较强的流动性,在企业资产总额中占有很大的比重。本章重点针对在流动资产中占比重较大的现金、应收账款及存货进行阐述。主要论述现金管理的内容、方法及最佳现金余额的确定;阐述如何从信用决策、信用条件、信用标准及信用分析方法四个方面来制定最优的信用政策,加强对应收账款的管理;介绍存货的成本及存货控制的基本方法。本章的重点及难点是掌握最佳现金余额、存货经济进货批量的计算及信用政策的应用。

第一节 流动资产管理概述

流动资产是指可以在一年内或者超过一年的一个营业周期内变现或者耗用的资产,包括现金、短期有价证券、应收及预付款项、存货等。流动资产在企业资产总额中占有很大的比重,在生产经营活动中具有较强的流动性。流动资产的多少表明企业短期偿债能力的强弱,其规模和流转水平直接影响企业的财务状况。因此,管好、用好企业的流动资产是现代企业财务管理的一项十分重要的内容。

一、流动资产的特征

(一)投资回收期短

投资于流动资产的资金一般在一年或一个营业周期内收回,影响企业的时间比较短。因此流动资产投资所需的资金一般可通过商业信用、短期银行借款等方式解决。

(二)流动性强

流动资产在循环周转过程中经过供产销三个阶段,其占用形态不断变化,流动资产的流动性与其变现能力相关,如遇意外情况,可迅速变卖流动资产,以获取现金。这对于财务上满足临时性资金需求具有重要意义。

(三)具有并存性

在流动资产的周转过程中,每天不断有资金流入和资金流出,流入和流出总要占用一定的时间,从供产销的某一瞬间看,各种不同形态的流动资产同时存在。因此,合理地配置流动资产各项目的比例,是保证流动资产顺利周转的必要条件。

(四)具有波动性

流动资产占用的投资并非一个常数,随着供产销的变化,其资金占用时高时低,起伏不定,季节性企业如此,非季节性企业也如此。随着流动资产占用量的变动流动负债的数量也会相应变化。

二、流动资产的组成

流动资产在企业的再生产过程中以各种不同的形态同时存在,这些不同的存在形态就是流动资产的组成内容。具体包括以下几个方面。

(一)货币资金

货币资金是指企业在再生产过程中由于种种原因而持有的、停留在货币形态的资金,包括库存现金和存入银行的各种存款。

(二)应收及预付款项

应收及预付款项是指在商业信用条件下企业的延期收回和预先支付的款项,如应收票据、应收账款、其他应收款、预付账款等。

(三)存货

存货是指企业在再生产过程中为销售或者耗用而储备的物资,包括原材料、燃料、包装物、低值易耗品、修理用备件、在产品、自制半成品、产成品、外购商品等。

三、流动资产管理的意义

(1)加强流动资产管理,可以加速流动资产周转,从而减少流动资产占用,这样就能促进生产经营的发展。

(2)加强流动资产管理,有利于促进企业加强核算,提高生产经营管理水平。

(3)加强流动资产管理,可以保障企业正常生产经营过程的顺利进行,避免因缺乏流动资产而造成企业活动的中断。

(4)加强流动资产管理,对提高整个企业的经营管理水平、提高企业的资产使用效率、改善企业的财务状况,具有重要意义。

第二节　现金管理

现金是指在生产经营过程中以货币形态存在的资金,是可以立即投入流通的交换媒介。现金的内容包括企业的库存现金、各种形式的银行存款和其他货币资金等。现金的首要特点是普遍的可接受性,即可以作为购买商品、货物、劳务或偿还债务的直接支付手段。因此,现金是企业中流动性最强的资产,而拥有足够的现金对降低企业财务风险、增强企业资金的流动性具有十分重要的意义。

一、企业持有现金的动机

企业持有现金的动机主要有以下三个方面。

(一)支付的动机

支付的动机是指持有现金以便满足日常支付的需要,如用于购买材料、支付工资、交纳税款、支付股利等。尽管企业每天都有现金收入或支出,但这些现金收入和现金支出很少同时等额发生,因此,保留一定的现金余额可使企业在现金支出大于现金收入时,不至于中断交易,从而保证企业生产经营活动正常运转下去。这些和企业收支相关的余额,称为交易性余额。支付动机所需要现金的数量,取决于其销售水平。

（二）预防的动机

预防的动机是指企业持有现金,以便应付意外突发事件对现金的需求。企业预测的现金持有额通常是指正常生产经营情况下的现金需求额,但有许多意外事件会影响企业现金的收入和支出,如水灾、地震等自然灾害,生产事故,主要顾客未能及时付款等,都会使企业的现金收支出现不平衡。企业持有一定量的现金,便可使企业更好地应付这些意外事件的发生。这些当作安全存量持有的现金,称为预防性余额。预防动机所需要现金的多少取决于以下三个因素:第一,现金收支预测的可靠程度;第二,企业短期融资的能力;第三,企业愿意承担现金短缺风险的程度。

（三）投机的动机

投机的动机是指企业持有现金,以便在证券价格剧烈波动时,从事投机活动,从中获得收益。当预期有价证券的价格要上升时,企业就可抓住这一获利机会予以购进,从事短期投资活动,从中获取短期投资收益。为达到这一目的而持有的现金余额,称为投机性余额。

二、现金管理的目标和内容

（一）现金管理的目标

现金管理的目的在于提高现金使用效率。一般说来,流动性强的资产,其收益性较低,这意味着企业应尽可能少地持有现金,即使不将其投入本企业的经营周转中,也应尽可能多地投资于能产生高收益的其他资产,从而避免由于资金闲置或用于低收益资产而带来的损失。这样,企业便面临现金不足和现金过量两方面的威胁。企业现金管理的目标,就是要在资产的流动性和盈利能力之间做出抉择,要力求做到在保证企业生产经营所需现金的同时,合理利用资金,以获得最大的长期利润,并通过确定企业的最佳现金持有量,使现金成本维持在较低的水平,降低企业风险与增加企业收益。企业在进行与现金相关的决策时,应考虑支付、预防和投机这三方面的需要。但是,在使用现金上,三种目的的现金是可以相互调剂的。例如,预防性需要的现金可以暂时用于交易性需要。此外,企业在确定现金持有量时,也要考虑有价证券的持有情况,二者要相互配合。

（二）现金管理的内容

企业现金管理的本质是现金流量的预算管理。它包括三个方面的相关内容即现金预算管理、现金流量管理和现金余额管理。企业现金管理直接影响企业的资金正常周转,加强现金预算管理对企业具有非常重要的意义。加速收款、控制支出、保持与银行的良好关系是企业现金流量管理的重要内容。由于企业现金流入流出的数量与时间并非能够完全控制,在企业现金的日常管理中,现金余额经常大幅度波动,因此,如何确定最佳现金余额是现金管理的重要任务。当企业现金余额大于最佳现金余额时,企业需要寻找合适的短期投资机会;当企业现金余额小于最佳现金余额时,需要进行短期贷款以解决企业的资金周转困难。

三、现金的成本

现金的成本是指企业为了持有一定数量的现金而发生的费用,或者企业现金发生短缺时所付出的代价。现金的成本主要由以下四个部分构成。

(一)机会成本

机会成本也叫现金持有成本,是指企业因持有现金而丧失的再投资收益。现金作为企业的一项资金占用,是有代价的,这种代价就是它的机会成本。企业若放弃持有现金,就可以进行其他方面的投资,如购买有价证券或更新改良固定资产,从而获得相应的收益。企业现金持有额越大,则其现金机会成本越高。企业为了生产经营业务,需要拥有一定的现金,付出相应的机会成本代价是必要的,但现金持有量若过多,机会成本大幅度上升,就是不经济的了。

(二)管理成本

现金的管理成本是指企业因持有一定数量的现金而发生的管理费用,如管理人员工资、安全措施费等。现金的管理成本属于一种固定成本,在一定的现金余额范围内与现金持有量之间无明显的比例关系。

(三)短缺成本

现金的短缺成本,是指企业在发生现金短缺时,由于不能应付业务开支所需,而使企业蒙受的损失或为此付出的代价。如企业因不能按时纳税而必须支付的滞纳金。现金短缺成本与企业的现金持有量之间成反比例关系,它将随着现金持有量的增加而下降,随着现金持有量的减少而上升。

(四)转换成本

现金的转换成本,是指企业用现金购买有价证券,或将有价证券转换为现金时所发生的交易费用。如买卖证券支付的佣金、委托手续费等。现金的转换成本可以分为两类:一是与委托标的金额有关的费用。这种费用一般须按委托成交金额的一定比例支付,属于变动转换成本,如买卖证券的佣金、证券交易的印花税等。二是与委托金额无关,只与交易次数有关的费用。这种费用按交易的次数支付,每次支付的费用是不变的,属于固定转换成本,如委托手续费、过户费等。

四、最佳现金持有量的确定

现金是企业主要的支付手段,又是一种非营利性的资产。现金持有不足,可能影响企业的生产经营,加大企业的财务风险;现金持有过多,则会降低企业的整体盈利水平。因此,确定最佳现金持有量具有非常重要的意义。

(一)成本分析模式

成本分析模式是通过分析持有现金的成本,寻求现金成本最低的现金持有量。一般来说,企业的现金成本中,机会成本、管理成本和短缺成本属于持有现金的成本。企业在进行决策时,能够使上述三项成本之和达到最小的现金持有量,就是最佳现金持有量。当我们在同一坐标平面图上绘出这三种成本线时,就可以清晰地表现出企业持有现金的总成本,从而找出最佳现金持有量,如图8-1所示。

图 8-1 中,横轴表示现金持有量,纵轴表示持有现金的总成本。根据前面所做的分析,机会成本线向右上方倾斜,短缺成本线向右下方倾斜,管理成本线为平行于横轴的一条直线,总成本线是一条抛物线,该抛物线的最低点为持有现金的最低总成本。当现金持有量超过这一点时,机会成本上升的代价会大于短缺成本下降的好处;而在这一点之前,短缺成本上升的代价大于机会成本下降的好处。因此,这一点所对应横轴上的量,即是该企业的最佳现金持有量。

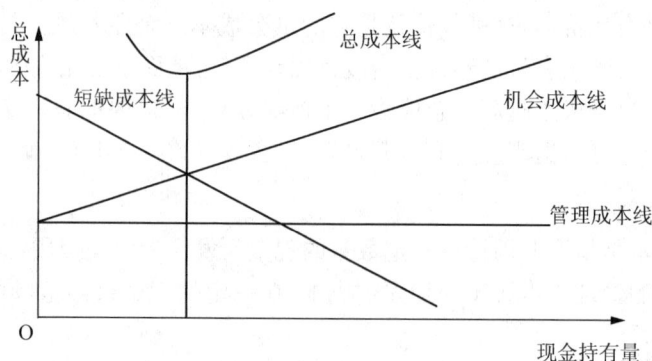

图 8-1 最佳现金持有量

【例 8-1】 某企业有四种现金持有方案,它们各自的机会成本、管理成本、短缺成本如表 8-1 所示。

表 8-1 现金持有方案

方 案	现金持有量	机会成本	管理成本	短缺成本	总成本
A	10 000	1 000	1 800	4 300	7 100
B	20 000	2 000	1 800	3 200	7 000
C	30 000	3 000	1 800	900	5 700
D	40 000	4 000	1 800	0	5 800

将以上各方案的机会成本、管理成本、短缺成本相加可以比较得出,C 方案的总成本是最低的,即当企业持有 30 000 元现金时总成本最低,对企业来说最合算,故 30 000 元是该企业的最佳现金持有量。

(二)鲍莫尔模型(Baumol Model)

这一模型是由美国学者 W.J.Baumol 于 1952 年提出的,也称为存货模式。他认为现金最佳余额在很多方面与存货相似。运用存货模式确定最佳现金持有量时,其基本前提包括:预测期内现金需要量是可预测的;企业的现金流入量和现金流出量是均匀发生的;在预测期内,企业不会发生现金短缺,可以通过出售有价证券及时补充现金。

鲍莫尔模型的基本原理是将持有现金的机会成本与有价证券的转换成本结合起来进行权衡,以求得两者总成本最低时的现金余额,从而得出最佳现金持有量。在一定时期内,如果现金持有量较多,则持有现金的机会成本较高,但现金的转换成本可减少;如果现金持有量较少,则现金的转换成本较高,但现金的机会成本可减少。也就是说,现金的机会成本和转换成本是此消彼长的关系,所以这两种成本之和最低情况下的现金持有量即为最佳现金持有量。这样,就得出了鲍莫尔模型下现金持有量和现金相关总成本的函数关系:

$$现金管理总成本＝机会成本＋转换成本$$

$$TC=\frac{Q}{2}K+\frac{T}{Q}F$$

式中,TC——相关总成本;

　　F——现金与有价证券的单次转换成本;

　　T——特定时期内现金需求总量;

　　Q——最佳现金持有量;

　　K——短期有价证券利息率。

随着现金持有量上升而产生的转换成本的边际减少额与随着现金持有量上升而产生的机会成本的边际增加额相等时,持有现金的总成本最低,此时的现金持有量为最佳现金持有量。使用求导数的方法,可求出总成本的最小值。

此时最佳现金持有量:
$$Q=\sqrt{\frac{2TF}{K}}$$

将上式代入总成本计算公式中,计算出的最低现金管理相关总成本为:

$$TC=\sqrt{2TFK}$$

【例 8-2】 某公司现金收支平衡,预计全年(按 360 天计算)现金需要量为 250 000 元,现金与有价证券的转换成本为每次 500 元,有价证券年利率为 10%。

最佳现金持有量 $Q=\sqrt{2\times250\,000\times500\div10\%}=50\,000(元)$

全年现金管理总成本 $TC=\sqrt{2\times250\,000\times500\times10\%}=5\,000(元)$

全年现金转换成本 $=250\,000\div50\,000\times500=2\,500(元)$

全年现金持有机会成本 $=50\,000\div2\times10\%=2\,500(元)$

全年有价证券交易次数 $=250\,000\div50\,000=5(次)$

有价证券交易间隔期 $=360\div5=72(天)$

鲍莫尔模型反映了现金管理中基本的成本结构,并可以计算出一定时期内的最佳现金持有量和变现次数,对加强企业的现金管理有一定的作用。但鲍莫尔模型也有以下缺点:一是该模型假定现金流量是均匀的,且呈周期性变化,实际上企业现金流量的变化存在一定的不确定性。二是该模型假定企业的现金补偿都来源于有价证券的出售,企业所需的现金均通过证券变现取得,实际上以有价证券变现收入作为现金来源的企业很少;企业以有价证券投资作为现金调节的也不多见。所以鲍莫尔模型只有在其假设成立的情况下,最佳现金持有量的确定才是正确的。

(三)随机模式

在现金需求量难以预知的情况下,如果能测算出一个现金持有量的控制范围,即制定出现金持有量的上限和下限,将现金持有量控制在上下限之内,也能达到控制现金持有量的目的。

随机模式,又称米勒—欧尔现金管理模型,由米勒—欧尔创建,是一种基于不确定性的现金管理模型。该模型假定企业无法确切地预知每日的现金实际收支状况,现金流量服从正态分布,而且现金与有价证券之间能够自由兑换。

随机模式假设企业的现金余额在上限与下限之间随机波动。当现金余额降到下限水平时,企业应当出售部分有价证券补充现金;当现金余额升到上限水平时,企业则应适当投资有价证券,降低现金的实际持有水平。若现金持有量控制在上下限之内,便不必进行现金与有价证券的转换。这种对现金持有量的控制如图8-2所示。

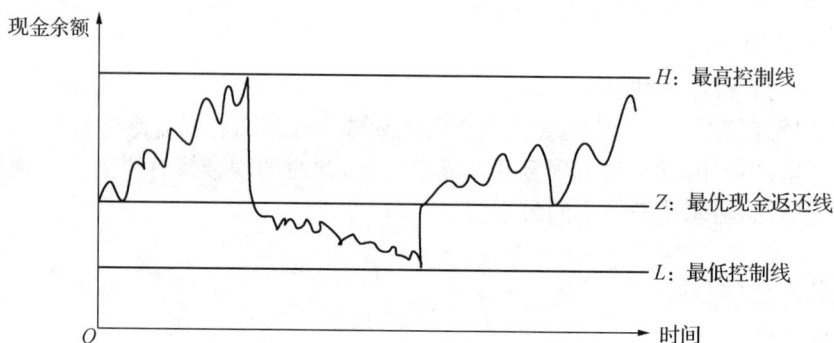

图8-2 米勒—欧尔现金管理模型

图8-2中,随机波动的曲线是每日现金余额,最高控制线 H 为现金存量的上限,最低控制线 L 为现金存量的下限,实线 Z 为最优现金返还线。根据米勒—欧尔模型,最优现金返还线 Z 的计算公式如下:

$$Z = L + \sqrt[3]{\frac{3b\sigma^2}{4r}}$$

式中,L——现金下限;

b——证券交易资本;

r——有价证券的日收益率;

σ——每日现金余额的标准差。

下限 L 的确定受到企业每日的最低现金需要、管理人员的风险承受倾向等因素影响,上限的计算公式如下:

$$H = 3Z - 2L$$

五、现金日常管理

现金日常管理主要包括以下几个方面。

(一)网上银行

银行利用互联网技术,通过互联网向客户提供开户、销户、查询、对账、行内转账、跨行转账、信贷等服务项目,它不受时间、空间限制,能够在任何时间、任何地点以及任何方式为顾客提供金融服务。企业可根据自身财务管理的需要,通过财务软件系统对银行提供的业务进行自由组合和控制,灵活定制内部授权机制从而拥有自己的"专有银行"。这样能够充分发挥企业盈余资金的效用,降低集团资金成本,提高流动性资金的盈利能力,提高资金利用效率。如银行提供的现金归集业务,企业一方面可以通过网上银行的收款服务及时将企业集团分支机构的资金划转到总部,便于资金的集中使用;另一方面,企业可以通过网上银行的付款服务解决资金的下划和对外支付,包括发放职工工资等。网上银行为企业财务决策提供了实时、准确、全面的账务信息支持。银行现金管理可以为企业及时提供现金方面的所有信息,包括收入明细清单、付款企业账号、资金归集时间等情况。企业集团总部只有得到实时、准确、综合、全面的账户信息,才能据此做出正确的判断和决策,才有可能实现最大限度和最高效率地使用资金,尽量做到早收晚付。通过资金的集中,使企业的资金使用效率大为提高,杜绝了以前资金大量沉淀,同时贷款大量存在的现象,降低了公司利息支出。从实际效果来看,网上银行的使用极大地提高了现金管理方案的实用性,节约了企业财务工作人员大量时间,创造了较好的使用效果。

(二) 合理使用现金"浮游量"

现金"浮游量"是指企业账户上的银行存款余额小于银行账户上所显示的存款余额的差额。企业账簿上的现金数字往往并不能代表企业在银行中的可用现金。实际上,企业在银行里的可用现金余额,通常要大于企业账簿上的现金余额。这主要是因为有些支票企业虽然已经开出,但对方企业还没有到银行进行兑现。如果能够正确预测现金"浮游量"并合理利用,可以降低现金持有量,从而提高企业的现金使用效率。但使用现金"浮游量"也有一定的风险:一方面可能会出现支付不及时的情况,影响企业的信用程度;另一方面可能会出现银行存款的透支现象。所以在使用现金"浮游量"时,必须注意控制好使用额度和使用时间。

(三) 推迟支付

在不影响企业商业信用的前提下,企业应当尽量利用供货方所提供的信用优惠,推迟应付账款的支付时间,尽量在信用期的最后一天付款。例如,企业在采购材料时,如果付款条件是"2/10,$n/30$",就应安排在发票开出日后的第 10 天付款,这样企业可以最大限度地推迟现金支付而又不丧失现金折扣。当然,如放弃折扣付款,则应在第 30 天付款。

六、短期有价证券管理

短期有价证券是企业现金的一种转换形式。短期有价证券的变现能力强,可以随时兑换成现金,所以当一些企业暂时有了多余现金的时候,常常用现金购买短期有价证券。

(一) 置存短期有价证券的动机

短期有价证券与企业的经营资产相比只能获得较低的收益,企业购买短期有价证券,主要有以下几点原因。

1. 以短期有价证券作为现金的替代品

短期有价证券与现金相似,具有较高的流动性,其收益高于现金,所以它可以作为现金的替代品。当企业现金余额过大时,就购入一定量的短期有价证券,以获得较高的收益;当现金支出大于收入时,则将短期有价证券售出,以补充现金的不足。

2. 以短期有价证券作为短期投资

一般情况下,有价证券的利率高于银行存款利率。那么,企业将暂时闲置的现金用于购买短期有价证券,作为一项短期投资,就可以比将其存入银行获得更多的收益。如季节性经营企业,准备在短时间内兴建厂房或者长期债务即将到期的企业,都可将短期剩余现金投资于短期有价证券。这样,既可以获得较高的收益,又可以在不久的将来把短期有价证券售出,以保证现金支出的需要。

(二)影响短期有价证券投资的因素

短期有价证券有各种类型,各种类型的有价证券的投资风险和收益各不相同,因此,企业在购买短期有价证券时,应对各种有价证券的风险进行分析、比较,再做出投资决策。

短期有价证券的风险主要有以下几个方面。

1. **违约风险**

违约风险一般指借款人无力偿还利息和本金的风险。一般来说,国家发行的国库券没有违约风险,而公司债券及地方债券都有一定程度的风险。

2. **利率风险**

利率风险是指由于利率变动而使投资者遭受损失的风险。债券价格会随着利率的波动而变化,即使没有违约风险的国库券也会由于利率波动而产生利率风险。

3. **购买力风险**

购买力风险是指由于通货膨胀而使货币购买力下降的风险。一般来说,在通货膨胀期间,一些报酬率预期会上升的资产,其购买力风险通常会低于那些报酬率固定的资产。所以人们认为房地产和普通股票比收益固定的债券保值效果更好。

4. **流动性风险**

流动性风险是指无法在短期内按合理的价格卖掉有价证券的风险。若某种有价证券能够在短时间内以接近于市价的价格卖掉,则这种证券的流动性风险就小;反之,如果某种证券在短期内不能按市价大量抛出,要靠折价才能卖出,则这种证券的流动性风险就大。

一般来说,证券的风险越大,其预期与必要的报酬率就越高。因此,企业在选择有价证券投资时,必须在风险和报酬之间进行权衡,因为企业持有一定量的有价证券的目的是为了防止不确定性或者应急,所以当其价值下降时,企业就有可能面临财务上的困境。因此,企业在进行有价证券投资时,一般应采取比较稳妥的方法,即有价证券的投资组合一般由具有高度安全性和高度变现能力的短期有价证券构成。

第三节　应收账款管理

应收账款是指企业因销售商品、提供劳务等经营活动,应向购货单位或接受劳务单位收取的款项,主要包括企业销售商品或提供劳务等应向有关债务人收取的价款及代购货单位垫付的包装费、运杂费等。

应收账款管理是指在赊销业务中,从授信方(销售商)将货物或服务提供给受信方(购买商),债权成立开始,到款项实际收回或作为坏账处理结束,授信企业采用系统的方法和科学的手段,对应收账款回收全过程所进行的管理

一、应收账款产生的原因

企业发生应收账款的原因,主要有以下两种。

（一）商业竞争

商业竞争是应收账款产生的重要原因。应收账款是企业在销售产品或提供劳务时向客户提供的一种商业信用。企业采用赊销方式，是为了扩大销售，减少企业存货，增加盈利。目前商品与劳务的赊销与赊供已成为当代经济的一个基本特征，虽然大多数企业更希望现销而不是赊销，但由于竞争的压力迫使许多企业提供信用业务即赊销，以稳定自己的销售渠道，增加收入。

（二）销售和收款的时间差

一般批发和大量生产的企业，其发货的时间和收到货款的时间往往不一致。当异地销售采取委托收款或托收承付等结算方式时，销售商品与收取货款由于结算凭证传递时间上的差异，必然会产生应收账款。但因这种原因而产生的应收账款，不属于商业信用，也不是应收账款产生的主要原因，我们不对它进行深入的探讨。

二、应收账款的功能

应收账款是企业短期投资的重要组成部分，它的功能是指它在生产经营中的作用，主要有以下几个方面。

（一）增加销售的功能

在市场激烈竞争的压力下，企业为了在竞争中处于有利地位，除了提供优质商品、优惠价格和售后服务外，往往采取了赊销和分期收款等手段，以增加销售获得利润。

（二）扩大市场占有率

企业为了扩大市场份额，或者开拓新的市场，一般都采用较优惠的信用条件进行销售。赊销和分期收款等于向客户提供了一笔无息贷款，这与现销相比，显然更有吸引力。

（三）减少存货

采用赊销和分期收款方式能促进销售，这无疑减少了企业存货，特别是对季节性生产的企业来讲，在销售淡季时，一般产品存货积压较多，支付的管理费等成本也较多。因此，这些企业在销售淡季一般都会采用较为优惠的信用条件进行销售，以减少企业的存货，降低费用。

三、应收账款的成本

企业进行应收账款投资可以扩大产品销路，增加企业的销售额，进而增加收益，但同时也增加了企业的经营风险和信用成本，企业要付出一定的代价。应收账款的成本主要有以下几种。

（一）机会成本

机会成本是指企业将资金投放于应收账款而丧失的其他投资收益。应收账款要占用企业的资金，企业资金如果不投放在应收账款上，便可用于其他投资而获得收益，如投资于有价证券便会有利息收入，投资于生产经营就会有经营利润收入。这一成本的大小通常与企业维持赊销业务所需要资金数量、资金成本或有价证券利率有关。其计算公式为：

$$应收账款机会成本＝应收账款平均资金占用额×资金成本率$$

$$机会成本＝维持赊销业务所需资金×机会成本率$$
$$＝应收账款的平均余额×变动成本率×机会成本率$$
$$＝日赊销额×平均收账期×变动成本率×机会成本率$$

$$应收账款周转率＝\frac{360}{平均收账期}$$

【例8－3】 假设某企业预测的年度赊销额为3 000 000元,应收账款平均收账天数为60天,变动成本率为60%,资金成本率为10%。

应收账款平均余额＝3 000 000÷360×60＝500 000(元)

维持赊销业务所需要的资金＝500 000×60%＝300 000(元)

应收账款机会成本＝300 000×10%＝30 000(元)

（二）管理成本

应收账款发生后,企业要对其进行管理并产生相应的费用,主要包括财务部门调查顾客信用情况的费用、收集各种信息的费用、账簿的记录费用、收账费用和其他费用。

（三）坏账成本

应收账款因故不能收回而发生的损失,即坏账损失。坏账成本意味着企业蒙受了一定的经济损失,这种损失对企业来说是一种不可避免的成本,应收账款金额越大,逾期拖欠越久,坏账损失就越大。

$$坏账成本＝赊销额×预计坏账损失率$$

四、应收账款管理的目标

应收账款的发生可以增加企业利润,但同时也产生相应的成本。因此应收账款管理的目标就是在应收账款投资所增加的盈利和增加的成本之间做出权衡,据以确定合理的信用政策,最大限度地提高应收账款投资的净收益。

五、信用政策

信用政策又称应收账款管理政策,是指企业为了对应收账款投资进行规划与控制而确定的行动准则,主要包括信用标准、信用调查、信用条件和收账政策。

（一）信用标准

信用标准是指企业向客户提供商业信用所要求的最低标准。它规定了企业应向什么样的客户提供商业信用。如果客户达不到企业的信用标准,便不能享受企业提供的商业信用。

1.“5C”系统

企业在设定客户的信用标准时,往往先要评估客户赖账的可能性,这可通过“5C”系统来评估。所谓“5C”系统,是指评估客户信用品质的五个方面,即品质、能力、资本、抵押和条件。

（1）品质（Character）。品质指客户的信誉,即履行其偿债义务的可能性。该因素在信用评估中最重要,被认为是评价客户信用品质的首要因素。因为每一笔信用交易中都隐含着客户对企业的付款承诺。

（2）能力（Capacity）。能力指客户的偿债能力。它可以根据客户的资产负债表来分析其短期偿债能力后进行评价。

（3）资本（Capital）。资本指客户的财务实力和财务状况。通常是通过对客户的负债比率、流动比率、速动比率以及利息保障倍数等财务比率的分析来判断。

（4）抵押（Collateral）。抵押指客户拒付款或无力支付款项时能被用作抵押的资产。企业在不了解客户品质的情况下，可以凭客户提供的抵押品给予其商业信用。

（5）条件（Conditions）。条件指可能影响客户付款能力的经济环境。如万一出现经济不景气，会对客户的付款产生什么影响，客户会如何做等。

信用标准上述五个方面的信息来源主要包括企业以前与客户交往的经验累积、从信用资信机构咨询及查阅顾客的财务报表等。

2. 信用评分法

就是先对一系列财务比率和信用情况指标进行评分，然后进行加权平均，得出客户的综合信用分数，并以此进行评估的一种方法。进行信用评分的基本公式是：

$$Y = a_1 x_1 + a_2 x_2 + \cdots + a_n x_n = \sum_{i=1}^{n} a_i x_i$$

式中，Y——某企业的信用评分；

a_i——事先拟定出的对第 i 种财务比率和信用品质进行加权的权数（$\sum_{i=1}^{n} a_i = 1$）；

x_i——第 i 种财务比率或信用品质的评分。

现以某公司为例，来说明此种方法的应用，如表 8-2 所示。

表 8-2 某公司信用评估表

项 目	财务比率和信用品质	分数（x_i）0～100(2)	预计权数（a_i）(3)	加权平均数（$a_i x_i$）(4)＝(2)×(3)
流动比率	1.8	90	0.20	18.00
资产负债率（%）	60	90	0.10	9.00
净资产收益率（%）	10	85	0.10	8.50
信用评估等级	AA	85	0.25	21.25
付款历史	尚好	75	0.25	18.75
企业未来预计	尚好	75	0.05	3.75
其他因素	好	85	0.05	4.25
合 计	—		1.00	83.50

在采用信用评分法进行信用评估时，分数在 80 分以上者，说明企业信用状况良好；分数在 60～80 分者，说明信用状况一般；分数在 60 分以下者，则说明信用状况较差。

信用标准通常用预期的坏账损失率来确定。倘若企业的信用标准越严，表明允许的坏账损失率越低，说明企业只对信誉好、预期坏账损失率低的客户赊销商品，这将会减少坏账损失、机会成本和管理成本，但将会失去一部分信誉差的客户的销售收入以及所带来的销售利润；倘若企业放宽信用标准,允许的坏账损失率高,虽然可以扩大销售量,增加销售收入和销售利润,但同时也相应地增加了坏账损失、机会成本和管理成本。因此,企业应根据生产经营的具体情况来确定信用标准,以达到收益最大化的目的。

（二）信用调查

有关客户信用状况的资料,可通过直接调查法和间接调查法来搜集。

1. 直接调查法

直接调查法是指企业调查人员与被调查客户接触,通过当面采访、询问、观看、记录等方式获取信用资料的一种方法。这种方法能保证搜集到的资料的准确性和及时性,但若被调查客户不是诚意合作,则会使调查资料不完整或部分失真。

2. 间接调查法

间接调查法是指通过对被调查客户或其他有关单位的相关原始记录和核算资料,进行加工整理以获取有用资料的一种方法。这些资料主要来源于:

（1）财务报表。有关客户的财务报表是信用资料的主要来源。因为通过客户的财务报表分析,基本上可掌握其财务状况和盈利状况。

（2）信用评估机构。许多国家都有信用评估的专门机构,这些机构会定期发布有关企业的信用等级报告。目前我国的信用评估机构有三种形式:一是独立的社会评估机构,它们只根据自身的业务吸收有关专家参加,不受行政干预和集团利益的牵制,独立地开展信用评估业务;二是中国人民银行负责组织的评估机构,一般吸收专业银行和各部门的专家进行评估;三是由商业银行组织的评估机构,由专业银行组织专家对其客户进行评估。

专门的信用评估部门由于其评估方法先进,调查细致,程序合理,可信度较高,因而其评估结论值得有关企业信赖并采纳。

（3）银行。银行是信用资料的一个重要来源。每个银行都设有信用部,并为其客户提供服务。

（4）其他。如财税部门、消费者协会、工商管理部门、证券交易部门等,都可作为了解客户信用状况的渠道。

（三）信用条件

信用条件是指企业要求客户支付赊销款项的条件,包括信用期限、折扣期限和现金折扣。

1. 信用期限

信用期限是指企业允许客户从购货到支付货款的时间限定。企业产品销售量与信用期限存在着一定的依存关系。通常,延长信用期限,可以在一定程度上增大销售量,从而增加毛利。但若过度延长信用期限,就会给企业带来不良后果:一是使平均收账期延长,占用在应收账款上的资金相应增加引起机会成本的增加;二是引起坏账损失的增加。因此,企业必须权衡延长信用期限所引起的利弊得失,以便做出正确的决策。

2. 折扣期限

折扣期限是指企业为客户规定的可享受现金折扣的付款时间。客户超过规定的折扣期限付款就不能享受企业给予的现金折扣。

3. 现金折扣

现金折扣是指客户在折扣期限内付款时,企业给予的一定比例的折扣优惠,实际上是商品价格的扣减。向客户提供这种价格上的优惠,主要目的是为了吸引客户为享受优惠而提前付款,从而缩短企业的平均收账期。

信用条件常用"2/10,n/30"这样的符号形式表示,意思是购货者可以在 30 天内付款,如果购货者能在 10 天内付款,则可给予 2% 的折扣。信用条件中 30 天即为信用期限,10 天为折扣期限,2% 为折扣率。

向客户提供优惠的信用条件能增加企业的销售收入,降低机会成本和坏账损失,但会相应地增加现金折扣成本。企业给予客户怎样的信用条件应根据具体情况进行分析权衡。

（四）收账政策

收账政策是指企业对客户违反信用条件拖欠应收账款所采取的收账策略。企业对拖欠的应收账款,无论采用何种方式进行催收,都需要付出一定的代价,即收账费用。如收款所花的邮电通信费、派专人收款的差旅费和不得已时的法律诉讼费等。通常,企业为了扩大销售,增强竞争力,往往对客户的逾期未付款项规定一个允许的拖欠期限,超过规定的期限,企业就将进行各种形式的催收。如果企业制定的收款政策过宽,会导致逾期未付款项的客户拖延时间更长,对企业不利;收账政策过严,催收过急,又可能伤害无意拖欠的客户,影响企业未来的销售收入和利润。因此企业在制定收账政策时,要权衡利弊,掌握好宽严界限。

一般而言,企业加强收账管理,可以减少坏账损失,及早收回货款,减少应收账款上的资金占用,但会增加收账费用。因此,制定收账政策就是要在增加收账费用与减少坏账损失、减少应收账款上的资金占用之间进行权衡,若前者小于后者,则说明制定的收账政策是可取的。

（五）信用政策改变的决策

通过比较信用政策变动前后的收益与成本,遵循边际收益大于边际成本的原则,从中选择最佳的信用政策。

【例 8-4】　预测某企业 2021 年赊销额为 3 600 万元,其信用条件是:n/30,变动成本率为60%,资金成本率（或有价证券利息率）为 10%。假设企业收账政策不变,固定成本总额不变。该企业准备了两个信用条件的备选方案:

A. 维持 n/30 的信用条件。

B. 将信用条件放宽到 n/60。

为两种备选方案估计的赊销水平、坏账百分比和收账费用等有关数据,如表 8-3 所示。

表 8-3　信用条件备选方案收益计算表

	A(n/30)	B(n/60)
年赊销额	3 600	3 960
应收账款平均收账天数	30	60
应收账款平均余额	3 600÷360×30=300	3 960÷360×60=660
维持赊销业务所需资金	300×60%=180	660×60%=396
坏账损失/年赊销额	2%	3%
坏账损失	3 600×2%=72	3 960×3%=118.8
收账费用	36	60

	A($n/30$)	B($n/60$)
收账分析评价:		
变动成本	2 160.0	2 376.0
信用成本前收益	1 440.0	1 584.0
信用成本:		
应收账款机会成本	180×10％＝18.0	396×10％＝39.6
坏账损失	72.0	118.8
收账费用	36.0	60.0
小计	126.0	218.4
信用成本后收益	1 314.0	1 365.6

从上表可知,信用条件为"$n/60$"时,计算的信用成本后收益要高于信用条件为"$n/30$"的收益,所以,选择信用条件"$n/60$"。

【例8-5】 信用条件决策

仍以例8-4所列资料为例,如果企业为了加速应收账款的回收,决定在B方案的基础上将赊销条件改为"$2/10,1/20,n/60$"(C方案),估计约有60％的客户(按赊销额计算)会利用2％的折扣;15％的客户将利用1％的折扣。坏账损失率降为1.5％,收账费用降为42万元。根据上述资料,有关指标可计算如下:

应收账款平均收账天数＝60％×10＋15％×20＋(1－60％－15％)×60＝24(天)

应收账款平均余额＝3 960÷360×24＝264(万元)

维持赊销业务所需要的资金＝264×60％＝158.4(万元)

应收账款机会成本＝158.4×10％＝15.84(万元)

坏账损失＝3 960×1.5％＝59.4(万元)

现金折扣＝3 960×(2％×60％＋1％×15％)＝53.46(万元)

表8-4　信用条件备选方案收益计算表(有折扣)

	B($n/60$)	C($2/10,1/20,n/60$)
年赊销额	3 960.00	3 960.00
减:现金折扣		－53.46
年赊销净额	3 960.00	3 906.54
减:变动成本	2 376.00	2 376.00
信用成本前收益	1 584.00	1 530.54
减:信用成本		
应收账款机会成本	39.60	15.84

	B($n/60$)	C($2/10,1/20,n/60$)
坏账损失	118.8	59.40
收账费用	60.0	42.00
小计	218.4	117.24
信用成本后收益	1 365.6	1 413.30

从表 8-4 中可以发现,企业考虑折扣的影响后,信用条件"$2/10,1/20,n/60$"提高了信用成本后收益。

六、应收账款的日常管理

应收账款是企业对外提供商业信用的结果,涉及的对象广,有些企业应收账款的总额还比较大,其中潜藏着巨大的风险。因此,除了制定好信用政策外,还需要对应收账款加强日常管理,及时发现问题、解决问题。应收账款日常管理的措施主要包括应收账款的追踪分析和账龄分析。

(一) 应收账款追踪分析

一般来说,客户赊购了产品,能否按期偿还货款,主要取决于以下三个因素:① 客户的信用品质;② 客户的财务状况;③ 客户是否可以实现该产品的价值转换或增值。其中,客户信用品质和财务状况是企业在赊销之前就必须注意分析的问题。但在赊销之后,应进行追踪分析,因为这两个因素有可能随时发生变化。当发现客户的信用品质和财务状况发生变化时,企业应采取果断的措施,尽快地收回应收账款,并且对客户的信用记录进行相应的调整。第三个因素对客户能否及时支付企业应收账款也具有重大的影响。如果客户可以实现该产品的价值转换或增值,那么客户一般会愿意及时付款,一方面是客户具有付款的能力,另一方面是客户希望建立良好的信誉,为以后的交易打下基础。在商品的流通过程中,有一个环节出了问题,将可能导致一系列的信用危机。所以,企业对应收账款的追踪分析应时刻关注客户及其交易伙伴上述各个因素的变化,以便及时做出政策的调整。

(二) 应收账款账龄分析

一般来讲,拖欠时间越长的款项,收回的难度越大,形成坏账的可能性也越大。对此,企业应实施严密的监督,随时掌握各项应收账款的回收情况。对应收账款回收情况的监督,可以通过编制账龄分析表进行。账龄分析表是一张能显示应收账款在外天数(账龄)长短的报告,其格式如表 8-5 所示。

表 8-5　账龄分析表　　　　　　　　　　　　2020 年 12 月 31 日

应收账款账龄	账户数量	金额(千元)	百分率(%)
信用期内	150	100	40
超过信用期 1～20 天	80	50	20
超过信用期 21～40 天	40	50	20
超过信用期 41～60 天	30	20	8

应收账款账龄	账户数量	金额(千元)	百分率(%)
超过信用期 61～80 天	15	10	4
超过信用期 81～100 天	10	10	4
超过信用期 100 天以上	5	10	4
合 计	420	250	100

通过账龄分析表,企业可以了解有多少欠款尚在信用期内,有多少欠款超过了信用期,超过时间长短的款项各占多少,有多少欠款会因拖欠时间太久而可能成为坏账。对不同拖欠时间的欠款,企业应采取不同的收账方法,制定出经济、可行的收账政策;对可能发生的坏账损失应提前做好准备,充分估计这一因素对企业损益的影响。

第四节 存货管理

存货是指企业为了销售或者耗用而储存的商品和货物,包括材料、燃料、低值易耗品、在产品、半成品、产成品、协作件、商品等,它是企业流动资产的重要组成部分。存货管理的目标就是要通过存货的规划、存货的日常管理等手段,在充分发挥存货功能的前提条件下,不断降低存货成本,以最低的存货成本保障企业生产经营的顺利进行。

一、存货的功能和成本

(一)存货的功能

存货的功能是指存货在生产经营过程中所发挥的作用,具体表现在以下几个方面。

1. 防止企业生产经营中断

存货是保证企业生产经营活动顺利进行的前提条件。对于生产性企业而言,其存货很难在数量和时间上保持绝对的平衡,如果没有一定的存货,一旦某个环节出现问题,就会影响企业正常的生产经营活动。

2. 适应市场变化

一定数量的存货储备能够增加企业在生产和销售方面的应变能力。当市场需求量突然增加时,如果企业有适量的材料和产成品存货,就能及时地满足市场变化的需要,抓住增产增收的机遇,为企业创利。

3. 降低进货成本

采购总成本取决于企业采购物资的单价和采购次数,而采购的单价和采购的次数与采购批量密切相关。一般采购批量大,可以获得价格上的折扣就多,进价成本就低;同时,在采购总量一定的情况下,采购批量越大,采购次数就越少,采购费用就降低。由于采购批量直接决定着存货的数量,所以可以说适量的存货能够降低采购成本。

4. 维持均衡生产,降低产品成本

有的企业生产的产品属于季节性需求的产品,有的企业产品的需求很不稳定。根据需求状况的高低来组织生产,就会造成生产的不均衡。忙时机器设备要超负荷运转,职工得加班加

点,闲时生产能力又得不到充分地利用,这样都会使生产成本提高。

（二）存货的成本

存货的成本是企业持有存货付出的代价。与存货相关的成本主要有以下三种。

1. 进货成本

进货成本主要由存货的进价和进货费用构成,通常用 TC_a 来表示。其中,进价又称采购成本,是指存货本身的价值,等于采购单价与采购数量的乘积。若年需要量用 D 表示,单价用 U 表示,则采购成本为 DU。在物价不变且无采购数量折扣时,采购成本属于决策无关成本。进货费用又称订货成本,是指企业为组织进货而开支的费用。进货费用有一部分与订货次数有关,如差旅费、邮寄费等,这类变动性进货费用属于决策的相关成本;另一部分与订货次数无关,如常设采购机构的基本开支等,这类固定性进货费用则属于决策的无关成本,用 F_1 表示。每次订货的变动成本用 K 表示;订货次数等于存货年需要量 D 与每次进货量 Q 之商。订货成本的计算公式为:

$$订货成本 = \frac{D}{Q}K + F_1$$

$$进货成本 = 采购成本 + 订货成本$$

$$TC_a = F_1 + \frac{D}{Q}K + DU$$

2. 储存成本

储存成本,即企业为持有存货而发生的费用,包括存货占用资金的机会成本、仓储费用、保险费用、存货破损和变质损失等,通常用 TC_C 来表示。

储存成本可以按照与储存数额的关系分为变动性储存成本和固定性储存成本两类。其中,固定性储存成本与存货储存数额的多少没有直接联系,如仓库折旧费、仓库职工的固定月工资等,常用 F_2 来表示,这类成本属于决策的无关成本。而变动性储存成本与存货储存数额成正比例变动关系,如存货资金的应计利息、存货的破损和变质损失、存货的保险费等,其单位成本通常用 K_c 表示,这类成本属于决策的相关成本。

$$储存成本 = 储存固定成本 + 储存变动成本$$

$$TC_C = F_2 + K_c \frac{Q}{2}$$

3. 缺货成本

缺货成本是指因存货不足而给企业造成的停产损失、延误发货的信誉损失及丧失销售机会的损失等。缺货成本通常用 TC_S 表示。

如果以 TC 来表示储存存货的总成本,它的计算公式为:

$$TC = TC_a + TC_c + TC_s = F_1 + \frac{D}{Q}K + DU + F_2 + K_c \frac{Q}{2} + TC_s$$

二、存货决策

存货决策涉及四个方面的内容:决定进货项目、选择供应单位、决定进货时间和决定进货批量。决定进货项目和选择供应单位是销售部门、采购部门和生产部门的职责。财务部门的职责是决定进货时间和决定进货批量(分别用 T 和 Q 表示)。按照存货管理的目标,需要通过合理的进货批量和进货时间,使存货的总成本最低,这个批量叫作经济订货量或经济批量。有了经济订货量,就容易找出最适宜的进货时间。

(一)经济订货量基本模型

一般情况下,采购批量越小,采购次数越多,订货成本就越高,而储存成本就越低;反之,采购批量越大,采购次数越少,订货成本就越低,而储存成本就越高。

确定经济订货量基本模型,通常先做如下假设:存货的年需量和日耗用量是固定不变的;从订货到货物到达所间隔的时间是固定不变的,而且每批货物均一次全额到达;暂不考虑数量折扣的情况;没有缺货情况。

设立了上述假设后,存货总成本的公式可简化为:

$$TC = DU + \frac{D}{Q}K + \frac{Q}{2}K_c + F_2$$

当 K,D,U,F_2,K_c 为常数时,TC 的大小取决于 Q。为了求出 TC 的极小值,用导数求解可得经济订货批量 Q^*。

$$Q^* = \sqrt{\frac{2KD}{K_c}}$$

这一公式称为经济订货量基本模型,求出的每次订货量,可使 TC 达到最小值。

这个基本模型还可以演变为以下几种其他形式。

每年最佳订货次数公式:

$$N^* = \frac{D}{Q^*} = \frac{D}{\sqrt{\dfrac{2KD}{K_c}}} = \sqrt{\frac{DK_c}{2K}}$$

存货总成本公式:

$$TC_{(Q^*)} = K + \frac{KD}{\sqrt{\dfrac{2KD}{K_c} + K_c}} \cdot \frac{\sqrt{\dfrac{2KD}{K_c}}}{2} = \sqrt{2KDK_c}$$

最佳订货周期(进货间隔天数)公式:

$$t^* = \frac{360}{N} = \frac{360}{\sqrt{\dfrac{DK_c}{2K}}}$$

经济订货量占有资金:

$$I^* = \frac{Q^*}{2}U$$

（二）有数量折扣的经济订货量模型

在上述基本模型中,假定价格不随批量而变动。在实务中,许多企业在销售时都有批量折扣,对大批量采购在价格上往往给予一定的优惠。在这种情况下,除了考虑订货成本和储存成本外,还需考虑采购成本。

分析步骤如下:

（1）计算无数量折扣下的经济订货量及其总成本;

（2）计算以享受数量折扣的下限作为订货量时的总成本;

（3）比较上述各种订货量下的总成本,低者为优。

【例8-6】　某企业全年需要A零件2 400件,每次订货成本为800元。每件年储存成本为6元,采购价格为10元/件。供应商规定:每次购买数量达到1 000件时,可给予2%的批量折扣,问应以多大批量订货?

此时如果确定经济订货批量,就要按以下两种情况分别计算这三种成本的合计数。

没有数量折扣时的经济订货量:

$$Q^* = \sqrt{\frac{2KD}{K_c}} = \sqrt{\frac{2 \times 2\,400 \times 800}{6}} = 800（件）$$

（1）不接受数量折扣时的总成本:

总成本＝年订货成本＋年储存成本＋年采购成本

$$= \frac{2\,400}{800} \times 800 + \frac{800}{2} \times 6 + 2\,400 \times 10 = 28\,800（元）$$

（2）接受折扣时（订货批量为1 000件）的总成本:

总成本＝年订货成本＋年储存成本＋年采购成本

$$= \frac{2\,400}{1\,000} \times 800 + \frac{1\,000}{2} \times 6 + 2\,400 \times 10 \times (1 - 2\%) = 28\,440（元）$$

接受折扣时（订货批量为1 000件）的总成本是最低的,所以经济订货批量为1 000件。比较两种方案的年总成本可知,订货量为1 000件时总成本最低。

（三）订货点的确定

确定经济订货量,使得存货建立在经济合理的基础上。但由于生产不断地进行,产品不断地销售,就必然使存货不断减少,所以必须正确确定在什么时候订货最适宜,也就是要确定所谓的"订货点"。如果订货过早,会增加存货的储存量,造成积压;如果订货过迟,将会使存货储备减少。一旦供货不及时,就会影响生产,所以确定经济订货点是存货决策的重要方面。

影响订货点的主要因素除上述经济订货量之外,还有以下几个方面:

（1）正常消耗量:指产品在正常生产消耗过程中预计每天材料正常消耗量;

（2）提前期:指从提出订货到收到订货的时间间隔;

（3）安全储备量:指为了预防临时用量增大而多储备的存货量。

其计算公式为:

安全储备量＝（预计每日最大消耗量－平均每日正常消耗量）×提前期

$$订货点＝(平均每日正常消耗量×提前期)＋安全储备量$$

【例 8-7】 某企业 A 材料的年需要量为 3 600 千克,经济订货量为 240 千克,提前期为 8 天,平均每日正常消耗量为 10 千克($＝3 600÷360$),预计每天最大消耗量为 13 千克,则:

$$安全储备量＝(13－10)×8＝24(千克)$$

$$订货点＝10×8＋24＝104(千克)$$

也就是说,当 A 材料库存量为 104 千克时,就要立即申请购货。

三、存货的日常控制方法

（一）ABC 分类控制法

1. 存货 ABC 分类的标准

ABC 分类的标准主要有两个:一是金额标准;二是品种数量标准。其中,金额标准是最基本的,品种数量标准仅作为参考。A 类存货的特点是金额巨大,但品种数量较少;B 类存货金额一般,品种数量相对较多;C 类存货品种数量繁多,但价值金额很小。

2. ABC 三类存货的具体划分

具体过程可以分为三个步骤(有条件的可通过计算机进行):

（1）列示企业全部存货的明细表,并计算出每种存货的价值总额及占全部存货金额的百分比;

（2）按照金额标志由大到小进行排序并累加金额百分比;

（3）当金额百分比累加到 70% 左右时,以上存货视为 A 类存货;百分比介于 $70\%\sim90\%$ 的存货视为 B 类存货;其余为 C 类存货。

把存货划分成 A、B、C 三大类,目的是对存货占用资金进行有效的管理。A 类存货种类虽少,但占用的资金多,应集中主要力量管理,对其经济批量要进行认真规划,对收入、支出要进行严格控制;C 类存货虽然种类繁多,但占用的资金不多,不必耗费大量人力、物力、财力去管理,这类存货的经济批量可凭经验确定,不必花费大量时间和精力去进行规划和控制;B 类存货介于 A 类和 C 类之间,也应给予相当的重视,但不必像 A 类那样进行非常严格的控制。

（二）警戒线法

警戒线法也称红线法,是一种非常方便实用的存货控制方法。使用该方法时,存货被存放在一个一个的箱子中,而每个箱子的周围都有一道红线,用它来表明订货点。当箱子中的存货下降到订货点时,红线就会露出来,这时存货管理人员就要下订单给供应商以补充存货。

（三）双箱法

使用双箱法管理存货时,存货被存放在两个箱子里,当第一个箱子中的存货用完时,存货管理人员一方面从第二个箱子中取出存货,另一方面下订单给供应商。这种方法非常适合用来控制生产过程中的螺丝或零售业中多种货物的存货管理。

（四）计算机存货控制系统

采用计算机存货控制系统时,企业需要先对所有存货进行盘点,并把库存数据输入计算机储存。以后,每当存货被取走时,计算机及时做出记录并修正库存余额。当库存量降到订货点时,计算机自动发出订单,并在收到订货时调整库存量。计算机存货控制系统在西方的零售商店中得到广泛的应用。

复习思考题

【思考题】

1. 企业持有现金的原因及现金管理的目标是什么?
2. 应收账款的功能与成本包括什么? 如何确定企业应收账款管理的目标?
3. 什么是信用政策,它包括哪些内容?
4. 分析企业放宽信用政策的利弊。
5. 存货的功能与成本包括什么? 如何确定企业存货管理的目标?
6. 什么是存货的经济进货批量? 如何确定?

【练习题】

一、单项选择题

1. 下列现金的成本中,属于固定成本性质的是( )。

A. 现金管理成本
B. 持有现金的机会成本
C. 现金交易成本
D. 现金短缺成本

2. 现金作为资金,它的( )。

A. 流动性强,盈利性差
B. 流动性强,盈利性也强
C. 流动性差,盈利性强
D. 流动性差,盈利性也差

3. 公司将资本占用在应收账款上而放弃的投资于其他方面的收益,称为应收账款的( )。

A. 管理成本
B. 坏账成本
C. 短缺成本
D. 机会成本

4. 对信用期限的叙述,正确的是( )。

A. 信用期限越长,坏账发生的可能性越少
B. 延长信用期限,将会减少销售收入
C. 信用期限越长,客户享受的信用条件就越优惠
D. 信用期限越长,收账费用越少

5. 企业制定的信用条件内容不包括( )。

A. 确定信用期限
B. 确定折扣期限
C. 确定现金折扣
D. 确定收账方法

6. 存货陆续供应和使用时,与经济订货量无关的因素是( )。

A. 每日的送货量
B. 每日的耗用量
C. 储存变动成本
D. 订货提前期

7. 企业置存现金的原因,主要是为了满足( )。

A. 交易性、预防性、收益性需要
B. 交易性、预防性、投资性需要
C. 交易性、预防性、投机性需要
D. 预防性、收益性、投机性需要

8. 企业在进行现金管理时,可利用的现金浮游量是指( )。

A. 企业账户所记存款余额

B. 企业账户与银行账户所记存款余额之差额

C. 银行账户所记企业存款余额

D. 企业实际现金余额超过最佳现金持有量之差

9. 企业持有短期有价证券，主要是为了维持企业资产的流动性和(　　)。

A. 企业良好的信用地位　　　　　　　　B. 企业资产的收益性

C. 正常情况下的现金需要　　　　　　　D. 非正常情况下的现金需要

10. 由信用期限、折扣期限及现金折扣等三要素构成的付款要求是(　　)。

A. 信用标准　　　　　B. 信用条件　　　　　C. 资产程度　　　　　D. 收账方针

11. 信用"5C"系统中，资本是指(　　)。

A. 顾客的财务实力和财务状况，表明顾客可能偿还债务的背景

B. 顾客拒付款或无力支付款项时被用作抵押的资产

C. 影响顾客付款能力的经济环境

D. 企业流动资产的数量、质量以及与流动负债的比例

12. 企业采用什么程度的现金折扣，要与(　　)结合起来考虑。

A. 信用标准　　　　　B. 信用折扣　　　　　C. 信用期间　　　　　D. 现金折扣政策

13. 采用随机模式控制现金持有量，计算现金返还线 Z 的各项参数中不包括(　　)。

A. 每次现金与有价证券转换时发生的固定转换成本

B. 现金存量的上限

C. 有价证券的日利息率

D. 预期每日现金余额的标准差

14. 基本经济进货批量模型所依据的假设不包括(　　)。

A. 一定时期的进货总量可以准确预测　　　　B. 存货进价稳定

C. 存货耗用或销售均衡　　　　　　　　　　D. 允许缺货的情况出现

15. 下列不属于缺货成本内容的是(　　)。

A. 材料供应中断造成的损失　　　　　　　　B. 紧急采购的额外购入成本

C. 不能应付业务开支的需要　　　　　　　　D. 丧失销售机会的损失

二、多项选择题

1. 企业应持有现金总额通常小于交易性、预防性、投机性三种动机各自所需现金持有量的简单相加，其原因是(　　)。

A. 现金可在各种动机中调剂使用　　　　　　B. 现金可在不同时点上灵活使用

C. 现金的存在形态可以多样化　　　　　　　D. 现金与有价证券可以相互转换

2. 为了提高企业的现金使用效率，企业应当(　　)。

A. 加速收款并尽可能推迟付款　　　　　　　B. 尽可能使用支票付款

C. 使用现金浮游量　　　　　　　　　　　　D. 力争现金流入与现金流出同步

3. 企业对顾客进行评估应当考虑的主要因素有(　　)。

A. 信用品质　　　　　B. 偿付能力　　　　　C. 资本和抵押品　　　　　D. 经济环境

4. 建立存货保险储备的目的是(　　)。

A. 在过量使用存货时保证供应

B. 在进货延迟时保证供应

C. 使存货的缺货成本和储存成本之和最小

D. 降低存货的储备成本

5. 下列项目中,与存货经济批量无关的是( )。

A. 储存变动成本 B. 订货提前期

C. 年度计划订货总量 D. 存货单价

6. 提供比较优惠的信用条件,可增加销售量,但也会付出一定代价,主要包括( )。

A. 应收账款机会成本 B. 坏账损失

C. 收账费用 D. 现金折扣成本

7. 在确定经济订货量时,下列表述正确的有( )。

A. 随每次进货批量的变动,订货成本和储存成本呈反方向变化

B. 储存成本的高低与每次进货批量成正比

C. 订货成本的高低与每次进货批量成反比

D. 年储存总成本与年订货总成本相等时的采购批量,即为经济订货量

三、判断题

1. 现金管理的目的就是要保证生产经营对现金的需求。 ( )

2. 因为现金的管理成本是相对固定的,所以在确定现金最佳持有量时可以不加考虑。 ( )

3. 在现金持有量的存货模式下,现金的短缺成本是无关成本。 ( )

4. 在现金管理的随机模式下,若现金余额在控制的上下限之间,则不必进行现金与有价证券的转换。 ( )

5. 企业对于已经按规定做出处理的逾期应收账款,不再拥有继续进行收账的法定权利。 ( )

6. 企业花费的收账费用越多,则其坏账损失一定越少。 ( )

7. 赊销是扩大销售的有力手段之一,企业应尽可能放宽信用条件,增加赊账。 ( )

8. 订货的经济批量大小与订货提前期的长短没有关系。 ( )

9. 若存货市场供应不充足,即使满足有关的基本假设条件,也不能利用经济订货量基本模式。 ( )

四、计算分析题

1. 东太公司预计全年需要现金40万元,该公司的现金收支状况比较稳定,当公司现金短缺时,公司准备通过将短期有价证券变现进行补充。假设现金与有价证券每次的转换成本为50元,有价证券的年利率为10%。

要求:利用存货模式计算该公司的最佳持有量、最低现金持有成本和有价证券最佳交易次数。

2. 某公司持有的短期有价证券年利率为10%,每次有价证券的固定转换成本为40元,公司的最低现金持有量为3000元,根据历史资料分析估计现金余额波动的标准差为600元。

要求：

(1) 如果该公司目前持有现金为 20 000 元，根据随机模式应如何进行现金调整？

(2) 若该公司持有现金为 10 000 元，根据该模式应如何进行现金调整？

3. 某企业目前 A 产品销售收入为 6 000 元，总成本为 4 500 万元，其中固定成本为 900 万元，该企业目前的信用政策，有 A、B 两个方案可供选择。

方案 A：为客户提供 60 天的信用期限，预计销售收入为 7 500 万元，货款将于第 60 天收到，其信用成本共计 210 万元；

方案 B：信用政策为 $(2/10,1/20,n/90)$，预计销售收入为 8 100 元，将有 50% 的货款于第 10 天收到，10% 的货款于第 20 天收到，其余的货款于第 90 天收到（前两部分货款不会产生坏账，最后一部分货款的预计坏账损失率为 2%），收账费用为 30 万元。企业改变信用政策后，目前的变动成本率维持不变，企业的资产成本率为 10%。

要求：通过计算判断企业应采用哪个方案。

4. 某企业每年需要甲材料 8 000 件，每次订货成本为 160 元，每件材料的年储存成本为 6 元，该种材料的单价为 25 元/件，一次订货量在 2 000 件以上时可获 3% 的折扣，在 3 000 件以上时可获 4% 的折扣。

要求：计算确定对企业最有利的进货批量。

5. 华侨公司对 A 材料的年需求量为 338 000 千克，A 材料的单价为 3 元/千克，存储成本是存货价值的 20%，订货成本为每次 24 元，安全库存量为 12 000 千克，提前订货期为 15 天，根据协议，公司每次订货的数量必须是 100 的整数倍。

要求：

(1) 计算该公司的经济订货量。

(2) 计算该公司全年的订货次数。

(3) 计算该公司的再订货点。

第九章　股利分配管理

学习目标

　　企业通过经营活动赚取收益之后,应将其在国家、企业、股东、企业职工、债权人等相关各方之间进行分配,这一过程就是利润分配的过程。由于分配活动涉及各当事人的切身利益,分配不当会影响企业的生存和发展。因此,在利润分配的过程中,应对哪些项目进行分配、采取何种顺序和方式进行分配、应采用何种利润分配政策,如何合理进行利润分配就是财务管理活动的重要内容之一,也是本章所要讨论的内容。通过本章的学习,使学生掌握利润分配的内容、程序和方法,以及一些主要的股利理论和股利政策,理解影响股利政策的因素以及股利政策与内部筹资的关系,对股票股利和股票分割的概念及其对公司股价、所有者权益产生的影响有一定了解。要求能熟悉各种股利政策的优缺点及其适用范围,并懂得在实务中如何运用这些股利政策。

第一节　利润分配与股利支付

一、利润分配的基本原则

作为一项重要的财务活动,企业的利润分配应当遵循以下几点原则。

（一）依法分配原则

　　企业的利润分配必须依法进行。企业的利润分配涉及国家、企业、股东、债权人、职工等多方面的利益。正确处理各方面的利益关系,协调各方面的利益矛盾是进行利润分配的重要方面。为了规范企业的收益分配行为,国家颁布了相关法规。这些法规规定了企业利润分配的基本要求、一般程序和重要比例,企业应当认真执行,不得违反。

（二）资本保全原则

　　企业的利润分配必须以资本的保全为前提。企业的利润分配是对投资者投入资本的增值部分进行的分配,不是投资者资本金的返还。以企业的资本金进行的分配,属于一种清算行为,而不是利润的分配。企业必须在有可供分配留存收益的情况下进行利润分配,只有这样才能充分保护投资者的利益。

（三）兼顾各方利益原则

　　企业利润分配必须兼顾各方面的利益。企业是经济社会的基本单元,企业的利润分配直接关系到各方的切身利益。企业除依法纳税外,投资者作为资本投入者、企业的所有者,依法享有净收益的分配权。企业的债权人在向企业投入资金的同时也承担了一定的风险,企业的利润分配中应当体现出对债权人利益的充分保护,不能伤害债权人的利益。另外,企业的员工是企业净利润的直接创造者,企业的利润分配应当考虑员工的长远利益。因此,企业进行利润分配时,应当统筹兼顾,维护各利益相关团体的合法权益。

（四）分配与积累并重原则

企业的利润分配必须坚持分配与积累并重的原则。企业赚取的净利润一部分对投资者进行分配;另一部分形成企业的积累。企业积累起来的留存收益仍归企业所有者拥有,只是暂时未做分配。积累的留存收益不仅为企业扩大再生产筹措了资金,同时也增强了企业抵抗风险的能力,提高了企业经营的稳定性和安全性,有利于所有者的长远利益。正确处理分配与积累之间的关系,留存一部分净利润以供未来分配之需,还可以达到以丰补歉、平抑收益分配数额波动、稳定投资报酬率的效果。因此,企业在进行利润分配时,应当正确处理分配与积累之间的关系。

（五）投资与收益对等原则

通常而言,企业的利润分配必须遵循投资与收益对等的原则,即企业进行利润分配应当体现"谁投资谁收益"、收益大小与投资比例相适应的原则。投资与收益对等原则是正确处理投资者利益关系的关键。投资者因其投资行为而享有收益权,投资收益应同其投资比例对等。企业在向投资者分配利润时,应本着平等一致的原则,按照投资者投入资本的比例来进行分配,不允许发生任何一方随意多分多占的现象。这样才能从根本上实现利润分配中的公开、公平、公正,保护投资者的利益,提高投资者的积极性。

二、利润分配的程序

企业通过前面的经营活动赚取收益之后,应将其在国家、企业、股东、企业职工、债权人等各利益相关方之间进行分配。这一过程就是利润分配的过程。企业的收益分配有广义的收益分配和狭义的收益分配两种。广义的收益分配是指对企业的收入和收益总额进行分配的过程;狭义的收益分配则是指对企业净收益的分配。本章所指的利润分配是指对企业净收益的分配。根据我国公司法的规定,公司进行利润分配涉及的项目包括盈余公积和股利两个部分的内容。

（一）盈余公积

盈余公积是指企业按照规定从税后利润中提取的积累资金。盈余公积按其用途,可以分为法定盈余公积和任意盈余公积。

根据《公司法》的规定,企业应按税后利润的 10％提取法定盈余公积金,当法定盈余公积总额达到注册资本的 50％后,可以不再提取。

需要注意的是,按照原公司法的规定,企业在提取法定盈余公积后,还应按税后利润的 5％至 10％提取法定公益金。在经过 2006 年《公司法》的修改后,法定公益金已经取消,于 2006 年 4 月份停止提取,现改为任意盈余公积金的内容。

任意盈余公积金是根据公司章程及股东会的决议,从公司盈余中提取的公积金。《公司法》第 167 条第 3 款规定:"公司从税后利润中提取法定公积金后,经股东会决议,可以提取任意公积金。"任意公积金的提取与否及提取比例由股东会根据公司发展的需要和盈余情况决定,法律不做强制规定。

企业提取的盈余公积可用于弥补亏损、扩大生产经营、转增资本或派送新股等。

（二）股利

企业向股东分配利润（公司制企业为向股东分配股利），又称分配红利,是利润分配的主要阶段。企业在弥补亏损、提取盈余公积后才能向股东分配利润。其中,有限责任公司股东按照实缴的出资比例分取红利,全体股东约定不按照出资比例分取红利的除外;股份有限公司按照股东持有的股份比例分配,但股份有限公司章程规定不按持股比例分配的除外。

利润分配的具体程序如下。

1. 弥补企业以前年度亏损

公司的法定公积金不足以弥补以前年度亏损的,在提取法定公积金之前,应当先用当年利润弥补亏损。按照税法规定,企业亏损在一定年限内可用税前利润抵补,超过规定的年限,就只能用税后利润抵补。

2. 提取法定盈余公积金

盈余公积金是企业的公共积累基金,是利润的转化形态,它有利于企业增加积累和扩大生产,增强承担风险能力。法定盈余公积金是国家统一规定必须提取的公积金,它根据税后利润扣除前两项金额后的余额按 10% 提取。当盈余公积金已达注册资本的 50% 时,可以不再提取。

3. 支付优先股股利

按公司章程规定的支付比率支付。当年未支付,则根据优先股性质确定是否以后补付。（我国规定可在下一年支付）

4. 提取任意盈余公积金

任意盈余公积金是由企业自行决定是否提取及提取比例,提取金额由股东大会决议及章程确定。法定盈余公积金和任意盈余公积金可以统筹使用,其主要用途是弥补亏损和转增资本金。当企业亏损已延续超过五年的,不能再用税前利润弥补,而企业当年的税后利润又不足以弥补时,可用盈余公积金弥补。转增资本金就是增加企业的股本,实际上是向股东发放股票股利。

5. 支付普通股股利

普通股当年可分配的利润是企业的税后利润在扣除以上分配项目后,加上往年结余的未分配利润。即：

$$\begin{matrix} 普通股可 \\ 分配利润 \end{matrix} = \begin{matrix} 上年未 \\ 分配利润 \end{matrix} + \begin{matrix} 本年度 \\ 税后利润 \end{matrix} - \begin{matrix} 弥补 \\ 亏损 \end{matrix} - \begin{matrix} 提取的法定 \\ 盈余公积金 \end{matrix} - \begin{matrix} 提取 \\ 公益金 \end{matrix} - \begin{matrix} 支付优先 \\ 股股利 \end{matrix} - \begin{matrix} 提取的任意 \\ 盈余公积金 \end{matrix}$$

本公式计算的可分配利润是指公司可分配利润的最高金额,实际分配金额应在可分配范围内根据公司的具体情况,由股东大会决定。根据法律规定,公司当年无可分配利润时,不得分配股利,但公司已用盈余公积弥补亏损后,经股东大会特别决议,可按不超过股票面值 6% 的比率用盈余公积分配股利。分配股利后公司的盈余公积金不得低于注册资本的 25%。

三、股利支付程序与方式

（一）股利支付的程序

公司向股东支付股利,其过程主要经历股利宣告日、股权登记日、除息日和股利支付日四个关键日期。

1. 股利宣告日

股利宣告日是指公司董事会将股利支付情况予以公告的日期。公告中将宣布每股支付的股利、股权登记期限、股利支付日期等事项。

2. 股权登记日

股权登记日是指有权领取股利的股东有资格登记的截止日期。只有在股权登记日前在公司股东名册上登记的股东,才有权分享股利。而在这一天之后登记在册的股东,即使是在股利发放日之前买到的股票,也无权领取本次分配的股利。

3. 除息日

除息日是指除去股利的日期,即领取股利的权利与股票分开的日期。按照证券业的惯例,一般在股权登记日的前4天为除息日。在除息日之前购买的股票,才能领取本次股利,在除息日当天或以后购买的股票,则不能领取本次股利。规定除息日是因为股票的买卖交易之后,需要几天办理股票过户手续的时间,而在除息日之后、股权登记日之前这几天购买的股票,股份公司不能及时地得到股票所有权已经转让的通知。除息日对股票的价格有明显的影响,在除息日之前的股票价格中包含了本次股利,在除息日之后的股票价格中不再包含本次股利,所以股价会下降。但是,先进的计算机交易系统为股票的交割过户提供了快捷的手段,在实行"T+0"交易制度下,股票买卖交易的当天即可办理完交割过户手续。在这种交易制度下,股权登记日的次日(指工作日)即可确定为除息日。

4. 股利支付日

股利支付日是指实际向股东发放股利的日期。

【例9-1】 假定某公司于2020年11月15日发布公告:"本公司董事会在2020年11月15日的会议上决定,本年度发放每股为5元的股利;本公司将于2021年1月2日将上述股利支付给已在2020年12月15日登记为本公司股东的人士,除息日为2020年12月16日。"

则:上例中,2020年11月15日为此公司的股利宣告日;2020年12月15日为股权登记日;2020年12月16日为除息日;2021年1月2日则为股利支付日。

(二)股利支付的方式

股份有限公司向股东支付股利的方式有很多,由此可以把股利分为以下几种不同的类别。

1. 现金股利

现金股利是上市公司以货币形式支付给股东的股利,也是最普通、最常见的股利形式。通常现金股利发放的数额主要取决于公司的股利政策和经营业绩。发放现金股利将减少公司资产负债表上的留存收益和现金,因此,公司选择支付现金股利时,除了要有足够的留存收益之外,还要有足够的现金。现金股利适用于企业现金较充足,分配股利后企业的资产流动性能达到一定的标准,并且有有效、广泛的筹资渠道的情况。大部分股东希望公司发放较多的现金股利,尤其是那些依靠公司发放现金股利维生的股东,而有的股东出于避税心理则不愿意公司发放过多的现金股利。现金股利的发放会对股票价格产生直接的影响,一般来说在股票除息日之后,股票价格会下跌。

2. 股票股利

股票股利是指公司用无偿增发新股的方式支付股利。发放股票股利时,一般按股权登记日的股东持股比例来分派。可以用于发放股票股利的,除了当年的可供分配利润外,还有公司的盈余公积金和资本公积金,将股东大会决定用于分配的资本公积金、盈余公积金和可供分配利润转成股本,并通过中央结算登记系统按比例增加各个股东的持股数量。股票股利侧重于反映长远利益,因其既可以不减少公司的现金,又可以使股东分享利润,还可以免交个人所得税,因而对长期投资者更为有利,能吸引那些看重公司的潜在发展能力,不太计较即期分红多少的股东。

股票股利并没有改变企业账面的股东权益总额,也没有改变股东的持股结构,但是会增加市场上流通的股票数量,因此,企业发放股票股利会使股票价格相应下降。一般来说,如果不考虑股票市价的波动,发放股票股利后的股票价格,应当按发放的股票股利的比例而成比例下降。高速成长的企业可以利用分配股票股利的方式来进行股票分割,以使股价保持在一个合理的水平上,避免因股价过高而使投资者减少。

3. 财产股利

财产股利是上市公司用现金以外的其他资产向股东分派的股息和红利。它可以是上市公司持有的其他公司的有价证券,也可以是实物。主要有三种形式:① 以公司以前所发行的公司债务或优先股分派给股东;② 以不属于该公司的证券分派给股东;③ 将商品实物分派给股东。国外的很多股份公司,常将其附属公司的普通股,分派给原股权公司的股东。

4. 负债股利

负债股利是以负债方式支付的股利,其实质是企业以负债形式所界定的一种延期支付股利的方式。即上市公司通过建立一种负债,用债券或应付票据作为股利分派给股东。这些债券或应付票据既是公司支付的股利,又确定了股东对上市公司享有的独立债权。公司通常以应付票据的负债形式来界定延期支付股利的责任。股东因手中持有带息的期票,补偿了股利没有即期支付的货币时间价值;公司则因此而承受了相应的利息支付压力。显然,只有在公司必须支付股利而现金又不足的特定条件下,才采用这种权宜之策。

实际上,财产股利和负债股利都是现金股利的替代方式,但目前这两种股利方式在我国实务中极少使用。

四、股利分配方案的确定

实务中,在具体确定股利分配方案时应遵循以下三个步骤。

(一)选择股利政策

由于股利政策既会影响股东的利益,也会影响公司的正常运营以及未来的发展。因此,制定恰当的股利政策尤为重要。目前,各公司所常用的各种股利政策各有利弊,因此公司在进行股利政策决策时,要综合考虑公司面临的各种具体影响因素,遵循收益分配的各项原则,以保证在不偏离公司目标的前提下,兼顾各方的利益。每个公司在经营过程中都会经历初创、成长、稳定、成熟直至衰退等一系列的发展阶段。在各个不同的发展阶段,公司面临的问题各有不同。比如成长阶段的公司发展很快,投资机会多、需求大,对融资的要求也就相应较大,这与其他阶段是不相同的。所以,公司在制定股利政策时还要考虑其当前所处的发展阶段相适应的问题。各个发展阶段具体适用的股利政策在第二节中会有具体的介绍。

(二)确定股利支付水平

我们通常用股利支付率来衡量公司的股利支付水平。股利支付率是当年发放的股利与当年净利润之比。

$$股利支付率＝股利总额÷净利润$$

或

$$股利支付率＝每股股利÷每股净利$$

股利支付率的制定是确定股利分配方案中的一大难题。低的股利支付率政策虽然有利于公司对收益的保留,有利于扩大投资规模和未来的持续发展,但是显然在资本市场上对投资者的吸引力会大大降低,进而影响公司未来的增资扩股;而高的股利支付率政策有利于增强公司股票的吸引力,有助于公司在公开市场上筹措资金,但由于留存收益的减少,又会影响企业资金周转,增加公司的财务负担。

最终是否向股东派发股利以及确定股利支付率的高低,取决于企业对下列因素的权衡:① 企业所处的发展阶段;② 企业面临的投资机会;③ 企业的资本结构和资金成本;④ 企业的筹资能力;⑤ 法律限制和借款协议的限制;⑥ 股东偏好;⑦ 通货膨胀等其他因素。

(三)确定股利支付方式

上文中我们已经学过股利支付的方式有现金股利、股票股利、财产股利和负债股利四种,具体采取哪种方式来支付要根据企业的具体情况来选择,这里不再赘述。

第二节　股利理论与股利政策

一、股利理论

对于股利与股票价格之间的关系,一直以来存在着许多不同的观点,由此形成了各种不同的股利理论。下面本章将主要介绍两种有代表性的理论:股利无关论和股利相关论。

(一)股利无关论

股利无关论认为股利的支付与股票价格无关。也就是说,股份公司的股利发放多少,不会影响股东对公司的态度,因而不会影响股票价格。因此,公司只需从投资机会、投资收益和资金成本方面考虑公司股利政策。具体有以下两种理论。

1. 股利剩余论

股利剩余论认为,公司的股利政策应由投资计划报酬率决定。如果一个公司有较多有利可图的投资机会,则不应发放现金股利,而应采取保留盈余的形式(内部筹资)以满足投资所需资金。反之,则应将利润分配给股东。

理由:由于投资预期报酬率高于资金成本率,则利润用于投资可带来更多的报酬,这有利于股价上升,符合股东利益。相反,利润分配则不利于股东。

根据这一理论,西方经济学家进一步提出股利分配的决策理论公式:

$$P = [D + R ÷ K × (E - D)] ÷ K$$

式中,P——股票理论价格;

D——每股股利;

E——每股税后利润；

R——投资预期收益率；

K——资金成本率。

【例 9-2】　某公司投资项目预期收益率为 18%，资金成本率为 15%，每股税后利润为 2 元，则：

当全部分配，$D=2$ 元时，$P=[2+0.18\div0.15\times(2-2)]\div0.15=13.3$(元)

股东财富 $=13.3+2=15.3$

当分配 50%，即 $D=1$ 元时，$P=[1+0.18\div0.15\times(2-1)]\div0.15=14.67$(元)

股东财富 $=14.67+1=15.67$

当不分配，即 $D=0$ 时，$P=[0+0.18\div0.15\times(2-0)]\div0.15=16$(元)

股东财富 $=16$

计算表明：当 $R>K$ 时，在 $D=0$ 时股东财富有最大值；

当 $R<K$ 时，在 $D=E$ 时股东财富有最大值；

当 $R=K$ 时，D 对股东财富无影响。

也就是说：当 $R>K$ 时，不分配股利，对股东更有利；

$R<K$ 时，则税后利润应全部分配，否则不利。

这种理论是站在公司筹资角度分析的，没有考虑股东的特殊要求，个人要求的报酬率不同。它存在以下假设条件：① 不存在公司所得税与个人所得税；② 不存在证券交易成本，交易无须费用；③ 股利政策对公司资金成本无影响；④ 投资者可自由、平等、无代价地获得公司信息；⑤ 投资机会对所有投资者平等。

显然，上述条件难以满足。如我国个人分红的所得税为 20%；现金分红后再购入股票需付交易费用；分红后资产负债率会提高。

2. 完整市场论

完整市场论是美国经济学家弗兰科·莫迪利安尼(Franco Modigliani)和财务学家默顿·米勒(Merton Miller)于 1961 年在他们的著名论文《股利政策、增长和股票价值》中首先提出的，因此也被称为 MM 理论。

完整市场论认为在一定假设条件的限定下，股利政策不会对公司的价值或股票的价格产生任何影响。一个公司的股票价格完全由公司的投资决策的获利能力和风险组合决定，而与公司的利润分配政策无关。完整市场论的主要观点是：

(1) 投资者并不关心公司的股利分配。

若公司留存较多的利润用于再投资，会导致公司股票价格上升，此时尽管股利较低，但需用现金的投资者可以出售股票换取现金。反之，若公司发放较多的股利，投资者又可以用现金再买入一些股票以扩大投资。也就是说无论公司多分配或者少分配股利，对投资者而言都没有区别，投资者只是通过不同的方式获利而已，所以投资者对股利和资本利得两者并无偏好。

(2) 股利支付比率不影响公司的价值。

既然投资者不关心股利的分配，公司的价值就与股利分配政策无关，而完全由其投资的获利能力所决定，公司的盈余在股利和保留盈余之间的分配并不影响公司的价值。

MM 理论立足于完善的资本市场,从不确定性角度提出了股利政策和企业价值不相关理论,这是因为公司的盈利和价值的增加与否完全视其投资政策而定,企业市场价值与它的资本结构无关,而是取决于它所在行业的平均资本成本及其未来的期望报酬,在公司投资政策给定的条件下,股利政策不会对企业价值产生任何影响。进而得出,企业的权益资本成本为其资本结构的线性递增函数。然而 MM 理论建立在完全市场理论的基础上,这一理论的假设条件包括:

(1)市场具有强式效率性,是完善竞争的市场。在这样的市场上,任何一位证券交易者都没有足够的力量通过其交易活动对股票的现行价格产生明显的影响。

(2)信息完备假设。即在完善竞争的市场上,市场参与者之间的信息分布是对称的,所有的投资者都可以平等地免费获取影响股票价格的任何信息。

(3)无税负、税负差异和交易成本。证券的发行和买卖等交易活动不存在经纪人费用、交易税和其他交易成本,在利润分配与不分配、资本利得与股利之间均不存在税负差异。

(4)理性投资者假设每个投资者都是理性的、财富最大化的追求者,这一假设与现实世界有一定的差距。虽然莫迪利安尼和米勒也认识到公司股票价格会随着股利的增减而变动这一重要现象,但他们认为,股利增减所引起的股票价格变动并不能归因于股利增减本身,而应归因于股利所包含的有关企业未来盈利的信息内容。

从某种程度上说,MM 理论对股利研究的贡献不仅在于提出了一种崭新的理论,更重要的还在于为理论成立的假设条件进行了全面系统的分析。

(二)股利相关论

股利相关论认为公司的股利分配对公司市场价值有影响,即股利政策会影响股票价格。这一理论认为,在现实生活中并不存在股利无关论中所提出的假定前提,相当于说资本市场理论并不成立。公司的股利分配是在种种制约因素下进行的,公司不可能摆脱这些因素的影响。由于存在种种影响因素对股利分配的限制,股利政策与股票价格就不是无关的,公司的价值或者说股票价格不会仅仅由其投资的获利能力所决定。股利支付不是可有可无的,而是非常必要的,并且具有策略性。因为股利支付政策的选择对股票市价、公司的资本结构与公司价值,以及股东财富的实现等都有重要影响,所以股利政策与公司价值是密切相关的。因此,股利政策不是被动的,而是一种主动的理财计划与策略。

基于股利相关论的两个股利理论是股利重要论和信号传递理论。

1. 股利重要论(也称"一鸟在手论")

在股东的投资报酬中,股利和资本得利的风险等级是不同的。从一方面来说,用留存收益再投资给投资者带来的收益具有较大的不确定性,并且投资风险随着时间的推移会进一步增大,因此,投资者更喜欢现金股利,而不愿意将收益留存在公司内部,因此去承担未来的投资风险。股利支付可以减少投资报酬中的不确定性和风险。这种不确定性的减少和消亡,使人们在投资报酬的选择上偏好前者。未来的资本利得就像林中的鸟一样不一定能抓得到,眼中的股利则犹如手中的鸟一样飞不掉,即"双鸟在林,不如一鸟在手"。因此,这一理论也称为"一鸟在手论"。

另一方面,根据证券市场中收益与风险的正相关的理论关系,当公司提高股利支付时,投资者由于需要承担的投资风险较小,所要求的报酬率也较低,所以会使公司股票价格上升;而当公司降低股利支付时,投资者相对承担较高的投资风险,所要求得到的报酬率也较高,由此导致公司股票价格下降。因此,该理论认为公司的股利政策与公司的股票价格密切相关,即当公司支付较高的股利时,相应的公司的股票价格也会随之上升,所以公司应保持较高水平的股利支付政策。

2. 信号传递理论

这一理论认为,在信息不对称的情况下,公司可以通过股利政策向市场传递有关公司未来获利能力的信息,从而会影响公司的股价。该理论得以成立的基础是,信息在各个市场参与者之间的概率分布不同,即信息不对称。为了消除经理人员和其他外部人士之间可能的冲突,就需要建立一种信息传递机制,以调节信息的不均衡状况,而股利政策恰好具有这种信息传递机制的功能和作用。因为股利政策的定位与变动,反映着经理人员对公司未来发展认识方向的信号,投资者可据此做出自己的恰当判断,并调整对企业收益状况的判断和对公司价值的期望值。一般而言,预期未来获利能力强的公司往往愿意通过相对较高的股利支付水平,把自己与预期获利能力差的公司区别开来,以吸引更多的投资者。对于市场上的投资者而言,股利政策的差异或许是反映公司预期获利能力的一种有价值的信号。如果公司连续保持较为稳定的股利支付水平,那么投资者就可能对公司的未来获利能力与现金流量有较为乐观的预期。此外,如果公司的股利支付水平在过去的一个较长的时期内相对稳定,而现在却有所变动,投资者将会把这种现象看作公司管理当局将改变公司未来收益率的信号,股票市价将会对股利的变动做出反应。

由于现实生活中存在着市场不完善和政府税收,即存在交易成本,因此股利政策对企业价值或股票价格将产生较大的影响,主要表现在以下几个方面:

(1)信息传递的影响。股票的市价是由企业的经营状况和盈利能力确定的,虽然企业的财务报表可以反映其盈利情况,但财务报表受人为因素的影响较大,容易造成假象,因此,从长远的观点来看,能增强和提高投资者对企业信心的则是实际发放的股利。企业的股利是以盈利为基础的,是实际盈利的最终体现。这是无法通过对财务报表的粉饰达到的,因此股利能替代财务信息将企业的经营状况和盈利能力传播给投资者。一般而言,保持股利的稳定并根据收益的状况增加股利发放可使投资者提高对企业的信任,有利于提高企业的财务形象,从而使股票价格上升,反之,则股票价格下跌,股利政策将影响企业价值。

(2)交易成本的影响。投资者获取的收益可以分为两种:股利收入和出售股票所得资本利得收益(买卖差价收益)。交易成本会影响投资者对股利和资本利得收益的选择,原因是投资者买卖股票需向经纪人或有关的代理机构缴纳交易费用,交易数额越小,这种交易成本就越高,同时买卖股票还需要收集大量的信息、花费大量的时间,因此由企业定期发放股利是进行买卖股票以获取差价有益的替代,可以节省交易成本,这对以领取股票股利为主要投资目的的投资者更是如此。

股利相关论这一理论的不足之处在于:股利相关论的几种观点都只从某一角度来解释股利政策和股票价格的相关性,没有同时考虑多种因素的影响。在不完全资本市场上,公司股利政策效应要受许多因素的影响,如所得税负担、筹资成本、市场效率、公司本身因素等,所以单从某一个角度来解释股利政策和股票价格的相关性是不够的。

(三)其他股利理论

1. 所得税差异理论

这一理论认为,由于普遍存在的税率的差异及纳税时间的差异,资本利得收入比股利收入更有助于实现收益最大化的目标，企业应当采用低股利政策。在许多国家的税法中，由于认为股利收入和资本利得收入是两种不同类型的收益，所以对这两种收入征收的所得税的税率不同。一般而言，长期资本利得的所得税税率要低于普通所得税税率。因为股利税率比资本利得的税率高，投资者自然喜欢公司少支付股利而将较多的收益保存下来以作为再投资用，以期提高股票价格，从而把股利转化为资本利得。即使资本利得与股利收入的税率相同，由于股利所得税在股利发放时征收，而资本利得在股票出售时征收，因而对股东来说，资本利得也有推迟纳税的效果。同时，为了获得较高的预期资本利得，投资者愿意接受较低的股票必要报酬率。根据这种理论，股利决策与企业价值也是相关的，而只有采取低股利和推迟股利支付的政策，才有可能使公司的价值达到最大。因此，在其他条件不变的情况下，投资者更偏好资本利得收入而不是股利收入。而持有高股利支付政策股票的投资者，为了取得与低股利支付政策股票相同的税后净收益，必须要求有更高的税前回报预期。这会导致资本市场上的股票价格与股利支付水平呈反方向变化，而权益资本成本与股利支付水平呈同方向变化。

2. 代理理论

代理理论最初是由简森（Jensen）和梅克林（Meckling）于1976年提出的。这一理论后来发展为契约成本理论。契约成本理论假定，企业由一系列契约所组成，包括资本的提供者（股东和债权人等）和资本的经营者（管理当局）、企业与供货方、企业与顾客、企业与员工等的契约关系。

代理理论认为，好的股利政策有助于减缓管理者与股东之间的代理冲突，也就是说，股利政策是协调股东与管理者之间代理关系的一种约束机制。根据这一理论，当存在代理问题时，选择好的股利政策就至关重要。对公司而言，较多地派发现金股利至少具有以下一些好处：① 公司管理者将公司的盈利以股利的形式支付给投资者，减少了管理者自身可支配的闲余资金，在一定程度上这可以抑制公司管理者过度地扩大投资或者进行特权消费，从而保护外部投资者的利益。② 较多地派发现金股利减少了内部融资，使得公司不得不进入资本市场寻求外部融资，这样可以经常接受资本市场的有效监督，从而减少代理成本。因此，较高的股利支付政策有助于降低企业的代理成本，但同时也增加了企业的外部融资成本。所以，最理想的股利政策应当是使得代理成本和外部融资成本两者之和最小的股利政策。

二、股利政策的影响因素

上文介绍了几种主要的股利理论，但除了这些股利理论的指导外，公司具体如何制定股利政策还受到其他多种因素的影响。公司在制定股利政策时，必须充分考虑股利政策的各种影响因素，从保护股东、公司本身和债权人的利益出发，从而使公司的收益分配合理化。具体而言，影响股利政策的因素主要有以下几个方面。

（一）法律限制条件

公司的收益分配政策必须符合相关法律规范的要求，以保护股东和债权人的利益。相关要求主要体现在资本保全限制、资本积累约束、超额累积利润限制、偿债能力约束等几个方面。

1. 资本保全限制

资本保全限制要求公司发放股利的前提是不能侵蚀企业资本。公司不能因为支付股利而引起资本减少，其目的在于防止企业任意减少资本结构中的所有者权益的比例，从而保护债权人的利益。

2. 资本积累约束

公司法规定,企业必须按照一定的比例和基数提取各种公积金,股利只能从企业可供分配的收益中支付,企业当期的净利润按照规定提取各种公积金后和过去积累的留存收益形成企业的可供分配收益。在进行收益分配时,如果当年出现亏损,则一般不应进行利润分配。

3. 超额累积利润限制

由于股东接受股利缴纳的所得税高于其进行的股票交易的资本利得税,公司通过保留利润和提高股价,可使股东避税。于是许多国家法律禁止公司过度积累盈余,规定公司不得超额累积利润,一旦公司的保留盈余超过法律认可的水平,可看作是过度保留,将被加征额外税额。但目前我国法律尚未对此做出规定。

4. 偿债能力约束

偿债能力是企业确定收益分配政策时应考虑的一个基本因素。现金股利是企业现金的支出,大量的现金股利必然会影响公司的偿债能力。因此,公司在确定股利分配数量时,应当考虑现金股利对公司偿债能力的影响,保证公司在分配完现金股利之后还能够保持较强的偿债能力,以维持公司生产经营的正常运转,保持公司的良好信誉和借贷能力。

(二) 企业内部因素

1. 资产的流动性(变现能力)

公司资产的变现能力是影响股利政策的一个重要因素。公司资金的灵活周转是企业生产经营得以正常进行的必要条件。公司现金股利的分配自然也应以不危及企业经营资金的流动性为前提。如果公司的现金充足,资产有较强的变现能力,则支付股利的能力也比较强。如果公司因扩充或偿债已消耗大量现金,资产的变现能力较差,大幅度支付现金股利则非明智之举。由此可见,企业现金股利的支付能力,在很大程度上受其资产变现能力的限制。股利分派不应危及企业经营上的流动性。

2. 筹资能力

公司如果有较强的筹资能力,则可考虑发放较高股利,并以再筹资来满足企业经营以及对外投资对货币资金的需求;反之,则要考虑保留更多的资金用于内部周转或偿还将要到期的债务。一般而言,规模大、获利丰厚的大公司能较容易地筹集到所需资金,因此,它们较倾向于多支付现金股利;而创办时间短、规模小、风险大的企业通常需要经营一段时间以后,才能从外部取得资金,因而往往要限制股利的支付。

3. 资本成本与资本结构

不同的股利政策还会影响公司的未来筹资成本。留存收益是企业内部筹资的一种重要方式,与发行新股或举债等其他筹资方式相比成本较低。因此,很多企业在确定收益分配政策时,往往将企业的留存收益作为首选的筹资渠道,这种方式特别适用于负债资金较多、资本结构欠佳的时期。但公司债务和权益资本之间应该有一个最优的比例,即最优化资本结构,在这个比例上,公司价值最大,资金成本最低。由于股利政策不同,留存收益的数量也不同,这使得公司资本结构中权益资本比例有可能偏离最优资本结构,从而对公司股利政策的选择产生制约。由此可见,股利支付与企业未来筹资成本之间存在着矛盾,这就要求企业的财务人员权衡股利支付与筹资要求之间的得失,制定出适合企业实际需要的股利政策。

4. 投资需求

公司的收益分配政策应当考虑未来投资需求的影响。从股东财富最大化出发,企业之所以能将税后利润部分或全部留下来用于企业内部积累,其前提是这一部分属于股东的净收益可以使股东获得高于股东投资必要报酬率的再投资收益。因此,如果公司有较多的有利可图的投资机会,往往采用低股利政策。反之,如果未来面临的投资机会较少,就可采用高股利政策。

5. 盈利的稳定性

企业的收益分配政策在很大程度上受其盈利的稳定性的影响。一般而言,盈利稳定的企业比较有信心维持支付较高比率的股利,且较易以较低的成本筹集资金。因此,其股利支付水平也就越高。

6. 股利政策的惯性

一般而言,当股利政策进行重大调整时,一方面会给投资者带来企业经营不稳定的印象,从而导致股票价格下跌;另一方面股利收入是一部分股东生产和消费资金的来源,他们一般不愿持有股利大幅波动或波动频繁的股票。因此,公司的股利政策要保持一定的稳定性和连续性,不宜经常改变其收益分配政策。总之,确定股利政策要考虑许多因素,而这些因素之间往往是相互联系和相互制约的,其影响也不可能完全用定量方法来分析。所以,股利政策的制定主要依赖对具体企业所处的具体环境进行定性分析,以实现各种利益关系的均衡。

(三)股东意愿

1. 稳定的收入

由于有些股东依赖公司的现金股利维持生活,因此往往要求公司支付稳定股利,反对公司留存过多的收益。另外,有些股东认为留存收益使得公司股票价格上升,但这种价格上升可能带来的资本利得又具有较大的不确定性,而取得现实的股利更为可靠。因此,这类股东会希望多分配股利。

2. 股权控制不受威胁

现有股东也会期望现有的控制权不受威胁。如果公司大量支付现金股利,再发行新的普通股以融通所需资金,现有股东的控股权就有可能被稀释。此外,随着新普通股的发行,流通在外的普通股股数必将增加,最终会导致普通股的每股盈利和每股市价下降,从而影响现有股东的利益。现实中,以现有股东为基础组成的董事会往往在长期的经营中已经形成了一定的有效控制格局,他们通常会将股利政策作为维持其控制地位的工具。当公司为有利的投资机会筹集所需资金,而外部又无适当的筹资渠道可以利用时,为避免由于增发新股,可能会有新的股东加入公司中来,而打破目前已形成的控制格局,股东就会倾向于较低的股利支付水平,以便从内部留存收益中获取所需资金。

3. 较低的所得税税负

公司的股利政策会受股东对税负因素考虑的影响。除了希望公司能够支付稳定的股利来维持日常生活的股东外,还有一些股东希望公司多留存收益而少发放股利,以求少缴个人所得税。一般而言,股利收入的税率要高于资本利得的税率。因此,低股利政策会使他们获得更多纳税上的好处。

4. 外部投资机会

股东所面临的外部投资机会也是公司制定股利政策要考虑的因素之一。若股东个人将股利收入投资于其他投资机会所得的报酬高于公司将留存收益用于再投资的所得报酬,则股东倾向于少留存收益,而多发股利,这样股东的获利更高。

综上所述,公司究竟采取什么样的股利政策,除了考虑法律因素和公司内部因素外,还应分析研究本公司股东的构成状况,了解他们的利益愿望。

（四）其他因素

1. 通货膨胀因素

通货膨胀使公司资金购买力下降,维持现有的经营规模尚需不断追加投入,则需要将较多的税后利润用于内部积累。历史成本会计模式所确定的税后利润是以财务资本保全为基础的,在通货膨胀严重时期,以此为标准进行的税后利润分配必然使公司实物资本受到侵蚀。此时,企业往往不得不考虑多留用一定的利润,以便弥补由于货币购买力水平下降而造成的固定资产重置资金缺口。因此,通货膨胀时期采取相对较低的股利发放政策是必要的。

2. 契约限制

通常,股利支付水平越高,留存收益越少,公司破产的风险就越大,从而越可能损害债权人的利益。因此,当公司通过长期借款、债券、优先股、租赁合约等形式向外部筹资时,对方为了保证自己利益不受损害,会要求公司接受一些约束公司派息行为的限制条款。这些限制条款通常包括以下几个方面:① 规定只有在流动比率和其他安全比率(如利息保障倍数)超过规定的最小值后才可支付股利;② 未来的股利只能以签订合同之后的收益来发放,即不能以过去的历史留存收益来发放股利;③ 将利润的一部分以偿债基金的形式保留下来;④ 营运资金低于某一特定金额时不得发放股利。

此外,优先股的契约通常也会申明在累积的优先股股息付清之前,公司不得派发普通股股息。这些契约的限制都将影响公司的股利政策。确立这些限制性条款,限制企业股利支付,其目的在于促使企业把利润的一部分按有关条款的要求进行再投资,以增强企业的经济实力,保障债款的如期偿还。

三、股利政策与内部筹资

股利政策是股份公司关于是否发放股利、发放多少以及何时发放的方针和政策。它有狭义和广义之分。狭义的股利政策就是指探讨保留盈余和普通股股利支付的比例关系问题,即股利发放比率的确定。而广义的股利政策则包括股利宣布日的确定、股利发放比例的确定、股利发放时的资金筹集等问题。股利政策是现代公司理财活动的核心内容之一,一方面,它是公司筹资、投资活动的逻辑延续,是其理财行为的必然结果;另一方面,恰当的股利分配政策,不仅可以树立起良好的公司形象,而且能激发广大投资者对公司持续投资的热情,从而使公司获得长期、稳定的发展条件和机会。不同的股利政策下,公司的留存收益也不相同,由此也相应地影响到公司的内部筹资状况。下面就介绍几种常用的股利政策及其与内部筹资的关系。在实际中,常用的股利发放政策有如下几种。

（一）剩余股利政策

剩余股利政策是指公司生产经营所获得的税后利润首先应满足公司的资金需要,即增加资本或公积金,只有当增加的资本额达到预定的目标资本结构(最佳资本结构)时,如果还有剩余,则派发股利;如果没有剩余,则不派发股利。

剩余股利政策的理论依据是股利无关论。该理论认为,在完全资本市场中,股份公司的股利政策与公司普通股每股市价无关,公司派发股利的高低不会对股东的财富产生实质性的影响,公司决策者不必考虑公司的股利分配方式,公司的股利政策将随公司投资、融资方案的制订而确定。因此,在完全资本市场的条件下,股利完全取决于投资项目需用盈余资金后的剩余,投资者对于盈利的留存或发放股利毫无偏好。

根据这一政策,公司确定股利分配额时应采取下列步骤:

首先,根据公司投资计划确定投资所需资金预算;

其次,根据公司的目标资本结构及投资所需资金预计公司资金需求中所需要的权益资本的数额;

再次,尽可能用留存收益来满足资金需求中所需增加的股东权益数额;

最后,留存收益在满足公司股东权益增加需求后,若有剩余再用来发放股利。

【例 9 - 3】 南方股份公司 2020 年的税后净利润为 8 000 万元,由于公司尚处于初创期,产品市场前景看好,产业优势明显。确定的目标资本结构为:负债资本为 70%,股东权益资本为 30%。如果 2021 年该公司有较好的投资项目,需要投资 6 000 万元,该公司采用剩余股利政策,则该公司应当如何融资和分配股利?

(1) 确定按目标资本结构需要筹集的股东权益资本=6 000×30%=1 800(万元)

(2) 确定应分配的股利总额=8 000-1 800=6 200(万元)

因此,南方股份公司还应当筹集负债资金=6 000-1 800=4 200(万元)

从上例中可以看出,剩余股利政策的优点在于能充分利用留存利润筹资成本最低的资本来源,保持理想的资本结构,使综合资本成本最低,实现企业价值的长期最大化。

剩余股利政策的缺陷表现在若公司完全遵照执行剩余股利政策,将使股利发放额每年随投资机会和盈利水平的波动而波动。即使在盈利水平不变的情况下,股利将与投资机会的多寡呈反方向变动,投资机会越多,股利越小;反之,投资机会越少,股利发放越多。而在投资机会维持不变的情况下,则股利发放额将因公司每年盈利的波动而同方向波动。

从上述分析中可以看出,剩余股利政策是在最佳资本结构下优先满足内部筹资的需要的政策,是最能满足内部筹资需要的政策。但是,这种股利政策由于同时受到投资机会和年度盈余两个因素的影响,波动较大,对于那些依赖公司分配股利维生的股东而言是极其不利的。剩余股利政策不利于树立公司的良好形象,也不利于投资者安排收入和支出。因此,剩余股利政策一般适用于公司初创阶段或者衰退阶段。

(二) 固定或稳定增长的股利政策

固定股利或稳定的股利政策是公司将每年派发的股利额固定在某一特定水平上,然后在一段时间内无论公司的盈利情况和财务状况如何,派发的股利额均保持不变。只有当企业对未来利润增长确有把握,并且这种增长被认为是不会发生逆转时,才增加每股股利额。这一政策的特点是,不论经济状况如何,也不论企业经营业绩好坏,应将每期的股利固定在某一水平上保持不变,只有当公司管理当局认为未来盈利将显著地、不可逆转地增长时,才会提高股利的支付水平。

采用固定或稳定增长的股利政策的理论依据是股利重要论和信号传递理论。该理论认为,稳定的股利政策是许多依靠固定股利收入生活的股东更喜欢的股利支付方式,它更利于投资者有规律地安排股利收入和支出。股利支付额忽高忽低的股票不大可能长期维持在相对较高的价位。稳定股利或稳定的股利增长率可以消除投资者内心的不确定性,等于向投资者传递了该公司经营业绩稳定或稳定增长的信息,从而使公司股票价格上升。此外,股利政策能向投资者传递重要信息。如果公司支付的股利稳定,就说明该公司的经营业绩比较稳定,经营风险较小,有利于股票价格上升;如果公司的股利政策不稳定,股利忽高忽低,这就给投资者传递企业经营不稳定的信息,导致投资者对风险的担心,进而使股票价格下降。

固定或稳定增长的股利政策存在着两个方面的缺点:① 公司股利支付与公司盈利相脱离,造成投资的风险与投资的收益不对称。由于采用固定或稳定增长的股利政策,无论公司盈利状况如何,都必须支付固定或增长的股利额,股利支付与盈利相脱离。② 给公司造成较大的财务压力。公司在发展过程中,难免会出现经营状况不好等困难时期,如果这时仍执行固定或稳定增长的股利政策,那么派发的股利金额大于公司实现的盈利,则必将侵蚀公司留存利润和公司资本。因此,公司很难长期采用该政策。

固定股利或稳定增长股利政策是一种固定股利优先的政策,容易造成公司资金短缺,不能保证公司除股利外的其他方面的资金需求,对筹集内部资本极其不利,为了保证固定的股利,甚至无法进行内部筹资。一般而言,这种政策适用于经营比较稳定或者处于成长期的企业,但仍然很难被长期采用。

（三）固定股利支付率政策

固定股利支付率政策是公司确定某一固定的股利支付率,并长期按此比率从净利润中分派股利的政策。固定股利支付率政策的理论依据是"一鸟在手"理论。该理论认为,用留存利润再投资带给投资者的收益具有很大的不确定性,并且投资风险随着时间的推移将进一步增大,因此,投资者更倾向获得现在的固定比率的股利收入。同样,股利支付率高的股票价格必定要高于股利支付率低的股票价格。显然,股利分配模式与股票市价相关。

固定股利支付率政策的优点在于:① 使股利与企业盈余紧密结合,以体现"多盈多分、少盈少分、不盈不分"的分配原则;② 由于公司的获利能力是经常变动的,因此,每年的股利也应当随着公司收益的变动而变动,并保持股利与利润间的一定比例关系,这样体现了风险投资与风险收益的对称。这种政策从企业的支付能力来看,也是一种较为稳定的股利政策。

在实际工作中,固定股利支付率政策的不足之处表现为:① 使公司面临较大的财务压力。根据固定股利支付率政策,公司实现利润越多,派发股利也就应当越多。而公司实现利润多只能说明公司盈利状况好,并不能表明公司的现金支付能力就一定好。在此政策下,用现金分派股利必然给公司带来相当的财务压力。② 传递的信息对公司不利。大多数公司每年的收益不可能是稳定不变,如果公司每年的收益状况不同,固定股利支付率的股利政策将导致公司每年股利分配额的频繁变化。股利通常被认为是公司未来前途的信号传递,而波动的股利向市场传递的信息就是公司未来收益前景不明确、不可靠等不良信息,不利于公司树立良好形象。③ 缺乏财务弹性。股利支付率是公司股利政策的主要内容,股利分配模式的选择、股利政策的制定是公司的财务手段和方法。在公司发展的不同阶段,公司应当根据自身的财务状况制定不同的股利政策,这样更有利于实现公司的财务目标。但在固定股利支付率政策下,公司丧失了利用股利政策的财务方法,缺乏财务弹性。④ 确定合理的固定股利支付率难度很大。一个公司如果股利支付率确定低了,则不能满足投资者对现实股利的要求;反之,公司股利支付率确定高了,就会使大量资金因支付股利而流出,公司又会因资金缺乏而制约其发展。可见,公司确定较优的股利支付率是具有相当难度的工作。

在固定股利支付率政策下,公司内部筹资的状况要视当年的利润情况而定。若每年收益状况波动较大,则内部筹资情况也随之波动,不确定性大。因此,现实中一成不变地按照固定比率发放股利的公司极少。固定股利支付率政策只能适用于稳定发展的公司和公司财务状况较稳定的阶段。

（四）低正常股利加额外股利政策

低正常股利加额外股利政策是公司事先设定一个较低的经常性股利额,通常情况下,公司每期都按此金额支付正常股利,只有企业盈利较多时,再根据实际情况发放额外股利。低正常股利加额外股利政策是依据"一鸟在手"理论和信号传递理论。将公司派发的股利固定地维持在较低的水平,则当公司盈利较少或需用较多的保留盈余进行投资时,公司仍然能够按照既定的股利水平派发股利,体现了"一鸟在手"理论。而当公司盈利较大且有剩余现金时,公司可派发额外股利,体现了信号传递理论。公司将派发额外股利的信息传播给股票投资者,有利于股票价格的上升。

低正常股利加额外股利政策的优点在于灵活性和稳定性的结合。低正常股利加额外股利政策,既吸收了固定股利政策对投资者收益保障的优点,维持了股利一定的稳定性;又摒弃了其对公司所造成的财务压力方面的不足,有利于企业的资本结构达到目标资本结构,使灵活性与稳定性较好地相结合,因而为许多企业所采用。该股利政策对于内部筹资也有一定优势。在有额外盈利的情况下,当内部筹资需要时可以不派发额外股利,反之,则可以派发额外股利。

低正常股利加额外股利政策的缺点在于:① 股利派发仍然缺乏稳定性,额外股利随盈利变化,时有时无,给人漂浮不定的印象;② 如果公司在较长时期内一直发放额外股利,股东就会误认为这是"正常股利",一旦取消,极易造成公司"财务状况"逆转的负面影响,进而可能引起股价下跌的不良后果。

这一政策适用于盈利水平随着经济周期而波动较大的公司或行业或者公司的高速发展阶段。

以上四种可供选择的股利政策适用于公司发展的各个不同阶段,同时也要结合公司所处的法律环境、公司内部以及公司股东的组成等各类因素来进行选择。下面对处于不同发展阶段的公司的股利政策的选择做了一个归纳,如表9-1所示。

表9-1 公司股利分配政策的选择

公司发展阶段	特　点	适用的股利政策
公司初创阶段	公司经营风险高,融资能力差	剩余股利政策
公司高速发展阶段	产品销量急剧上升,需要进行大规模的投资	低正常股利加额外股利政策
公司稳定增长阶段	销售收入稳定增长,公司的市场竞争力增强,行业地位已经巩固,公司扩张的投资需求减少,广告开支比例下降,净现金流入量稳步增长,每股净利呈上升态势	稳定增长型股利政策
公司成熟阶段	产品市场趋于饱和,销售收入难以增长,但盈利水平稳定,公司通常已积累了相当的盈余和资金。	固定型股利政策
公司衰退阶段	产品销售收入锐减,利润严重下降,股利支付能力日绌	剩余股利政策

第三节　股票股利与股票分割

一、股票股利

前已述及,股票股利是公司以增发股票的方式所支付的股利,我国实务中通常将其称为"红股"。股票股利在会计上属公司的收益分配,是一种股利分配的形式。

股票股利对公司来说,并没有现金流出,也不会导致公司的财产减少,而只是将公司的留存收益转化为股本。但股票股利会增加流通在外的股票数量(股数),同时降低股票的每股价值。它不会改变公司股东权益总额,但会改变股东权益的构成结构。

从表面上看,分配股票股利除了增加所持股数外好像并没有给股东带来直接收益,事实上并非如此。因为市场和投资者普遍认为,公司如果发放股票股利往往预示着公司会有较大的成长、发展态势良好,这样的信息传递不仅会稳定股票价格甚至可能使股票价格上升。另外,如果股东把股票股利出售,变成现金收入,还会带来资本利得在纳税上的好处。因为相对于股利收入的纳税来说,投资者对资本利得收入的纳税时间选择更具有弹性,这样,即使股利收入和资本利得收入没有税率上的差别,仅就纳税时间而言,由于投资者可以自由向后推资本利得收入纳税的时间,所以它们之间也会存在延迟纳税带来的收益差异。因此股票股利对股东来说是能够带来一定利益的,而并非像表面上看到的那样没有意义。

【例9-4】乐航股份有限公司是一家上市公司,该公司发行在外的普通股为5 000万元,每股面值为1元,流通在外的普通股份数共计5 000万股。2020年年末,由于预计第二年有较佳的投资机会,故拟在当年发放股票股利以替代往年的现金股利。该公司在2020年发放股票股利之前的资产负债表上的股东权益情况如下:

表9-2　股东权益部分项目表　　　　　单位:万元

普通股(面值1元,流通在外的普通股份数5 000万股)	5 000
资本公积	3 000
盈余公积	1 500
未分配利润	2 000
股东权益合计	11 500

假定该公司全部发放20%的股票股利,即现有股东每持有10股可获赠2股普通股。依此比例,该公司共发放股票股利1 000万股(=5 000÷10×2),面值1 000万元。随之将从未分配利润中转入普通股股本账户的金额为1 000万元。故普通股由原来的5 000万元增加到6 000万元,而未分配利润由原来的2 000万元减少为1 000万元,但该公司的股东权益总额并未发生改变,仍然是11 500万元。发放股票股利后该公司的资产负债表上的股东权益部分如下:

表9-3 股东权益部分项目表	单元:万元
普通股(面值1元,流通在外的普通股份数6 000万股)	6 000
资本公积	3 000
盈余公积	1 500
未分配利润	1 000
股东权益合计	11 500

假定某股东甲在该公司派发股利前拥有该公司普通股5 000股,甲的持股比例0.01%(＝5 000÷50 000 000)。

派发股票股利后,甲持有的股票数量为6 000股(＝5 000＋5 000÷10×2),其持股比例为0.01%(＝6 000÷60 000 000)。

由上例可以看出,发放股票股利使得资产负债表中股东权益项目内部结构发生了一定的改变,具体而言就是未分配利润减少、普通股金额和股数都增加;而发放股票股利前后公司的净资产总额不变,每一股东的持股比例也无变化,因此他们各自持股所代表的净资产也不会改变。

对于公司本身而言,采取股票股利支付方式有以下优点:

(1)节约公司现金。股票股利不需要支付现金,但在心理上能给股东取得投资回报的感觉。在有好的投资机会时,公司还可用留存收益为之提供成本较低的资金,从而减轻公司的财务压力。

(2)降低每股市价,促进股票的交易和流通。若公司的股票价格比较高,则不利于股票的交易和流通,发放股票股利后,由于市场上的公司股票数增加,恰好可以适当降低股价水平。同时,股票市价水平降低后,当公司日后发行新股票时,也可以降低发行价格,有利于吸引投资者。

(3)传递公司未来发展前景的良好信息,增强投资者的信心。

(4)股票股利在降低每股市价的时候会吸引更多的投资者成为公司的股东,从而使公司股权更为分散,这样就能防止其他公司恶意控制。

二、股票分割

(一)股票分割

1.股票分割的概念

股票分割又称股票拆细,即将一张较大面值的股票拆成几张较小面值的股票。在现实工作中,如果上市公司认为自己公司的股票市场价格过高,不利于交易和流通,就可能会进行股票分割。

股票分割对公司的资本结构不会产生任何影响,一般只会使发行在外的股票总数增加,资产负债表中股东权益各账户(股本、资本公积、留存收益)的余额都保持不变,股东权益的总额也保持不变。

股票分割给投资者带来的不是现实的利益,但是投资者持有的股票数增加了,给投资者带来了今后可多分股息和更高收益的期望,因此股票分割往往比增加股息派发对股价上涨的刺激作用更大。

2. 股票分割的作用

（1）股票分割会在短时间内使公司股票每股市价降低,买卖该股票所必需的资金量减少,易于增加该股票在投资者之间的换手,并且可以使更多的资金实力有限的潜在股东变成持股的股东。因此,股票分割可以促进股票的流通和交易。

（2）股票分割可以向投资者传递公司发展前景良好的信息,有助于提高投资者对公司的信心。

（3）股票分割可以为公司发行新股做准备。公司股票价格太高,会使许多潜在的投资者力不从心而不敢轻易对公司的股票进行投资。在新股发行之前,利用股票分割降低股票价格,可以促进新股的发行。

（4）股票分割有助于公司并购政策的实施,增加对被并购方的吸引力。

（5）股票分割带来的股票流通性的提高和股东数量的增加,会在一定程度上加大他人对公司股票恶意收购的难度。

（6）股票分割在短期内不会给投资者带来太大的收益或亏损,即给投资者带来的不是现实的利益,而是带来了今后可多分股息和更高收益的希望,是利好消息,因此对除权日后股价上涨有刺激作用。

【例9-5】 蒋小姐拥有2 000股强生公司的股票,当公司宣布按5∶1的比例进行股票分割后,蒋小姐原有的2 000股股票便会变为10 000股。

即:$2\,000\times(5/1)=10\,000$（股）

如果1股股票在股票分割前的市价是40元,那么分割后的价钱便为:

$40\times(1/5)=8$（元）

在股票分割前后股票的总金额是不变的。在股票未分割前它的价值是80 000元（＝2 000×40）。分割后它的总价值还是80 000元（＝10 000×8）。

【例9-6】 接上例9-4,假设乐航公司并未发放股票股利,而是按照2∶1的比例进行股票分割。股票分割后,该公司的股东权益项目情况如下:

表9-4　股东权益部分项目表　　　　单位:万元

普通股(面值0.5元,流通在外的普通股份数10 000万股)	5 000
资本公积	3 000
盈余公积	1 500
未分配利润	2 000
股东权益合计	11 500

从上例中可以看出,股票分割不会改变资产负债表中股东权益的总额及其内部结构,股东权益各账户(股本、资本公积、留存收益)的余额也都保持不变,它只会使发行在外的股票总数增加。

（二）反向分割

反向分割跟股票分割刚好相反,它是将几张面值较小的股票换成一张面值较大的股票,实质上是将公司流通在外的股票数进行合并。如果公司认为其股票价格过低,不利于其在市场上的声誉和未来的再筹资时,为提高其股票价格,就会采取反向分割的措施。因此,反向分割的作用在于提高股票的市价。然而,现实中,反向分割会降低股票的流通性,加大投资者入市的门槛,向市场传递的通常是不利的信息。实际操作中各项数据及其统计表明,在其他因素不变的情况下,股票的反向分割消息宣布后,股票价格均有大幅度的下跌。

【例 9-7】 王先生拥有 800 股联想科技公司的股票,假设联想公司宣布按 1：2 的比例将其股票分割,则王先生原来拥有的 800 股股票便会变为 400 股。

$$800 \times (1/2) = 400（股）$$

如果 1 股股票原先价钱是 45 元,那么股票分割后的价钱便为：

$$45 \times (2/1) = 90（元）$$

这是典型的反向分割的情况,即将几股面值较小的股票换成一股面值较大的股票。在反向分割前后王先生所持有的股票总价值没有变化。在股票未分割前它的价值是 36 000 元(＝800×45)。分割后它的价值还是 36 000 元(＝400×90),只是拥有的股票数量和面值发生了改变。

（三）股票分割与股票股利的比较

股票股利与股票分割的共同点与区别在于：

（1）股票股利与股票分割都会使股票股数增加,而反向分割会减少股票股数；

（2）股票股利与股票分割会使市价降低,而反向分割会提高股票价格；

（3）股票股利与股票分割使每股收益降低,而反向分割使每股收益增多；

（4）股票股利与股票分割不会改变公司的控制权,但会使控制权分散,而反向分割会巩固公司的控制权。

复习思考题

【思考题】

1. 股利分配的内容和程序是什么?
2. 企业利润分配需要考虑哪些因素?
3. 股利分配理论有哪些?
4. 股利分配的程序和方式有哪些?
5. 常用的股利政策有哪些? 各个股利政策有什么优缺点?
6. 发放股票股利有哪些利弊? 对公司的所有者权益有什么影响?

【练习题】

一、单项选择题

1. 在确定企业的收益分配政策时,资本保全约束是属于( )。

A. 股东因素   B. 公司因素

C. 法律因素　　　　　　　　　　　　D. 债务契约因素

2. 将税后利润首先用于增加投资并达到企业预定的目标资本结构,然后再分配股利,这被称为(　　)。

A. 剩余股利政策　　　　　　　　　　B. 固定或持续增长股利政策

C. 固定股利支付率政策　　　　　　　D. 低正常股利加额外股利政策

3. 有权领取股利的股东有资格登记的截止日期,是指(　　)。

A. 股利宣告日　　　　　　　　　　　B. 股权登记日

C. 除息日　　　　　　　　　　　　　D. 股利支付日

4. 能保持股利与收益之间一定的比例关系,并能够体现"利多多分、利少少分、无利不分"原则的股利分配政策是(　　)。

A. 剩余股利政策　　　　　　　　　　B. 固定或持续增长股利政策

C. 固定股利支付率政策　　　　　　　D. 低正常股利加额外股利政策

5. 不直接增加股东财富,不导致公司资产的流出或负债的增加,但会引起所有者权益各项目的结构产生变化的股利形式是(　　)。

A. 现金股利　　　　　　　　　　　　B. 股票股利

C. 财产股利　　　　　　　　　　　　D. 负债股利

二、判断题

1. 高速成长的企业一般只发行较少的股利,而处于经营收缩期的企业,一般发放较多的股利。　　　　　　　　　　　　　　　　　　　　　　　　　　　　　　(　　)

2. 与发放现金股利相比,股票回购可以提高每股收益,使股价上升或将股价维持在一个合理的水平上。　　　　　　　　　　　　　　　　　　　　　　　　　　　　(　　)

3. 一个新的股东要想取得股利,必须在股利发放日之前购入股票,否则即使持有股票也无权领取股利。　　　　　　　　　　　　　　　　　　　　　　　　　　　　(　　)

4. 发放股票股利与实施股票分割,不仅会引起每股收益的下降,同时也会引起股东权益类项目内部结构的变化。　　　　　　　　　　　　　　　　　　　　　　　　(　　)

5. 所得税差异理论认为应给股东支付较高的股利。　　　　　　　　　　　(　　)

三、计算题

某科技上市公司已成立 10 年,现有资产总额 2 000 万元,企业最近 5 年连续盈利,每年净收益呈上升趋势,经营状况较为稳定。权益乘数为 2,该公司目前的资本结构为最佳资本结构,其权益资本均为普通股,每股面值 10 元,负债的年平均利息率为 10%。该公司年初未分配利润为 152 万元,当年实现营业收入 8 000 万元,固定成本 700 万元,变动成本为 4 800 万元,所得税税率为 25%。该公司按 10% 和 5% 提取法定盈余公积金和任意盈余公积金。预计下一年度投资计划需要的资金为 4 000 万元。

要求:

(1) 该公司应采用何种股利政策为佳?说明理由。

(2) 如果该公司采取剩余股利政策,其当年盈余能否满足下一年度投资对权益资本的需要?若不能满足,应增发多少普通股?

第十章　财务预算

学习目标

　　全面预算一般包括日常业务预算、专门决策预算与财务预算三大类。财务预算是企业未来一定预算期内全部经济活动各项目标的行动计划相应措施的预期数值说明，它包括现金预算、财务费用预算、预计财务报表等内容。预算按编制方法的不同，可分为固定预算与弹性预算、增量预算与零基预算、定期预算与滚动预算等类型。全面预算为企业各级各部门明确了奋斗目标，是企业财务控制的基础，是日常控制与业绩考核的依据，是财务管理的一个重要环节。通过本章的学习，使学生明确财务预算的体系与内容，掌握各种预算的编制方法，进一步理解财务预算在企业经营管理中的重要作用。

第一节　财务预算概述

一、财务预算的概念

　　预算是关于企业未来一定预算期内，全部经济活动各项目标的行动计划相应措施的预期数值说明，其实质是一套主要以货币、辅之以其他数量形式反映的预计财务报表和其他附表，主要用来规划预算期内企业的全部经济活动及其成果。全面预算的内容一般包括日常业务预算、专门决策预算和财务预算三大类。

　　日常业务预算是指与企业日常经营活动直接相关的经营业务的各种预算。具体包括销售预算、生产预算、直接材料消耗及采购预算、直接工薪及其他直接支出预算、制造费用预算、产品生产成本预算、管理费用和销售费用预算等，这些预算前后衔接、相互钩稽，既有实物量指标，又有价值量指标。

　　专门决策预算是指企业为不经常发生的长期投资决策项目或一次性专门业务所编制的预算，具体包括资本支出预算、一次性专门业务预算等。资本支出预算根据经过审核批准的各个长期投资决策项目编制，它实际上是决策选中方案的进一步规划。一次性专门业务预算是为了配合财务预算的编制，为了便于控制和监督，对企业日常财务活动中发生的一次性的专门业务，如筹措资金、投放资金、其他财务决策（发放股息、红利等）编制的预算。

　　财务预算是一系列专门反映企业未来一定预算期内预计现金收支、经营成果和财务状况等价值指标的各种预算的总称，具体包括现金预算、财务费用预算、预计利润表、预计资产负债表、预计现金流量表和预计利润分配表等内容。

二、财务预算在全面预算体系中的地位

财务预算作为全面预算体系中的最后环节,可以从价值方面总括地反映经营期决策预算与业务预算的结果,亦称为总预算,其余预算则相应称为辅助预算或分预算。显然,财务预算在全面预算体系中占有举足轻重的地位。

财务预算在全面预算体系中的地位如图10-1所示。

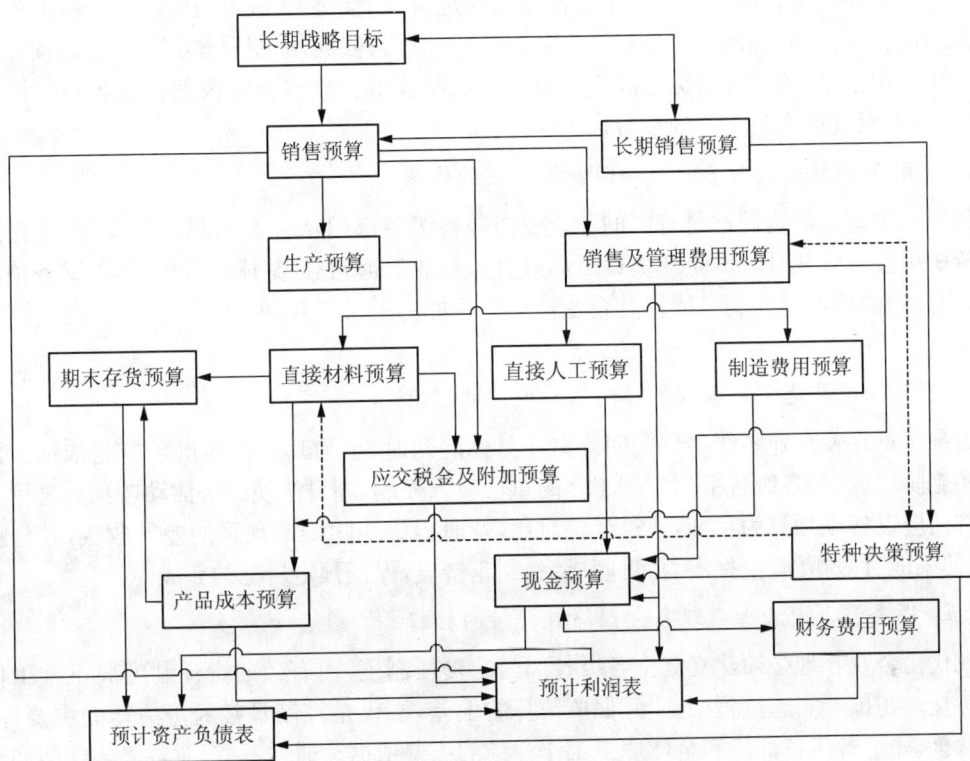

图 10-1 财务预算在全面预算体系中的位置示意图

三、财务预算的作用

财务预算在企业经营管理和实现财务目标过程中发挥着重大作用,概括起来有以下五个方面。

(一)财务预算是企业各级各部门工作的奋斗目标

财务预算是以各项业务预算和专门决策预算为基础编制的综合性预算,整个预算体系全面、系统地规划了企业主要技术经济指标和财务指标的预算数。因此,通过编制财务预算,不仅可以确定企业整体的总目标,而且也明确了企业内部各级各部门的具体目标,如销售目标、生产目标、成本目标、费用目标和利润目标等。各级各部门根据自身的具体目标安排各自的经济活动,设想达到各自目标拟采取的方法和措施,为实现具体目标努力奋斗。如果各级各部门都完成了自己的具体目标,那么,企业总目标的实现就有了坚实保障。

（二）财务预算是企业各级各部门沟通和协调的工具

企业内部各级各部门因其职责的不同,对各自经济活动的考虑可能就会带有片面性,甚至会出现相互冲突的现象。譬如,销售部门根据市场预测提出一个庞大的销售计划,而生产部门可能没有那么大的生产能力。生产部门可以编制一个充分发挥生产能力的计划,但销售部门却可能无法将这些产品推销出去。克服片面、避免冲突的最佳办法是企业各级各部门及时进行沟通和协调,对经济活动进行综合平衡。财务预算具有高度的综合平衡能力,编制财务预算的过程也是企业内部各级各部门的经济活动密切配合、相互协调、统筹兼顾、全面安排、搞好综合平衡的过程。例如,编制生产预算一定要以销售预算为依据,编制材料、人工、费用预算必须与生产预算相衔接,预算各指标之间应保持必需的平衡等。只有企业内部各级各部门协商一致,才能最大限度地实现企业的总目标。

（三）财务预算是企业各级各部门资源分配的依据

任何一个企业的资源都是有限的。企业内部各级各部门从各自的利益出发,都想在这有限的资源里多分一些,因此,企业决策当局只有从企业长远利益、整体利益出发,以财务预算为依据,把有限的资源优先满足能提升企业核心竞争能力的关键项目、刚性支付上,提升资源的利用率。

（四）财务预算是企业各级各部门工作控制的标准

财务预算在使企业各级各部门明确奋斗目标的同时,也为其工作提供了控制依据。预算进入实施阶段以后,各级各部门管理工作的重心转入控制,即设法使经济活动按预算进行。各级各部门应以各项预算为标准,通过计量对比,及时提供实际偏离预算的差异数额,并分析原因,以便采取有效措施,挖掘潜力,巩固成绩,纠正错误,保证预定目标的完成。

（五）财务预算是企业各级各部门绩效评价的标杆

现代化企业管理必须建立健全各级各部门的责任制度,而有效的责任制度离不开工作业绩的考核。在预算实施过程中,实际偏离预算的偏差,不仅是控制日常经济活动的主要标准,也是考核、评定各级各部门和全体职工工作业绩的主要依据。通过考核,对各级各部门和全体职工进行评价,并据此实行奖惩、安排人事任免、升降等,促使他们更好地为企业工作,完成奋斗目标。为了财务预算的顺利执行,应让各级各部门和全体职工积极地参与预算的修改,充分吸收合理意见,定稿以后发给他们。

四、财务预算编制的基本程序

企业预算以利润为最终目标,并把确定下来的目标利润作为编制预算的前提条件。根据已确定的目标利润,通过市场调查,进行销售预测,编制销售预算。在销售预算的基础上,做出不同层次不同项目的预算,最后汇总为综合性的现金预算和预计财务报表。因此其编制程序可归纳为:

（1）根据销售预测,编制销售预算;

（2）根据销售预测确定的预计销售量,结合产成品的期初结存量和预计期末结存量,编制生产预算;

（3）根据生产预算确定的预计生产量,先分别编制直接材料消耗及采购预算、直接人工预算和制造费用预算,然后汇总编制产品生产成本预算;

（4）根据销售预算和资金需要量计划，编制销售费用、管理费用、财务费用和应交税金及附加预算；

（5）根据销售预算和生产预算，估计所需要的固定资产投资，编制资本支出预算；

（6）根据执行以上各项预算所产生和必需的现金流量，编制现金预算；

（7）综合以上各项预算，进行试算平衡，编制预计财务报表。

第二节　预算的编制方法

一、固定预算与弹性预算

编制预算的方法按其业务量基础的数量特征不同，可分为固定预算与弹性预算两大类。

（一）固定预算

1. 固定预算的含义

固定预算，又称静态预算，是指在编制预算时，只根据预算期内正常的、可实现的某一固定业务量（如生产量、销售量）水平作为唯一基础来编制预算的一种方法。

2. 固定预算的优缺点

固定预算的编制方法简单易学，但也有明显的缺点。

第一，过于机械呆板。在此法下，不论未来预算期内实际业务量水平是否发生波动，都只按事先预计的某一个确定的业务量水平作为编制预算的基础。

第二，可比性差。这是固定预算的致命弱点。当实际业务量与编制预算所依据的预计业务量发生较大差异时，有关预算指标的实际数与预算数之间就会因业务量基础不同而失去可比性。因此，按照固定预算方法编制的预算不利于正确地控制、考核与评价企业预算的执行情况。

对于那些未来业务量不稳定、经常发生波动的企业来说，如果采用固定预算方法，就可能会对企业预算的业绩考核与评价产生扭曲甚至误导作用。这种现象在采用完全成本法的企业中表现得尤为突出。

【例 10-1】　东方机械公司采用完全成本法，其预算期生产的某种产品的预计产量为12 000件，按固定预算方法编制的该产品成本预算如表10-1所示。

表 10-1　东方机械公司产品成本预算（按固定预算方法编制）

预计产量:12 000件　单位:元

成本项目	总成本	单位成本
直接材料	420 000	35
直接人工	300 000	25
制造费用	264 000	22
合　计	984 000	82

该产品预算期的实际产量为15 000件，实际发生总成本为1 170 000元，其中，直接材料450 000元，直接人工420 000元，制造费用300 000元，单位成本78元。

该企业根据实际成本资料和预算成本资料编制的成本业绩报告如表10-2所示。

表10-2　东方机械公司成本业绩报告　　　　　单位:元

成本项目	实际成本	预算成本		差　异	
		未按产量调整	按产量调整	未按产量调整	按产量调整
直接材料	450 000	420 000	525 000	+30 000	−75 000
直接人工	420 000	300 000	375 000	+120 000	+45 000
制造费用	300 000	264 000	330 000	+36 000	−30 000
合　计	1 170 000	984 000	1 230 000	+186 000	−60 000

从上表中可以看出,实际成本与未按产量调整的预算成本相比,超支较多;实际成本与按产量调整的预算成本相比,又节约较多。

在产量从12 000件增加到15 000件的情况下,如果不按变动后的产量对预算成本进行调整,就会因业务量不一致而导致所计算的差异缺乏可比性;但是如果所有的成本项目都按实际产量进行调整,也不够科学与客观。因为制造费用中包括一部分固定制造费用,它们是不随产量变动的,即使按产量调整了固定预算,也不能准确说明企业预算的执行情况。

3. 固定预算的适应范围

通过上述的计算分析可知,固定预算方法只适用于固定费用以及业务量水平较为平稳的企业或非营利组织编制预算时采用。

(二)弹性预算

1. 弹性预算的含义

弹性预算,又称为变动预算或滑动预算,是指为克服固定预算方法的缺点而设计的,以业务量、成本和利润之间的依存关系为依据,以预算期可预见的各种业务量水平为基础,编制能够适应多种情况预算的一种方法。其基本原理是将成本费用按照成本习性划分为固定成本与变动成本两大部分,编制弹性预算时,对固定成本不予调整,只对变动成本按业务量变动的幅度同比例调整。

编制弹性预算所依据的业务量可以是产量、销售量、直接人工工时、机器工时、材料消耗量或直接人工工资等。

2. 弹性预算的优缺点

与固定预算相比,弹性预算具有以下两个显著优点。

一是预算范围宽。弹性预算方法能够反映预算期内与一定相关范围内的可预见的多种业务量水平相对应的不同预算额,从而扩大了预算的适用范围,便于预算指标的调整。

二是可比性强。在弹性预算方法下,如果预算期实际业务量与计划业务量不一致,企业可以将实际指标与实际业务量相对应的预算额进行对比,从而能够使预算执行情况的评价与考核建立在更加客观与可比的基础上,便于更好地发挥预算的控制作用。

相对固定预算而言,弹性预算的编制方法较为复杂,工作量也大,而且有些成本费用也较难以准确地分解为固定与变动两部分。

3. 弹性预算的适应范围

由于未来业务量的变动会影响成本、费用、利润等各个方面,因此,弹性预算方法从理论上讲适应于企业预算中所有与业务量有关的各种预算。但从实用角度看,主要用于编制弹性成本费用预算和弹性利润预算等。在实务中,由于收入、利润可按概率的方法进行风险分析预算,直接材料、直接人工可按标准成本制度进行标准预算,只有制造费用、销售费用和管理费用等间接费用应用弹性预算方法的频率较高,以至于有人将弹性预算方法误认为只是编制费用预算的一种方法。

4. 弹性成本费用的预算方法

(1) 弹性成本费用的基本公式。

编制弹性成本费用,关键是进行成本费用习性分析,将全部成本费用最终区分为固定成本费用与变动成本费用两大类。变动成本费用主要根据单位业务量来控制,固定成本费用则按总额控制。其预算公式如下:

$$成本费用的弹性预算＝固定成本费用的预算数＋\sum(单位变动成本费用的预算数 \times 预计业务量)$$

在此基础上,按事先选择的业务量计量单位与确定的有效变动范围,根据该业务量与有关成本费用项目之间的内在联系即可编制弹性成本费用预算。

(2) 业务量的选择。

选择业务量包括选择业务量计量单位和业务量变动范围两部分内容。业务量计量单位应根据企业的具体情况进行选择。一般来说,生产单一产品的部门,可以选用产品实物量;生产多种产品的部门,可以选用人工工时、机器工时等;修理部门可以选用修理工时;以手工操作为主的企业应选用人工工时;机械化、自动化程度较高的企业选用机器工时更为适宜。

业务量变动范围是指弹性预算所适用的业务量变动区间。业务量变动范围的选择应根据企业的具体情况而定。一般来说,可定在正常生产能力的 $70\%\sim120\%$,或以历史上最高业务量和最低业务量为其上下限。

(3) 弹性成本费用预算的具体编制方法。

弹性成本费用预算的具体编制方法包括公式法和列表法两种。

① 公式法。

公式法是指通过确定成本公式 $y_i=a_i+b_ix_i$ 中的 a_i 和 b_i 来编制弹性预算的方法。在成本习性分析的基础上,可将任何成本项目近似地表示为 $y_i=a_i+b_ix_i$(当 a_i 为零时,$y_i=b_ix_i$ 为变动成本;当 b_i 为零时,$y_i=a_i$ 为固定成本;当 a_i 和 b_i 均不为零时,y_i 为混合成本;x_i 可以为多种业务量指标如产销量、直接人工工时等)。

在公式法下,如果事先确定了有关业务量的变动范围,只要根据有关成本项目的 a 和 b 参数,就可以很方便地推算出业务量允许范围内任何水平上的各项预算成本。

【例 10 - 2】 东方机械公司 2014 年制造费用弹性预算指标(部分)如表 10 - 3 所示,其中较大的混合成本项目已经过分解,直接人工工时的有效变动范围为 1 400~2 200 小时。求采用公式法推算出直接人工工时为 2 050 小时的制造费用预算数额。

表 10-3　东方机械公司制造费用弹性预算

直接人工工时:1 400~2 200 小时　单位:元

项　目	b	项　目	a	b	项　目	a
1. 变动成本		2. 混合成本			3. 固定成本	
燃油	20	检验员工资	12 000	5	管理人员工资	120 000
辅工工资	8	辅助材料	10 000	4	保险费	30 000
		维修费	9 000	7	设备租金	50 000
		水费	7 000	6		

制造费用预算数＝变动成本＋混合成本＋固定成本

$$=2\ 050 \times (20+8)+(12\ 000+10\ 000+9\ 000+7\ 000)+(5+4+7+6) \times$$
$$2\ 050+(120\ 000+30\ 000+50\ 000)$$
$$=57\ 400+83\ 100+200\ 000=340\ 500(元)$$

公式法的优点是在一定范围内不受业务量波动的影响,编制预算的工作量较小;缺点是在进行预算控制与考核时,不能直接查出特定业务量下的总成本预算额,而且按细目分解成本比较麻烦,同时又有一定误差。因此,在实际工作中可以将公式法与列表法结合起来应用。

② 列表法。

列表法是指通过列表的方式,在相关范围内每隔一定业务量范围计算相关数值预算,来编制弹性成本费用预算的方法。

表 10-4　东方机械公司制造费用弹性预算　　单位:元

直接人工工时	1 400	1 600	1 800	2 000	2 200
生产能力利用(%)	70%	80%	90%	100%	110%
1. 变动成本项目	39 200	44 800	50 400	56 000	61 600
燃油	11 200	12 800	14 400	16 000	17 600
辅助工人工资	28 000	32 000	36 000	40 000	44 000
2. 混合成本项目	68 800	73 200	77 600	82 000	86 400
检验员工资	19 000	20 000	21 000	22 000	23 000
辅助材料	15 600	16 400	17 200	18 000	18 800
维修费	18 800	20 200	21 600	23 000	24 400
水费	15 400	16 600	17 800	19 000	20 200
3. 固定成本项目	200 000	200 000	200 000	200 000	200 000
管理人员工资	120 000	120 000	120 000	120 000	120 000
保险费	30 000	30 000	30 000	30 000	30 000
设备租金	50 000	50 000	50 000	50 000	50 000
制造费用预算数	308 000	318 000	328 000	338 000	348 000

上表的业务量间距为 10%,在实际工作中可选择更小的间距(如 5%)。显然,业务量的间距越小,实际业务量水平出现在预算表中的可能性就越大,但工作量也就越大。

列表法的优点是可以直接从表中查得各种业务量下的成本预算,便于预算的控制和考核,但这种方法工作量较大,且不能包括所有业务量条件下的费用预算,故适用面较窄。

(4) 弹性利润预算的具体编制方法。

弹性利润预算是根据成本、业务量和利润之间的依存关系,为适应多种业务量变化而编制的利润预算。弹性利润预算是以弹性成本费用预算为基础编制的,其主要内容包括销售量、销售单价、单位变动成本、边际贡献和固定成本。

弹性利润预算的编制主要有以下两种方法:

① 因素法。该方法是根据受业务量变动影响的有关收入、成本等因素与利润的关系,列表反映在不同业务量条件下利润水平的预算方法。

【例 10-3】 预计东方机械公司某产品的销售量在 11 000~16 000 件之间变动;销售单价为 200 元;单位变动成本为 92 元;固定成本为 900 000 元。

要求:根据上述资料以 1 000 件为销售量的间隔单位编制该产品的弹性利润预算。

解: 依题意编制的弹性利润预算如表 10-5 所示。

表 10-5 东方机械公司弹性利润预算 单位:元

销售量(件)	12 000	13 000	14 000	15 000	16 000
销售单价	200	200	200	200	200
单位变动成本	92	92	92	92	92
销售收入	2 400 000	2 600 000	2 800 000	3 000 000	3 200 000
减:变动成本	1 104 000	1 196 000	1 288 000	1 380 000	1 472 000
边际贡献	1 296 000	1 404 000	1 512 000	1 620 000	1 728 000
减:固定成本	900 000	900 000	900 000	900 000	900 000
营业利润	396 000	504 000	612 000	720 000	828 000

如果销售单价、单位变动成本、固定成本总额发生变动,也可参照此方法,分别编制不同销售单价、不同单位变动成本、不同固定成本总额水平下的弹性利润预算,从而形成一个完整的弹性利润预算体系。

因素法主要适用于单一品种经营或采用分算法处理固定成本的多品种经营的企业。

② 百分比法。它又称销售额百分比法,是指按不同销售额的百分比来编制弹性利润预算的方法。

一般来说,许多企业都经营多个品种,在实际工作中,分别按品种逐一编制弹性利润预算是不现实的,这就要求我们用一种综合的方法——销售额百分比法对全部经营商品或按商品大类编制弹性利润预算。

【例 10-4】 预计东方机械公司预算年度的销售量达到 100% 时的销售收入为 3 000 000 元,变动成本为 1 380 000 元,固定成本为 900 000 元。

要求:根据上述资料以 10% 的间隔为东方机械公司按销售额百分比法编制弹性利润预算表,如表 10-6 所示。

表 10-6　东方机械公司弹性利润预算　　　　　　单位:元

销售额百分比	70%	80%	90%	100%	110%
销售收入	2 100 000	2 400 000	2 700 000	3 000 000	3 300 000
变动成本	966 000	1 104 000	1 242 000	1 380 000	1 518 000
边际贡献	1 134 000	1 296 000	1 458 000	1 620 000	1 782 000
固定成本	900 000	900 000	900 000	900 000	900 000
营业利润	234 000	396 000	558 000	720 000	882 000

应用百分比法的前提条件是销售收入必须在相关范围内变动,即销售收入的变化不会影响企业的成本水平(单位变动成本和固定成本总额)。此法适用于多品种经营的企业。

二、增量预算与零基预算

编制预算的方法按其出发点的特征不同,可分为增量预算与零基预算两大类。

（一）增量预算

1. 增量预算的含义

增量预算,又称调整预算,是指以基期成本费用水平为基础,结合预算期业务量水平及有关影响成本费用因素的未来变动情况,通过调整原有费用项目而编制预算的一种方法。

传统的预算编制方法基本上采用的是增量预算方法,即以基期的实际预算为基础,对预算值进行增减调整。这种预算方法比较简便。

2. 增量预算的假定

（1）现有的业务活动是企业所必需的。只有保留企业现有的每项业务活动,才能使企业的经营过程得到正常发展。

（2）原有的各项开支都是合理的。既然现有的业务活动是必需的,那么原有的各项费用开支就一定是合理的,必须予以保留。

（3）增加费用预算是值得的,未来预算期的费用变动是在现有费用的基础上调整的结果。

3. 增量预算的优缺点

应当说,增量预算与固定预算相比还是有一定进步的,特别对于与业务量稳步提升有一定依存关系的变动成本费用来说,更是如此。但是,增量预算是以过去的经验为基础,实际是承认过去所发生的一切都是合理的,主张无须在预算内容上做较大改进,而是因循沿袭以前的预算项目。这种方法的主要缺点是:

（1）受原有费用项目限制,可能导致保护落后。由于按这种方法编制预算,往往不加分析地保留或接受原有的成本费用项目,可能使原来不合理的成本费用开支继续存在下去,形成不必要开支的合理化,造成预算上的浪费。

（2）滋长预算中的"平均主义"与"简单化"。采用此法,容易鼓励预算编制人员凭主观臆断按成本费用项目平均削减预算或只增不减,不利于调动各部门降低成本费用的积极性。

（3）不利于企业未来的发展。按照这种方法编制的成本费用预算,只对目前存在的成本费用项目编制预算;而那些对企业未来发展有利确实需要开支的成本费用项目却未予考虑,必将对企业一些有价值的改革创新思想的运用产生不利影响,阻碍企业的长远发展。

（二）零基预算

1. 零基预算的含义

零基预算，又称零底预算，是指在编制成本费用预算时不考虑以往会计期间所发生的成本费用项目或成本费用数额，而是将所有的预算支出均以零为出发点，一切从实际需要与可能出发，逐项审议预算期内各项成本费用的内容及开支标准是否合理，在综合平衡的基础上编制成本费用预算的一种方法。

零基预算方法是为克服增量预算方法的不足而设计的，它是由美国德州仪器公司彼得·派尔在 20 世纪 40 年代提出来的，现已被西方国家广泛采用，作为管理间接费用的有效方法。

零基预算方法打破了传统的编制预算观念，不再以历史资料为基础进行调整，而是一切以零为基础。编制预算时，首先要确定各个费用项目是否应该存在，然后按项目的轻重缓急，安排企业的费用预算。

2. 零基预算的编制程序

（1）动员与讨论。即动员企业内部所有部门，在充分讨论的基础上提出本部门在预算期内应当发生的费用项目，并确定其预算数额，而不考虑这些费用项目以往是否发生以及发生额多少。

（2）进行成本和效益分析，划分不可避免项目和可避免项目。不可避免项目是指在预算期内必须发生的项目，可避免项目则是指在预算期内通过采取措施可以不发生的费用项目。在预算编制过程中，对不可避免项目必须保证资金供应；对可避免项目则需要逐项进行成本—效益分析，按照各项目开支必要性的大小确定各项费用预算的优先顺序。

（3）划分不可延缓项目与可延缓项目，决定预算项目资金分配方案。即将纳入预算的各项费用进一步划分为不可延缓项目与可延缓项目，前者是指必须在预算期内足额支付的费用项目，后者是指可以在预算期内部分支付或延缓支付的费用项目。在预算编制过程中，必须根据预算期内可供支配资金数额在各费用项目之间进行分配，应优先保证满足不可延缓项目的开支。然后再根据需要与可能，按照项目的轻重缓急确定可延缓项目的开支标准。

（4）编制明细费用预算。企业各部门各单位预算经协调后具体规定有关指标，逐项下达费用预算。

3. 零基预算编制举例

【例 10 - 5】　东方机械公司采用零基预算编制 2020 年销售及管理费用预算。第一步，由销售及管理部门的全体职工，根据预算期全公司的总目标和本部门的具体目标，进行反复讨论，提出预算期可能发生的一些费用项目及金额，如表 10 - 7 所示。

表 10 - 7　东方机械公司 2020 年可能发生的费用项目及金额　　　　单位：元

项　目	金　额	项　目	金　额
广告费	250 000	业务招待费	150 000
差旅费	170 000	房屋租金	90 000
培训费	120 000	办公费	121 000

第二步，将广告费与培训费根据历史资料进行"成本—效益"分析，做出评价。其结果如下，广告费：投入成本 1 元，可获收益 10 元；培训费：投入成本 1 元，可获收益 5 元。房屋租金不能缩减。差旅费、业务招待费和办公费经进一步讨论，可分别缩减 5 000 元、20 000 元和

6 000元。以上四项费用,经研究列入不可避免和不可延缓成本费用项目,应按缩减后的数额全额保证。

第三步,假定东方机械公司在预算期内可用于销售及管理费用的资金为800 000元,则该部门分配资金时首先满足差旅费、业务招待费、房屋租金、办公费等四项不可避免和不可延缓成本费用项目支出,共计500 000元(=165 000+130 000+90 000+115 000),剩余300 000元(=800 000-500 000),按其收益大小在广告费与培训费之间进行分配。

$$费用分配率=300\,000\div(10+5)=20\,000$$

$$广告费项目可分配的资金=10\times20\,000=200\,000(元)$$

$$培训费项目可分配的资金=5\times20\,000=100\,000(元)$$

第四步,编制零基预算表,如表10-8所示。

表10-8 东方机械公司2020年销售及管理费用零基预算 单位:元

项 目	房屋租金	办公费	差旅费	招待费	广告费	培训费	合 计
预算额	90 000	115 000	165 000	130 000	200 000	100 000	800 000

4. 零基预算的优缺点及适用范围

零基预算具有以下的优点:

(1) 不受现有费用项目与开支水平的限制。此法可以促使企业合理有效地进行资源分配,将有限的资金用在刀刃上。

(2) 能够调动企业各级各部门降低成本、节约费用的积极性。此法可以充分发挥各级管理人员的积极性、主动性与创造性,促进各预算部门精打细算,量力而行,合理使用资金,提高资金的利用效果。

(3) 有助于企业未来发展。由于此法以零为出发点,对一切费用一视同仁,有利于企业面向未来发展考虑问题。

零基预算的缺点在于一切费用从零出发,需要对企业现状和市场进行大量的调查研究,对现有资金使用效果与投入产出关系进行定量分析等,这势必耗费大量的人力、物力和财力,带来浩繁的预算工作量。

零基预算法特别适用于产出较难辨认的服务性部门费用预算的编制。

三、定期预算与滚动预算

编制预算的方法按其预算期的时间特征不同,可分为定期预算与滚动预算两大类。

(一) 定期预算

1. 定期预算的含义

定期预算是指在编制预算时以不变的会计期间(如日历年度)作为预算期的一种编制预算的方法。

2. 定期预算的优缺点

定期预算的唯一优点是能够使预算期间与会计年度相匹配,便于考核和评价预算的执行结果。其缺点主要有以下三点:

（1）远期指导性差。由于定期预算往往是在年初甚至上年第四季度编制的,对于整个预算年度的生产经营活动很难做出准确的预算,尤其是对预算后期的预算只能进行笼统地估算,数据笼统含糊,缺乏远期指导性,给预算的执行带来很多困难,不利于对生产经营活动进行考核与评价。

（2）灵活性差。由于定期预算不能随情况的变化及时调整,当预算中所规定的各种经营活动在预算期内发生重大变化时（如预算期临时中途转产）,就会造成预算滞后过时,使之成为虚假预算。

（3）连续性差。由于受预算期间的限制,致使经营管理者的决策视野局限于本期规划的经营活动,不能适应连续不断的经营过程,从而不利于企业的长远发展。

（二）滚动预算

1. 滚动预算的含义

滚动预算,又称连续预算或永续预算,是指在编制预算时,将预算期与会计年度脱离,随着预算的执行不断延伸补充预算,逐期向后滚动,使预算期永远保持为一个固定期间的一种编制预算的方法。

2. 滚动预算的方式及其特征

滚动预算按其预算编制和滚动的时间单位不同,可分为逐月滚动、逐季滚动和混合滚动三种方式。

（1）逐月滚动。

逐月滚动是指在预算编制过程中,以月份为预算的编制和滚动单位,每个月调整一次预算的方法。

如在 2020 年 1 月至 12 月的预算执行过程中,需要在 1 月末根据当月预算的执行情况,修订 2 月至 12 月的预算,同时补充下一年 2021 年 1 月份的预算;到 2 月末根据当月预算的执行情况,修订 3 月至 2021 年 1 月份的预算,同时补充 2021 年 2 月份的预算……依此类推。

逐月滚动预算示意图如图 10 - 2 所示。

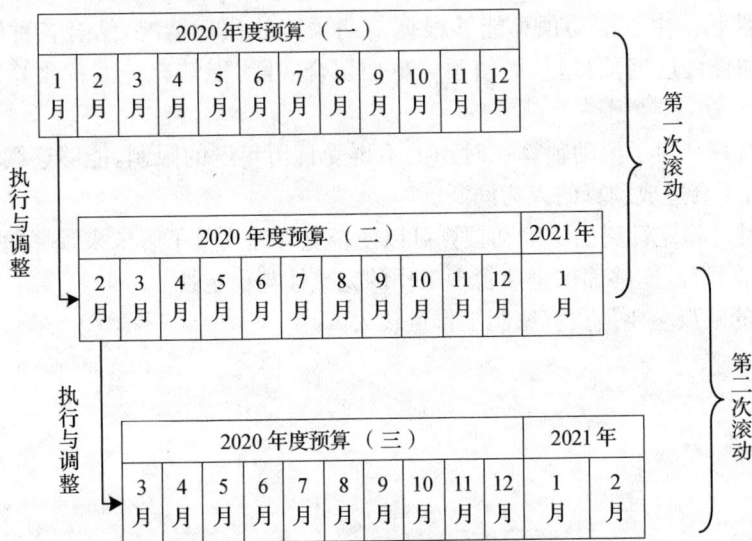

图 10 - 2 逐月滚动预算示意图

（2）逐季滚动。

逐季滚动是指在预算编制过程中，以季度为预算的编制和滚动单位，每个季度调整一次预算的方法。

如在 2020 年第 1 季度至第 4 季度的预算执行过程中，需要在第 1 季度末根据当季预算的执行情况，修订第 2 季度至第 4 季度的预算，同时补充 2021 年第 1 季度的预算；第 2 季度末根据当季预算的执行情况，修订第 3 季度至 2021 年第 1 季度的预算，同时补充 2021 年第 2 季度的预算……依此类推。

逐季滚动编制的预算比逐月滚动的工作量小，但预算精确度较差。

（3）混合滚动。

混合滚动是指在预算编制过程中，同时使用月份和季度作为预算的编制和滚动单位的方法，它是滚动预算的一种变通方式。

此法的理论依据是，人们对未来的把握程度不同，对近期的预计把握较大，对远期的预计把握较小的特征。为了做到长计划短安排，远略近详，在预算编制过程中，可以对近期预算提出较高的精度要求，使预算的内容相对详细；对远期预算提出较低的精度要求，使预算的内容相对简单，这样可以减少预算工作量。

如对 2020 年 1 月份至 3 月份的头三个月逐月编制详细预算，其余 4 月份至 12 月份分别按季度编制粗略预算；3 月末根据第 1 季度预算的执行情况，编制 4 月份至 6 月份的详细预算，并修订第 3 至第 4 季度的预算，同时补充 2021 年第 1 季度的预算……依此类推。混合滚动预算示意图如图 10-3 所示。

在实际工作中，采用哪一种滚动预算方式应视企业的实际需要而定。

3. 滚动预算的优缺点

与传统的定期预算方法相比，按滚动预算方法编制的预算具有以下优点：

（1）透明度高。由于编制预算不再是预算年度开始之前几个月的事情，而是实现了与日常管理的紧密衔接，可以使管理人员始终能够从动态的角度把握住企业近期的规划目标和远期的战略布局，使预算具有较高的透明度。

（2）及时性强。由于滚动预算能够根据前期预算的执行情况，结合各种因素的变动影响，及时调整和修订近期预算，从而使预算更加切合实际，能够充分发挥预算的指导和控制作用。

（3）连续性好。由于滚动预算在时间上不再受日历年度的限制，能够连续不断地规划未来的经营活动，不会造成预算的人为间断。

（4）完整性和稳定性突出。滚动预算可以使企业管理人员了解未来预算期内企业的总体规划与近期预算目标，能够确保企业管理工作的完整性与稳定性。

滚动预算的缺点主要是预算编制工作量较大。

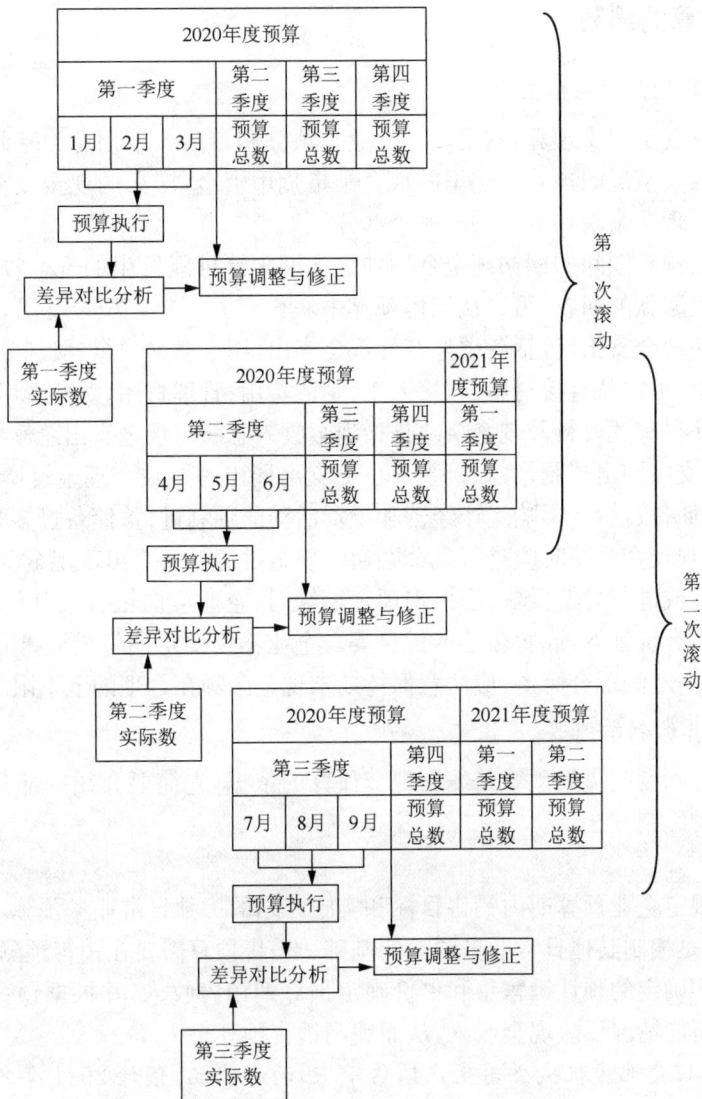

图 10-3 混合滚动预算示意图

第三节 财务预算的编制

  企业编制预算期间,往往因预算种类的不同而各有所异。一般来说,在年度预算下面,日常业务预算与一次性专门业务预算应按季分月编制;资本支出预算应首先按每一投资项目分别编制,并在各项目的寿命周期内分年度安排,然后在编制整个企业计划年度财务预算时,再把属于该计划年度的资本支出预算进一步细分为按季或按月编制的预算;现金预算应根据企业的具体需要按月、按周、按天编制。下面系统介绍财务预算的编制方法。为了与会计年度相匹配,本节所列举的例题中,各种日常业务预算、专门决策预算与财务预算的编制期间均以一年为期,并采用预算数值相对稳定不变的固定预算法来编制各种预算。

一、现金预算的编制

（一）现金预算的概念与依据

现金预算亦称现金收支预算，它是以日常业务预算和专门决策预算为基础编制的反映企业预算期间现金收支情况的预算。这里的现金是指货币资金，广义的现金收支预算要反映现金收入、现金支出、现金余缺和现金融通四个部分。

现金收入包括预算期间的期初现金余额加上本期预计可能发生的现金收入，其主要来源是销售收入和应收账款的回收，可以从销售预算中获得有关资料。现金支出是指预算期间预计可能发生的一切现金支出，包括各项经营性现金支出，用于缴纳税金、股利分配的支出，购买设备等资本性支出，可以从直接材料、直接人工、制造费用、管理费用、财务费用、销售费用及专门决策预算等中获得有关资料。现金余缺是指现金收入总额与现金支出总额相抵所出现的差额，如果收入大于支出即出现剩余；如果收入小于支出即出现短缺。现金资产具有流动性强、收益性差的特点，储备过少会影响生产经营和投资活动的顺利进行；储备过多又会降低资金利用效果，因此当出现现金余缺时应进行现金融通。现金融通是指当出现现金剩余时，企业可将它归还以前的借款或进行短期投资；当出现现金短缺时，企业应向银行或其他单位借款，发行债券、股票，或抛售有价证券，或暂缓还本付息等。企业不仅要定期筹措到抵补收支差额的现金，还必须保证有一定的现金储备，应注意保持期末现金余额在合理的上下限度内波动。

（二）现金预算编制举例

日常业务预算和专门决策预算是编制现金预算的依据，先简要介绍一部分日常业务预算和专门决策预算的编制方法。

1. 销售预算

销售预算是规定企业预算期内销售目标和实施计划的一种日常业务预算。它是编制企业预算的出发点，也是编制其他日常业务预算的基础。销售预算需要在销售预测的基础上，根据企业年度目标利润确定的预计销售量和单价确定预算期销售收入，并根据预算期现金收入与回收赊销货款的可能情况反映现金收入，从而编制销售预算。

【例 10-6】 假定北方机械公司生产销售甲、乙两种产品，预计 2021 年各种产品的销售量及单价资料如表 10-9 所示。该公司适用的增值税税率为 13%。预算期初应收账款余额为 2 500 万元，预算期可收回 60%。预算期销售情况为现销占 80%，赊销占 20%。现编制北方机械公司销售预算，如表 10-9 所示。

表 10-9　北方机械公司销售预算　　　　　　　2021 年度　单位：万元

产品名称	全年合计		
	预计销售量	预计单价	预计销售收入
甲	800(台)	7.5	6 000
乙	400(台)	9	3 600
合计			9 600
① 增值税销项税额			1 248

② 回收前期应收账款	1 500
③ 预算期现销收入	7 680
④ 现金收入合计	10 428

表 10-9 中：① ＝9 600×13％＝1 248（万元）
　　　　　　② ＝2 500×60％＝1 500（万元）
　　　　　　③ ＝9 600×80％＝7 680（万元）
　　　　　　④ ＝①＋②＋③

2. 生产预算

生产预算是规定企业预算期内有关产品生产数量及品种结构的一种业务预算。该预算是所有日常业务预算中唯一只使用实物量计量单位的预算,可以为进一步编制有关成本和费用预算提供实物量数据。

生产预算需要根据销售预算所预计的销售量按产品品种分别编制。由于企业的生产和销售不能做到"同步同量",必须设置一定的存货,以保证均衡生产。因此,预算期间除必须备有充足的产品以供销售外,还应考虑预计期初存货与预计期末存货等因素。它们之间的数量关系如下：

预计生产量＝预计销售量＋预计期末存货量－预计期初存货量

上式中的预计销售量可从销售预算中找到;预计期初存货量可从上期期末相关账户中找到(如在上年 12 月份编制预算,则可根据 11 月末的实际存货,再预计 12 月份的生产和销售情况加以确定);预计期末存货量可根据长期销售趋势来确定。在实践中,一般是按事先估计的期末存货量占下期销售量的比例进行估算。

在编制预算时,应注意保持生产量、销售量、存货量之间合理的比例关系,以避免储备不足、产销脱节或超储积压等。

【例 10-7】　假定北方机械公司 2020 年年末甲、乙产品实际库存分别为 80 台和 40 台,预计 2021 年甲、乙产品的销售量分别为 1 000 台和 600 台,年末存货量按下一年预计销售量的 10％估计。根据上述有关资料编制北方机械公司的生产预算,如表 10-10 所示。

表 10-10　北方机械公司生产预算　　　　2021 年度　单位：台

项　目	甲产品	乙产品
预计销售量	800	400
加：预计期末存货	100	60
减：预计期初存货	80	40
预计生产量	820	420

3. 直接材料消耗及采购预算

直接材料消耗及采购预算是规定企业预算期内因组织生产经营活动和材料采购活动预计发生的直接材料消耗量、材料采购数量及其成本而编制的一种业务预算。本预算以生产预算、材料消耗定额和预计材料采购单价等信息为基础,并考虑期初、期末材料存货水平,根据预算期现购材料支出与偿还前期所欠材料款的可能情况反映现金支出。

直接材料消耗及采购预算包括材料消耗量预算与材料采购预算两个部分,其编制程序如下:

(1) 按每种产品分别计算各种材料的消耗量,计算公式为:

某产品消耗某种材料数量=该种产品预计生产量×该种产品耗用该种材料消耗定额

(2) 将各种产品消耗某种材料数量加总,求得该种材料总消耗量。

(3) 计算某种材料预计采购数量,计算公式为:

$$某种材料预计采购量=该种材料预计消耗量+该种材料预计期末存货量$$
$$-该种材料预计期初存货量$$

(4) 计算某种材料预计采购成本,计算公式为:

$$某种材料预计采购成本=该种材料预计采购量×该种材料预计单价$$

(5) 计算在预算期内发生的与直接材料采购总成本相关的增值税进项税额和采购总金额,计算公式为:

$$预算期增值税的进项税额=预算期材料采购总成本×该期适用的增值税税率$$

$$预算期预计采购总金额=预算期材料采购总成本+预算期增值税的进项税额$$

(6) 计算预算期应支付现金的材料价款,计算公式为:

$$预算期应付采购材料现金支出=预算期材料采购总金额×该期预计付现率$$
$$+预算期初应付账款×期初应付账款支付率$$

(7) 还可计算企业预算期末应付账款余额,为编制预计资产负债表做准备,计算公式为:

$$预算期末应付账款余额=预算期初应付账款余额+预算期预计采购金额$$
$$-预算期预计采购现金支出$$

【例 10-8】 假定北方机械公司 2020 年年末 A 材料结存 10 万公斤,不含税单价 20 元;B 材料结存 13 万公斤,不含税单价 15 元,均为全额赊购材料。该公司适用的增值税税率为 13%。预计 2021 年支付应付账款年初余额的 60%。甲产品每台耗用 A 材料 400 公斤,B 材料 500 公斤;乙产品每台耗用 A 材料 600 公斤,B 材料 800 公斤。为满足下一年度生产需要,2021 年末预计 A 材料结存 12 万公斤,B 材料结存 15 万公斤,预计 2021 年 A、B 材料供求平衡,价格与上年持平。预算期材料采购货款的 70% 在本年内支付,其余 30% 在下一年度支付。现编制北方机械公司直接材料消耗及采购预算,如表 10-11 所示。

表 10-11 北方机械公司直接材料消耗及采购预算   2021 年度

项　目	全年合计	
	甲产品	乙产品
预计生产量(台)(表 10-9)	820	420
单位产品 A 材料消耗定额(公斤)	400	600
预计 A 材料消耗量(公斤)	328 000	252 000

项　目	全年合计	
	甲产品	乙产品
单位产品 B 材料消耗定额(公斤)	500	800
预计 B 材料消耗量(公斤)	410 000	336 000
预计 A 材料总消耗量(公斤)	580 000	
预计 B 材料总消耗量(公斤)	746 000	
加:预计期末 A 材料存量(公斤)	120 000	
加:预计期末 B 材料存量(公斤)	150 000	
减:预计期初 A 材料存量(公斤)	100 000	
减:预计期初 B 材料存量(公斤)	130 000	
预计 A 材料总采购量(公斤)	600 000	
预计 B 材料总采购量(公斤)	766 000	
A 材料单价(元)	20	
B 材料单价(元)	15	
预计 A 材料采购成本(元)	12 000 000	
预计 B 材料采购成本(元)	11 490 000	
① 预计材料采购总成本(元)	23 490 000	
② 预计应付增值税进项税额(元)	3 053 700	
③ 预计材料采购总金额(元)	26 543 700	
④ 偿还前期所欠材料款(元)	2 370 000	
⑤ 预算期现购材料支出	18 580 590	
⑥ 现金支出合计(元)	20 950 590	

表 10-11 中:② = ① × 13%

③ = ① + ②

④ = (100 000 × 20 + 130 000 × 15) × 60%

⑤ = ③ × 70%

⑥ = ④ + ⑤

4. 直接人工预算

直接人工预算是反映预算期内人工工时消耗水平、规定人工成本开支数额的一种业务预算。直接人工成本包括直接工资和按直接工资的一定比例计算的其他直接支出(应付福利费)。

编制直接人工预算的主要依据是已知的标准工资率、标准单位直接人工工时、其他直接支出计提标准和生产预算中的预计生产量等资料。

直接人工预算的编制程序如下:

(1) 计算预算期各种产品直接人工工时总数,计算公式为:

$$某种产品预计直接人工总工时=该种产品预计生产量 \times 该单位产品工时定额$$

(2) 计算预算期各种产品直接工资,计算公式为:

$$某种产品预计直接工资=该种产品预计直接人工总工时 \times 该产品单位工时工资率$$

(3) 计算预算期各种产品其他直接工资支出,计算公式为:

$$某种产品预计其他直接支出=该种产品预计直接工资成本 \times 其他直接支出提取百分比$$

(4) 计算预算期各种产品直接工资成本,计算公式为:

$$某种产品预计直接工资成本=该种产品预计直接工资+该种产品预计其他直接支出$$

【例 10 - 9】 假定已知北方机械公司有关工时定额、小时工资率等资料,应付福利费按工资的 14% 提取。现编制北方机械公司直接人工预算如表 10 - 12 所示。

表 10 - 12 北方机械公司直接人工预算 2021 年度

项　　目	全年合计	
	甲产品	乙产品
预计生产量(台)(表 10 - 9)	820	420
单位产品直接人工工时(小时)	460	500
预计直接人工总工时(小时)	377 200	210 000
预计直接人工工时合计数(小时)(甲+乙)	587 200	
小时工资率(元/小时)	18	
预计直接人工工资(元)	10 569 600	
预计其他直接支出(元)	1 479 744	
预计直接人工成本总额	12 049 344	

5. 制造费用预算

制造费用预算是规定企业预算期内为完成生产预算所规定的业务量所需的预期制造费用数额的一种日常业务预算。编制此预算时,应将制造费用按成本性态分为变动制造费用与固定制造费用两部分。变动制造费用根据预计的生产量(或直接人工工时)乘以变动制造费用预算分配率进行预计,变动制造费用预算分配率的计算公式为:

$$变动制造费用预算分配率=\frac{变动制造费用总额}{相关分配标准预算数}$$

固定制造费用可在上年实际开支的基础上,根据预算期的变动情况加以适当修正进行预计。

制造费用预算也应包括一个预算现金支出部分,以便为编制现金预算提供必要的资料。由于固定资产折旧费是非付现费用项目,在计算时应予剔除。

【**例 10 - 10**】　假定北方机械公司 2020 年制造费用总额为 24 662 400 元,其中固定制造费用 12 918 400 元,变动制造费用 11 744 000 元。预计 2021 年产量(假定劳动生产率不变,直接工时与产量同幅度变动)将比上年增长 15%。上年固定制造费用中,修理费为 1 550 208 元,折旧费为 5 167 360 元,管理人员工资为 3 875 520 元,保险费为 1 291 840 元,财产税为 645 920 元,其他固定制造费用为 387 552 元。上年变动制造费用中,间接材料为 4 110 400 元,间接人工为 2 348 800 元,水电费为 3 523 200 元,修理费为 1 174 400 元,其他变动制造费用为 587 200 元。现编制北方机械公司制造费用预算如表 10 - 13 所示。

表 10 - 13　北方机械公司制造费用预算　　　　　　　　　　2021 年度　单位:元

变动制造费用	甲产品	乙产品	合　计
间接材料	3 036 457	1 690 503	4 726 960
间接人工	1 735 118	966 002	2 701 120
水电费	2 263 198	1 788 482	4 051 680
修理费	867 559	483 001	1 350 560
其他	433 780	241 500	675 280
小计	8 336 112	5 169 488	13 505 600
直接人工总工时(小时)	433 780	241 500	675 280
变动费用分配率(元/小时)		20	
固定制造费用	甲产品	乙产品	合　计
修理费	995 807	554 401	1 550 208
折旧费	3 319 357	1 848 003	5 167 360
管理人员工资	2 489 518	1 386 002	3 875 520
保险费	829 839	462 001	1 291 840
财产税	414 920	231 000	645 920
其他	248 952	138 600	387 552
小计	8 298 393	4 620 007	12 918 400
固定费用分配率(元/小时)		22	
制造费用合计		26 424 000	
减:折旧费		5 167 360	
现金支出的制造费用		21 256 640	

6. 产品成本预算

产品成本预算是指为规划企业预算期内每种产品的单位产品成本、生产总成本、销售总成本等几项内容而编制的一种日常业务预算。

编制本预算时,单位产品成本的有关数据来自直接材料消耗及采购预算、直接人工预算和制造费用预算,产品生产量、期末存货量的有关数据来自生产预算,产品销售量数据来自销售预算。

【例 10-11】 假定期末在产品的平均完工程度为50%，原材料于投产时一次投入。根据前述有关资料，编制北方机械公司甲、乙产品生产成本预算如表10-14、表10-15所示。

表 10-14　北方机械公司甲产品生产成本预算　2021年度　单位：元

成本项目	单耗	单价	单位成本	生产成本(820台)	期末存货成本(100台)	销售成本(800台)
直接材料 A	400	20	8 000	6 560 000	800 000	6 400 000
直接材料 B	500	15	7 500	6 150 000	750 000	6 000 000
直接材料小计			15 500	12 710 000	1 550 000	12 400 000
直接人工	460	20.52	9 439.2	7 740 144	471 960	7 551 360
变动制造费用	508.3	20	10 166	8 336 112	508 300	8 132 800
固定制造费用	460	22	10 120	8 298 393	506 000	8 096 000
合计			45 225.18	37 084 649	3 036 260	36 180 160

表 10-15　北方机械公司乙产品生产成本预算　2021年度　单位：元

成本项目	单耗	单价	单位成本	生产成本(420台)	期末存货成本(60台)	销售成本(400台)
直接材料 A	600	20	12 000	5 040 000	720 000	4 800 000
直接材料 B	800	15	12 000	5 040 000	720 000	4 800 000
直接材料小计			24 000	10 080 000	1 440 000	9 600 000
直接人工	500	20.52	10 260	4 309 200	307 800	4 104 000
变动制造费用	615.4	20	12 308.3	5 169 488	369 249	4 923 320
固定制造费用	500	22	11 000	4 620 007	330 000	4 400 000
合计			57 568.32	24 178 695	2 447 049	23 027 320

7. 销售费用预算

销售费用预算是为规划企业预算期内在销售阶段组织产品销售预计发生的各项费用而编制的一种日常业务预算。

销售费用预算的编制方法与制造费用预算的编制方法非常相似，可以将其划分为变动性与固定性两部分费用，分别编制，然后加总。

【例 10-12】 假定北方机械公司规定销售人员每销售一台甲、乙产品可分别获提成2 400元和3 000元。每销售一台甲、乙产品的运杂费分别为500元和600元。其他销售费用为固定性费用，按上年实际发生数计算。上年实际发生的固定销售费用数额分别为：销售部门管理人员工资800 000元、销售部门办公费150 000元、广告宣传费1 800 000元、保险费400 000元、销售部门折旧费350 000元、其他销售费用100 000元。现编制北方机械公司销售费用预算如表10-16所示。

表 10-16　北方机械公司销售费用预算　2021年度　单位:元

变动性销售费用			固定性销售费用	
项目	单位产品费用额		项目	全年费用额
			管理人员工资	800 000
			办公费	150 000
	甲产品	乙产品	广告宣传费	1 800 000
销售提成	2 400	3 000	折旧费	350 000
运杂费	500	600	保险费	400 000
小计	2 900	3 600	其他销售费用	100 000
固定性销售费用小计				3 600 000
变动性销售费用小计(800×2 900+3 600×400)				3 760 000
销售费用合计				7 360 000
减:折旧费				350 000
现金支出的销售费用				7 010 000

8. 管理费用预算

管理费用预算是为规划企业预算期内因管理企业预计发生的各项行政管理费用数额的一种日常业务预算。本预算的编制可采取以下两种方法:一是按项目反映全年预计水平,这是因为管理费用大多为固定费用;二是类似于制造费用预算或销售费用预算的编制方法,即将管理费用划分为变动性与固定性两部分费用,分别编制,然后加总。本书采用第一种方法。

【例 10-13】 上年北方机械公司实际发生的管理费用总额为 87 000 000 元,其中公司经费 1 500 000 元、工会经费 600 000 元、办公费 1 000 000 元、差旅费 800 000 元、折旧费 900 000 元、无形资产摊销 200 000 元、保险费 500 000 元、管理人员工资 2 500 000 元、劳动保护费 250 000 元、其他管理费用 450 000 元。

表 10-17　北方机械公司管理费用预算　2021年度　单位:元

费用项目	金　额
1. 公司经费	1 500 000
2. 工会经费	600 000
3. 办公费	1 000 000
4. 差旅费	800 000
5. 折旧费	900 000
6. 无形资产摊销	200 000
7. 保险费	500 000
8. 管理人员工资	2 500 000
9. 劳动保护费	250 000

续　表

费用项目	金　额
10. 其他管理费用	450 000
合计	8 700 000
减：折旧费	900 000
无形资产摊销	200 000
现金支出的管理费用	7 600 000

9. 应交税费预算

应交税费包括增值税、消费税、企业所得税、资源税、土地增值税、城市维护建设税、房产税、城镇土地使用税、车船税、教育费附加等。其中印花税、房产税、城镇土地使用税、车船税计入管理费用预算。

假定北方机械公司预算期应交的销售环节的税费只有增值税、城市维护建设税与教育费附加三种。其税率与提取率分别为 13%、7% 与 3%。根据前述销售预算与材料采购预算资料，编制北方机械公司应交税费预算如表 10-18 所示。

表 10-18　北方机械公司应交税费预算　　　　2021 年度　单位：元

项　目	金　额
增值税销项税额(96 000 000×13%)	12 480 000
增值税进项税额(23 490 000×13%)	3 053 700
应交增值税	9 426 300
应交城市维护建设税(9 426 300×7%)	659 841
应交教育费附加(9 426 300×3%)	282 789
现金缴纳税金合计	10 368 930

10. 资本支出预算

资本支出预算是公司不经常发生的资本投资性业务的预算，如公司固定资产的购置、扩建、改建、更新等。它们都必须在投资项目可行性研究的基础上进行，具体反映投资的时间、规模、收益以及资金的筹措方式等，包括固定资产投资预算和未完工项目进展投资预算。

资本支出预算是与项目投资决策密切相关的专门决策预算。它主要根据经过审核批准的各个长期投资决策项目编制，并且需详细列出该项目在寿命周期内各个年度的现金流出量与现金流入量的明细资料。

【例 10-14】　北方机械公司经市场调查后认为本公司产品还有很大的发展潜力，决定预算期增加一条生产线，使产品产量在预算期基础上增加 30%。预计共需投资 5 千万元，建设期一年。资金来源分为投资者投入 2 千万元；向银行借入 5 年期长期借款 3 千万元，年利率为 9%。

11. 财务费用预算

财务费用预算是反映预算期内因筹措和使用资金而发生财务费用的一种日常业务预算。

【例 10-15】　北方机械公司上年末 3 年期长期借款余额 2 千万元，本年末到期，借款年利率为 8%，该借款分年付息，本金到期一次偿还；长期债券余额 1 千万元，年利率为 10%，年末到期本息一并偿还；上年末短期借款余额 2 千万元，年初借入短期借款 3 千万元，期限 1 年，年末一并还本付息，短期借款年利率为 2.4%；全年存款利息预计 50 万元。现根据上述资料与资本支出预算编制北方机械公司财务费用预算如表 10-19 所示。

表 10-19　北方机械公司财务费用预算　　　　　　　　　　2021 年度　单位：元

项　　目	金　　额
应计并支付短期借款利息(50 000 000×2.4%)	1 200 000
应计并支付长期借款利息(20 000 000×8%＋30 000 000×9%)	4 300 000
应计并支付长期债券利息(10 000 000×10%)	1 000 000
支付利息合计	6 500 000
减：资本化利息	2 700 000
银行存款利息	500 000
预计财务费用	3 300 000

12. 现金预算

现金预算根据前述各种预算中的现金收入与现金支出的资料编制，"年初现金余额"资料由上年末资产负债表提供。

【例 10-16】 假定北方机械公司上年末现金余额为 2 000 万元，根据上述资料编制北方机械公司现金预算如表 10-20 所示。

表 10-20　北方机械公司现金预算　　　　　　　　　　2021 年度　单位：元

项　　目	金　　额
年初现金余额	20 000 000
预算期现金收入(表 10-9)	104 280 000
可供使用的现金	124 280 000
预算期现金支出额	
其中：直接材料(表 10-11)	20 950 590
直接人工(表 10-12)	12 049 344
制造费用(表 10-13)	21 256 640
销售费用(表 10-16)	7 010 000
管理费用(表 10-17)	7 600 000
销售税金及附加(表 10-18)	10 368 930
预计所得税(表 10-22)	1 765 897.5
向投资者分配利润(例 10-17)	953 584.65
扩建生产线(例 10-14)	50 000 000
现金支出合计	131 954 986.15

续 表

项 目	金 额
现金余缺	−7 674 986.15
加:投资者投入	20 000 000
向银行借款(例10−18,例10−19)	60 000 000
银行存款利息	500 000
减:偿还债券本金	10 000 000
归还银行借款本金	50 000 000
支付债券利息	1 000 000
支付银行借款利息	5 500 000
年末现金余额	6 325 013.85

二、预计财务报表的编制

预计财务报表亦称为企业总预算,是企业财务管理的重要工具,是控制企业预算期内资金、成本与利润总量的重要手段。它主要包括预计利润表、预计利润分配表以及预计资产负债表等。

(一)预计利润表与预计利润分配表

预计利润表亦称"利润预算",是以货币为计量单位,全面、综合地反映企业预算期内生产经营的财务情况和规定利润计划数额的一种预算,是控制企业生产经营活动与财务收支的主要依据。此预算是在汇总销售预算、产品成本预算、销售及管理费用预算、应交税费预算、财务费用预算、营业外收支预算等的基础上加以编制的,编制此预算的目的在于明确预算反映的利润水平。如果利润预算数额与最初编制预算时确定的目标利润存在较大的差距,就需要调整有关预算,设法达到目标利润,或者经企业领导同意后修改目标利润。

【例10−17】 假定北方机械公司预算期的所得税税率为25%,年初未分配利润为50万元,法定公积金提取率为10%,可供投资者分配的利润的20%以现金方式分给投资者。根据前述有关预算和相关资料编制预计利润表与预计利润分配表,如表10−21、表10−22所示。

表10−21 北方机械公司预计利润表 　　　　　2021年度 单位:元

项 目	金 额
销售收入(表10−9)	96 000 000
销售税金及附加(表10−18)	10 368 930
销售成本(表10−14、表10−15)	59 207 480
销售毛利	26 423 590
销售费用(表10−16)	7 360 000
管理费用(表10−17)	8 700 000
利息(表10−19)	3 300 000

续 表

项 目	金 额
利润总额	7 063 590
应交所得税(25%)	1 765 897.5
税后净利润	5 297 692.5

表 10-22　北方机械公司预计利润分配表　　2021年度 单位:元

项 目	金 额
年初未分配利润(表10-9)	500 000
加:本年实现净利润额	5 297 692.5
减:提取法定盈余公积	529 769.25
可供投资者分配利润	4 767 923.25
减:投资者分配利润	953 584.65
年末未分配利润	3 814 338.6

(二)预计资产负债表

预计资产负债表是以货币为计量单位反映企业预算期期末财务状况的总括性预算。它是利用基期期末资产负债表,根据预算期销售、生产、成本等日常业务预算与专门决策预算的有关数据加以分析、调整而编制的。编制此预算的目的,在于明确预算反映的财务状况的稳定性和流动性。如果通过预计资产负债表的分析,发现某些反映企业预算期偿债能力、资产营运能力、盈利能力的财务比率不佳,必要时可修改有关预算,以改善财务状况。

【例10-18】 依据北方机械公司上年末资产负债表的数据与上述预算期相关预算的数据,编制北方机械公司预计资产负债表,如表10-23所示。

表 10-23　北方机械公司预计资产负债表　　2021年度 单位:元

资 产	年初数	年末数	年末资料来源
流动资产			
货币资金	20 000 000	5 667 293.85	表10-20
应收账款	25 000 000	29 200 000	表10-9
存货	8 010 374	10 133 309	表10-14、15
流动资产合计	53 010 374	45 000 602.85	
固定资产			
固定资产原值	196 260 400	196 260 400	上年账簿资料
减:累计折旧	38 504 160	44 921 520	表10-13、16、17
固定资产净值	157 756 240	151 338 880	
在建工程	0	52 700 000	资本支出预算
固定资产合计	157 756 240	204 038 880	

资 产	年初数	年末数	年末资料来源
无形资产及其他长期资产			
无形资产	5 000 000	4 800 000	表 10－17
无形资产及其他长期资产合计	5 000 000	4 800 000	
长期资产合计	16 275 6240	208 838 880	
资产总计	215 766 614	253 839 482.85	
流动负债			
短期借款	20 000 000	20 000 000	上年账簿资料
未交所得税	500 000	1 765 897.5	表 10－20
应付账款	3 950 000	9 824 990	表 10－11
应付福利费	2 500 000	2 862 473.6	注⑥
应付股利	400 000	953 584.65	表 10－22
流动负债合计	27 350 000	35 406 945.75	
长期负债			
长期借款	20 000 000	30 000 000	资本支出预算
应付公司债	10 000 000	0	财务费用预算
长期负债合计	30 000 000	30 000 000	
负债合计	57 350 000	65 406 945.75	
所有者权益			
实收资本	120 000 000	140 000 000	资本支出预算
资本公积	36 900 000	43 071 815.25	假定差额为资本增值
盈余公积	1 016 614	1 546 383.25	表 10－22
未分配利润	500 000	3 814 338.6	表 10－22
所有者权益合计	158 416 614	188 432 537.1	
负债及所有者权益合计	215 766 614	253 839 482.85	

注：① 货币资产根据表 10－20 北方机械公司现金预算填列。

② 应收账款根据表 10－9 北方机械公司销售预算计算填列：

年初应收账款＝25 000 000(元)

年末应收账款＝25 000 000×40％＋96 000 000×20％＝29 200 000(元)

③ 年末存货根据表 10－11 北方机械公司材料消耗及采购预算与表 10－14、表 10－15 北方机械公司甲、乙产品生产成本预算计算填列：

年末存货＝120 000×20＋150 000×15＋3 036 260＋2 447 049＝10 133 309(元)

年初存货＝100 000×20＋130 000×15＋80×30 362.6＋40×40 784.15＝8 010 374(元)

④ 年末累计折旧＝38 504 160＋(5 167 360＋350 000＋900 000)

＝38 504 160＋6 417 360＝44 921 520(元)

⑤ 年末应付账款＝(100 000×20＋130 000×15)×40％＋27 483 300×30％

＝1580 000＋8 244 990＝9 824 990(元)

⑥ 年末应付福利费＝(10 569 600＋2 701 120＋3 875 520＋800 000＋2 500 000)×14％

＝20 446 240＝2 862 473.6(元)

复习思考题

【思考题】

1. 什么是财务预算? 编制财务预算有什么重要意义?
2. 全面预算包括哪些主要内容? 它们之间的关系怎样?
3. 什么是弹性预算? 为什么要编制弹性预算?
4. 什么是零基预算? 它具有哪些优点?
5. 什么是滚动预算? 它的特点是什么?

【练习题】

1. 假设某工厂基本生产车间本年正常生产能力为 20 000 直接人工小时,最大生产能力为 24 000 直接人工小时,其有关的制造费用成本性态资料如下表所示。

制造费用成本性态资料表　　　　　　　　　　　　单位:元

费用项目	固定成本	直接人工小时变动成本率
间接人工	10 000	1
水电费	8 000	0.5
维修费	22 000	1.2
折旧费	30 000	
检验费	6 000	2.1
物料费	4 000	0.2
合　计	80 000	5

要求: 根据上述资料,分别编制 16 000、18 000、20 000、22 000、24 000 直接人工小时的弹性预算。

2. 某公司采用零基预算编制 2021 年销售费用预算。第一步,由销售部门的全体职工,根据预算期全公司的总目标和本部门的具体目标,进行反复讨论,提出预算期可能发生的一些费用项目及金额,如下表所示。

销售部门 2021 年可能发生的费用项目及金额　　　　单位:元

项　目	金　额	项　目	金　额
广告费	1 000 000	业务接待费	600 000
差旅费	500 000	办公费	800 000
培训费	300 000	房屋租金	200 000

第二步,将广告费与培训费根据历史资料进行"成本—效益"分析,做出评价。其结果如下,广告费:投入成本 1 元,可获收益 8 元;培训费:投入成本 1 元,可获收益 4 元。房屋租金不

能缩减。差旅费、业务招待费和办公费经进一步讨论,可分别缩减 40 000 元、100 000 元和 60 000 元。以上四项费用,经研究列入不可避免和不可延缓成本费用项目,应按缩减后的数额全额保证。

第三步,假定本公司在预算期内可用于销售费用的资金为 3 100 000 元。

要求:根据上述资料,按收益大小将剩余资金在广告费与培训费之间进行分配,并编制销售费用零基预算。

3. 某公司 2021 年有关部门资料如下:

(1) 销售及收款情况:本公司本年生产销售甲、乙两种产品。预计本年的销售量分别为 50 000 件和 80 000 件,不含税销售单价分别为 1 000 元和 800 元,增值税税率为 13%。期初应收账款余额为 2 500 万元,预计预算期可收回 80%,预算期销售情况为 70%现销,30%赊销。

(2) 生产情况:上年末在产品结存数量分别为甲产品 3 000 件,乙产品 5 000 件;预计本年末在产品结存产品数量分别为甲产品 4 000 件,乙产品 6 000 件。假定原材料于生产开始时一次投入,期末在产品的加工程度为 50%。

(3) 材料采购及消耗情况:预计甲产品每件耗用 A 材料 50 公斤,B 材料 30 公斤;乙产品每件耗用 A 材料 40 公斤,B 材料 20 公斤;A、B 材料的不含税单价分别为 2 元和 3 元,增值税税率为 13%。上年末 A、B 材料的结存量分别为 400 000 公斤和 200 000 公斤。本年末预计 A、B 材料的结存量分别为 450 000 公斤和 250 000 公斤。上年末应付账款余额为 600 万元,预计预算期应付 70%,预算期购料付款情况为 60%现购,40%赊购。

(4) 直接人工情况:生产一件产品需用工时分别为甲产品 10 小时、乙产品 8 小时,每小时平均工资 15 元,应付福利费计提比例为 14%。

(5) 制造费用情况:上年制造费用为 1 100 万元,其中变动制造费用 500 万元,预计本年产量比上年增长 30%;固定制造费用 600 万元,其中折旧费 300 万元。

(6) 管理费用情况:上年管理费用为 1 500 万元,其中折旧费 200 万元。

(7) 销售费用情况:上年销售费用为 900 万元,其中变动销售费用 400 万元,预计本年销量比上年增长 30%。

(8) 销售税金情况:本公司本年应缴纳的销售税金为增值税 13%,城市维护建设税 7%,教育费附加 3%,每月税金于次月初缴纳。

(9) 上年末未分配利润为 50 万元,本公司适用的所得税税率为 25%,法定盈余公积金提取比例为 10%,向投资者分配利润的比例为可分配利润的 20%。

(10) 资金情况:上年末银行存款余额为 3 000 万元,长期借款余额 2 000 万元,年利率为 8%,本年末有 1 000 万元到期将归还。预计全年存款利息 20 万元,资金如有缺口将由短期借款解决,预计年利率为 5%。

要求:

(1) 根据上述资料,分别编制该公司 2021 年的销售预算、生产预算、材料采购及消耗预算、直接人工预算、制造费用预算、产品成本预算、管理费用预算、销售费用预算、应交税金及附加预算、现金预算。

(2) 根据上述资料,分别编制该公司 2021 年的预计利润表和预计利润分配表。

第十一章　财务分析

学习目标

　　财务分析是公司财务管理的最后一个环节,是对已经完成的财务活动的总结,也是财务预测的前提。本章讨论了财务分析的意义、目的以及财务分析程序、报告和局限性等一些基本问题,简略介绍了财务分析信息和财务分析方法,重点阐述了企业获利能力分析、偿债能力分析、营运能力分析、发展能力分析和综合财务分析等。

第一节　财务分析概述

一、财务分析的意义

　　财务分析是以会计核算和报表资料及其他相关资料为依据,采用一系列专门的分析技术和方法,对企业等经济组织过去和现在有关筹资活动、投资活动、经营活动、分配活动的盈利能力、营运能力、偿债能力和增长能力状况等进行分析与评价的经济管理活动。财务分析既是已完成财务活动的总结,又是财务预测的前提,同时对改进企业未来的财务决策、财务计划、财务控制等也具有重要的意义。

　　(一)财务分析是评价企业财务状况、衡量经营业绩的重要依据

　　通过对财务报告等核算资料进行分析,计算企业偿债能力、营运能力和盈利能力指标,便于会计信息使用者了解企业财务状况和经营成果,并通过分析将影响财务状况和经营成果的主要因素和次要因素、主观因素与客观因素、微观因素与宏观因素区分开来,以便划清责任,合理评价企业经营者的工作业绩,并据此奖优罚劣,促使企业管理者不断改进企业经营管理工作。

　　(二)财务分析是正确开展决策的重要依据

　　通过财务分析,根据企业的获利能力、偿债能力、营运能力等财务指标,了解和掌握企业的财务状况、经营情况及风险程度,以便于企业管理者做出正确的经营决策,外部投资者也可以据此做出正确的投资决策。

　　(三)财务分析是实现理财目标的重要手段

　　企业理财的总目标就是实现企业价值最大化。通过财务分析,可以揭示企业生产经营过程中存在的问题,找出存在问题的原因,或者不断改善财务状况,扩大财务成果的内部潜力,充分认识和挖掘未被利用的人力资源和物质资源,寻找资源利用不当的原因,促使企业生产经营

活动按照企业价值最大化目标运行。

二、财务分析的目的

不同的财务分析主体所关注的内容不同,导致财务分析的具体目的也不同。从分析主体来看,主要包括投资者、经营管理者、债权人、其他企业、国家监管部门、其他分析人员等。

(一) 投资者

投资者拥有企业受益权和剩余财务分配权,对企业的债务负有限责任。因为投资收益权只有在宣布了分红时才能实现,而剩余财务分配权只有当企业破产清算后才能实现。由于投资者在企业经营时不得抽走资金,因而承担着企业经营的风险。企业与投资者之间是利益共享、风险共担的关系,投资者要掌握其投资的收益和风险,就要对企业的生产经营状况进行分析。具体分析目的包括:① 是否购买企业的股票;② 是否转让股票;③ 企业的经营成果及获利情况;④ 企业的股利分配政策情况。

(二) 经营管理者

经营管理者对企业的经营成败负主要责任。经营管理者要通过定期编制财务报表和进行财务分析,做出借款、投资、扩大生产等方面的经营决策。具体分析目的包括:① 企业运转是否正常;② 企业经营前景如何;③ 企业的资金潜力如何;④ 企业在行业中的竞争优势体现在哪些方面;⑤ 企业各项计划的执行情况。

(三) 债权人

债权人包括贷款银行、融资租赁出租方、企业债权持有者等,企业与债权人之间是债权资金的取得和本金及利息的偿还关系。债权人为了按期得到本金及利息,就要对企业的偿债能力进行分析。具体分析目的包括:① 企业能否按时偿还到期债务;② 企业的获利状况;③ 企业哪些方面还需要资金;④ 是否继续贷款给企业。

(四) 其他企业

其他企业不仅包括与公司存在密切关联方关系的各有关公司、组织和个人,也包括与企业存在着竞争、合作或与企业之间具有重组、并购或有被并购意向等潜在经济利益的各类企业、组织与个人。他们对目标企业进行财务分析的动机,常常是与其战略目标相关联的。具体分析目的包括:① 企业财力及生产能力能否保证长期供货;② 是否应该提供销售信用;③ 是否应该延长付款期;④ 是否应该增加投入、控制联营企业生产经营;⑤ 企业的竞争能力情况等。

(五) 国家监管部门

国家监管部门主要指公司、物价、财政、税务以及审计等机构。它们进行财务分析的目的:一是监督检查国家的各项政策、法规、制度在企业的执行情况,确保国家财政税收;二是为保证企业财务信息的准确性和真实性,为国家宏观调控提供可靠信息,为微观经济创造公平竞争的市场环境。

(六) 其他分析人员

其他分析人员主要包括企业内部职工、审计师、分析师及中介机构等。企业内部职工需要通过分析财务报表来了解企业的稳定性和获利能力,并以此评价企业提供劳动报酬、各项福利和就业机会的能力。企业的财务报表需经注册会计师或其他审计人员依法审核后方能正式对外提供,注册会计师在出具的审计报告中必须明确指出:被审核企业的会计处理是否符合国家法律法规以及有关的会计准则、会计制度的要求;所提出的财务报表是否已真实公允地表达某一特定时间的财务状况及经营成果。而中介机构的咨询业务为各类报表使用者提供了财务报表分析的专业服务。

三、财务分析信息

财务报告是企业对外提供的反映企业某一特定日期的财务状况和某一会计期间的经营成果、现金流量等会计信息的文件。财务报告包括财务报表和其他应当在财务报告中披露的相关信息和资料。其中,财务报表由报表本身及其附注两部分组成,报表应包括资产负债表、利润表、现金流量表和所有者权益变动表等。

（一）资产负债表

资产负债表是反映企业某一特定日期财务状况的会计报表,是静态的会计报表。它是根据资产、负债和所有者权益(或股东权益)之间的相互关系,按照一定的分类标准和一定的顺序,把企业一定日期的资产、负债和所有者权益各项目予以适当排列,并对日常工作中形成的大量数据进行高度浓缩整理后编制而成的。它表明企业在某一特定日期所拥有或控制的经济资源、所承担的现有义务和所有者对净资产的要求权。我国资产负债表按账户式反映,即资产负债表分为左方和右方,左方列示资产各项目,右方列示负债和所有者权益各项目,资产各项目的合计等于负债和所有者权益各项目的合计。同时,资产负债表还提供年初数和期末数的比较资料。

资产是指过去的交易、事项形成并由企业拥有或者控制的资源,该资源预期会给企业带来经济利益。资产按其流动性状况,一般分为流动资产和非流动资产。因为各类资产的特点和组成项目是不同的,所以在企业生产经营过程中的作用也是不同的。通过对资产项目分析,可以了解企业资产变现能力的强弱情况、企业资产结构是否合理以及企业资产管理水平的高低等。

负债是过去的交易、事项形成的现时义务,履行该义务时预期会导致经济利益流出企业。负债是企业资金来源的重要组成部分。负债按到期日的远近顺序排列,即流动负债在前,非流动负债(或长期负债)在后。通过对负债项目分析,可以了解企业总体债务水平情况、企业债务结构是否合理等。

所有者权益是指所有者在企业资产中享有的经济利益,其金额为资产减去负债后的余额。它是企业资金来源的主要部分。所有者权益包括实收资本、资本公积、盈余公积和未分配利润四大项目。所有者权益项目是按权益的永久性程度高低排列,永久性程度高的在前,低的在后,对股本、资本公积、盈余公积和未分配利润四个方面进行分析,可以了解企业所有者权益结构情况以及企业收益分配情况。

除上述资产、负债、所有者权益项目各自提供的信息之外,将三者很好地结合起来,还可以了解企业短期和长期偿债能力信息、企业的资本结构是否合理、企业筹资与投资适应情况等。

（二）利润表

利润表也称损益表,是反映企业在一定期间生产经营成果的财务报表。利润表是一种动态的报表,它利用企业一定时期的收入、成本费用及税金数据,确定企业的利润,依据"利润＝

收入－费用"这一会计等式为依据编制而成。

通过对利润表的水平分析,可以从利润的形成角度反映利润额的变动情况,提示企业在利润形成过程中的管理业绩及存在的问题。利润表还可以进行结构变动分析,主要是在对利润表进行垂直分析的基础上,根据各项利润及成本费用与收入的关系,以反映企业各环节的利润构成、利润及成本费用水平。

此外,还可以通过附注中资料进行分部报告分析,反映企业在不同行业、不同地区的经营状况和经营成果,为企业优化产业结构、进行战略调整指明方向。

(三) 现金流量表

现金流量表是综合反映企业一定会计期间内有关现金和现金等价物的流入和流出信息的报表。现金流量表是企业在一定时期内各种资产和权益项目的增减变化,来分析反映资金的取得和资金的流出用途,说明财务动态的会计报表,或者是反映企业资金流转状况的报表。

现金流量表主要由三部分组成,分别是反映企业在经营活动、投资活动和筹资活动中产生的现金流量。现金流量表中的基本数据关系如下:

$$\begin{matrix} 经营活动现 \\ 金流量净额 \end{matrix} + \begin{matrix} 投资活动现 \\ 金流量净额 \end{matrix} + \begin{matrix} 筹资活动现 \\ 金流量净额 \end{matrix} + \begin{matrix} 汇率变动时 \\ 现金的影响 \end{matrix} = \begin{matrix} 现金及现金等 \\ 价物净增加额 \end{matrix}$$

其中,

$$经营活动现金流量净额 = 经营活动现金流入 - 经营活动现金流出$$
$$投资活动现金流量净额 = 投资活动现金流入 - 投资活动现金流出$$
$$筹资活动现金流量净额 = 筹资活动现金流入 - 筹资活动现金流出$$

公司经营活动产生的现金流量,包括购销商品、提供和接受劳务、经营性租赁、交纳税款、支付劳动报酬、支付经营费用等活动形成的现金流入和流出。在权责发生制下,这些流入或流出的现金,其对应收入和费用的归属期不一定是本会计年度,但一定是在本会计年度收到或付出的。由于商业信用的大量存在,营业收入与现金流入可能存在较大差异,能否真正实现收益,还取决于公司的收现能力。因此,了解经营活动产生的现金流量,有助于分析公司的收现能力。

投资活动产生的现金流量,主要包括购建和处置固定资产、无形资产等长期资产,以及取得和收回不包括在现金等价物范围内的各种股权与债权投资等收到和付出的现金。其中,分得股利或利润、取得债券利息收入而流入的现金,是以实际收到为标准,而不是以权益归属或取得收款权为准的,这与利润表中确认投资收益的标准不同。公司投资活动中发生的各项资金流出,往往反映了其为拓展经营所做的努力,可以从中大致了解公司的投资方向,一个公司从经营活动、筹资活动中获得现金是为今后发展创造条件。现金不流出,是不能为公司带来经济效益的。投资活动一般较少发生一次性大量的现金流入,但会发生大量现金流出,因而投资活动现金流量净额出现负数往往是正常的,这是为公司的长远利益,为以后能有较高的盈利水平和稳定的现金流入打基础。

筹资活动产生的现金流量,包括吸收投资、发行股票、分配利润、发行债券、向银行贷款、偿还债务等收到和付出的现金。其中,"偿还利息所支付的现金"项目反映公司用现金支付的全部借款利息、债券利息,而不管借款的用途如何或利息的开支渠道如何,不仅包括计入损益的利息支出,而且还包括计入在建工程的利息支出。因此,该项目比损益表中的财务费用更能全面地反映公司偿付利息的情况。

利润表列示了公司一定时期实现的净利润,但未揭示其与现金流量的关系,资产负债表提供了公司货币资金期末与期初的增减变化,但未揭示其变化的原因。所以,现金流量表如同桥梁"连接"了上述两表的会计信息,使上市公司的对外会计报表体系进一步完善,向投资者与债权人提供更全面、有用的信息。

(四)所有者权益变动表

所有者权益变动表是反映公司本期(年度或中期)内至截至期末所有者权益变动情况的报表。其中,所有者权益变动表应当全面反映一定时期所有者权益变动的情况。在所有者权益变动表中,企业应当单独列示反映下列信息:① 所有者权益总量的增减变动;② 所有者权益增减变动的重要结构性信息;③ 直接计入所有者权益的利得和损失。

所有者权益变动表属于动态报表。从报表反映的时间来看,所有者权益变动表列示了两个会计年度所有者权益各项目的变动情况,便于报表使用者对前后两个会计年度的所有者权益总额和各组成项目进行动态分析。从反映的项目来看,所有者权益变动表反映的内容包括:所有者权益各项目本年年初余额的确定;本年度取得的影响所有者权益增减变动的收益、利得和损失;所有者投入和减少资本引起的所有者权益的增减变化;利润分配引起的所有者权益的增减变化;所有者权益内部项目之间的相互转化等。

对所有者权益变动表进行分析,需要关注的最重要的内容是本年增减变动金额。所有者权益变动表各个项目之间的关系具体见下列公式:

$$本年年末余额=本年年初余额+本年增减变动金额$$

其中,

$$本年年初余额=上年期末余额+会计政策变更+前期差错更正$$

$$本年增减变动金额=净利润+直接计入所有者权益的利得和损失+所有者投入和减少资本+利润分配+所有者权益内部结转$$

四、财务分析程序

为了使财务分析工作有条不紊地开展,需要按照一定的程序进行财务分析。财务分析的内容非常广泛,针对不同的人、不同的目的、不同的数据范围,应采用不同的方法。财务分析的一般步骤如下。

(一)明确分析目的

首先必须明确为什么需要财务分析,是要评价企业经营业绩?是要进行投资决策?还是要制定未来经营策略?财务分析的目的决定了所要搜集信息的多少、报表分析方法的选择等一系列问题。所以,只有明确了财务分析的目的,才能正确地搜集、整理信息,选择正确的分析方法,从而得出正确的结论。

(二)制定分析计划

在明确了财务分析目的的基础上,应制定财务分析的计划,包括财务分析的人员组成及分工、时间进度安排、财务分析内容及拟采用的分析方法等。财务分析计划是财务分析顺利进行的保证。

（三）搜集、整理财务分析信息

财务分析信息主要包括企业财务报告以及其他相关的财务信息。其中，资产负债表、利润表、现金流量表、所有者权益变动表及附注是最基本的分析资料。除此以外，还要搜集企业内部供产销各方面的有关资料及企业外部的金融、财政、税收等方面的信息。从各方面取得的数据资料，往往不能直接用来分析，需要在分析前进行整理、归类和加工。财务分析信息是财务分析的基础，信息搜集整理的及时性、完整性、准确性，对分析的正确性有着直接的影响。

（四）运用财务分析方法

财务分析的目的不一样，所选用的分析方法也不相同。常见的财务分析方法有比较分析法、比率分析法、因素分析法和趋势分析法等，杜邦财务分析法则适用于财务综合评价。应注意的是，每种分析方法都有各自的特点，在进行分析评价时应结合具体情况，可以采用一种分析方法，也可以多种分析方法结合使用。

（五）进行分析研究

进行财务分析，应根据分析的目的和要求选择正确的分析指标。通过对数据的计算和比较，挖掘数据变动规律，揭露数据与数据之间的内在联系及其隐含的企业生产经营问题，尤其是对于一些重大的问题，要进行深入细致地分析，从而洞察问题本质，做出客观评价。

（六）得出分析结论

上述分析活动完成后，对其进行归纳和总结并及时以书面形式向上级提出分析报告，报告必须语言精练、准确、条理清晰、观点明确，做到言之有理、言之有据，以免决策失误。

五、财务分析报告

财务分析报告在编写时，根据分析的目的和要求，突出分析的重点，并抓住关键问题进行深入分析，同时注重时效，做到客观公正。编写的内容包含以下几个方面。

（一）基本情况反映

这一部分主要说明各项财务与分析指标的完成情况，包括：① 企业盈利能力情况，如利润额及增长率、各种利润率指标等；② 企业营运状况，如存货周转率、应收账款周转率、各种资产额的变动和资产结构变动情况、资产来源与运用状况等；③ 企业权益状况，如企业负债结构、所有者权益结构的变动情况以及企业债务负担情况等；④ 企业偿债能力状况，如资产负债率、流动比率、速动比率的情况等；⑤ 企业产品成本的变动情况，对于企业内部的财务分析报告，还应说明企业的性质、规模、主要产品、职工人数等情况，以便财务分析报告使用者对企业有比较全面的了解。

（二）主要成绩和重大事项说明

在全面反映企业总体财务状况的基础上，这一部分主要对企业经营管理中取得的成绩及原因进行说明。例如，利润取得较大幅度的增长，主要原因是通过技术引进和技术改造提高了产品的质量、降低了产品的能耗、打开了市场销路等；企业支付能力增强、资金紧张得到缓解，主要原因是由于产品适销对路，减少了产品的库存积压，加快了自己的周转速度等。

（三）存在的问题分析

这是企业财务分析的关键所在。一份财务分析报告如果不能将企业存在的问题分析清楚,分析的意义和作用就不能很好发挥,至少不能认为这篇分析报告是完善的。其重点是一要抓住关键问题;二要分清原因。例如,某企业几年来资金一直十分紧张,经过财务分析,发现问题的关键在于企业固定资产投资增长过快,流动资产需求加大,即资产结构失衡。此外,对存在的问题应分清是主观因素引起的,还是客观因素引起的。

（四）提出改进意见

财务分析的目的是为了发现问题并解决问题。财务分析报告对企业存在的问题必须提出切实可行的改进意见。如对于企业资产结构失衡问题,解决的措施是减少固定资产或增加流动资产。

六、财务分析的局限性

财务分析存在以下四个方面的局限性。

（一）财务报表本身的局限性

财务报表本身的局限性表现在:① 以历史成本报告资产,不代表其现行成本或变现价值;② 假设币值不变,不按通货膨胀率或物价水平调整;③ 稳健原则要求预计损失而不预计收益,有可能夸大费用,而少计收益和资产;④ 按年度、半年度分期报告,是短期的呈报,不能提供反映长期潜力的信息。

（二）报表的真实性问题

只有根据真实的财务报表,才有可能得出正确的分析结论。财务分析通常假定报表是真实的。报表的真实性问题,要靠审计来解决。投资者在进行财务分析时,要关注注册会计师的审计报告。财务分析不能解决报表的真实性问题,因此要注意以下与此有关的问题:① 财务报告是否规范;② 报表中信息是否有遗漏;③ 分析数据的反常现象;④ 审计报告的意见类型和注册会计师的信誉。

（三）企业会计政策的不同选择影响可比性

对同一会计事项的账务处理,会计准则允许使用几种不同的规则和程序,企业可以自行选择。例如,存货计价方法、折旧方法、所得税费用的确认方法、对外投资收益的确认方法等。虽然财务报表附注对会计政策的选择有一定的表述,但报表使用人未必能完成可比性的调整工作。

（四）比较的基础问题

在比较分析时,必须要选择比较的基础,作为评价本企业当期实际数据的参照标准,包括本企业历史数据、同业数据和计划预算数据。

（1）横向比较时使用同业标准。同业的平均数只起一般性的指导作用,不一定有代表性,不是合理性的标志。通常,选一组有代表性的企业求其平均数,作为同业标准,可能比整个行业的平均数更好。近年来,越来越重视以竞争对手的数据作为分析基础。但有的企业实行多种经营,没有明确的行业归属,同业对比就比较困难。

（2）趋势分析以本企业历史数据作为比较基础。历史数据代表过去,并不代表合理。经营的环境是变化的,今年比去年利润提高了,不一定说明已经达到应该达到的水平,甚至不一定说明管理有了改进。

(3) 实际与计划的差异分析,以计划预算作为比较基础。实际和预算的差异,有时是预算不合理造成的,而不是执行中存在什么问题。

总之,对比较的基础要准确理解,并且要在限定意义上使用分析结论,避免简单化和绝对化。

第二节 财务分析方法

财务分析的方法一般可分为定量评价和定性评价。定量评价是评价人员采用科学的方法,对所收集的数据资料进行加工、计算等量化处理,从量上评价企业的财务状况和经营成果。定性评价是评价人员运用所掌握的情况和资料,凭借其智慧和经验,对定量的结果解析和评价。在实际应用中,财务分析人员应根据分析的具体目的和要求,以定性分析为基础和前提,以定量分析为工具和手段,透过数字看本质,从而正确评价企业的财务状况和经营成果。下面介绍几种常见的定量分析方法。

一、水平分析法

水平分析法是指将反映企业报告期财务状况的财务报表与反映企业前期或历史上某一时期财务状况的报表相对比,研究企业各项经营业绩或财务状况的发展变动情况的一种报表分析方法。水平分析法在会计报表分析中的作用主要表现为:通过对比分析,可以发现企业经营业绩或财务状况在哪些方面存在差距,找出产生差异的原因,进一步判定企业的财务状况和经营成果。水平分析法对比的方式有两种:一种是确定其增减变动数量,属于绝对数的比较;另一种是确定其增减变动率,属于相对数的比较。

(1) 增减变动额,其计算公式:

$$增减变动额 = 分析期某项指标实际数 - 基期该项指标实际数$$

(2) 增减变动率,其计算公式:

$$增减变动率(\%) = \frac{分析期某项指标实际数 - 基期该项指标实际数}{基期该项指标实际数} \times 100\%$$
$$= \frac{增减变动额}{基期该项指标实际数} \times 100\%$$

水平分析法在选取基期数进行比较时可以有以下几种形式:

(1) 选择计划指标数,通过本企业本期实际指标数与计划指标数比较,以检查企业计划的完成情况。

(2) 选择以前各期同类指标数(上期、上年同期或历史最好水平等),通过本企业本期实际指标数与以前各期同类指标数比较,以考察企业经营活动的变动情况和变动趋势。

(3) 选择同行业同类指标数,通过本企业实际指标数与国内外同行业同类指标数比较,以揭示企业与同类企业之间的差异,便于公司做出适当的应对措施。

由于绝对数与相对数的关系,水平分析必须同时进行这两种形式的对比分析,任取一种都可能得出片面的,甚至错误的结论。而且,要注意对比指标之间的可比性。所谓对比指标之间的可比性是相互比较的指标,必须在指标内容、计价基础、计算口径、时间长度等方面保持高度的一致性。如果是企业之间进行同类指标比较,还要注意企业之间的可比性。

二、趋势分析法

趋势分析法是根据企业连续几年或几个时期的分析资料,运用指数或完成率的计算,确定分析期财务状况和经营成果增减变动情况和趋势的一种分析方法。采用趋势分析法通常要编制比较财务报表,即将连续数期的同一财务报表并列在一起比较,至少应有连续三个以上比较时期的数据资料。趋势分析法的一般步骤是:

(1) 计算趋势比率或指数。通常指数的计算有两种方法:一是定基指数法;二是环比指数法。定基指数是各个时期的指数都是以某一固定时期为基期来计算的。环比指数是各个时期的指数以前一期为基期来计算的。趋势分析法通常采用定基指数。

$$定基指数=\frac{分析期实际数}{基期实际数}$$

$$环比指数=\frac{分析期实际数}{上一期实际数}$$

(2) 根据指数计算结果,评价与判断企业各项指标的变动趋势及其合理性。

(3) 预测未来的发展趋势。根据以前各项的变动情况,研究其变动趋势或规律,从而可预测出企业未来发展变动情况。

但是,趋势分析法也有其局限性:

(1) 基期的选择要适当,基数不得为零或负数,并且应剔除非常年度的极端资料,选择那些正常、具有代表性的基期数据,才能正确提示其发展趋势。

(2) 分析项目应具有针对性,抓住分析重点,要明确各项目之间存在的因果关系,单独就某一项目分析往往不能发现问题的真正原因,必须结合相关项目同时分析才更有意义。

(3) 由于通货膨胀或各种偶然因素的影响和会计政策的变更,趋势分析所跨越的时间因素,使得不同时期的财务报表的可比性较差,这也是在进行趋势分析时所不能忽略的重要因素。

三、垂直分析法

垂直分析法是指通过计算报表中各项目占总体的比重或结构,反映报表中的项目与总体关系情况及其变动情况。垂直分析法排除了规模的影响,使不同比较对象建立起可比性,可以用于本企业历史比较、与其他企业比较、与预算比较。垂直分析法的一般步骤是:

(1) 确定报表中各项目占总额的比重或百分比,其计算公式:

$$某项目的比重=\frac{该项目金额}{各项目总金额}\times100\%$$

(2) 通过各项目的比重,分析各项目在企业经营中的重要性。一般项目比重越大,说明其重要程度越高,对总体的影响越大。

(3) 将分析期各项目的比重与前期同项目比重对比,研究各项目的比重变动情况。

四、比率分析法

比率分析法是指利用财务报表中两项相关指标的比率揭示企业财务状况和经营成果的一种分析方法。大体上可以把常用的比率指标分为三种:

(1) 构成比率。构成比率是指计算某项经济指标的各个组成部分占总体的比重,反映经济指标的局部与整体的关系。例如,流动资产占总资产的比重、存货占流动资产的比重等。通过这些构成比率分析,可以考察总资产的内部构成、流动资产的内部构成是否合理。

(2) 效率比率。效率比率指某经济活动所费与所得的比率,反映了投入与产出的关系。成本费用与利润的比率就是一个很明显的例子。分析效率比率指标,可以权衡得失、评价效益的高低,以便做出正确的投资决策。

(3) 相关比率。相关比率是反映两个相关联的经济指标之间关系的比率。例如,流动资产与流动负债的比率、负债总额与资产总额的比率等。利用相关比率指标,可计算流动资产与流动负债的比率、负债总额与资产总额的比率等,利用相关比率指标,可以考察有关联系的相关业务安排是否合理,保证生产经营活动顺畅进行。

比率分析法的优点是计算简便,计算结果容易判断,而且可以使某些指标在不同规模的企业之间进行比较,甚至也能在一定程度上超越行业间的差别进行比较。但采用这一方法时对比率指标的使用应该注意财务比率的分子和分母必须具有相关性,在计算时间、范围等方面保持口径一致,否则就不具有可比性。使用比率分析法时,仅求出其比值是不够的,还要找出一个基准与其比较,以便对企业的财务状况与经营成果做出评价。通常使用的比较基准有预算目标、历史标准和行业标准。

五、因素分析法

因素分析法又称连环替代法,是用来确定综合指标的各因素对综合指标的变动影响程度的一种分析方法。因素分析法的分析程序是:① 分解某项综合指标的各项构成因素;② 确定各因素的排列顺序;③ 按排定的顺序和各项因素的基数进行计算;④ 按顺序将前面那项因素的基数替换成实际数,计算出替换后的结构,与前一次替换后的计算结果进行比较,计算出影响程度,直至替换完毕;⑤ 计算出各项因素影响程度之和,与该项综合性指标的差异总额进行对比,核对是否相符。

假设某综合指标 P 由 a、b、c 三个因素构成。其实际指标与基数指标以及有关因素的关系如下所示:

基数指标: $\qquad P_0 = a_0 \times b_0 \times c_0$

实际指标: $\qquad P_1 = a_1 \times b_1 \times c_1$

实际指标与基数指标的差异为 $\Delta P = P_1 - P_0$,其中 a、b、c 三个因素对综合指标的影响程度分别为:

a 因素变动的影响: $\qquad \Delta a = (a_1 - a_0) \times b_0 \times c_0$

b 因素变动的影响: $\qquad \Delta b = a_1 \times (b_1 - b_0) \times c_0$

c 因素变动的影响: $\qquad \Delta c = a_1 \times b_1 \times (c_1 - c_0)$

三因素对综合指标的合计影响值为：　　$\Delta a + \Delta b + \Delta c = \Delta P$

【例 11-1】　某企业 2020 年某月 A 产品的材料成本资料如表 11-1 所示,运用因素分析法分析各因素变动对材料成本的影响程度。

表 11-1　A 产品的材料成本资料表

项　目	单　位	计划数	实际数
产品产量	件	1 000	1 200
单位产品材料消耗量	千克/件	12	11
材料单价	元/千克	20	22
材料费用总额	元	240 000	290 400

根据上述资料分析如下:

材料成本＝产量×单位产品材料消耗量×材料单价

实际材料成本与计划成本的差异＝290 400－240 000＝50 400(元)

其中,产量变动对材料成本的影响值为:

(1 200－1 000)×12×20＝48 000(元)

单位产品材料消耗量变动对材料成本的影响值为:

1 200×(11－12)×20＝－24 000(元)

材料单价变动对材料成本的影响值为:

1 200×11×(22－20)＝26 400(元)

以上三个因素合计影响的结果为:

48 000＋(－24 000)＋26 400＝50 400(元)

由此可以看出,材料成本的实际数比计划数要多出 50 400 元,造成这样结果的主要原因是:首先,该材料的产量实际数比计划数多出了 100 件,对材料成本的影响值为 48 000 元;其次,材料单价实际数比计划数要多 2 元,对材料成本的影响值为 26 400 元,而单位产品消耗节约了 1 元,对材料成本的影响为－24 000 元。

利用因素分析法,一方面可以全面分析各个因素对某一个经济指标的影响,另一方面也可以单独寻求某一个因素对该经济指标的影响。因素分析法在财务分析中的应用颇为广泛,但要注意以下几个问题:

(1) 因素分解的关联性。即构成经济指标的各因素是形成该项指标差异的内在构成原因,它们之间存在客观因果关系。

(2) 因素替代的顺序性。替代因素时,必须按照各因素的依存关系,排列成一定顺序依次替代,各因素顺序不可随意加以颠倒,否则各个因素的影响值就会得出不同的计算结果。在实际工作中,往往是先替代数量因素,后替代质量因素;先替代实物量因素、劳动量因素,后替代价值量因素;先替代原始的、主要的因素,后替代派生的、次要的因素。

（3）顺序替代的连环性。计算每个因素变动的影响数值时，都是在前一次计算的基础上进行的并采用连环比较的方法确定因素变化影响结果。只有保持这种连环性，才能使各因素之和等于分析指标变动的总差异。

（4）计算结果的假定性。由于因素分析法计算各个因素变动的影响值会因替代计算顺序的不同而有差别，因而计算结果具有一定程度上的假定性和近似性。

第三节　财务比率分析

一、获利能力分析

获利能力是指企业在一定时期内获取利润的能力。获利能力的大小是一个相对的概念，即利润是相对于一定资源投入、一定的收入而言的。利润率越高，获利能力越强；利润率越低，获利能力越差。企业经营业绩的好坏最终可通过企业的获利能力来反映，无论是投资人、债权人还是企业经理人员都非常关心企业的获利能力。反映企业获利能力的指标很多，主要有营业净利率、成本费用利润率、资产净利率、净资产收益率以及反映上市公司的获利能力指标等。

（一）营业净利率

营业净利率是指净利润占营业收入的百分比。其计算公式为：

$$营业净利率 = \frac{净利润}{营业收入} \times 100\%$$

营业利润率指标反映每一元营业收入带来的净利润的多少，表示营业收入的收益水平。通过分析营业净利率的升降变动，可以促使企业在扩大销售的同时，注意改进经营管理，提高盈利水平。

【例11-2】 A股份有限公司2020年的报表资料显示，本年净利润为97 870万元，营业收入为30 400 804万元，该企业2020年营业净利率指标计算如下：

$$营业净利率 = \frac{97\,870}{3\,040\,804} \times 100\% = 3.22\%$$

计算结果说明A公司每百元销售额为企业带来3.22元的净利润，至于企业获利能力到底是高或低，可结合历史资料及同行业平均水平进行评价。同时，还可进一步分析揭示利润的各构成部分对营业净利率的影响。

（二）成本费用利润率

成本费用利润率是指企业利润总额与成本费用总额的比率。计算公式如下：

$$成本费用利润率 = \frac{利润总额}{成本费用总额} \times 100\%$$

其中，

$$成本费用总额 = 营业成本 + 销售费用 + 管理费用 + 财务费用$$

成本费用是企业生产经营发生的全部耗费。成本费用利润率反映企业耗费获利水平的重要财务指标。成本费用利润率越高,说明企业为取得利润所付出的代价越小,成本费用控制的越好,企业获利能力越强。

【例 11-3】　A 股份有限公司 2020 年的报表资料显示,本年利润总额为 113 713 万元,营业成本总额为 2 337 599 万元,销售费用总额为 407 459 万元,管理费用总额为 169 119 万元,财务费用总额为 10 366 万元,该企业 2020 年成本费用利润率指标计算如下:

$$成本费用利润率=\frac{113\,713}{2\,337\,599+407\,459+169\,119+10\,366}\times100\%=3.89\%$$

(三)资产净利率

资产净利率是企业一定时期内净利润与平均资产总额的比率。其计算公式如下:

$$资产净利率=\frac{净利润}{平均资产总额}\times100\%$$

其中,

$$平均资产总额=(期初资产总额+期末资产总额)\div2$$

资产净利率可以反映企业资产利用的综合效果。该指标越高,表明资产的利用效率越高,说明企业在增加收入和节约资金使用等方面取得了良好的效果;反之,则说明企业资产获利能力低,资产利用效率较低。另外,该指标也是一个综合性较强的指标,企业资产管理水平及经营管理水平最终都会对该指标产生重要影响。因此,通过对该指标进行分解,可以分析经营管理中存在的问题,以便采取措施提高销售净利率,加速资金周转。

【例 11-4】　A 股份有限公司 2020 年的报表资料显示,本年净利润为 97 870 万元,期初总资产为 1 118 897 万元,期末总资产为 1 223 059 万元,2020 年该企业资产净利率指标计算如下:

$$平均总资产=(1\,118\,897+1\,223\,059)\div2=1\,170\,978(元)$$

$$资产净利率=\frac{97\,870}{1\,170\,978}\times100\%=8.36\%$$

(四)净资产收益率

净资产收益率也称权益报酬率,它是一定时期企业的净利润与股东权益平均总额的比率。其计算公式为:

$$净资产收益率=\frac{净利润}{平均净资产}\times100\%$$

其中,

$$平均净资产=(期初净资产+期末净资产)\div2$$

净资产收益率是评价企业获利能力的一个重要财务指标,反映公司所有者权益的投资报酬的高低,具有很强的综合性。企业的偿债能力、营运能力及获利能力的大小都对该指标产生影响。也可以说,该指标几乎能够体现企业经营管理的所有重大方面。

【例 11-5】　A 股份有限公司 2020 年的报表资料显示,本年净利润为 97 870 万元,期初

净资产为705 613万元,期末净资产为770 105万元,该企业2020年的净资产收益率指标计算如下:

$$平均净资产＝(705\ 613＋770\ 105)÷2＝737\ 859(元)$$

$$净资产收益率＝\frac{97\ 870}{737\ 859}×100\%＝13.26\%$$

(五)上市公司的获利能力指标

1. 每股收益

每股收益又称为每股利润或每股盈余,是反映股份公司流通在外的普通股平均数所享有的支付优先股股利之后的净利润。其计算公式为:

$$每股收益＝\frac{净利润－优先股股利}{发行在外的普通股股数}$$

式中,

$$发行在外的普通股加权平均股数＝\sum\left(发行在外普通股股数×\frac{发行在外月份数}{12}\right)$$

发行在外月份数指发行已满一个月的月份数。

每股收益又根据股数取值的不同,有全面摊薄每股收益和加权平均每股收益。全面摊薄每股收益是指计算时取年末的普通股股份总数,原因是新发行的股份一般是溢价发行的,新老股东共同分享公司发行新股前的收益。加权平均每股收益是指计算时股份数用按月对总股数加权计算的数据,原因是公司投入的资本和资产不同,收益产生的基础也不同。

计算每股收益时要注意以下问题:编制合并会计报表的公司,应以合并报表中的数据计算该指标。如果公司发行了不可转换优先股,则计算时要扣除优先股股数及其分享的股利,以使每股收益反映普通股的收益状况,已做部分扣除的净利润,通常被称为“盈余”,扣除优先股股利后计算出的每股收益又称为“每股盈余”。有的公司具有复杂的股权结构,除普通股和不可转换优先股以外,还有可转换优先股、可转换债券、购股权证等。可转换债券的持有者可以通过转换使自己成为普通股股东,从而造成公司普通股总是增加。购股权证持有者可以按预定价格购买普通股,也会使公司普通股股份增加。普通股增加会使每股收益变小,称为“稀释”。计算这种复杂的股权结构的每股收益时,应按照有关部门的规定进行;没有相关规定的,应按国际惯例计算该指标,并说明计算方法和参照依据。

每股收益是衡量上市公司获利水平的指标,该指标越高,公司获利能力越强。在分析时,可以进行公司间的比较,了解该公司盈利能力的变化趋势;可以进行经营实绩和盈利预测的比较,掌握该公司的管理能力。但使用每股收益分析盈利性时要注意以下问题:第一,每股收益不反映股票所含有的风险。例如,假设某公司原来经营日用品的产销,最近转向房地产投资,公司的经营风险增大了许多,但每股收益可能不变或提高,并没有反映风险增加的不利变化;第二,股票是一个“份额”概念,不同股票的每一股在经济上不等量,它们所含有的净资产和市价不同即换取每股收益的投入量不相同,限制了每股收益的公司间比较;第三,每股收益多,不一定意味着多分红,还要看公司股利分配政策。

2. 每股股利

每股股利是指股利总额与期末普通股股份总数之比，即每一股股票一定期间内所分得的现金股利。股利总额是指用于分配普通股现金股利的总和，一般只考虑普通股的情况。其计算公式为：

$$每股股利 = \frac{股利总额}{年末流通在外普通股股数}$$

每股股利反映的是上市公司每一普通股获取股利的大小。每股股利越大，则公司股本获利能力就越强；每股股利越小，则公司股本获利能力就越弱。但须注意，上市公司每股股利发放多少，除了受上市公司获利能力大小的影响以外，还取决于公司的股利发放政策。如果公司为了增强公司发展的后劲而增加公司的公积金，则当时的每股股利必然会减少；反之，则当前的每股股利会增加。

每股收益是公司每一普通股所能获得的税后净利润，但上市公司实现的净利润往往不会全部用于分派股利。每股股利通常低于每股收益，其中一部分作为留存利润用于公司自我积累和发展。但有些年份，每股股利也有可能高于每股收益，比如在有些年份，公司经营状况不佳，税后利润不足支付股利，或经营亏损无利润可分，按照规定，为保持投资者对公司及其股票的信心，公司仍可按不超过股票面值的一定比例，用历年积存的盈余公积金支付股利，或在弥补亏损以后支付。这时每股收益为负值，每股股利却为正值。

3. 股利发放率

股利发放率是指普通股每股股利与每股收益的比值。用来反映普通股从每股的全部获利中分到手的部分。

$$股利发放率 = \frac{每股股利}{每股收益} \times 100\%$$

通常每股股利和每股收益取决于企业的股利政策，因此在分析该指标时，应认真考虑有关因素的影响。

4. 市盈率

市盈率是上市公司普通股每股市价相当于每股利润的倍数，反映投资者对上市公司每股收益愿意支付的价格。

$$市盈率 = \frac{普通股每股市价}{普通股每股利润}$$

市盈率越高，表明市场对企业未来越看好，投资风险越大；市盈率越低，表明市场对企业前景信心不足，投资风险越小。当市价确定时，每股利润与市盈率呈反比例关系；当每股利润确定时，市盈率与每股市价呈正比例关系。市盈率指标可比性差，一般成熟行业市盈率较低，而新兴行业市盈率较高。

二、偿债能力分析

偿债能力是指企业偿还到期债务（包括本金和利息）的能力。目前，中小企业筹资方式主要是外部借款，假如企业偿债能力低，不仅说明企业资金紧张，难以支付日常经营支出，而且说明企业资金周转不灵,难以偿还到期应偿付债务,甚至面临破产危险。因此,对于债权人来说,企业偿债能力低,就意味着债务到期时,企业按时还本付息的可能性较低,导致金融机构的风险较高,可能不愿意贷款给偿债能力有问题的企业。针对中小企业筹资特点,反映企业偿债能力的财务指标重点放在流动比率、速动比率、现金比率、资产负债率,产权比率、利息保障倍数这几个财务指标。除了以上财务指标以外,或有负债、担保责任、租赁活动、可动用的银行贷款指标等因素,也会对企业的偿债能力产生影响。

(一)影响偿债能力的因素

1. 或有负债

或有负债是企业在经营活动中有可能会发生的债务。或有负债在资产负债表编制日还不能确定未来的结果如何,一旦将来成为企业现实的负债,就会对企业的财务状况产生重大的影响,尤其是金额巨大的或有负债项目。在进行财务分析时不能不考虑这一因素的影响。

2. 担保责任

在经济活动中,企业可能会以本企业的资产为其他企业提供法律担保,如为其他企业的银行担保、为其他企业履行有关经济合同提供法律担保等。这种担保责任,在被担保人没有履行合同时,就有可能成为企业的负债,增加企业的债务负担,但是这种担保责任在会计报表中却未得到反映,因此在进行财务分析时,必须考虑到企业是否有巨额的法律担保责任。

3. 租赁活动

企业在经营活动中,可以通过财产租赁的方式解决急需的设备。经营租赁的资产,其租赁费用并未包含在负债之中,如果经营租赁的业务量较大、期限较长或者具有经常性,则其租金虽然不包含在负债之中,但对企业的偿债能力也会产生较大的影响。在进行财务分析时,也应考虑这一因素。

4. 可动用的银行贷款指标

可动用的银行贷款指标是指银行已经批准而企业尚未办理贷款手续的银行贷款限额。这种贷款指标可以随时使用,增加企业的现金,这样可以提高企业的支付能力,缓解目前的财务困难。

(二)短期偿债能力分析

短期偿债能力是指企业流动资产对流动负债及时足额偿还的保证程度,是衡量企业当前财务能力,特别是流动资产变现能力的主要指标。如果企业短期偿债能力弱,就意味着企业的流动资产对其流动负债偿还的保障能力弱,企业的信用因此会受到损害,削弱企业短期筹资能力,增大筹资成本和进货成本,从而对企业的投资能力和获利能力产生重大的影响。评价企业短期偿债能力的财务指标主要有流动比率、速动比率和现金比率等。

1. 流动比率

流动比率是企业流动资产与流动负债的比率。该指标表明企业每一元流动负债有多少流动资产作为偿还的保证,反映企业短期偿债能力的强弱。其计算公式为:

$$流动比率 = \frac{流动资产}{流动负债}$$

一般情况下,流动比率越高,企业的偿债能力越强,债权人利益安全程度也越高。按照企业的长期经验,一般认为流动比率为2:1的比例比较适宜。它表明企业财务状况稳定可靠,除了满足日常生产经营的流动资金需要外,还有足够的能力偿付到期的短期债务。流动比率过低,企业可能面临清偿到期债务的困难;流动比率过高,表明企业持有较多不能盈利的闲置流动资产。

流动比率虽然能较好地分析短期偿债能力,但其局限性不可忽视:一是流动比率是一个静态指标,只表明在某一时点流动负债与可用于偿债资产的关系。只有债务的出现与资产的周转完全均匀发生时,流动比率才能正确反映偿债能力。二是该指标因行业而异,只有与同行业比较或与本企业历史水平进行比较,才能知道该比率的高低,同时还要结合资产结构、周转情况及现金流量状况综合考虑。

【例 11-6】 A 股份有限公司 2020 年的报表资料显示,期初流动资产为 779 086 万元,期末流动资产为 786 333 万元,期初流动负债为 404 322 万元,期末流动负债为 444 454 万元,该公司 2020 年的流动比率为:

$$期初流动比率 = \frac{779\ 086}{404\ 322} = 1.93$$

$$期末流动比率 = \frac{786\ 333}{444\ 454} = 1.77$$

计算可知,该企业期初流动比率为 1.93,期末流动比率为 1.77,说明企业期初短期偿债能力与经验标准 2 接近,期末有所下降,但都高于 1.5,说明企业的短期偿债能力较强。至于偿债能力是否合理,还应结合本企业历史资料和同行业平均水平进行分析。

2. 速动比率

速动比率也称为酸性测试比率,是指企业速动资产与流动负债的比率,该指标是衡量企业短期偿债能力,反映在较短期限内每单位流动负债有多少的速动资产作担保。速动资产是指流动资产减去变现能力较差且不稳定的存货的余额,相对于存货,现金、交易性金融资产及应收账款等项目的变现能力较强。因此,速动比率较流动比率能够更加准确、可靠地评价企业资产的流动性及其偿还短期负债的能力。其计算公式:

$$速动比率 = \frac{速动资产}{流动负债}$$

一般认为,速动比率为 1:1 比较合理,说明企业每 1 元流动负债有 1 元的速动资产作保证。速动比率过低,企业面临偿债风险;速动比率过高,说明企业拥有较多的不能盈利的现金和应收账款,从而会增加企业资金使用的机会成本。

【例 11-7】 A 股份有限公司 2020 年的报表资料显示,期初流动资产为 779 086 万元,期末流动资产为 786 333 万元,期初存货为 292 867 万元,期末存货为 185 292 万元,期初流动负债为 404 322 万元,期末流动负债为 444 454 万元,该企业 2020 年的速动比率为:

$$期初速动比率 = \frac{779\ 086 - 292\ 867}{404\ 322} = 1.20$$

$$期末速动比率 = \frac{786\ 333 - 158\ 292}{444\ 454} = 1.41$$

计算表明该企业期初、期末速动比率都高于经验标准。结合流动比率,可以看出企业短期偿债能力较强。

3. 现金比率

现金比率也称为即付比率,是企业立即可动用的资金与流动负债的比率。企业随时可动用的资金包括企业所拥有的货币资金和持有的有价证券。它是速动资产扣除应收账款后的余额。由于应收账款存在发生坏账损失的可能,某些到期的账款也不一定能按时收回,因此最能直接反映企业偿付流动负债能力的指标为现金比率。其计算公式:

$$现金比率 = \frac{立即可动用的资金}{流动负债}$$

或

$$现金比率 = \frac{货币资金 + 交易性金融资产}{流动负债}$$

现金比率一般认为在 20% 以上为好,但也不是越高越好。如果该比率过高,意味着企业的流动负债所筹集到的资金未能得到合理的应用,那么经常保持着获利能力低的现金比率类资产,势必会导致企业机会成本增加。

(三) 长期偿债能力分析

长期偿债能力是指企业偿还长期负债的能力。对企业长期偿债能力进行分析,要结合长期负债的特点,在明确影响长期偿债能力因素的基础上,从企业盈利能力和资产规模两方面对企业偿还长期负债的能力进行计算与分析,说明企业长期偿债能力的基本状况及其变动原因,为进行正确的负债经营指明方向。反映长期偿债能力的主要财务指标包括资产负债率、产权比率和利息保障倍数等。

1. 资产负债率

资产负债率是负债总额与资产总额的比率。其中,负债总额为流动负债和非流动负债之和。资产负债率表明企业全部资产中负债所占的比重,它不仅是评价企业用全部资产偿还全部负债能力的指标,而且又是衡量企业负债经营能力和安全程度的指标。其计算公式如下:

$$资产负债率 = \frac{负债总额}{资产总额} \times 100\%$$

公式中的负债总额不仅包括非流动负债,还包括流动负债。这是因为流动负债作为一个整体,企业总是长期占用着,可以视同长期性资本来源的一部分。在企业正常生产经营活动中,一般总会保持一个相对稳定的流动负债数额,这部分流动负债可以成为长期性资本来源的一部分。本着稳健性原则,将流动负债包括在负债总额中计算资产负债率是合理的。

【例 11-8】 A 股份有限公司 2020 年的报表资料显示,期初负债总额为 404 322 万元,期末负债总额为 444 454 万元,期初资产总额为 1 118 897 万元,期末资产总额为 1 223 059 万元,该公司 2020 年的资产负债率指标计算如下:

$$期初资产负债率 = \frac{404\ 322}{1\ 118\ 897} \times 100\% = 36.14\%$$

$$期末资产负债率 = \frac{444\ 454}{1\ 223\ 059} \times 100\% = 36.3\%$$

计算可知,该公司期初、期末资产负债率都较低,说明企业资产偿还负债能力较强。

在分析资产负债率时,站在不同角度,对该指标的要求也不同。从债权人立场看,他们最关心的是贷给企业款项的安全程度,也就是能否收回本金和利息。因此,他们希望该比率越低越好,该比率越低,企业偿债有保证,其债权不会有太大的风险。从经营者的立场看,如果负债过大,超出债权人心理承受能力,企业就借不到钱。如果企业不举债,或负债比率过小,说明企业畏缩不前,对前途信心不足,利用债权人资本进行经营活动的能力很差。因此从经营者的角度看,资产负债率应该保持适度。

2. 产权比率

产权比率是指负债总额与所有者权益总额之比率,表明债权人提供的资金与所有者权益提供资金之间的比例及企业投资者承担风险的大小。其计算公式如下:

$$产权比率=\frac{负债总额}{所有者权益}$$

产权比率反映由债权人提供的资本与股东提供的资本的相对关系,反映企业基本财务关系是否稳定。产权比率高,是高风险、高报酬的财务结构。产权比率低,是低风险、低报酬的财务结构,该指标同时也表明债权人投入的资本受到所有者权益的保障程度。一般而言,该比率小于1时,企业应该是有偿债能力的,但还应结合企业具体情况加以分析。

3. 利息保障倍数

利息保障倍数是指企业息税前利润与利息费用的比率,用以衡量企业偿付借款利息的能力。其计算公式如下:

$$已获利息倍数=\frac{息税前利润}{利息费用}=\frac{利润总额+利息费用}{利息费用}$$

息税前利润是指扣除债务利息和所得税前的利润,该指标反映企业息税前利润为所需支付的债务利息的多少倍。只要已获利息倍数足够大,企业就有充足的能力偿付利息,否则相反。从长期看,已获利息倍数至少应当大于1,且比值越高,企业长期偿债能力一般也就越强。如果已获利息倍数过小,企业将面临亏损、偿债的安全性与稳定性下降等风险。至于已获利息倍数应为多少才算偿债能力强,这要根据企业历史资料结合行业平均水平来判断,同时从稳健原则出发,最好比较企业连续几年的情况,并选择最低指标年度的数据作为标准值。

三、营运能力分析

营运能力是指企业经营管理中利用资金运营的能力,主要表现为资产管理即资产利用的效率,反映企业资金周转状况。通过对企业的运营能力分析,可以了解企业的运营状况和经营管理水平。资金周转状况好,说明企业的经营管理水平高,资金利用效率高,反之说明资金的利用效率低,需要改进。企业资金的周转状况与供、产、销各个经营环节密切相关,任何一个环节出现问题,都会影响企业的资金正常周转。企业营运能力分析可以从流动资产、固定资产和总资产三个方面进行分析。

(一)流动资产周转情况分析

流动资产在企业资产中占有重要地位,流动资产管理好坏对提高企业经济效益、实现财务管理目标具有至关重要的作用。流动资产周转分析的指标主要有流动资产周转率、存货周转率和应收账款周转率。

1. 流动资产周转率

流动资产周转率是营业收入净额与全部流动资产的平均余额的比值。它是反映企业流动资产周转速度的指标。其计算公式如下：

$$流动资产周转率(次数)=\frac{营业收入净额}{平均流动资产余额}$$

$$流动资产周转天数=\frac{计算期天数}{流动资产周转率}$$

其中,营业收入净额指营业收入扣除销售退回、折让和折扣后的净额。

$$平均流动资产余额=(年初流动资产+年末流动资产)\div2$$

计算期天数应与平均流动资产数额的取值时间保持一致,如平均流动资产是一年的数额,则计算期天数应为 360 天;如平均流动资产取一个季度的数额,则计算期天数应为 90 天;如平均流动资产取一个月的数额,则计算期天数应为 30 天。

流动资产的周转次数和天数,均表示流动资产的周转速度。流动资产周转的速度越快,亦即每周转一次所需天数越少,会相对节约流动资产,等于相对扩大资产投入,增强企业盈利能力;反之,周转速度越慢,需要补充流动资产参加周转,会形成资金使用的浪费,降低企业盈利能力。

【例 11-9】 根据 A 股份有限公司 2020 年报表资料,本年营业收入净额为 3 040 804 万元,期初流动资产为 779 086 万元,期末流动资产为 786 333 万元,该企业 2020 年的流动资产周转率指标计算如下:

$$平均流动资产余额=(779\,086+786\,333)\div2=782\,709.5(万元)$$

$$流动资产周转率=\frac{3\,040\,804}{782\,709.5}=3.88(次)$$

$$流动资产周转天数=\frac{360}{3.88}=92.78(天)$$

计算结果表明,该企业流动资产周转速度较快。如果周转速度慢,企业可以进一步对销售工作、存货管理、货币资金管理及应收账款管理进行分析,发现问题所在,便于争取措施加以改进。而要正确评价流动资产管理情况,需要结合企业历史资料及同行业平均水平加以确定。

2. 存货周转率

存货周转率是指一定时期内企业营业成本与存货平均占用额的比率。该指标反映企业销售能力与流动资产流动性的一个重要指标,也是衡量企业生产经营各环节存货营运效率和管理状况的综合性指标。其计算公式如下:

$$存货周转率(次数)=\frac{营业成本}{平均存货余额}$$

$$存货周转天数=\frac{计算期天数}{存货周转率}$$

其中,

$$平均存货余额＝(期初存货＋期末存货)÷2$$

在流动资产中,存货所占比重较大,存货的流动性将直接影响企业流动资产的流动性。因此,必须特别重视对存货的分析。存货周转速度的快慢,不仅反映出企业生产经营各环节管理工作状况的好坏,而且对企业偿债能力及获利能力产生决定性的影响。一般来讲,存货周转率越高,周转天数越少,表明存货变现的速度越快,周转额越大,资金占用水平越低;反之,表示存货利用效率差。所以通过存货周转分析,有利于找出存货管理存在的问题,使存货管理在保证生产经营连续性的同时,尽可能少占用经营资金,提高资金的使用效率,提高企业短期偿债能力,促使企业管理水平提高。

虽然评价存货周转速度快慢取决于周转次数和周转天数的多少,但也不能绝对地看待这个问题。因为有时存货周转次数很多,周转天数很少,有可能会因为存货储备不足而影响生产或销售业务的进一步发展,特别是那些供应较紧张的存货,这样可能导致商品脱销,丧失销售机会。因此对存货周转率的评价应注意两点:一是注意存货的结构,看是否有积压、滞销的存货;二是要注意其他企业和行业水平。此外,在使用和计算存货周转率指标时,存货的计价方法有先进先出法、后进先出法、个别计价法、加权平均法等。一个会计期间内存货的计价方法必须保持一致,只能用一种计价方法,不能更换,否则会影响该指标的分析。

【例 11 - 10】 根据 A 股份有限公司 2020 年报表资料,本年营业成本为 2 337 599 万元,期初存货为 292 867 万元,期末存货为 185 292 万元,该企业 2020 年的存货周转指标计算如下:

$$平均存货余额＝(292\,867＋185\,292)÷2＝239\,079.5(万元)$$

$$存货周转率(次数)＝\frac{2\,337\,599}{239\,079.5}＝9.78(次)$$

$$存货周转天数＝\frac{360}{9.78}＝36.81(天)$$

3. 应收账款周转率

应收账款周转率是指一定时期内商品或产品营业收入净额与应收账款平均余额之间的比值。其计算公式如下:

$$应收账款周转率(次数)＝\frac{营业收入净额}{平均应收账款余额}$$

$$应收账款周转天数＝\frac{计算期天数}{应收账款周转率}$$

其中,

$$平均应收账款余额＝(期初应收账款＋期末应收账款)÷2$$

应收账款和存货一样,在流动资产中有着举足轻重的地位。及时收回应收账款,不仅可以提高企业短期偿债能力,也反映出企业应收账款管理的效率。一般来说,应收账款周转率越高,周转天数越短,说明应收账款变现速度越快,管理效率越高,说明企业收账速度快,账龄较短,资产流动性强,短期偿债能力强,可以减少收账费用和坏账损失,从而相对增加企业流动资产的投资收益。

应收账款周转速度的高低,不仅取决于销售收入的多少和应收账款占用额的合理与否,而且间接地取决于应收账款的账龄分布、企业的信用政策和客户的信用状况。在评价应收账款周转率指标时,应将计算出的指标与该企业的历史资料、同行业的平均水平进行比较,才能做出正确的评价。此外,应收账款指标分析应注意以下问题:一是季节性经营的企业使用这个指标时,不能反映实际情况;二是大量使用分期收款结算方式;三是大量使用现金结算的销售;四是年末销售大量增加或大幅下降。这些因素都会对该指标计算结果产生较大影响。

【例 11-11】 根据 A 股份有限公司 2020 年报表资料,本年营业收入净额为 3 040 804 万元,期初应收账款为 57 890 万元,应收票据为 167 534 万元,期末应收账款为 79 457 万元,应收票据为 25 122 万元,该企业 2020 年的应收账款周转率指标计算如下:

平均应收账款=(57 890+167 534+79 457+251 222)÷2=278 051.5(万元)

$$应收账款周转率(次数)=\frac{3\ 040\ 804}{278\ 051.5}=10.94(次)$$

$$应收账款周转天数=\frac{360}{10.94}=32.91(天)$$

(二) 固定资产周转率分析

固定资产周转率是指企业营业收入净额与固定资产平均净值的比率。它是反映企业固定资产周转情况,从而衡量固定资产利用效率的一项指标。其计算公式为:

$$固定资产周转率=\frac{营业收入净额}{平均固定资产净值}$$

其中,

平均固定资产净值=(期初固定资产+期末固定资产)÷2

固定资产周转率高,表明企业固定资产利用充分,同时也能表明固定资产投资得当,固定资产结构合理,能够充分发挥效率。反之,如果固定资产周转率不高,则表明固定资产使用效率不高,提供的生产成果不多,企业的营运能力不强。

(三) 总资产周转率分析

总资产周转率分析是企业营业收入净额与平均资产总额的比值。其计算公式为:

$$总资产周转率=\frac{营业收入净额}{平均资产总额}$$

其中,

平均资产总额=(期初资产总额+期末资产总额)÷2

总资产周转率用来衡量企业全部资产的使用效率,如果该比率较低,说明企业全部资产营运效率低,可采用薄利多销或多余资产等方法,加速资产周转,提高营运效率;如果该比率较高,说明资产周转快,销售能力强,资产营运效率高。

四、发展能力分析

（一）发展能力分析的意义

发展能力是指企业未来生产经营的发展趋势和发展水平。传统的财务分析评价仅仅从静态的角度出发来分析企业的财务状况，只注重分析企业的盈利能力、营运能力和偿债能力，在日益激烈的市场竞争中显然不够全面，不够充分。其原因在于：企业价值很大程度上取决于企业未来的获利能力，取决于企业销售收入、利润及股利的未来增长，而不是公司过去或现在取得的收益情况。而且无论是增强企业的盈利能力、偿债能力，还是提高企业的资产营运效率，都是为了满足企业未来的生存和发展的需要，即为了提高企业的发展能力。因此，全面衡量一个企业的财务状况，不仅应从静态的角度分析其经营能力，还应从动态的角度出发分析和预测企业的经营发展能力。

（二）发展能力分析的指标

分析评价企业的发展能力，主要是观察企业的经营规模、资本增值、生产经营成果、财务成果等增长情况，从而评价企业绩效。企业发展能力的分析及评价指标主要有营业增长率、净利润增长率、资本积累率、资产增长率等。

1. 营业增长率

营业增长率是企业本年营业收入增长额同上年营业收入的比率，其计算公式为：

$$营业增长率 = \frac{本年营业收入增长额}{上年营业收入} \times 100\%$$

该指标表明营业收入的增减变动情况，是分析和评价企业发展能力的重要指标。通过对企业增长率的分析，可以衡量企业经营水平和市场占有能力，预测企业未来的业务发展趋势。

营业增长率的指标值如果大于0，表明企业本年销售收入有所增长，指标值越高，表示增长速度越快，市场前景越好；如果小于0，则销售收入有所下降，产品滞销，市场份额萎缩。在对指标分析时，可结合企业历年销售水平、市场占有情况、行业未来发展等方面做趋势性分析和判断。

2. 净利润增长率

净利润增长率是企业本年净利润的增长额与上年净利润的比率，其计算公式为：

$$净利润增长率 = \frac{本年净利润增长额}{上年净利润} \times 100\%$$

净利润增长率越大，说明企业收益增长越快，企业经营业绩突出，市场竞争能力越强。反之，如果企业净利润增长率越小，甚至小于0，说明企业收益增长缓慢，甚至负增长，表明企业经营业绩不佳，市场竞争能力弱。因此，企业净利润增长率至少应大于0。

3. 资本积累率

资本积累率是企业年末所有者权益的增长额与年初所有者权益总额的比值。其计算公式为：

$$资本积累率 = \frac{本年所有者权益增长额}{年初所有者权益总额} \times 100\%$$

该指标体现了企业当年资本积累情况以及资本的保全性和增长性。指标越高，表明企业的资本积累增长越多，资本保全性越强。一般而言，该指标至少要达到0，如果小于0，则说明企业资本流失，此时要查明原因，予以改进。

4. 资产增长率

资产增长率是企业本年总资产增长额与年初资产总额的比率，其计算公式为：

$$资产增长率 = \frac{本年总资产增长额}{年初资产总额} \times 100\%$$

资产增长率是用来衡量企业资产规模增长幅度的财务指标。增长率为正数，说明企业本年度的资产规模获得增加，该指标数值越大，说明资产增长的速度越快；资产增长率为负数，则说明本年的资产规模减少；资产增长率为0，说明企业本年度的资产规模不增不减。

在对资产增长率进行具体分析时，应将企业资产增长率与销售增长、利润增长等情况结合起来分析，便于评价企业的资产规模增长是否适当。而且，由于企业资产来自负债和所有者权益，应进一步分析企业的资产增长中有多少来自所有者权益增长，有多少来自负债增长，并判定资产增长的资本结构是否合理。

第四节　综合财务分析

财务分析的最终目的在于全方位地了解企业的理财状况，并对企业经济效益的优劣做出系统的、合理的评价。单独分析任何一项财务指标，难以全面评价企业的财务状况和经营成果，要想对企业财务状况和经营成果有一个总的评价，就必须进行相互关联的分析，采用适当的标准进行综合性的评价。所谓财务状况综合评价就是将营运能力、偿债能力、盈利能力和发展能力等诸方面分析纳入一个有机的整体之中，全面地对企业经营状况、财务状况进行解剖和分析，从而对企业经济效益的优劣做出准确的评价与判断。财务状况综合评价的方法很多，其中应用比较广泛的有杜邦财务分析体系和沃尔评分法。

一、杜邦财务分析体系

杜邦财务分析体系亦称杜邦财务分析法，是指根据各主要财务比率指标之间的内在联系，建立财务分析指标体系，综合分析企业财务状况的方法。由于该方法最初由美国杜邦公司最先采用，故称为杜邦财务分析体系。它的主要作用是解释指标变动的原因和变动趋势，为采取措施指明方向。杜邦财务分析体系的基本结构如图11-1所示。

杜邦分析图中，包括以下几种主要的指标：

（1）权益报酬率是一个综合性最强的财务比率，是杜邦分析体系的核心。其他各项指标都是围绕这一核心，通过研究彼此之间的依存制约关系，从而揭示企业的获利能力及其前因后果。财务管理的目标是使企业价值最大化，权益报酬率反映所有者投入资金的获利能力，反映企业筹资、投资、资产运营等活动的效率，提高权益报酬率是实现财务管理目标的基本保证。该指标的高低取决于资产净利率和权益乘数。

（2）资产净利率是一个重要的财务比率，综合性较强。它是销售净利率与资产周转率的乘积，因此要进一步从这两个方面来分析。

（3）销售净利率反映了企业净利润与销售收入的关系。提高销售净利率是提高企业盈利的关键，而提高这一比率有两个主要途径：一是扩大销售收入，二是降低成本费用。

（4）资产周转率揭示出企业资产实现销售收入的综合能力。企业要结合销售收入分析企业资产的使用是否合理、流动资产和非流动资产的比例安排是否恰当。此外，还必须对资产的内部结构以及影响资产周转率的各具体因素进行分析。

（5）权益乘数反映所有者权益同资产的关系，同时也能够反映企业负债程度，权益乘数越大，企业负债程度越高。在总资产需要量既定的前提下，企业适当开展负债经营，相对减少所有者所占份额，可使权益乘数提高，这样能给企业带来较大的财务杠杆利益，但企业也需要承受较大的财务风险压力。因此，企业既要合理使用全部资产，又要妥善安排资金结构。

杜邦财务分析法作为一种综合分析方法，并不排斥其他财务分析方法。与其他分析方法结合，杜邦分析法不仅可以弥补自身的缺陷和不足，而且也弥补了其他方法的缺点，使得分析结果更完整、更科学。比如以杜邦财务分析为基础，结合专项分析进行一些后续分析，对有关问题做更深更细致的分析了解；也可结合比较分析法和趋势分析法，将不同时期的杜邦分析结果进行对比趋势化，从而形成动态分析，找出财务变化的规律，为预测、决策提供依据；或者与一些企业财务风险分析方法结合，进行必要的风险分析，为管理者提供依据。

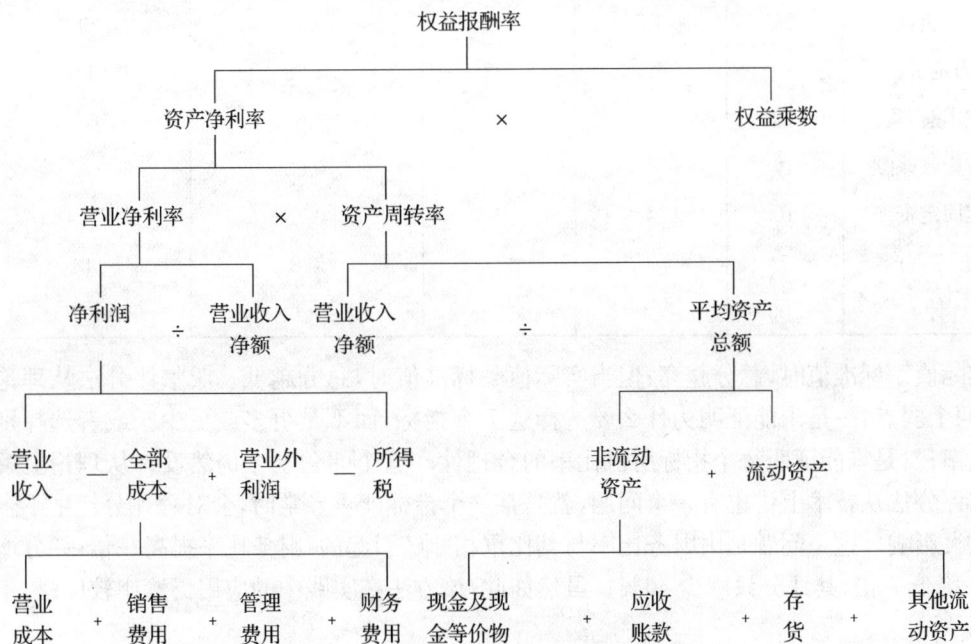

图 11-1 杜邦财务分析体系的基本结构图

二、沃尔评分法

美国财务学家亚历山大·沃尔于 20 世纪初出版的《信用晴雨表研究》和《财务报表比率分析》等著作中首次运用评分法进行财务评价，被称为沃尔评分法，后人在此基础上，将其进一步发展成现代财务评价的综合评分法。沃尔评分法是指将选定的财务比率用线性关系结合起来，并分别给定各自的分数比重，然后通过与标准比率进行比较，确定各项指标的得分及总体指标的累计分数，从而对企业的信用水平做出评价的方法。

沃尔在他的著作中提出了信用能力指数的概念，即把若干个财务比率用线性关系结合起来，以评价企业的信用水平。他选择了 7 种财务比率,即流动比率、产权比率、固定资产比率、存货周转率、应收账款周转率、固定资产周转率和自有资金周转率,并分别给定了其在总评价中占的比重,总和为 100 分;然后确定标准比率(以行业平均数为基础),并与实际比率相比较,得出相对比率,将此相对比率与各指标比重相乘;最后求出总评分,并据以对企业财务活动进行综合分析评价。

沃尔评分法的基本步骤包括:① 选择评价指标并分配指标权重;② 确定各项评价指标的标准值;③ 对各项评价指标计分并计算综合分数;④ 形成评价结果。

沃尔评分法的公式为:

$$实际分数 = 实际值/标准值 \times 权重$$

对某公司的财务状况用沃尔评分法进行分析,其结果如表 11-2 所示。

表 11-2 某公司沃尔评分表

财务比率	比重①	标准比率②	实际比率③	相对比率④=③/②	评分⑤=①*④
流动比率	25	2	2.5	1.25	31.25
净资产/负债	25	1.5	1.2	0.8	20
资产/固定资产	15	2.5	3.2	1.28	19.2
销售成本/存货	10	8	13	1.63	16.3
销售额/应收账款	10	6	5	0.83	8.3
销售额/固定资产	10	4	3	0.75	7.5
销售额/净资产	5	3	2.4	0.8	4
合　计	100				106.55

当实际值>标准值时,总分越高;但当实际值<标准值时,总分越低。沃尔评分法从理论上讲,有两个弱点:一是未能证明为什么要选择这 7 个指标,而不是更多或更少?或者选择别的财务比率;二是未能证明每个指标所占比率的合理性。这个问题至今仍然没有从理论上解决。沃尔评分法从技术上讲也有一个问题,就是某一个指标严重异常时,会对总评分产生不合逻辑的重大影响。这个问题是由财务比率与其比重相"乘"引起的:财务比率提高一倍,评分增加 100%;降低一倍,其评分只减少 50%。虽然如此,该方法在实践中的应用仍然比较广泛。

复习思考题

【思考题】

1. 财务分析的程序有哪些?
2. 简述财务分析的局限性。
3. 运用因素分析法应注意哪些问题?
4. 如何分析企业的偿债能力?
5. 如何进行存货周转率分析?
6. 如何进行每股收益分析?

7. 流动比率的优点与不足是什么?

8. 简述杜邦财务分析体系的基本原理。

【练习题】

一、单项选择题

1. 现金比率等于(   )与流动负债的比率。

A. 库存现金　　　　　　　　　　B. 现金和银行存款

C. 现金及现金等价物　　　　　　D. 货币资金

2. 如果资产负债率为50%,则产权比率为(   )。

A. 50%　　　　　B. 100%　　　　　C. 200%　　　　　D. 25%

3. 已获利息倍数中的利息费用是指(   )。

A. 短期借款利息

B. 长期借款利息

C. 财务费用中的利息和计入固定资产的利息

D. 财务费用中的利息

4. 属于综合财务分析方法的有(   )。

A. 比率分析法　　　B. 比较分析法　　　C. 杜邦分析法　　　D. 趋势分析法

5. 杜邦分析法主要用于(   )。

A. 企业偿债能力分析　　　　　　B. 企业周转状况分析

C. 企业财务状况的趋势分析　　　D. 企业财务状况的综合分析

6. 下列财务比率中,(   )可以反映企业的偿债能力。

A. 平均收款期　　　B. 销售利润率　　　C. 权益乘数　　　D. 已获利息倍数

7. 甲公司年初流动比率为2.2,速动比率为1.0,当年期初流动比率为2.5,速动比率为0.8。下列各项中能解释年初与年末之间差异的是(   )。

A. 赊销增加　　　　　　　　　　B. 存货增加

C. 应付账款增加　　　　　　　　D. 应收账款周转加速

8. 流动比率反映的是(   )。

A. 企业短期偿债能力　　　　　　B. 长期偿债能力

C. 流动资金周转状况　　　　　　D. 流动资产利用情况

9. 对应收账款的表述,正确的是(   )。

A. 应收账款周转天数越长,周转速度越快

B. 计算应收账款周转率时,应收账款余额不应包括应收票据

C. 计算应收账款周转率时,应收账款余额应为扣除坏账损失准备后的净额

D. 应收账款周转率越小,表明周转速度越快

10. 一般而言,短期偿债能力与(   )的关系不大。

A. 资产变现能力　　　　　　　　B. 企业再融资能力

C. 企业获利能力　　　　　　　　D. 企业流动负债

11. 对流动比率的表述正确的是(   )。

A. 流动比率高,并不意味着企业一定具有短期偿债能力

B. 流动比率越高越好

C. 不同企业的流动比率有统一的衡量标准

D. 流动比率比速动比率更能准确地反映企业的短期偿债能力

12. 有形资产负债率等于( )。

A. 负债总额/有形资产总额   B. 负债总额/主权资本总额

C. 负债总额/(资产总额-无形资产净值)   D. 负债总额/资产总额

13. 如果总资产息税前利润率高于负债综合利息率,则负债越多,主权资本利润率( )。

A. 越高   B. 越低   C. 不变   D. 不一定

14. 权益乘数越高,则( )。

A. 资产负债率越高   B. 流动比率越高

C. 资产负债率越低   D. 资产周转率越高

15. 杜邦财务分析体系的核心指标是( )。

A. 资产净利率   B. 销售净利率   C. 净资产收益率   D. 权益乘数

16. 如果流动比率大于1,则下列结论成立的是( )。

A. 速动比率大于1   B. 现金比率大于1

C. 营运资金大于1   D. 短期偿债能力绝对有保障

17. 某企业库存现金5万元,银行存款78万元,短期投资95万元,待摊费用10万元,应收账款40万元,存货110万元,流动负债400万元。据此计算出该企业的现金比率为( )。

A. 0.445   B. 0.845   C. 0.545   D. 0.57

18. 权益乘数是指( )。

A. 1/(1-产权比率)   B. 1/(1-资产负债率)

C. 产权比率/(1-资产负债率)   D. 资产负债率/(1-资产负债率)

19. 权益净利润率=( )×权益乘数。

A. 销售利润率   B. 资产净利润率   C. 成本利润率   D. 总资产报酬率

20. 销售(营业)增长率及资本积累率是反映企业( )状况的指标。

A. 偿债能力   B. 发展能力   C. 资产营运能力   D. 盈利能力

二、多项选择题

1. 财务分析的内容主要包括( )。

A. 分析企业生产能力   B. 分析企业偿债能力   C. 评价企业资产营运能力

D. 评价企业的盈利能力   E. 从整体上评价企业的资金实力

2. 在比率分析中常用的财务比率有( )。

A. 相关比率   B. 定基比率   C. 结构比率

D. 动态比率   E. 环比比率

3. 在比较分析中常用的指标评价标准有( )。

A. 公认标准   B. 国内标准   C. 国际标准

D. 行业标准   E. 目标标准   F. 历史标准

4. 下列指标中,反映偿债能力的指标有( )。

A. 流动比率　　　　B. 速动比率　　　　C. 产权比率

D. 已获利息倍数　　E. 现金比率

5. 下列说法正确的有( )。

A. 一般来说,流动比率越高,说明资产的流动性越大

B. 一般来说,速动比率越高,说明企业短期内可变现资产的偿还短期内到期债务的能力越强

C. 流动比率越高,则速动比率也越高

D. 对企业而言,现金比率越高越有利

6. 企业速动资产包括( )等。

A. 现金　　　　B. 存货　　　　C. 交易性金融资产　　D. 应收账款

7. 反映所有者对债权人利益保护程度的指标有( )。

A. 资产负债率　　　B. 产权比率　　　C. 净资产报酬率

D. 有形净值债务率　E. 权益乘数

8. 反映企业营运能力的指标有( )。

A. 应收账款周转次数　　　　　　　B. 应收账款周转天数

C. 存货周转次数　　　　　　　　　D. 存货周转天数

9. 关于应收账款,下列说法正确的有( )。

A. 应收账款周转次数多,周转天数少,表明应收账款周转快,企业信用销售严格

B. 应收账款周转次数少,周转天数多,表明应收账款周转慢,企业信用销售放宽

C. 应收账款周转次数越高,对企业越有利

D. 放宽的信用政策有利于促进企业扩大销售,增加销售收入,但会增加应收账款的资金占用和坏账成本

10. 分析企业短期偿债能力的指标有( )。

A. 流动比率　　　B. 负债比率　　　C. 速动比率　　　D. 权益乘数

11. 分析企业资金周转状况的比率有( )。

A. 速动比率　　　B. 利息保障倍数　　C. 市盈率

D. 应收账款周转率　E. 流动资产周转率

12. 对股份制企业,反映其获利能力的比率有( )。

A. 资产报酬率　　B. 市盈率　　　C. 每股股利　　　D. 销售净利润率

13. 根据杜邦分析方法可知,提高资产报酬率的途径可以有( )。

A. 加强负债管理,提高负债比率　　B. 加强资产管理,提高资产利用率

C. 加强销售管理,提高销售利润率　D. 增强资产流动性,提高流动比率

14. 分析企业短期偿债能力的指标有( )。

A. 流动比率　　　B. 应收账款周转率　　C. 速动比率

D. 权益乘数　　　E. 负债比率

15. 分析企业营运能力的指标有( )。

A. 流动比率　　　B. 存货周转率　　　C. 应收账款周转期

D. 资产净利率　　E. 净值报酬率

16. 下列指标中数值越高,企业获利能力越强的有(　　)。

A. 资产负债率　　　B. 净资产收益率　　　C. 产权比率　　　D. 资本收益率

17. 应收账款周转率越高,则(　　)。

A. 应收账款回收速度越快　　　　　　B. 应收账款周期越短

C. 流动资产流动性越强　　　　　　　D. 短期偿债能力越强

18. 影响存货周转率的因素有(　　)。

A. 销售收入　　　B. 销售成本　　　C. 存货计价方式

D. 进货批量　　　E. 应收账款周转速度

19. 企业财务分析的基本内容包括(　　)。

A. 偿债能力分析　　　B. 营运能力分析　　　C. 周转能力分析　　　D. 盈利能力分析

20. 下列财务比率中,比率越高,直接说明企业长期偿债能力越强的有(　　)。

A. 总资产收益率　　　B. 净资产收益率　　　C. 资产负债率

D. 利息保障倍数　　　E. 所有者权益比率

三、计算题

1. A 公司简单的资产负债表和损益表如下:

A公司资产负债表　　　　　　　　　　2020 年 12 月 31 日

资　产		负债及所有者权益	
现金	?	流动负债	?
交易性金融资产	5 000	长期负债(6%公司债)	?
应收账款	?	负债合计	?
存货	?	实收资本	40 000
流动资产合计	?	资本公积	20 000
固定资产净值	?	盈余公积	40 000
		未分配利润	20 000
		所有者权益合计	120 000
资产合计	?	负债及所有者权益合计	?

利润表　　　　　　　　　　2020 年

营业净额	?
营业成本	?
销售毛利	86 400
管理费用	?
财务费用	?
利润总额	?
所得税(50%)	?
净利润	?

公司的其他资料为：① 销售净额全部为赊销额；② 产权比率为 1∶2；③ 应收账款平均周转期为 26.67 天，期初应收账款余额为 30 000 万元；④ 存货周转率为 3，期初存货为 16 300 万元；⑤ 已获利息倍数为 18；⑥ 销售毛利率为 20%；⑦ 现金比率为 2.24；⑧ 管理费用占销货净额的 10%。

要求：根据上述资料将资产负债表、利润表中打问号的项目计算出来。

2. 某公司年初存货为 24 000 元，年初应收账款为 18 000 元，本年末计算的流动比率为 2.5，速动比率为 1.1，存货周转率为 5 次，流动资产为 50 000 元，本年销售成本率为 70%，期末速动资产中除了 2 000 元货币资产外均为应收账款。

要求：计算该公司年末的流动负债、速动资产、应收账款、存货以及本年度销售收入、销售成本、应收账款周转期。

第十二章　财务管理相关专题

学习目标

　　了解跨国公司财务管理的特点，掌握外汇市场几种主要的外汇交易业务以及外汇风险的管理，理解跨国公司筹资管理、投资管理和营运资本管理的基本内容。了解公司并购的含义与类型，理解公司并购的动机、风险、主要支付方式及特点，掌握公司并购的价值评估方法。理解企业破产的基本概念，掌握企业重整的程序、债务和解的方式与程序、破产清算的程序，掌握破产财产、破产债权、破产费用和共益债务的概念以及破产财产的分配。

第一节　跨国公司财务管理

　　跨国公司是一个由经济实体构成的工商企业，其主要内容包括：① 由一系列企业在两个或两个以上国家开展经营活动。② 这些企业推行总公司的全球战略，并且共担风险、共享资源。③ 这些企业在一个共同控制体系下开展经营活动。该控制体系以股权、合同或其他安排为依据。所以，跨国公司是在一定程度上通过集中控制，在两个或两个以上的国家从事跨国界生产经营活动的现代经济实体。

　　跨国公司是科技革命、企业组织创新和管理技术发展的产物，也是当今世界市场上组织国际经济活动最重要的实体。随着"牵一发而动全身"的全球经济体系的形成，各国市场之间的相互依赖性日渐提高，跨国公司须面临更多更激烈的国际竞争，这种竞争实质上就是如何在全球范围内有效配置和运用公司有效的资源。因此，跨国公司需要重视跨国公司财务管理，只有从全球市场的视野出发，做出各种投资、融资决策，提高效率，才能获得更多的生存及发展空间，才能在复杂多变的经济大环境下保持竞争优势，持续稳定发展。

一、跨国公司财务管理的特点

　　跨国公司财务管理是企业国际化与金融市场一体化的必然产物，其研究的领域涵盖一般财务管理的范围，但研究的角度却异于一般财务管理。跨国公司财务管理从全球的角度探讨各个论题，亦即考虑公司跨越不同的文化、政治及经济背景，以及国际情势改变所导致利率、汇率、商品价格等因素的变化。与一般国内企业财务管理相比，跨国公司财务管理具有以下几方面的特征。

（一）波动不定且难于预测的汇率变动带来更大的外汇风险

　　浮动汇率制度的引入和汇率的波动不变增加了跨国公司经营环境的不稳定。汇率的波动影响着跨国公司经营活动和国际投资组合的收益和风险。汇率波动给跨国公司带来机遇的同时也带来了挑战和压力,使跨国经营企业要承受汇率变动所带来的交易风险、经济风险和折算风险等不同形式的外汇风险。因此,如何规避汇率风险显然是跨国公司财务管理必须解决的重要问题之一。

（二）市场的不完全性给公司带来更多的机会和风险

世界经济一体化进程不断向前推进的同时,世界各国的市场尚存在较大的不完全性,包括不完全的商品市场、不完全的要素市场以及政府对市场的干预等。市场的不完全性给跨国公司从事跨国界经营活动带来更多机会的同时也带来了更大的风险。

（1）国际金融市场的快速发展和金融工具的不断创新给跨国公司带来更多的机会和风险。货币期货、期权和互换的出现使跨国公司在全球范围内筹措资金的风险不断增大;货币市场和资本市场全球一体化进程的进一步发展,为跨国公司带来了可以利用和发挥的机会和优势;投资者可通过国际资本市场进行分散投资组合,从而降低系统风险和资本成本。这就要求跨国公司财务人员了解和掌握跨国公司面临的国际金融市场的各种融资机会、金融工具和融资方式,制定全球融资战略,为母公司及其分支机构筹措适当规模的资金,并使融资成本降到最低。

（2）跨国公司的全球化经营使跨国公司拥有国际资本市场、东道国金融市场、母公司所在国资金市场以及跨国公司内部的资金调度等多元融资渠道和方式,从而使其资金融通具有渠道多、筹资方式灵活、融资选择余地大而广等特征,但各国政府各种各样的行政干预以及社会、经济、技术等方面的原因使得国际资本市场不断细分。这就要求跨国公司抓住机会,从全球范围内权衡利弊,选择最适合公司整体利益的融资方案。

（3）跨国公司的经营特征是国际化、多样化、内部化和全球化。跨国公司的全球化经营,在使其选择机会增加的同时,所面临的国际政治、经济环境中的各种风险因素也大为增加。由于各国的经济、政治、法律、社会、文化环境不同,给跨国公司的经营活动带来的影响和风险也不同。因此,在进行跨国公司财务管理时,不但要熟悉和考虑母公司本国的环境因素,而且需要深入了解所涉及国家的有关情况,并充分考虑和关注国际形势及有关国家的政治、经济、文化和法律等政策和制度方面的重大变化,如各国利率的高低、汇率的变化、外汇管制政策等。

（三）多层次委托代理关系使跨国界财务控制成为关键

跨国公司作为跨国界的集团公司,是现代企业制度的最高组织形式。它通过对外直接投资等方式组建成一个由母公司、子公司、孙公司等构成的多层次企业王国,同时也形成了多层次委托代理关系。一方面,跨国公司整体作为一个经济实体,其管理当局是公司董事会的代理人,必须以股东财富最大为财务管理目标;另一方面,跨国公司同时又是一个出资者,以对外直接投资等方式形成了众多分支机构。基于此,跨国公司董事会、公司管理当局、子(分)公司等之间形成了多层次的委托代理关系。由于跨国公司的规模大且分散于各国,跨国公司的代理成本往往高于一般公司。此外,跨国公司的一体化生产体系实际上是企业内部的分工在国际范围内的再现,并通过母公司与国外附属公司之间以及各附属公司之间的内部交易得以实现和正常运作。跨国公司为了指导各个业务的运作,协调国外各附属公司的经营活动,一般需要从全球环境的竞争态势出发,将跨国公司所属各机构、各部门视为一个整体,确定符合整体最大利益的总目标及相应的方针、策略和方法。由此可见,如何在全球范围内合理配置和有效运用公司资金、评估投资项目并对各下属分支机构的经营业绩进行合理评估;如何将集权与分权有机结合起来,形成较为合理的财务控制体系,是许多跨国公司面临的新问题,也是跨国公司经营能否成功的关键所在。

二、外汇市场和外汇风险

对于跨国公司而言,首先要解决的是各种货币间交易的问题。从事各种货币交易的金融市场就是外汇市场,各种货币交易的价格就是汇率。汇率通常处于变动之中,它的变化会极大地影响跨国公司的财务状况和经营成果,乃至市场价值。根据汇率变化对跨国公司影响的不同方面,汇率风险可分为折算风险、交易风险和经济风险。各种风险的客观存在,要求跨国公司在尽量准确预测汇率变化的同时,采取相应措施加以防范,减少损失。

（一）外汇市场

外汇市场(Foreign Exchange Market)是在国际间从事外汇买卖的交易场所。在外汇市场中,交易主体是来自各个国家的政府、银行和跨国企业,交易对象是各个国家发行的货币。因此,对于跨国公司而言,了解外汇市场的基本要素(汇率及外汇交易)是非常必要的。

1. 汇率

汇率(Foreign Exchange Rate)是指将一个国家的货币折算成另一个国家的货币时所使用的比率,通常是以一国货币表示的另一国货币的价格。例如,当前外汇市场上,1美元兑换6.15元人民币,这就意味着人民币对美元的汇率是6.15元,如果中国企业要在外汇市场上购买100美元,就必须支付615元人民币。

汇率的标价方法有两种:一种是直接标价法,即以本国货币表示每单位外币的价格。如在中国外汇市场上,6.1529元人民币＝1美元就是直接标价。另一种是间接标价法,即以外国货币表示每单位本币的价格。例如,在中国外汇市场上,0.1625美元＝1元人民币就是间接标价。由此可见,直接标价与间接标价是成倒数关系的。大多数国家(包括我国在内)目前采用的都是直接标价。

作为外汇市场中介者的外汇银行在对外报价时,一般要同时报出买入价和卖出价。买入价和卖出价的差额就是银行的利润。例如,德国外汇市场上,马克对美元的报价为1.4500德国马克＝1美元和1.4520德国马克＝1美元。前者表示德国外汇银行愿意买入美元的价格,后者则是德国外汇银行愿意卖出美元的价格,买入价和卖出价之间的平均价格为中间价,一般以中间价来表示外汇的汇率。

2. 外汇交易

根据外汇交易交割时间的不同,外汇交易大致可分为如下几类:即期外汇交易、远期外汇交易和掉期外汇交易。即期外汇交易要求立即交割外汇;远期外汇交易是指在将来的某个时间交割外汇的远期合约;而掉期外汇交易是指同时确定买进和卖出某一货币的两个合约,但这两个合约的交割日有所不同。

（1）即期外汇交易。

即期外汇交易是外汇交易的基本形式,在银行间外汇交易额中占了很大比重。通常银行与客户之间的外汇交易都采用即期交易的方式,即期交易中所采用的汇率称为即期汇率。

（2）远期外汇交易。

远期外汇交易是指交易双方约定在将来某日,按现在确定的某一汇率,交割某一确定金额的外汇的协议。银行在报远期汇率时,一般只报1个月、2个月、3个月、6个月和12个月的外汇汇率。少数远期外汇合约的期限甚至超过 12 个月。

同一个远期外汇交易,既可以被称为"买远期",也可以被称为"卖远期"。究竟是"买远期"还是"卖远期",则要视所指的货币而定。例如,客户打算签订一个 3 个月后用美元买马克的远期外汇合约,则对他而言,既可称为"买马克远期",也可说是"卖美元远期"。在外汇远期交易中,远期汇率与即期汇率的差异称为"贴水"或者"升水"。可以用公式表示如下:

$$远期升水或贴水 = \frac{远期汇率 - 即期汇率}{即期汇率} \times \frac{12}{n} \times 100\%$$

式中,n——远期合约的期限,以月为单位。

例如,在法兰克福市场上,美元对德国马克的即期汇率为 DM1.450 5/\$1;6 个月的远期汇率为 DM1.431 0/\$1。由于美元的远期汇率低于即期汇率,所以是美元贴水,或者是马克升水。

$$6 个月的美元贴水 = \frac{1.431\ 0 - 1.450\ 5}{1.450\ 5} \times \frac{12}{6} \times 100\% = -2.69\%$$

美元的远期贴水实际就是德国马克的远期升水。

(3)掉期外汇交易。

掉期外汇交易是指在同一时间里客户(通常是与同一家银行)签订购买和出售同等(或相近)金额外汇的两个合约。这两个买卖合约的交割日有前后之别。

常见的掉期外汇交易形式为"即期对远期(Spot Against Forward)"。外汇交易商在即期市场上买入(或卖出)某一货币,同时又在远期市场上向同一家银行卖出(或买入)同等(或相近)数目的该货币。

另一种比较复杂的掉期外汇交易是"远期对远期(Forward Against Forward)"。例如,一个外汇交易商以 1.450 0 德国马克=1 美元的远期汇率买入 2 个月后交割的远期美元 1 000 美元(2 个月后,他将付出 1 450 马克,换取 1 000 美元),同时又以 1.430 0 德国马克=1 美元卖出 4 个月后交割的远期美元 1 000 美元。

与外汇交易的类型相对应,外汇交易的场所包括即期外汇市场、远期外汇市场、外汇期货市场和外汇期权市场。

(二)外汇风险

外汇风险(Foreign Exchange Risk)又称外汇涉险(Foreign Exchange Exposure),是指汇率变动对公司盈利能力、净现金流量和市场价值的潜在影响。跨国公司财务管理人员的一个重要工作就是把握外汇风险状况并进行风险管理,以保证公司价值实现最大化。

根据影响内容的不同,跨国公司在经营中面临的外汇风险主要有三种类型:会计风险、经济风险和交易风险。

1. 会计风险(Accounting Exposure)

会计风险又称为折算风险(Translation Exposure),指的是子公司财务报表折算过程中给跨国公司带来损失的可能性。它的产生,是因为跨国公司需要将子公司以外币计值的财务报表转换成统一以母国货币计值的合并财务报表。会计风险并不影响企业当期的现金流量,但可以给企业带来账面上的损益。在进行财务分析时,会使各种财务比率发生变动。

2. 经济风险（Economic Exposure）

经济风险又称为营运风险（Operating Exposure），是指意料之外的汇率变动对跨国公司未来可获得现金流量的现值所产生的影响。经济风险既可能给跨国公司的净现值带来增益也有可能带来损失。这种影响的大小取决于汇率变化对未来销售量、价格和成本的影响。跨国公司在制定跨国经营、跨国投资决策之前，必然要针对汇率波动进行相应的预测，并有针对性地制定风险管理措施，因此，那些事先预料到的汇率波动不会构成经济风险，只有那些始料未及的汇率变动才是经济风险的根源。

3. 交易风险（Transaction Exposure）

交易风险是指那些以外币计价的、已达成但尚未结算的交易，在交易发生到交易完成的这段时间内因汇率发生变动而使本币价值发生变动的风险。跨国的赊买赊卖、远期外汇买卖或者以外币计值的借贷活动都会涉及交易风险。交易风险会影响企业当期的现金流量和账面损益。

（三）外汇风险管理

1. 会计风险的识别与管理

在跨国公司经营中，海外子公司的资产和负债计值所使用的货币与母公司财务报表中所使用的货币有功能货币和报告货币之分。功能货币是子公司经营并获得现金流量的基本经济环境中使用的货币，报告货币是母公司财务报表所使用的货币，通常是母国货币。在编制合并报表的过程中，折算所运用的会计方法不同，就会影响会计风险的大小。不同国家对于外部报表的折算方法迄今为止并未形成一致的意见，就目前来看主要有以下四种折算方法：区分流动与非流动项目法、区分货币性与非货币性项目法、时态法和现行汇率法。

（1）会计风险的计量。

跨国公司海外经营子公司报表折算过程中的会计风险的大小与所选用的折算方法密切相关，但无论采用哪一种折算方法，会计风险的计算公式是一样的：

$$会计风险＝（受险资产－受险负债－受险权益）×汇率变动$$

不同方法下，受险项目的界定是不一样的。以现行汇率法为例，受险资产是资产负债表中所有资产项目之和，受险负债是所有负债项目之和，没有受险权益。

此外需明确的是，不同外币报表折算方法的选择是影响会计风险的主要原因，但并不是唯一的原因，国际经营方式和货币相关性等因素也会对跨国公司的会计风险产生影响。

（2）会计风险的管理。

为了防范会计风险，跨国公司通常采用资产负债表保值方法，以轧平净风险资产头寸。不论公司采用什么样的折算方法，只要使资产负债表中的受险资产和受险负债、受险权益在总额上达到平衡时，外币汇率变动所带来的会计风险将会自动对抵。外汇汇率上升，该种外币资产的升值将被等值的同种外币负债的增加而抵消；外汇汇率下跌，该种外币资产的贬值也将与外部负债的减少相抵，最终风险为零。

2. 经济风险的管理

经济风险影响跨国公司的现金流量，并且最终影响公司的价值。由于经济风险的作用是多方面的，而且是长期的，所以经济风险的管理是一种重要的管理技巧。跨国公司通常在世界范围内设有多个生产场地和销售市场，它们主要通过这种多元化的分散经营来管理和防范经济风险。具体来说,跨国公司的经济风险控制主要体现在行销管理、生产管理和财务管理三个方面。

针对汇率和相对价格的变动,在行销管理方面,可以考虑选择合适的市场和分销渠道,开发生产适销对路、富有竞争力的产品,确定恰当的产品价格以及采取强有力的推销、促销策略;在生产管理方面,可以考虑选择合适的厂址,变更投入物的来源地,从软通货国家进口更多的原材料和零部件,降低生产成本等;在财务管理方面,可以利用多种保值方法,还可以通过外币债务构成的调整来实现汇率风险的控制。

3. 交易风险的管理

交易风险主要涉及两大类型的交易:一是已经列入资产负债表的应收应付科目,即信用贸易和外币资金借贷;二是尚未列入资产负债表的但会引发未来的应收应付款项的交易,如外汇远期合约、应付租赁费、尚未履行的客户订单等都属于此类。

交易风险的控制方法主要有契约保值和经营策略两类。主要的契约保值手段包括在远期市场、货币市场、期货市场和期权市场上的保值,还包括互换协议对等贷款、货币互换和信用互换等。跨国公司的经营策略常常要考虑外汇交易风险,因此有些经营策略可用于控制交易风险,这些策略往往和跨国公司财务系统的运作分不开,如定价政策、提前与延期结汇、建立再开票中心等。

三、跨国公司筹资管理

(一) 跨国公司筹资方式

跨国公司的筹资方式,与单纯的国内企业筹资方式相比,有相同的地方,也有不同之处。现介绍其中带有国际特色的筹资方式。

1. 发行国际股票

股票是股份公司为筹集自有资金发行的有价证券,是投资人入股和取得收益的凭证。所谓国际股票是指一国企业在国际金融市场或国外金融市场上发行的股票。比如,中国的股份有限责任公司在美国纽约证券市场上发行的股票,美国企业在英国伦敦金融市场上发行的股票都属于国际性股票。随着世界经济的一体化,股票的发行也已超越国界,出现了国际化趋势,许多大企业特别是大型跨国公司都到国际金融市场上发行股票。

跨国公司在国际或国外金融市场上发行股票与国内企业相比,具有以下有利条件:跨国公司规模大、信誉好,有利于股票发行;跨国公司业务散布多国,对国外或国际金融市场情况比较了解;跨国公司可以通过在国外的分支机构在当地发行股票,能节约发行费用。

公司利用发行股票方式筹集资金,能迅速筹集外汇资金,提高企业信誉,有利于企业以更快的速度向国际化发展。但到国外发行股票必须遵守国际惯例,遵守有关国家的金融法规,发行程序比较复杂,发行费用也比较高。

2. 发行国际债券

一国政府、金融机构、工商企业为筹措资金而在国外市场发行的使用外国货币为面值的债券,即为国际债券。国际债券可分为外国债券和欧洲债券。外国债券是指一国的借款者在另一国国内的资本市场所发行的并以发行地的货币作为计价货币的债券。例如,日本公司在美国发行以美元计价的债券,此债券属于外国债券。欧洲债券是指国际借款人在其本国以外的债券市场上发行的不是以发行所在国的货币为面值的债券。例如,日本公司在法国债券市场上发行的美元债券,美国公司在瑞士、英国、法国等地的资本市场同时发行以美元计价货币的债券,都属于欧洲债券。

欧洲债券与外国债券相比,有许多不同之处,主要如下:外国债券是记名债券,而欧洲债券是不记名债券;外国债券通常由一家投资银行负责发行,欧洲债券则因发行金额过于庞大,通常由许多家银行组成一个银团,并由各成员各自分摊一部分的销售;外国债券受发行地的政府管制,发行成本高且发行速度慢,而欧洲债券由于不以发行地货币作为计价货币,因此不受发行地政府的管制,发行速度快;外国债券的利息一般半年支付一次,而欧洲债券通常一年付息一次。

3. 国际银行信贷

国际银行信贷是一国借款人向外国银行借入资金的信贷行为。国际银行信贷按其借款期限可分为短期信贷和中长期信贷两类。短期信贷的借款期限一般不超过1年,跨国公司借入短期资金,一般是为了满足流动资金需求。中长期信贷的贷款期限一般在1年以上10年以内。中长期借款金额大,时间长,银行风险大,因此借贷双方要签订贷款协议,对贷款的有关事项加以详细规定。另外,借入中长期贷款一般要提供担保财产。国际银行信贷按其贷款方式分为独家银行信贷与银团贷款两种。独家银行信贷又称为双边中期贷款,它是一国贷款银行对另一国的银行、政府及企业提供的贷款,贷款期限一般为3—5年,贷款金额最多为1亿美元。银团贷款又称辛迪加贷款,它是由一家贷款银行牵头,由该国的或几国的多家贷款银行参加,联合起来组成贷款银行集团,按着同一条件共同对另一国的政府、银行及企业提供的长期巨额贷款,银团贷款期限一般为5—10年,贷款金额为1亿~5亿美元,有的甚至高达10亿美元。目前,国际的中长期巨额贷款一般都是采用银团贷款方式,以便分散风险,共享利润。

4. 利用国际贸易信贷

国际贸易信贷是指由供应商、金融机构或其他官方机构为国际贸易提供资金的一种信用行为。当前,国际上巨额的对外贸易合同的签订,大型成套设备的出口,几乎没有不与国际贸易信贷结合在一起的。国际贸易信贷按贷款期限分为短期信贷和中长期信贷。短期信贷是指期限在1年以内的信贷,中长期信贷是指期限在1年以上的信贷。由于国际贸易中的中长期信贷的目的是为了扩大出口,故称之为出口信贷。出口信贷主要包括以下两种:一是卖方信贷,这是指在大型机械或成套设备贸易中,为便于出口商以分期付款方式出卖设备而由出口商所在国银行向出口商(卖方)提供信贷;二是买方信贷,这是指在大型机械设备或成套设备贸易中,由出口商所在国的银行贷款给外国进口商或进口商所在国的银行的信贷,这种信贷有利于进口商迅速筹集资金,扩大出口商出口。

5. 利用国际租赁

国际租赁是指一国从事经济活动的某单位,以支付租金为条件,在一定时期内向外国某单位租借物品使用的经济行为。通过国际租赁,跨国公司可以直接获得国外资产,较快地形成生产能力。

(二)跨国公司筹资管理的影响因素

跨国公司资金来源的多样性、筹资方式的灵活性说明了跨国公司筹资的复杂性,因此,需进行深入细致的研究,以降低资金成本,减少财务风险,跨国公司筹资管理应注意以下几个问题。

1. 外汇风险

跨国公司在进行筹资时，首先碰到的问题就是货币单位不同。在筹资时，子公司不论从什么渠道获得资金，也不论以什么货币表示，都必须按东道国的货币进行计量和反映。同时，母公司也要从所有者利益出发，用本国货币来评价子公司的资金成本与资本结构，这就产生了不同货币的折算问题。不断变化的汇率会给跨国公司带来汇率风险。

2. 资金市场分割

国外子公司可直接参与当地资金市场，获得各种资金，从而为跨国公司开辟新的资金来源。这样，跨国公司可利用多国的有利条件，选用最有利的资金来源，以达到资金成本最低的目的。跨国公司的这种资金来源的多样化，取决于资金市场的分割，由于各个国家的资金市场不完全一样，各国的融资条件存在明显差异，跨国公司可以利用这些差异降低资金成本，减少财务风险。

3. 外汇管制

外汇管制，是指一国政府通过法令形式对国际结算、外汇买卖以及汇率实行的限制。多数发展中国家都存在外汇管制问题。如果子公司东道国存在外汇管制，那么，由于买卖外汇比较困难，汇率也不合理，子公司的外币筹资就会受到影响，从而影响跨国公司融资战略目标的实现。

四、跨国公司投资管理

跨国公司对外直接投资是指跨国公司在一个或数个国家通过直接投资设厂、建立原材料基地或销售渠道等实物性资产投资手段以获得一定收益的活动。

（一）国际直接投资动机

跨国公司直接投资动机可分为战略性动机、行为性动机和经济性动机三种。

1. 战略性动机

跨国公司为了实施其全球经营战略，必须借助对外直接投资这种投资形式，其基本动机在于：

（1）获取原材料。

对于矿业、种植业等特殊行业，对原材料的需求显然是影响选择采掘地点、加工或生产活动地点的特殊因素。如果跨国公司一经获得对原材料、加工过程、农产品最终市场及运输的控制，则该跨国公司也就拥有特殊优势，从而可避免被人控制并保障自身经营安全，同时还可以据此获得更多的利润。

（2）寻求知识。

为使企业尽可能多地掌握新知识、新理念以及新的制造技术和工艺，跨国公司往往以某种方式来学习技能，以便日后利用。众所周知，先进的技术、技能和信息都是无形资产，具有很强的专用性，很难为他人所模仿和掌握，企业一旦占有这些资产，就可使局外企业难于从这方面进入市场展开竞争，从而形成企业的垄断优势，进而可以给企业带来丰厚的超额利润。因此，一些跨国公司有意识地到技术先进国家进行投资，以获取这些先进技术。

（3）降低成本。

如果竞争对手已在国外拥有生产低成本产品的途径，那么对于一些发达国家的跨国公司而言，紧随竞争对手进行海外投资是其保持母国市场份额的必要条件。竞争对手一旦在国外利用当地廉价的原材料和人工生产产品并出口到母公司市场,那么将威胁到该跨国公司在母国已拥有的市场份额。跨国公司为与竞争对手进行有效竞争并维持市场份额,需要提高全球审视能力,寻找世界范围内的低成本生产基地或生产技术。

(4) 规模经济。

在一些固定成本比率相对较高的行业中的企业,必须从事大批量销售以求保本,这就要求企业有广大的产品市场,当国内市场日趋饱和时,企业不得不将视野移向海外,开辟新的海外市场并占领海外市场,据此提高产品销售量,降低成本,充分发挥有利的经营杠杆作用,提供企业的生产效率和盈利能力,从而实现规模经济效益。

2. 行为性动机

跨国公司进行海外投资,有其行为性动机,主要表现在:担心失去市场,追随竞争对手和回击国内市场的竞争等。

3. 经济性动机

跨国公司有时也出于发挥其特定优势的动机而进行国外直接投资,这些特定优势如所有权优势、市场内部化优势和区位优势等。这些特定优势也就构成了企业国外直接投资的经济性动机。

(二) 国际投资风险

国际投资固然可以为企业创造更多的利润,但是也会给企业带来更大的风险,主要包括政治风险、外汇风险和经营风险。其中外汇风险前已述及,这里主要分析的是政治风险和经营风险。

1. 政治风险

政治风险是指因东道国发生政治事件或者东道国与母国甚至与第三国政治关系发生变化而引起的对跨国公司价值产生影响的可能性。从理论上讲,政治风险对跨国公司的影响可能是积极的,也可能是消极的。但在实务上,管理当局通常将注意力集中在可能的消极事件上。政治风险主要包括国有化风险、战争风险、转移风险和其他风险。

2. 经营风险

经营风险是指由于生产经营上的原因给投资收益带来的不确定性。它来源于跨国公司外部条件的变动和内部原因两个方面。来源于外部的经营风险主要包括:经济形势和经营环境的变化、市场供求和价格的变化、税收调整和通货膨胀率的变化,以及其他在经营过程中可能遇到的外部影响;来源于内部的经营风险主要包括:技术装备、产品结构和设备利用率的变化、工人生产率和原材料使用情况的变化、可能出现的事故、企业人员的素质以及企业应变能力等。

(三) 国际投资风险管理

1. 认真进行投资风险的科学论证

在投资前,搜集有关资料,采用定性和定量结合的方法,从宏观和微观两个方面评价投资风险的大小,选择风险较小而且效益较高的投资方案,并预先采取防范投资风险的措施。

2. 参加国外投资保险

企业按规定参加国外投资保险,万一发生风险并给投资人造成损失,保险机构按合同支付保险金,降低企业损失。这样的保险机构如美国的"海外私人投资公司"、中国人民保险公司等,一般承保的风险类型主要是所有权被剥夺、战争损失和转移风险等。

3. 正确安排各方面的利益关系

设法把东道国内的子公司的原材料、零部件等市场与其他国家市场连在一起,而且带有无法避免的依赖性;公司设法在国际上寻找利益相关者,尤其是利用筹集资金的机会把风险分散到东道国,其他第三、第四国和国际金融机构等方面;当公司进入东道国进行投资时,可以选择利用当地各个不同利益集团分散风险。

4. 改善生产经营管理

为了控制国外投资企业的经营风险,可以采取以下措施:经营多样化、分散化;密切关注国内外市场变化,按市场需要组织生产,保证产品及时销售;签订长期供销合同,预先固定材料和商品的供销价格,以防止价格变动对利润产生不利的影响。

五、跨国公司营运资本管理

跨国公司营运资本管理与国内公司营运资本管理基本相同,两者都关注流动资产与流动负债的组合。国内营运资本与跨国营运资本的本质区别在于通货膨胀、潜在的汇率控制和税收管辖权等的影响程度。因此,跨国营运资本的管理显得更为复杂。

跨国营运资本管理主要包括现金管理、应收账款管理、存货管理,以及对引起现金流变动的股权投资及内部贷款、特许权使用费及总公司管理费用的管理等。做好营运资本的管理对公司发展意义重大。

(一)现金管理

跨国公司置存现金的目的主要在于满足其交易性需要和预防性需要,前者指需要有现金支付日常的业务开支,后者指需要有现金用于防范意外。我国跨国公司实施跨国经营的时间短,目前总体处于跨国公司的创业阶段。一般认为,在创业初期,跨国公司应以集权型现金管理体制为主,即公司财权绝大部分集中于母公司,母公司对子公司严格控制、统一管理,从全局角度出发,优化资源配置,提供资金使用效率。

1. 集权型现金管理体制的优点

有利于降低现金的持有总成本,提高公司的整体盈利能力;可以有效促使公司内部现金管理专业化和提高管理效率;公司的管理者站在整个公司的视角,可以正确认识存在的问题和面临的机遇;有利于避免外汇风险,各国货币币值高低起伏,汇率波动很大,利率动荡不定,集中管理可以从整体上考虑问题,有利于避免外汇风险;能使公司在法律和行政约束范围内,最大限度地利用转移定价机制,增强公司盈利能力,并使公司在全球范围内保持高度的弹性和应变能力。

2. 集权型现金管理体制的基本要求

首先,公司内部需成立现金管理中心或性质类似的部门对现金进行总体管理。跨国公司各个分支机构只保留一定的现金以满足其交易性需要,且集中由公司总部设立的"中央现金库"拨付意外支出。当子公司的现金存量因发生意外支出而短缺时,由总库立即拨付。此外,受生产经营的季节性变动等因素作用,各子公司的日常实际现金收支往往难以达到均衡。可由总部从全局出发,进行现金的跨国平衡调度。

其次,总部管理人员要做好现金管理。总部管理人员必须能及时取得各国货币市场及外汇市场的相关信息,将跨国公司的现金总额在各种可能性之间进行分配,以实现现金的合理布局。现金的布局主要包括币种的选择和货币市场工具的选择。在币种选择上,应首选"硬货币",如果所投资国的货币不能自由兑换或汇出,则应尽量减少该国公司持有的当地货币现金余额。当某国子公司在日常交易中确实需要某种"软货币"时,则其持有的该种货币也应该以能够应付交易需要为限。在货币市场工具的选择上,要有风险防范意识,对同一货币应以不同的货币市场工具持有,如活期存款、可转让定期存单、银行承兑汇票等,以减少预期风险。在选择类似工具时,除各自的收益率、流动性及风险情况外,还应视各个金融市场的情况而定。

最后,建立完善的报告体系。通过对子公司现金余缺情况的分析,可以对现金总库通过一定安排,确定如何填补赤字。另外,包含在报表中的预算可以帮助公司确定转移资金的恰当时间、确定借款期限等,从而做好整体资金的运营计划。这将有助于实现集中制下现金的良好管理,有利于母公司管理人员随时准确了解各子公司现金的余缺与流出、流入情况,做出合理的现金计划和预算方案。另外需注意,在报表的报送制度上应尽量缩短报告间隔时间,以提高现金管理效率。

（二）应收账款管理

国内公司应收账款管理的基本原则在跨国公司也适用,但跨国公司在管理应收账款时,应特别注意以下问题。

1. 货币支付币种的选择

在跨国销售中,支付货币的币种一般有三种选择:① 选择出口商货币;② 选择进口商货币;③ 选择第三国货币。一般来说,出口商愿意采用强币进行结算,进口商愿意采用弱币结算。通常,经过双方协商,用软货币出口要适当提价,而用硬货币出口可适当压价。有时为了使对方减少风险,也可用软硬货币搭配成交。

2. 收账时间的选择

收账时间的选择与支付货款的币种的强度有关,支付是以弱币进行的,那么应在尽量短的时间内收回账款,以便减少外汇损失;反之,如果支付是以强币进行的,则收账时间可适当延长。

3. 利用政府代理避免坏账损失

政府代理是政府对出口信贷实行的一种担保制度。一个国家为扩大本国出口,对于出口企业赊销商品时,由国家设立的代理机构出面担保,当外国债务人拒绝付款时,国家有关机构要按承保的数额给予补偿。跨国公司可以利用这些担保制度减少应收账款的坏账损失。

（三）存货管理

国内公司一般都希望在不影响正常经营的情况下尽可能地减少存货,从而减少仓储费用,提高资金利用率。但跨国公司的存货管理有其特殊性,就是需要考虑各子公司所在国货币的贬值情况,进而确定库存量,如预期一个实行严格外汇管制且存在通货膨胀的发展中国家货币将出现贬值,在该发展中国家设立的子公司则应增加进口存货,以免贬值后进口货物按所在国货币计量价值变大。在预期货币贬值没有发生的情况下,应尽快减少库存使其达到合理水平,防止由此带来的损失。

（四）股权投资及内部贷款管理

股权投资有利于加强对子公司的控制,增加子公司的举债能力,但同时股本的返还与股利的支付将受到东道国政策的限制。在子公司向母公司支付股利时,东道国的税法对股利政策将产生显著影响,一些国家还征收股利预提税。为减少公司税负,我国跨国公司应制定灵活多变的股息分配政策。若子公司所在国税率低于我国税率,且东道国对股利汇出有严格限制,则将资金留于东道国进行再投资更为有利;而在东道国货币有预期贬值的情况下,子公司应通过加大股利分派将多余资金转移至国内。

对于股利汇出限制过多的国家,我国跨国公司可考虑减少对该国子公司的股权投资额,而以母公司向该地区直接贷款的方式提供资金,从而有利于以贷款利息的形式回收闲置资金,避开对股利汇出的限制。直接贷款在节税和避税方面较股权投资更为有利。此外,跨国公司也可以尝试通过与跨国银行的协商,采取连接贷款、背对背贷款等多种形式对子公司进行有效的投资。

（五）特许权使用费及总公司管理费管理

特许权使用费是母公司将其拥有的管理知识产权和专有技术授予子公司,子公司在合同约定的范围内使用其技术,并按事先约定的方式支付的一种使用费用。由于这种支付形成的现金流是合同所规定的,东道国难以对其加以限制,其支付给母国的费用具有一定的抵税功能,所以这种资金的转移方式可减轻公司的整体税负。

总公司管理费是总公司对跨国经营活动进行全面管理而发生的一般性费用,如资金集中管理、宣传费用、最高管理层工薪费用等。这些费用一般按一定比例在各子公司之间平均分摊。虽然过高的管理费会让东道国政府和合营者不满,但由于有明确的书面材料,东道国政府也难以加以过多限制。因此,管理费用可以在一定程度上调节各公司利润水平,并且可以作为税务筹划的工具。

第二节　公司并购财务管理

一、公司并购的含义

公司并购(M&A),即企业之间的合并与收购行为。企业合并(Merger)是指两家或更多的独立企业合并组成一家公司,常由一家占优势的公司吸收一家或更多的公司。我国《公司法》规定:公司合并可采取吸收合并和新设合并两种形式。一个公司吸收其他公司,被吸收的公司解散,称为吸收合并。两个以上公司合并设立一个新的公司,合并各方解散,称为新设合并。收购(Acquisition)是企业通过现金或股权方式收购其他企业产权的交易行为。

合并与收购两者密不可分,它们分别从不同的角度界定了企业产权交易行为。合并以导致一方或双方丧失法人资格为特征。收购以用产权交易行为的方式(现金或股权收购)取得对目标公司的控制权力为特征。由于在运作中它们的联系远远超过其区别,所以兼并、合并与收购常作为同义词一起使用,统称为"购并"或"并购",泛指在市场机制作用下企业为了获得其他企业的控制权而进行的产权交易活动。

公司并购的直接目的是并购方为了获取被并购企业一定数量的产权和主要控制权,或全部产权和完全控制权。公司并购是市场竞争的结果,是企业资本运营的重要方式,是实现企业资源的优化,产业结构的调整、升级的重要途径。

二、公司并购的类型

公司并购的类型很多,按不同的形式可以划分为不同类型。

（一）按照并购双方产品与产业的联系划分,可分为横向并购、纵向并购、混合并购

1. 横向并购

当并购方与被并购方处在同一行业、生产或经营同一产品,并购使资本在同一市场领域或部门集中时,称之为横向并购。横向并购的目的主要是确立或巩固企业在行业内的优势地位,扩大企业规模,增加垄断实力。

2. 纵向并购

纵向并购是对生产工艺或经营方式上有前后关联的企业进行并购,是生产、销售的连续性过程中互为购买者和销售者(生产经营上互为上下游关系)的企业之间的并购。其主要目的是组织专业化生产和实现产销一体化。

3. 混合并购

混合并购是指对处于不同产业领域、产品属于不同市场,且与其他产业部门之间不存在特别的生产技术联系的企业之间的并购行为。其主要目的是通过分散投资、多元化经营来降低企业风险,达到资源互补、优化组合,扩大市场活动范围的目的。

（二）按并购的实现方式划分,可分为承担债务式并购、现金购买式并购和股份交易式并购

1. 承担债务式并购

承担债务式并购是指在被并购企业资不抵债或资产债务相等的情况下,并购方以承担被并购方全部或部分债务为条件,取得被并购方的资产所有权和经营权。

2. 现金购买式并购

现金购买式并购有两种情况：① 用现金购买资产。并购公司使用现款购买目标公司绝大部分资产或全部资产,以实现对目标公司的控制。② 用现金购买股票。并购公司以现金购买目标公司的大部分或全部股票,以实现对目标公司的控制。

3. 股份交易式并购

股份交易式并购主要有两种情况：① 以股权换股权。这是指并购公司向目标公司的股东发行自己的股票,以换取目标公司的大部分或全部股票,达到控制目标公司的目的。② 以股权换资产。并购公司在有选择的情况下承担目标公司的全部或部分责任,目标公司要把拥有的并购公司的股票分配给自己的股东。

（三）按涉及被并购企业的范围划分,可分为整体并购和部分并购

1. 整体并购

整体并购是指资产和产权的整体转让,是产权的权益体系或资产不可分割的并购方式。其目的是通过资本迅速集中,增强企业实力,扩大生产规模,提高市场竞争力。整体并购有利于加快资金、资源集中的速度,迅速提高规模水平和规模效应。但实施整体并购在一定程度上限制了资金紧缺者的购买行为。

2. 部分并购

部分并购是指将企业的资产和产权分割为若干部分进行交易而实现企业并购的行为。具体包括三种形式：① 对企业部分实物资产进行并购;② 将产权划分为若干等额价值进行产权交易;③ 将经营权分为几个部分进行产权转让。部分并购的优点在于可以扩大企业并购的范围,弥补大规模整体并购的巨额资金"缺口",有利于企业设备更新换代。

（四）按并购企业的行为划分,可分为善意并购和敌意并购

1. 善意并购

善意并购是指双方通过友好协商、互相配合、达成并购协议而实现的并购。这种并购一般是收购方确定目标公司之后,直接与目标公司的管理层接洽,协商并购事宜,也可能是被并购公司出于某种原因主动提出转让经营控制权而向收购公司提出并购请求。无论是出于何种原因发生的并购,由于是建立在双方自愿、协商的基础上实现的并购,因而属于善意并购,也称友好并购。并购协议须提交股东大会表决通过才能生效。

2. 敌意并购

敌意并购也称为非善意并购,是指并购公司秘密收购目标公司股票等,最后使目标企业不得不接受出售条件,从而实现控制权的转移。这种并购不是建立在双方友好协商的基础上的,而是强行并购,因此极有可能遭到被并购公司的抵制。

（五）按照并购是否利用杠杆划分,可分为杠杆并购和非杠杆并购

1. 杠杆并购

杠杆并购是指收购公司仅利用少量的自有资本,而主要以被收购公司的资产和将来的收益作抵押筹集大量的资本用于收购的一种并购活动。由于这种并购是一种高度负债的并购方式,因此被称为杠杆并购,通常杠杆并购的筹资额会占收购总价的70%以上。

2. 非杠杆并购

非杠杆并购是指收购公司主要利用自有资本对目标公司进行收购的并购活动。早期的公司并购活动大多属于非杠杆并购。非杠杆并购并非绝对不进行借贷筹资,只是借贷数额较少,大部分的收购资本都是收购公司的自有资本。

三、公司并购的动机

企业作为一个资本组织,必然谋求资本的最大增值,企业并购作为一种重要的投资活动,产生的动力主要来源于追求资本最大增值的动机以及竞争压力等因素,但是就单个企业的并购行为而言,又会有不同的动机和在现实生活中不同的具体表现形式。

（一）谋求管理协同效应

如果某企业有一支高效率的管理队伍,其管理能力超出管理该企业的需要,但这批人才只能集体体现效率,企业不能通过解聘释放能量,那么该企业就可以并购那些由于缺乏管理人才而低效率的企业,利用这支管理队伍提高整体效率而获利。

（二）谋求经营协同效应

由于经济上的互补性、规模性,两个或两个以上的企业合并后可以提高其经营活动的效率,这就是所谓的经营协同效应。获得经营协同效应的一个重要前提是产业中的确存在规模经济,且在并购前尚未达到规模经济。规模经济效应具体表现在两个层次:① 生产规模经济。企业通过并购可调整其资源配置使其达到最佳经济规模的要求,有效解决由专业化引起的生产流程的分离,从而获得稳定的原材料来源渠道,降低生产成本,扩大市场份额;② 企业规模经济。这表现为节省管理费用、节约营销费用、扩大企业规模、增强企业风险抵御能力等方面。

（三）谋求财务协同效应

企业并购不仅可以因经营效率提高而获利，而且由于税法、会计处理惯例以及证券交易等内在规定的作用还可以在财务方面给企业带来种种收益：① 财务能力提高。一般来说，合并后企业整体的负债能力比合并前各个企业的负债能力强，而且还可以降低资金成本，并实现资本在并购企业与被并购企业之间低成本的有效再配置。② 合理避税。税法一般包含亏损递延条款，允许亏损企业免交当年所得税，且其亏损递延以抵消以后年度盈余。一些国家的税法对不同的资产规定不同的税率。企业可以根据这些规定，通过并购行为及相应的财务处理合理避税。③ 预期效应。它是指因并购往往伴随着强烈的股价波动，形成股票投资机会。投资者对投机利益的追求反过来又会刺激企业并购的发生。

（四）实现战略重组，开展多元化经营

企业通过经营相关程度较低的不同行业可以分散风险，稳定收入来源，增强企业的安全性。多元化经营可以通过内部积累和外部并购两种途径实现，但在多数情况下，并购途径更为有利。尤其是当企业面临变化了的环境而调整战略时，并购可以使企业低成本地迅速进入被并购企业所在的增长相对较快的行业，并在很大程度上保持被并购企业的市场份额以及现有的各种资源，从而保证企业持续不断的盈利能力。

（五）获得特殊资产

企图获取某种特殊资产往往是并购的重要动因。特殊资产可能是一些对企业发展至关重要的专门资产。如土地是企业发展的重要资源，一些有实力、有前途的企业往往会由于狭小的空间难以扩展，而另一些经营不善、市场不景气的企业却占有较多的土地和优越的地理位置，这时优势企业可以通过并购劣势企业以获得优越的土地资源。另外，并购还可能是为了得到目标企业所拥有的管理队伍、优秀研发人员、专门人才以及专有技术、商标、品牌等无形资产。

（六）降低代理成本

通过企业内部组织机制安排、报酬安排、经理市场和股票市场可以在一定程度上缓解代理问题，降低代理成本。但当这些机制均不足以控制代理问题时，并购机制使得接管的威胁始终存在，通过公开收购或代理权争夺而造成的接管，将会改选现任经理和董事会成员，从而作为最后的外部控制机制解决代理问题，降低代理成本。

四、公司并购价值评估

一个公司的买卖价格（值）与一件商品的买卖价格（值）不同，后者的价值判断取决于个人对商品消费的效用，而公司的价值判断取决于其未来的获利能力。美国著名评估学者Shannon P.Pratt 在其专著《公司估价》中这样论述："公司的购买者真正要买什么？是管理者？是市场？是技术？是产品？其实，他们真正要买的是（这些资源的）一连串回报"，这里的"一连串回报"指的就是公司的内在价值，即公司资产未来预期现金流的现值，这是一个客观存在、动态变化的价值，主要取决于公司资产负债表以外的价值驱动因素。

在实务中，一般价值评估的模型主要有折现估价模型、比率估价模型和期权估价模型。除此之外，在公司并购活动中，还可采取清算价值、市场价值进行价值评估。这里主要从公司并购的角度，以持续经营的观点讨论现行市价法、比率估价法和折现现金流量估价法。

（一）现行市价法

现行市价法是指可直接利用股票市场的供求关系以及价格生成机制对目标公司进行估值。如果目标公司是上市公司，则可利用资本市场的定价功能，直接在股票市场完成并购活动。如果目标公司是非上市公司，则需要在资本市场选择与目标公司相类似的参照公司，在对参照公司相关估价参数适当修正的基础上，类推目标公司的评估价值。

（二）比率估价法

比率估价法是根据目标公司的股票价值与每股收益、每股净现金流量（税后利润＋折旧）、每股账面价值（股权账面价值）或销售收入等之间任一比率关系的比较分析，从而确定其价值的方法。这四种比率的计算公式如下：

$$市盈率（收益乘数）＝股票市价/每股收益$$

$$股价与现金流量比（现金流量乘数）＝股票市价/每股净现金流量$$

$$股价与账面价值比（账面价值乘数）＝股票市价/每股账面价值$$

$$股价与销售收入比（销售收入乘数）＝股票市价/每股销售收入$$

这四种比率可根据目标公司的每股市价计算出来，股票价格由证券市场决定，因此，这四个比率也称市场乘数。

运用比率估价法对目标公司进行价值评估可按以下步骤进行。

1. 分析目标公司近期的收益状况

分析时应注意支持这些收益的会计政策，如税收减免政策、折旧和摊销等。为与并购方的政策保持一致，目标公司也可适当调整已公布的收益。

2. 重估目标公司的效益

这一步不只是对两家公司的会计政策进行调整，还要反映并购后的协同效应。如并购后两家的营运可望提高价格或降低销售成本，从而提高总体利润，并购行为导致销售和管理费用降低，可能会提高净收益。

3. 选择标准比率

主要有以下几种标准比率：① 并购时目标公司的市场乘数；② 与目标公司具有可比性的公司的市场乘数；③ 目标公司所处行业的平均市场乘数。选择标准必须确保在风险和成长性等方面具有可比性，在实际运用中可根据情况加以调整。

4. 确定目标公司价值

根据选定的估价收益指标和标准比率，可以确定目标公司的价值。如按市盈率法，其计算公式为：

$$目标公司价值＝税后利润×标准市盈率$$

按上述四种乘数可能得出四种不同的价值估计值，但由于估价本身就不是很精确，所以只要估计值在一个合理的范围内都应视为可行值。

此外，对目标公司价值的评估还应考虑以下两个因素：一是由并购所引发的成本增加因素，如对维持并购后持续收益所追加的投资费用等；二是出售不符合公司发展战略的目标公司的资产。

（三）折现现金流量估价法

根据折现现金流量估价法(Discount Cash Flow Model,DCF)，资产价值取决于其未来创造的现金流量的大小。在 DCF 法下，影响价值的因素有三个：预期的现金流量、折现率、公司存续期。

1. 预期的现金流量

按评估主体的不同，现金流量可分为股权自由现金流量和公司自由现金流量两种。

（1）股权自由现金流量。

股权自由现金流量(Free Cash Flow to Equity,FCFE)是指公司在履行了所有的财务责任(如债务的还本付息)，并满足其本身再投资需要之后的"剩余现金流量"(如果有发行在外的优先股，还应扣除优先股股息)。

其估算模式如下：

$$FCFE_t = EAT_t + D_t - \Delta W_t - \Delta F_t - d_t - P_t + B_t$$

式中，$FCFE$——股权自由现金流量；

EAT——税后利润；

D——折旧额；

ΔW——增量营运资本支出；

ΔF——增量固定资本支出；

d——优先股股息；

P——本金偿还额；

B——发行新债。

在公式中，增量固定资本支出是指当年发生的全部资本支出，如厂房的新建、改建和扩建，设备更新、购置和新产品试制等支出。与折旧相比，对于一个高速成长的公司而言，当期资本支出可能超过同期折旧额；对于一个处于稳定发展期的公司而言，增量资本成本支出较少，有时甚至为零。

增量营运资本支出是指应收账款、存货等项目的净支出，它也与公司所处的发展阶段密切相关：在迅速成长阶段，存货和应收账款等项目资本占用水平较高，增量营运资本支出较大；而在稳定发展阶段，存货和应收账款等项目则相对较少。因此在预测公司未来现金流量之前，应首先对公司将要经历的发展阶段做出合理假定。

（2）公司自由现金流量。

公司自由现金流量(Free Cash Flow to Firm,FCFF)是公司在支付了经营费用和所得税之后，向公司权利要求者(普通股股东、公司债权人和优先股股东)支付现金之前的全部现金流量。

公司自由现金流量＝股权自由现金流量＋债权现金流量＋优先股现金流量

$$FCFF_t = EBIT_t(1 - T_t) + D_t - \Delta W_t - \Delta F_t$$

FCFF 模型是对整个公司而不是股权进行估价，但股权的价值可以用公司的价值减去发行在外债务的市场价值得到。

由于公司自由现金流量是债务偿还前的现金流量，所以使用公司估价方法的好处是不需要明确考虑与债务相关的现金流量,从而有利于简化计算、节约时间,但在确定折现率时需要用负债比率和利率等信息来计算加权平均资本。

2. 折现率

估算现金流量的现值所采用的折现率可表示筹资者的资本成本,也可表示投资者要求达到的最低收益率。在并购活动中,折现率的选择应注意以下几个问题:

(1) 应与现金流量相匹配。具体来说,股权自由现金流量应按股权资本成本进行折现,公司自由现金流量应按加权平均资本成本进行折现;名义现金流量应按名义折现率进行折现;真实现金流量应按真实折现率进行折现;税前现金流量应按税前折现率进行折现。

(2) 应与并购方式相匹配。在兼并的情况下,为正确估价起见,可考虑并购后的协同效应和重组效应所带来的增量现金流量。与此相配比,双方必须同时选用并购后存续公司或新设公司预期的资本成本作为折现率,因为只有这一公司的资本成本才能正确反映并购后公司未来现金流量可能存在的风险。在购买股权(控制权)的情况下,目标公司仍是一个独立法人和经济实体,并按照公司现有资源独立运作,其现金流量是在目标公司现有资源和资本结构下经营所致,因此应以目标公司的资本成本作为折现率。

(3) 应与并购风险相匹配。未来现金流量的不确定性越大,风险越大,所采用的折现率就应该越高。

3. 公司存续期

公司并购作为一种特殊形式的资本投资,目标公司的价值等于预期未来现金流量的现值之和。但由于公司是一个持续经营的实体,其寿命一般是不可预知的。合理预测目标公司价值,一般需要逐期预测其未来现金流量,一般以 5—10 年作为预测期最为普遍。因为随着预测期的延长,不确定性因素越多,预测的难度越大,预测的可靠性就低。对于预测期后的现金流量,一般根据公司发展阶段和现金流量的特点进行预测。

4. 确定目标公司价值

根据目标公司未来创造的现金流量和折现率,即可估价目标公司资产的 DCF 价值,从而估算目标公司股权价值或并购支付价格,即:

$$TV = \sum_{t=1}^{n} \frac{CF_t}{(1+K_w)^t} + \frac{V_n}{(1+K_w)^t}$$

式中,TV——目标公司价值;

V_n——目标公司在第 n 期时的价值;

K_w——加权平均资本成本。

如果 n 期后,目标公司处于稳定增长状态,则目标公司在 n 期的价值可按增长模型计算,即:

$$V_n = \frac{CF_{n+1}}{K_{wn} - g_n}$$

式中,K_{wn}——增长阶段资本成本;

g_n——固定增长率。

根据目标公司资产的 DCF 价值,可估算目标公司股权价值或并购支付价格,即:

$$目标公司股权价值＝目标公司资产价值－目标公司负债价值$$

目标公司负债价值是指并购公司承担各种债务的机会成本现值。如果并购公司以股权价值购买目标公司的资产,则必须承担其对外的各种债务。

通常来说,折现模式以公司未来现金流量作为估价的基础,能够客观地反映目标公司现有的资源和盈利能力,易于为并购双方所接受,理论上较为合理,但操作难度较大,争论较多,因为未来现金流量的预测受较强的主观判断和未来不确定因素的影响较大。现行市价法和比率估价法较为直观、操作简便,但需要以发达、成熟和有效的证券市场、并购市场的存在为前提。

此外,交易价格的协商或确定还应考虑各种并购条件,一般来说,买方争取的不仅是尽可能低的价格,还包括有利的付款条件及交易上的保护;而卖方除了争取最高的价格外,也尽量避免承诺不利于卖方的交易条件。

事实上,按照以上各种方法确定的目标公司支付价格仅仅是并购交易的底价,最终交易价值的确定是各种因素综合的结果。在其他因素一定的情况下,并购双方谈判技巧及分析影响因素的能力也非常重要。在并购价格的形成过程中,不仅要讲究定价策略和方法,更要讲究定价的各种技巧。

五、公司并购的支付方式

在公司并购活动中,并购公司必须考虑以何种支付方式完成并购交易。支付方式的选择是并购顺利完成的重要环节,不同的支付方式对并购公司和目标公司会产生不同的影响。在是实践中,公司并购的支付方式主要有现金支付方式、股票支付方式和混合证券支付方式。

（一）现金支付方式

1. 现金支付方式的概念

现金支付方式是并购公司以现金为支付手段完成对目标公司收购的一种并购支付方式。现金支付方式是公司并购活动中最常用的支付方式,可分为现金购买资产和现金购买股份两种。

2. 现金支付方式的优点

（1）现金支付方式简便、快捷,易于为并购双方所接受。对于并购公司来说,采用这种支付方式可以迅速完成并购活动,使有抵触情绪的目标公司措手不及,没有充分的时间实施反收购措施,也使潜在的竞争公司没有充分的时间筹措资金来竞购。因此,在敌意收购活动中常常采用现金支付方式。

（2）现金支付方式可以保证并购公司的股权结构不受影响。并购公司采用现金支付方式不会增加公司的股票股数,原有股东的持股比例不会发生变化,控制权不会被稀释。这有利于获得股东的支持,顺利完成并购活动。

（3）目标公司的股东可以及时收到现金,比其他支付方式所承担的风险要小,因此,目标公司股东乐于接受这种支付方式。

3. 现金支付方式的缺点

（1）对于并购公司来说,需要在短时间内准备大量的现金,容易导致公司现金流量紧张,可能会形成较沉重的财务负担。

（2）对于目标公司的股东来说,在收到现金时需确认资本利得收益,形成了纳税义务,需要缴纳资本利得税,因此,这种支付方式无法延迟纳税,目标公司的股东不能获得税收收益。税收的影响可能对边际税率较低的中小股东或者享有免税政策的养老金等机构投资者来说无关紧要,但是对于边际税率较高的股东来说影响较大。

4. 现金支付方式的影响因素

(1) 并购公司的现金流量状况。由于现金支付方式需要并购公司支付大量的现金,因此可能会给并购公司带来流动性不足的问题,导致公司现金短缺,影响其偿债能力。并购公司在选择这种支付方式时,应当充分估算未来的现金流量状况,避免陷入财务困境。

(2) 目标公司所在地有关资本利得税的法规。不同国家或地区资本利得税的税率有很大差别,并购公司在采用现金支付方式时,应当考虑资本利得税这一因素。如果资本利得税的税率较高,就会增加收购成本。

(3) 目标公司股票的平均成本。在协议并购时,如果采用现金支付方式,必须考虑目标公司股东所持有的股票的平均成本。因为收购价格与目标公司股票的平均成本之差形成资本利得,需要缴纳资本利得税。如果目标公司的股票平均成本较低,就会产生较多的资本利得收益,由此增加了目标公司股东的税负,在这种情况下,双方可能要对支付方式做出特殊的安排,以减轻税负。

(二) 股票支付方式

1. 股票支付方式的概念

股票支付方式是指并购公司以增发本公司股票作为支付手段来收购目标公司的一种支付方式。股票支付方式可分为股票购买资产和股票交换股票两种方式。股票购买资产方式是指并购公司以其增发的股票交换目标公司的全部或部分资产,实现对目标公司的收购的支付方式。股票交换股票方式是指并购公司以其增发的股票交换目标公司股东的股票,实现对目标公司的收购的支付方式,这种并购方式也称换股并购。

2. 股票支付方式的优点

(1) 并购公司不需要支付大量的现金,因而不会影响并购公司的现金流量。

(2) 并购完成之后,目标公司的股东并没有丧失其股权,而是成为并购公司的股东,并且可以获得并购所实现的价值增值。

(3) 目标公司的股东可以推迟收益的确认时间,避免在并购后缴纳资本利得税,因此可获得延迟纳税带来的好处。

3. 股票支付方式的缺点

(1) 对于并购公司来说,原有股东的控制权将被稀释。由于股票支付方式需要发行新股,这势必改变原有的股权结构,目标公司的股东成为并购公司的股东,使并购公司的原股东持股比例下降,控制权被稀释。

(2) 股票支付方式手续烦琐,办理时间较长。采用股票支付方式时,并购公司必须向证券监督管理部门提出增发新股的申请,经证券监督管理部门审核批准之后,才可以发行新股进行收购。发行新股会受到一定的限制,办理时间较长,手续较烦琐,可能会延迟并购时间。

(3) 采用股票支付方式,可能会引起股票价格的波动,给并购带来一定的风险。

4. 股票支付方式的影响因素

(1) 并购公司的股权结构。采用股票支付方式会影响并购公司的股权结构,原股东控制权会被稀释。因此,在选择这种支付方式时,应当考虑并购公司原有股东可以在多大程度上接受股权的稀释。

（2）每股利润的变化。如果目标公司的盈利状况较差，或者并购价格过高，采用股票支付方式则可能会使并购后的公司每股利润下降，导致股票价格下降。

（3）每股净资产的变化。采用股票支付方式并购目标公司，可能会引起并购公司每股净资产的变化，从而对股票价格产生影响。因此，选择这种支付方式时，应当考虑对每股净资产的影响。

（4）财务杠杆的变化。采用股票支付方式并购目标公司，可能对并购后公司的资产负债水平产生较大影响，因此，并购公司必须事先计算采用这种支付方式并购后公司的资产负债率是否合理。

（5）当前股票价格水平。并购公司的股票价格水平是并购公司选择支付方式的一个重要影响因素。如果并购公司股票价格处于上升过程中，股票价格较高，此时选择股票支付方式对并购公司比较有利，增发的新股也易于为目标公司股东所接受；反之，并购公司股票价格处于下降过程中，目标公司股东不愿意持有新股，可能会抛售套现，从而导致股票价格进一步下跌。

（三）混合证券支付方式

混合证券支付方式是指并购公司以现金、股票、认股权证、可转换债券等多种形式的证券组合作为收购目标公司的支付方式。单一的支付方式总是有一定的局限性，如果并购公司采用混合证券支付方式，则可以取长补短，发挥多种支付方式的优势。采用混合证券支付方式可以减少现金支付，避免并购公司的现金紧张而影响并购，同时也可以通过各种支付方式的比例安排，有效降低目标公司股东资本利得税的税负。因此，这种支付方式可以兼顾并购双方的利益，在并购活动中也越来越多地被采用。

六、公司并购的风险分析

企业并购活动通常包括目标企业选择、收集信息、成本估计、筹借资金、支付方式选择、并购后的文化整合及今后持续发展。并购中可能存在的风险主要有信息调查风险、并购成本估计风险、资金筹措风险、现金支付风险、文化整合风险以及可持续发展风险等。

（一）信息调查风险

企业在实施并购计划前，首先要做详细的市场调查，调查信息的科学性、准确性，这对并购活动产生至关重要的作用。它的风险主要来源于对目标调查信息是否全面、精准；调查信息传递是否及时；调查工作小组活动是否规范以及对信息的整理工作是否到位；等等。还有就是市场环境的信息调查，如果对于目前市场把握不准确，无法了解最新的市场动态，也会对并购活动产生无法估量的风险。

（二）并购成本估计风险

在对目标企业进行详细的调查后，我们将慎重考虑并购目标企业所需的资金，并购成本估计是否准确将直接影响获利水平的档次。在此期间，风险主要来自：价值评估方法选择是否恰当，评估方法多种多样，如何选择，选择哪一种，将直接影响评估后得出的成本估计值；评估人员的选择，评估人员是否具有权威性、专业性也是不容忽视的。

（三）资金筹措风险

在完成了一系列的准备工作之后，将面对最棘手的问题：并购资金的筹借。对于一般的企业而言,在企业的经营过程中并没有大量的现金流来供给企业进行额外的活动,那么就需要企业进行融资。对外融资将会使企业的资产负债率上升,同时也会稀释股权,给未来经营带来了不确定性。它的风险来源主要包括能否筹借到足够的资金进行企业并购活动,并购后是否有充足的资金来进行可持续发展以及以后是否有能力偿还筹借到的资金,等等。

（四）现金支付风险

支付方式的选择主要受资金流动性、收益的稀释、资本结构变化、融资成本差异、控制股权变化等的影响。选择何种支付方式至关重要。如果采用现金支付方式,将会使企业现金急剧下降,不利于企业正常经营活动的开展。如果采用股票支付方式,将会稀释股权,使每股收益下降,况且发行新股程序复杂,会消耗大量的时间,严重的会使企业错失并购良机。如果采用混合方式,那么就要考虑比例支配问题,如果选择不恰当,将会适得其反。

（五）文化整合风险

取得目标企业的控制权之后,如何将两个本来是一条平行线上的企业更好地组合、发展将是要考虑的问题。并购后的企业将面临重重考验:人员变动、如何重新分配职位;职工的价值观上的差异;企业文化氛围上的变动;管理层的决策问题。如何切实解决好诸多问题是对经营决策者的巨大考验。如果并购后的企业在文化上无法相容,员工互相不团结,成为一盘散沙,大家都不服从安排,那么这个企业将不能持久发展下去,这样一来企业并购后的文化整合风险将会愈演愈烈,造成不可估量的后果,重则导致企业破产瓦解。

（六）可持续发展风险

按照自身的意愿进行了企业并购,使企业规模急剧扩大,那么接下来将要考虑如何才能使企业获利,如何才能在经济全球化的大背景下持续发展,在市场竞争中占据一席之地。此阶段主要考虑的是流动性风险及运营风险。流动性风险是指企业并购后由于债务负担过重,缺乏短期融资,导致资金链断裂的可能性。企业并购占用了流动性资金,降低了调节对外部环境变化的反应能力,进而使企业的营运风险增加。并购企业与目标企业在财务体制、运作流程及操作规范方面可能存在差异,若并购后不进行详尽的财务整合工作,将难以发挥预期的财务协同效应,严重的致使企业陷入财务危机。

第三节　公司破产与清算管理

一、破产重组

（一）企业破产的基本概念

1. 企业破产

企业破产是市场经济条件下的一种客观经济现象,是指企业在市场竞争中,由于各种原因不能清偿到期债务,通过重整、和解或者清算等法律程序,使债权债务关系依据重整计划或者和解协议得以调整,或者通过变卖债务人财产,使债权人公平受偿。

企业破产是一个法律程序,具有以下法律特征:

（1）破产是以法定事实的存在为前提。如债务人存在不能清偿到期债务的法定事实,不管债务人的全部财产是否足以清偿其债务,只要无法按时履行偿还债务的义务,就面临着破产的可能，这是企业破产的基本前提。

（2）破产是清偿债务的法律手段。企业破产必须由债权人或者债务人提出破产申请，法院依据法律程序将债务人的破产财产公平分配给债权人，以了结债权债务关系。

（3）破产必须由法院受理，并由法院指定管理人，负责债务人财产的管理和处分，决定债务人的内部管理事务，代表债务人参加诉讼或者其他法律程序。这样可以有效保护双方当事人的合法权益，保证实现公平受偿。

2. 破产界限

破产界限是指法院据以宣告债务人破产的法律标准，在国际上称为法律破产原因。法律破产原因是适用破产程序所依据的特定法律事实，它是破产程序开始的前提，也是法院进行破产案件受理的实质要件和破产宣告的重要依据。破产界限应具备两个基本特征：第一，它必须是实际存在的事实状态；第二，它必须是符合法律规定的事实状态。

关于企业法人的破产界限，《中华人民共和国企业破产法》（以下简称《破产法》）第二条做出了如下规定：

（1）企业法人不能清偿到期债务，并且资产不足以清偿全部债务或者明显缺乏清偿能力的。

（2）企业法人有上述规定情形，或者有明显丧失清偿能力可能的。

由此可见，"不能清偿到期债务"是我国破产法对企业破产规定的破产界限，它是指债务人对请求偿还的到期债务，因丧失清偿能力而无法偿还的客观经济状况。一般认为，如果债务人停止支付到期债务并呈连续状况，如无相反证据，可推定为不能清偿到期债务。

也有的国家破产法将资不抵债作为企业破产界限的一个标准。资不抵债也称债务超过，是指债务人的债务数额超过其实有的资产数额。在我国，资不抵债不能确定为企业破产。因为资不抵债还不能断定企业就已丧失清偿能力，不能清偿到期债务。只要企业的经营情况尚好，便不致出现不能清偿到期债务的现象。在实践中，当债务人不能清偿到期债务时，往往早已资不抵债。

（二）破产程序

现代破产制度主要包括三个基本程序，即重整程序、和解程序与破产清算程序。重整程序与和解程序可以统称为破产重组。

1. 重整程序

重整程序是指对陷入财务危机但仍有转机和重建价值的企业根据一定程序进行重新整顿，使企业得以维持和复兴，并按约定的方式清偿债务的法律程序。启动重整程序后，不对无偿付能力的债务人进行财产清算，而是在法院的主持下由债务人与债权人达成协议，制定重整计划，规定在一定的期限内，债务人按一定的方式全部或部分清偿债务，同时债务人可以继续经营其业务。重整程序是一种再建型的债务清偿制度，其立法目的在于促进债务人复兴，这是破产法律制度的国际惯例，它使破产法不仅仅是一个市场退出法和死亡法，还是一个企业恢复生机法和拯救法。在提出破产申请后，陷入困境的企业依然有可能通过有效的重整避免破产清算。在重整期间，债务人可以在管理人的监督下自行管理财产并继续进行经营活动。

2. 和解程序

和解程序是指在债务人无法清偿到期债务的情况下，由债务人提出债务和解协议并向法院提出和解申请，经债权人会议通过和法院认可后，按照和解协议规定的条件清偿债务的法律程序。根据《破产法》的规定，债务人可以直接向法院申请和解，也可以在法院受理破产申请后、宣告债务人破产前，向法院申请和解。债务人申请和解，应当提出和解协议草案。债权人会议通过和解协议的决议，应由出席会议的有表决权的债权人过半数同意，并且其所代表的债权额占无财产担保债权总额的2/3以上。债权人会议通过和解协议后，由法院裁定认可，终止和解程序，并予以公告。管理人应当向债务人移交财产和营业事务，并向法院提交执行职务的报告。债务人应当按照和解协议规定的条件清偿债务。债务人不能执行或者不执行和解协议的，法院经债权人请求，应当裁定终止和解协议的执行，并宣告债务人破产。如果和解协议草案经债权人会议表决未获得通过，或者已经债权人会议通过的和解协议未获得法院认可的，法院应当裁定终止和解程序，并宣告债务人破产。

3. 破产清算程序

破产清算程序是指在债务人无法清偿到期债务的情况下，由债务人或债权人向法院申请对债务人进行财产清算，并公平偿还债权人的法律程序。法院裁定受理破产申请后，应当指定管理人。管理人制度是国外破产法中普遍规定的一项重要制度。管理人在破产程序中承担重要的职责，负责债务人财产的管理和处分，决定债务人的内部管理事务，代表债务人参加诉讼或者其他法律程序。除重整程序中债务人自行管理财产和营业事务的情形外，管理人实际上成了破产企业的意志机关，决定债务人的一切事务。管理人应当按照债权人会议通过的或者法院裁定的破产财产变价方案，适时变价出售破产财产，并按法律规定的顺序清偿债务。管理人在最后分配完结后，应当及时向法院提交破产财产分配报告，并提请法院裁定终结破产程序。

由上可知，当企业陷入财务危机，达到破产界限时，可以有三种解决方式，即重整、和解或者破产清算。前两种方式属于破产重组。破产重组是对已经达到破产界限的企业的挽救措施。通过破产重组，当债务人不能清偿到期债务时，不必立即进行破产清算，而是在法院的主持下，由债务人和债权人达成协议，制定债务人重整计划或债务和解计划，债务人可以继续营业，并在一定期限内按计划全部或部分清偿债务。因此，破产重组既可以解决债务人的债务问题，又可以使债务人获得自我拯救、重新开始的机会，继续从事经营活动。后面的内容主要介绍企业破产重组的两种方式。

（三）企业重整

重整是一个完整的法律程序。根据《破产法》的规定，企业应当按如下程序进行企业重整。

1. 重整申请

依据《破产法》的规定，债务人不能清偿到期债务，并且资产不足以清偿全部债务或者明显缺乏清偿能力的，或者有明显丧失清偿能力可能的，债务人或者债权人可以直接向法院申请对债务人进行重整；债权人申请对债务人进行破产清算的，在法院受理破产申请后、宣告债务人破产前，债务人或者出资额占债务人注册资本1/10以上的出资人，也可以向法院申请重整。法院经审查认为重整申请符合法律规定的，应当裁定债务人重整，并予以公告。

自法院裁定债务人重整之日起至重整程序终止为重整期间。重整期间又称重整保护期，企业破产法设立这段时间的目的在于使管理人或债务人能够在这段法定的保护期内提出重整计划草案，供债权人分组表决通过、法院认可，重整期间为债务人提供了充分的保护。依据《破产法》第八章的规定，在重整期间，不仅债权人不能向债务人主张个别清偿，即使是对债务人的特定财产享有的担保权也暂停行使；债务人合法占有的他人财产，该财产的权利人要求取回的,应当符合约定的条件;债务人的出资人不得请求投资收益分配;债务人的董事、监事、高级管理人员未经法院同意不得向第三人转让其持有的债务人的股权。上述规定为管理人或者债务人顺利提出重整计划、促使债务人重整成功提供了良好的外部环境。

2. 重整计划的制订和批准

债务人或者管理人应当自法院裁定债务人重整之日起 6 个月内,同时向法院和债权人会议提交重整计划草案。债务人或者管理人未按期提出重整计划草案的,法院应当裁定终止重整程序,并宣告债务人破产。为了增加重整成功的可能性,《破产法》规定,在重整期间,经债务人申请和法院批准,债务人可以在管理人的监督下自行管理财产和营业事务。债务人自行管理财产和营业实务的,由债务人制作重整计划草案;管理人员负责管理财产和营业事务的,由管理人制作重整计划草案。重整计划草案应当包括下列内容:① 债务人的经营方案;② 债权分类;③ 债权调整方案;④ 债权受偿方案;⑤ 重整计划的执行期限;⑥ 重整计划执行的监督期限;⑦ 有利于债务人重整的其他方案。

3. 重整计划的执行

法院裁定批准的重整计划对债务人和全体债权人均有约束力,并由债务人负责执行。已接管财产和营业事务的管理人应当向债务人移交财产和营业事务。但是,在重整计划规定的监督期内,管理人应监督重整计划的执行,债务人应当向管理人报告重整计划执行情况和债务人财产状况。监督期届满时,管理人应当向法院提交监督报告。

4. 重整程序的终止

重整程序的终止分为正常终止和失败终止两种情况。正常终止是指重整计划经过债权人会议通过,并经法院批准后,债务人成功执行了重整计划,债务问题得以解决,重整程序正常终止。失败终止是指在重整期间,发生下列情形之一的,经管理人或者利害关系人请求,法院裁定终止重整程序,并宣告债务人破产:① 债务人的经营状况和财产状况继续恶化,缺乏挽救的可能性;② 债务人有欺诈、恶意减少债务人财产或者其他显著不利于债权人的行为;③ 由于债务人的行为致使管理人无法执行职务;④ 债务人或者管理人未按期提出重整计划草案;⑤ 重整计划草案未获得债权人会议通过,或者已获得债权人会议通过的重整计划未获得法院的批准;⑥ 债务人不能执行或者不执行重整计划。

(四)债务和解

债务和解也称债务重组,是指在债务人发生财务危机的情况下,债权人按照其与债务人达成的协议或法院的裁定做出让步,使债务人减轻债务负担,渡过难关,从而解决债务人债务问题的行为。通过债务重组,债务人可以推迟债务的偿还期限,减轻债务负担,调节资本结构,从而帮助企业走出困境。

1. 债务和解的方式

(1)以资产清偿债务。这种债务和解方式是指债权人和债务人达成协议或者经法院的规定,由债务人用现金或非现金资产来清偿全部或部分债务。但是,债权人通常都要做出一定程度的让步,如减免部分债务本金或利息等,这样可以缓解债务人的财务压力,有助于债务人摆脱困境,并且债务人可以由此得到债务重组收益。

(2)债权转为股权。这种债务和解方式是指经债权人和债务人的协商,债权人将全部或部分债权转作对债务人的股权,对于债权人而言,则是将其负债转为股东权益,不再需要偿还。这样,实际上改变了负债企业的资本结构,也减轻了债务人的债务负担。

（3）修改债务条件。这种债务和解方式是经债权人和债务人的协商对债务合同的某些条款进行修改，如延长偿还期限、降低利率、减免应付未付利息、减少本金等。这种债务重组方式主要是为了减轻债务人的债务负担，使其尽快摆脱困境。

以上三种债务和解方式可以组合应用，如部分债务以资产来清偿，部分债权转为股权，或者部分债务修改债务条款等。

2. 债务和解的条件

债务和解是解决企业债务问题的一种重要方式，但是并非所有的债务问题都可以通过债务和解方式来解决，进行企业的债务和解是有条件的。一般而言，债务和解必须具备以下条件：

（1）债务人长期不能偿付债务。债务人因经营失败，而导致企业缺乏偿债能力，长期不能偿付债务，并已明确表示不能偿付债务，其债务总额已经大于资产的公允价值。在这种情况下，只能通过破产或债务重组方式来解决债务问题。

（2）债权人和债务人都同意通过债务和解方式解决债务问题。债务和解必须是在债权人和债务人双方一致同意的情况下，经过双方共同协商来解决问题，其宗旨是使债务人尽快摆脱财务困境，恢复债务人的财务状况。只要有一方不同意进行债务和解，债务人就只能进入破产清算程序进行债务清偿。

（3）债务人必须有恢复正常经营的能力，并具有良好的道德信誉。债务人的债务问题必须是由经营失败导致的，不存在故意损害债权人合法权益的资产处置情况。同时，经过债务重组，债务人有能力恢复正常的生产经营活动，能够尽快地改善企业的财务状况，并恢复偿债能力。

（4）社会经济环境有利于债务人经整顿后走出困境。进行债务和解的企业，必须是所处行业符合国家的产业政策，并有良好的发展前景，这样经过债务重组之后，企业可以尽快走出困境，摆脱财务危机。

3. 债务和解的程序

（1）提出申请。企业进行债务和解应由债务人向法院提出申请。债权人已经向法院申请债务人破产的，债务人也可以向法院提出债务和解申请。债务人自己申请破产的，如果债权人有债务和解的明确表示，债务人也可以在法院宣告破产前，向法院申请债务和解。债务人在申请债务和解时，应当提出债务和解协议，明确申明进行债务重组的理由，包括企业的经营状况、债务总额、不能偿付债务的理由，以及进行债务重组的必要性和可行性。

（2）签订债务和解协议。债务人提出的债务和解协议草案须经债权人会议表决通过。债权人会议通过和解协议的决议，应由出席会议的有表决权的债权人过半数同意，并且其所代表的债权额占无财产担保债权总额的2/3以上。债权人会议通过和解协议后，应由法院裁定认可，并终止和解程序。经人民法院裁定认可的和解协议，对债务人和全体和解债权人均有约束力。债务人应当按照和解协议规定的条件清偿债务。债务人和解协议是企业债务重组的核心内容，它要体现公平合理和可行的原则。公平合理是指各项债权要按原先享有的求偿顺序对待，原来享有优先受偿权的，在协议中也要享有优先权，同等顺序的债权按比例安排偿还。可行是指要有利于债务企业恢复经营能力，实现预期的和解目标。

（3）债务和解程序的终止。债务人按照和解协议履行了债务清偿义务，按照和解协议减免的债务，自和解协议执行完毕时起，债务人不再承担清偿责任，债务和解程序顺利终止。债务和解也可能在以下两种情况下终止：一是和解协议草案经债权人会议表决未获得通过，或者已经债权人会议通过的和解协议未获得法院认可的，法院应当裁定终止和解程序，并宣告债务人破产；二是债务人不能执行或者不执行和解协议的，法院经和解债权人请求，应当裁定终止和解协议的执行，并宣告债务人破产。

二、企业清算

（一）企业清算的概念

企业清算是企业在终止过程中，为终结现存的各种经济关系，对企业的财产进行清查、估值和变现，清理债权和债务，分配剩余财产的行为。任何企业不论出于何种原因终止，都应当进行清算工作。清算是企业终止阶段的主要工作，企业的经济法律关系只有通过清算才能予以了结。

企业出现以下情况之一的，应当进行清算：① 营业期限届满或企业章程规定的解散事由出现；② 股东大会决议解散；③ 因企业合并或分立需要解散；④ 依法被吊销营业执照、责令关闭或者被撤销；⑤ 依法宣告破产。

（二）破产清算的程序

根据《破产法》的规定，企业破产清算的基本程序如下。

1. 提出破产申请

《破产法》规定，破产申请可由债务人向法院提出，即自愿破产，也可由债权人向法院提出，即非自愿破产。债务人或债权人向法院提出破产申请，应当提交破产申请书和有关证据，破产申请书应当载明下列事项：① 申请人、被申请人的基本情况；② 申请目的；③ 申请的事实和理由；④ 法院认为应当载明的其他事项。

2. 法院受理破产申请

法院接到破产申请后应进行受理与否的审查。一般来说，法院应当自收到破产申请之日起 15 日内裁定是否受理。债权人提出破产申请的，法院应当自收到申请之日起 5 日内通知债务人。债务人对申请有异议的，应当自收到法院的通知之日起 7 日内向法院提出。法院应当自异议期满之日起 10 日内裁定是否受理。

3. 指定破产管理人

法院裁定受理破产申请后，应当指定管理人。管理人可以由有关部门、机构的人员组成的清算组或者依法设立的律师事务所、会计师事务所、破产清算事务所等社会中介机构担任。管理人应当勤勉尽责，忠实执行职务。管理人的报酬一般由法院确定。

4. 债权人申报债权

法院受理破产申请后，应当确定债权人申报债权的期限。债权申报期限自法院发布受理破产申请公告之日起计算，最短不得少于 30 日，最长不得超过 3 个月。债权人应当在法院确定的债权申报期限内向管理人申报债权。管理人收到债权申报材料后，应当登记造册，对申报的债权进行审查，并编制债权表。

5. 召开债权人会议，选举债权人委员会

债权人会议是由依法申报债权的所有债权人组成的，决定债务人在破产期间的重大事项。第一次债权人会议由法院召集，自债权申报期限届满之日起 15 日内召开。

债权人会议的决议,由出席会议的有表决权的债权人过半数通过,并且其所代表的债权额占无财产担保债权总额的1/2以上。

债权人会议可以决定设立债权人委员会。债权人委员会由债权人会议选任的债权人代表和一名债务人的职工代表或者工会代表组成。债权人委员会行使下列职权:① 监督债务人财产的管理和处分;② 监督破产财产分配;③ 提议召开债权人会议;④ 债权人会议委托的其他职权。

6. 法院宣告债务人破产

法院对债务人的破产申请进行审理,对符合破产条件的企业下发破产宣告裁定书,正式宣告债务人破产。法院宣告债务人破产后,应当自裁定作出之日起5日内送达债务人和管理人,自裁定作出之日起10日内通知已知债权人,并予以公告。债务人被宣告破产后,债务人称为破产人,债务人财产称为破产财产,法院受理破产申请时对债务人享有的债权称为破产债权。

7. 处置破产财产

管理人负责处置破产企业的财产。管理人在法院宣告债务人破产后,应当接管破产企业,开展清产核资、资产评估等工作,对破产财产和破产债权进行认定,清理、回收、管理、处分破产企业财产,代表破产企业参加诉讼和仲裁活动。在必要的情况下,管理人可以组织破产企业继续进行生产经营活动。管理人应当及时拟定破产财产变价方案,提交债权人会议表决。破产财产变价方案经债权人会议表决通过或者法院裁定后,管理人应当适时变价出售破产财产。

8. 分配破产财产

破产财产变价处置后,管理人应当及时拟定破产财产分配方案,并提交债权人会议表决。债权人会议通过破产财产分配方案后,由管理人将该方案提请法院裁定认可后,由管理人执行。

9. 终结破产程序

管理人完成最后的破产财产分配后,应当及时向法院提交破产财产分配报告,并提请法院裁定终结破产程序。法院应当自收到管理人终结破产程序的请求之日起15日内作出是否终结破产程序的裁定。裁定终结的,应当予以公告。管理人应当自破产程序终结之日起10日内,持法院终结破产程序的裁定,向破产人的原登记机关办理注销登记。

（三）破产财产的界定

破产财产,是指依法在破产宣告后,可依破产程序进行清算和分配的破产企业的全部财产。破产财产的构成条件是:第一,必须是破产企业法人可以独立支配的财产;第二,必须是破产程序终结前属于破产企业的财产;第三,必须是依照破产程序可以强制清偿的债务人的财产。根据《破产法》的规定,破产财产由下列财产构成:① 宣告破产时企业经营管理的全部财产;② 破产企业在宣告破产后至破产程序终结前所取得的财产;③ 应当由破产企业行使的其他财产权利,如专利权、著作权等;④ 担保物的价款,超过其所担保的债务数额的,超过部分属于破产财产;⑤ 在法院受理破产案件前6个月至破产宣告之日的期间内,破产企业隐匿、私分、无偿转让、非法出售的财产,经追回后属于破产财产;⑥ 破产企业与其他单位联营时所投入的财产和应得收益,属于破产财产。

破产财产确定以后,一般都要变卖为货币资金,以便清偿债务,财产变现可分为单项资产变现和"一揽子"变现。破产财产应采用公开拍卖的方式出售,对破产财产中的整套设备或生产线,应尽量整体出售,确定无法整体出售的,方可分散出售。

（四）破产债权的界定与确认

破产债权可分为优先破产债权和普通破产债权。对破产人的特定财产享有担保权的权利人，对该特定财产享有优先受偿的权利，该部分债权为优先破产债权。

普通破产债权是在破产宣告前成立的，对破产人发生的，依法在规定的申报期限内申报确认，并且只能通过破产程序由破产财产中得到公平清偿的债权。在界定和确认普通破产债权时，应遵循以下标准：① 破产宣告前成立的无财产担保的债权，以及放弃优先受偿权的有财产担保的债权为普通破产债权。② 破产宣告前未到期的债权视为已到期债权，但应当减去未到期利息。③ 破产宣告前成立的有财产担保的债权，债权人有就该担保品优先受偿的权利，这部分不能构成普通破产债权。但是，有财产担保的债权，其数额超过担保品价款的，未受偿部分应作为普通破产债权。④ 债权人对破产企业负有债务的，其债权可在破产清算之前抵消，抵消部分不能作为破产债权。⑤ 破产企业未履行合同的对方当事人，因管理人解除合同受到损害的，以损害赔偿额作为普通破产债权。⑥ 为破产企业债务提供保证者，因代替破产企业清偿债务所形成的担保债权为普通破产债权。⑦ 债务人是委托合同的委托人，受托人不知债务人被法院裁定破产的事实，继续处理委托事务的，受托人由此产生的债权为普通破产债权。⑧ 债务人是票据的出票人，在债务人被法院裁定破产后，该票据的付款人继续付款或者承兑的，付款人由此产生的债权为普通破产债权。

此外，根据法律规定，破产企业所欠职工的工资和医疗、伤残补助、抚恤费用，所欠的应当划入职工个人账户的基本养老保险、基本医疗保险费用，以及法律、行政法规规定应当支付给职工的补偿金，欠缴国家的税款等债权，一般不列入普通破产债权内，可以优先于普通破产债权得到清偿。在破产宣告以后的利息、债权人为其利益参加破产程序的费用，如债权人申报债权的费用、参加债权人会议的差旅费等均不能构成破产债权，不能从破产债权中清偿。

在法院确定的债权申报期限内，债权人未申报债权的，可以在破产财产最后分配前补充申报，但是此前已进行的分配不再对其补充分配。为审查和确认补充申报债权的费用，由补充申报人承担。

（五）破产费用和共益债务

破产费用是指在破产案件中，为破产债权人的共同利益而支出的费用。法院受理破产申请后发生的下列费用为破产费用：① 破产案件的诉讼费用；② 管理、变价和分配债务人财产的费用；③ 管理人执行职务的费用、报酬和聘用工作人员的费用。

共益债务，是指在破产程序中为全体债权人共同利益所负担的各种债务的总称。法院受理破产申请后发生的下列债务为共益债务：① 因管理人或者债务人请求对方当事人履行双方均未履行完毕的合同所产生的债务；② 债务人财产受无因管理所产生的债务；③ 因债务人不当得利所产生的债务；④ 为债务人继续营业而应支付的劳动报酬和社会保险费用以及由此产生的其他债务；⑤ 管理人或者相关人员执行职务致人损害所产生的债务；⑥ 债务人财产致人损害所产生的债务。

破产费用和共益债务由债务人财产随时清偿。债务人财产不足以清偿所有破产费用和共益债务的，先行清偿破产费用。债务人财产不足以清偿所有破产费用或者共益债务的，按照比例清偿。债务人财产不足以清偿破产费用的，管理人应当提请法院终结破产程序。法院应当自收到请求之日起 15 日内裁定终结破产程序，并予以公告。

（六）破产财产的分配

当破产财产全部确认和拍卖,破产债权全部被界定和确认,破产费用和共益债务总额计算出来后,破产管理人便可提出分配方案。这一方案要由债权人会议通过,经法院裁定后执行。根据《破产法》的规定,破产财产在优先清偿破产费用和共益债务后,依照下列顺序清偿:① 破产人所欠职工的工资和医疗、伤残补助、抚恤费用,所欠的应当划入职工个人账户的基本养老保险、基本医疗保险费用,以及法律、行政法规规定应当支付给职工的补偿金;② 破产人欠缴的除前项规定以外的社会保险费用和破产人所欠税款;③ 普通破产债权。

在破产财产清偿时,前一顺序的债权得到全额偿还之前,后一顺序的债权不予清偿,破产财产不足以清偿同一顺序求偿权的,应当按照比例进行分配。

本章小结

跨国公司是科技革命、企业组织创新和管理技术发展的产物,也是当今世界市场上组织国际经济活动最重要的实体。跨国公司财务管理具有波动不定且难于预测的汇率变动带来更大的外汇风险;市场的不完全性给公司带来更多的机会和风险;多层次委托代理关系使跨国界财务控制成为关键等特征。跨国公司在经营中面临的外汇风险主要有会计风险、经济风险和交易风险。跨国公司筹资方式主要有发行国际股票、国际债券,利用国际银行信贷、国际贸易信贷、国际租赁等。在跨国投资中应注意政治风险、外汇风险和经营风险等。跨国公司营运资本管理主要包括现金管理、应收账款管理、存货管理等。

公司并购,即企业之间的合并与收购行为,其目的是并购方为了获取被并购企业一定数量的产权和主要控制权,或全部产权和完全控制权。公司并购的类型很多,按不同形式可以划分为不同类型。公司并购的动机主要表现在:谋求管理协同效应、经营协同效应、财务协同效应,实现战略重组、开展多元化经营,获得特殊资产,降低代理成本。公司并购价值评估通常可采用现行市价法、比率估价法和折现现金流量估价法等。并购的支付方式主要有现金支付方式、股票支付方式和混合证券支付方式。并购中可能存在的风险主要有信息调查风险、并购成本估计风险、资金筹措风险、现金支付风险、文化整合风险以及可持续发展风险等。

企业在市场竞争中,由于各种原因可能面临不能清偿到期债务,即破产,需通过重整、和解或者清算等法律程序,使债权债务关系依据重整计划或者和解协议得以调整,或者通过变卖债务人财产,使债权人公平受偿。现代破产制度主要包括三个基本程序:重整程序、和解程序以及破产清算程序。当企业被依法宣告破产时需要进行破产清算,破产清算的基本程序包括:提出破产申请,法院受理,指定破产管理人,债权人申报债权,召开债权人会议、选举债权人委员会,法院宣告债务人破产,处置、分配破产财产,终结破产程序。

复习思考题

【思考题】

1. 与纯粹的国内财务管理相比,跨国公司财务管理具有哪些特点?
2. 跨国公司在经营中面临的外汇风险主要有哪几种类型? 并简要说明。

3. 跨国公司为什么要进行对外直接投资？

4. 你认为收购一家上市公司，采取哪种价值评估方法更合理？

5. 在采用折现现金流量估价法评估公司价值时应当注意哪些问题？

6. 进行并购价格支付方式的财务决策时，应如何抉择？

7. 《破产法》中规定重整的意义何在？

8. 企业重整和债务和解有何区别？

9. 在企业破产清算的过程中，存在哪些财务问题须解决？

【练习题】

一、单项选择题

1. 由于汇率变动而引起的公司预期现金流量净现值发生变动而造成损失的可能性，被称为（　　）。

A. 经济风险　　　　　B. 折算风险　　　　　C. 交易风险　　　　　D. 混合风险

2. 目前欧洲债券在发行时，选用最多的货币是（　　）。

A. 马克　　　　　　　B. 美元　　　　　　　C. 法郎　　　　　　　D. 加元

3. 企业的合并报表受汇率波动影响的风险，被称为（　　）。

A. 混合风险　　　　　B. 折算风险　　　　　C. 交易风险　　　　　D. 经济风险

4. 跨国公司海外投资项目所面临的投资风险在根本上源自（　　）。

A. 东道国的地理环境　　　　　　　　　B. 东道国的经济状况

C. 东道国的法规限制　　　　　　　　　D. 东道国的宗教信仰

5. 国际企业税收管理的目标在于（　　）。

A. 收入来源国所得税税率高于居住国所得税税率时，提高税收抵免额

B. 合理降低总税负

C. 增强企业竞争能力

D. 降低各子公司税负

6. 以下关于兼并、收购、合并和并购之间关系的描述，不正确的是（　　）。

A. 广义兼并包括狭义兼并和收购　　　　B. 广义兼并包括合并和收购

C. 合并包括新设合并和狭义兼并　　　　D. 兼并、收购和合并统称为并购

7. 以下说法中不正确的是（　　）。

A. 要约收购一般是敌意并购

B. 善意收购一般是协议收购

C. 敌意收购一般会引发目标公司的反收购

D. 直接并购又被称为要约收购

8. 根据企业破产法律制度的规定，下列各项中，属于共益债务的是（　　）。

A. 因债务人不当得利所产生的债务

B. 管理人管理财产所支出的仓储费

C. 管理人聘用工作人员发生的费用

D. 管理人非执行职务时致人损害所产生的债务

9. 根据企业破产法律制度的规定,下列各项中,不属于破产管理人职责的是(　　)。

A. 接管债务人的账簿等资料

B. 决定债务人的日常开支

C. 代表债务人参加诉讼

D. 在第一次债权人会议召开后,决定继续债务人的营业

10. 某破产企业有10位债权人,债权总额为1 200万元,其中债权人甲、乙的债权额为300万元,有破产企业的房产作抵押,债权人甲、乙未放弃优先受偿权。债权人会议拟讨论通过破产财产的分配方案,10位债权人出席了债权人会议,债权人甲、乙未参加表决。根据企业破产法律制度的规定,下列情形中,不能通过破产财产分配方案的是(　　)。

A. 有6位债权人同意,其代表的债权额为600万元

B. 有6位债权人同意,其代表的债权额为800万元

C. 有5位债权人同意,其代表的债权额为450万元

D. 有4位债权人同意,其代表的债权额为600万元

二、多项选择题

1. 国际财务管理的特点有(　　)。

A. 理财环境的复杂性　　　　　　　B. 管理目标的多元性

C. 资金筹集的可选择性　　　　　　D. 资金投放的高风险性

2. 如果人民币与美元的汇率在2004年年末为7.7∶1,而在2009年年末为6.85∶1,那么在这段时间内(　　)。

A. 人民币贬值　　B. 人民币升值　　C. 美元贴水　　D. 人民币贴水

3. 如果即期外汇市场中,日元与美元的汇率为120日元=1美元,而在远期外汇市场上,日元与美元的汇率为105日元=1美元,那么(　　)。

A. 美元贴水　　B. 日元贴水　　C. 美元升水　　D. 日元升水

4. 跨国公司特有的融资方式有(　　)。

A. 普通股融资　　B. 外国债券融资　　C. 国际贸易信贷　　D. 利润融资

5. 1998年夏季,印度尼西亚发生了严重骚乱,许多外资企业被暴徒抢劫一空或者被迫停产。对于国际企业来说,这种损失是(　　)。

A. 经济风险　　B. 国有化风险　　C. 战争风险　　D. 政治风险

6. 按照并购双方的行业关系不同,并购可分为(　　)。

A. 纵向并购　　B. 横向并购　　C. 混合并购　　D. 协议并购

7. 在具体实务中,并购的动因归纳起来主要有(　　)。

A. 提升在产业链中的谈判能力和控制力

B. 提升行业战略地位

C. 规模经济效应

D. 提升企业形象和品牌知名度

8. 根据企业破产法律制度的规定,在重整期间,有关当事人的下列行为中,不符合规定的是(　　)。

A. 对债务人的机器设备享有抵押权的甲银行行使了抵押权

B. 管理人为继续营业向乙银行借款 100 万元,并以厂房为该笔借款设定了抵押担保

C. 债务人的出资人丙企业请求投资收益分配

D. 债务人的董事丁未经人民法院同意,将其持有的债务人的股权全部转让给第三人戊

9. 甲公司被申请破产,法院已经受理。甲公司在此之前欠乙公司的债务共 3 笔,第 1 笔尚未到期;第 2 笔虽然也未到期,但丙公司提供了保证担保;第 3 笔已到期,并已由保证人丁代为偿还。以下债权申报的做法,符合规定的有( )。

A. 第 1 笔债权视为到期债权,由乙申报

B. 第 2 笔债权由丙和乙同时申报

C. 第 2 笔债权如果乙未申报,则由丙申报

D. 第 3 笔债权由保证人丁申报

10. 并购目标企业价值分析中价值评估法主要包括( )。

A. 账面价值法　　　　　　　　　　B. 现行市价法

C. 比率估价法　　　　　　　　　　D. 折现现金流量估价法

三、判断题

1. 当外币在即期市场上比远期市场上价值更高时,称该货币是远期升水。　　　　( )

2. 假定马克汇率由 1.5 马克/美元变到 1.7 马克/美元,则美元相对马克升值了 13.33%,马克相对于美元贬值了 11.77%。　　　　( )

3. Adidas 国际跨国公司普通股每股发行价为 120 $,筹资费用率为 5%,第一年年末发放股利为 13 $,以后每年增长 5%,则该普通股成本为 16.4%。　　　　( )

4. 股票互换式并购是指并购企业直接向目标企业的股东发行股票,以换取目标企业股票的并购方式。　　　　( )

5. 杠杆收购指并购企业不用目标企业的自有资金及营运所得来支付或担保并购价金的并购方式。　　　　( )

四、分析题

A 公司、B 公司和 C 公司为国内某家电产品的三家主要生产商。B 公司与 C 公司同在一省,A 公司在相距 1 000 公里外的另外一省;A 公司和 C 公司规模较大,市场占有率和知名度高,营销和管理水平也较高。B 公司通过 5 年前改组后,转产进入家电行业,规模较小,资金上存在一定问题,销售渠道不足。但 B 公司拥有一项该种家电的关键技术,而且是未来的发展方向,需要投入资金扩大规模和开拓市场。A 公司财务状况良好,资金充足,是银行比较信赖的企业,其管理层的战略目标是发展成行业的主导企业,在市场份额和技术上取得优势地位。目前,A 公司拟并购 B 公司。

要求:

(1) 判断这是横向并购、纵向并购还是混合并购?

(2) 分析该并购可能给公司带来哪些利益?

附录 常用系数表

复利终值系数表（FVIF 表）

	1%	2%	3%	4%	5%	6%	7%	8%	9%	10%	11%
1	1.010	1.020	1.030	1.040	1.050	1.060	1.070	1.080	1.090	1.100	1.110
2	1.020	1.040	1.061	1.082	1.103	1.124	1.145	1.166	1.188	1.210	1.232
3	1.030	1.061	1.093	1.125	1.158	1.191	1.225	1.260	1.295	1.331	1.368
4	1.041	1.082	1.126	1.170	1.216	1.262	1.311	1.360	1.412	1.464	1.518
5	1.051	1.104	1.159	1.217	1.276	1.338	1.403	1.469	1.539	1.611	1.685
6	1.062	1.126	1.194	1.265	1.340	1.419	1.501	1.587	1.677	1.772	1.870
7	1.072	1.149	1.230	1.316	1.407	1.504	1.606	1.714	1.828	1.949	2.076
8	1.083	1.172	1.267	1.369	1.477	1.594	1.718	1.851	1.993	2.144	2.305
9	1.094	1.195	1.305	1.423	1.551	1.689	1.838	1.999	2.172	2.358	2.558
10	1.105	1.219	1.344	1.480	1.629	1.791	1.967	2.159	2.367	2.594	2.839
11	1.116	1.243	1.384	1.539	1.710	1.898	2.105	2.332	2.580	2.853	3.152
12	1.127	1.268	1.426	1.601	1.796	2.012	2.252	2.518	2.813	3.138	3.498
13	1.138	1.294	1.469	1.665	1.886	2.133	2.410	2.720	3.066	3.452	3.883
14	1.149	1.319	1.513	1.732	1.980	2.261	2.579	2.937	3.342	3.797	4.310
15	1.161	1.346	1.558	1.801	2.079	2.397	2.759	3.172	3.642	4.177	4.785
16	1.173	1.373	1.605	1.873	2.183	2.540	2.952	3.426	3.970	4.595	5.311
17	1.184	1.400	1.653	1.948	2.292	2.693	3.159	3.700	4.328	5.054	5.895
18	1.196	1.428	1.702	2.026	2.407	2.854	3.380	3.996	4.717	5.560	6.544
19	1.208	1.457	1.754	2.107	2.527	3.026	3.617	4.316	5.142	6.116	7.263
20	1.220	1.486	1.806	2.191	2.653	3.207	3.870	4.661	5.604	6.727	8.062
21	1.232	1.516	1.860	2.279	2.786	3.400	4.141	5.034	6.109	7.400	8.949
22	1.245	1.546	1.916	2.370	2.925	3.604	4.430	5.437	6.659	8.140	9.934
23	1.257	1.577	1.974	2.465	3.072	3.820	4.741	5.871	7.258	8.954	11.026
24	1.270	1.608	2.033	2.563	3.225	4.049	5.072	6.341	7.911	9.850	12.239
25	1.282	1.641	2.094	2.666	3.386	4.292	5.427	6.848	8.623	10.835	13.585
26	1.295	1.673	2.157	2.772	3.556	4.549	5.807	7.396	9.399	11.918	15.080
27	1.308	1.707	2.221	2.883	3.733	4.822	6.214	7.988	10.245	13.110	16.739
28	1.321	1.741	2.288	2.999	3.920	5.112	6.649	8.627	11.167	14.421	18.580
29	1.335	1.776	2.357	3.119	4.116	5.418	7.114	9.317	12.172	15.863	20.624
30	1.348	1.811	2.427	3.243	4.322	5.743	7.612	10.063	13.268	17.449	22.892
40	1.489	2.208	3.262	4.801	7.04	10.286	14.974	21.725	31.409	45.259	65.001
50	1.654	2.692	4.384	7.107	11.467	18.42	29.457	46.902	74.358	117.39	184.57

续　表

	12%	13%	14%	15%	16%	17%	18%	19%	20%	25%	30%
1	1.120	1.130	1.140	1.150	1.160	1.170	1.180	1.190	1.200	1.250	1.300
2	1.254	1.277	1.300	1.323	1.346	1.369	1.392	1.416	1.440	1.563	1.690
3	1.405	1.443	1.482	1.521	1.561	1.602	1.643	1.685	1.728	1.953	2.197
4	1.574	1.630	1.689	1.749	1.811	1.874	1.939	2.005	2.074	2.441	2.856
5	1.762	1.842	1.925	2.011	2.100	2.192	2.288	2.386	2.488	3.052	3.713
6	1.974	2.082	2.195	2.313	2.436	2.565	2.700	2.840	2.986	3.815	4.827
7	2.211	2.353	2.502	2.660	2.826	3.001	3.185	3.379	3.583	4.768	6.275
8	2.476	2.658	2.853	3.059	3.278	3.511	3.759	4.021	4.300	5.960	8.157
9	2.773	3.004	3.252	3.518	3.803	4.108	4.435	4.785	5.160	7.451	10.604
10	3.106	3.395	3.707	4.046	4.411	4.807	5.234	5.695	6.192	9.313	13.786
11	3.479	3.836	4.226	4.652	5.117	5.624	6.176	6.777	7.430	11.642	17.922
12	3.896	4.335	4.818	5.350	5.936	6.580	7.288	8.064	8.916	14.552	23.298
13	4.363	4.898	5.492	6.153	6.886	7.699	8.599	9.596	10.699	18.190	30.288
14	4.887	5.535	6.261	7.076	7.988	9.007	10.147	11.420	12.839	22.737	39.374
15	5.474	6.254	7.138	8.137	9.266	10.539	11.974	13.590	15.407	28.422	51.186
16	6.130	7.067	8.137	9.358	10.748	12.330	14.129	16.172	18.488	35.527	66.542
17	6.866	7.986	9.276	10.761	12.468	14.426	16.672	19.244	22.186	44.409	86.504
18	7.690	9.024	10.575	12.375	14.463	16.879	19.673	22.901	26.623	55.511	112.455
19	8.613	10.197	12.056	14.232	16.777	19.748	23.214	27.252	31.948	69.389	146.192
20	9.646	11.523	13.743	16.367	19.461	23.106	27.393	32.429	38.338	86.736	190.050
21	10.804	13.021	15.668	18.822	22.574	27.034	32.324	38.591	46.005	108.420	247.065
22	12.100	14.714	17.861	21.645	26.186	31.629	38.142	45.923	55.206	135.525	321.184
23	13.552	16.627	20.362	24.891	30.376	37.006	45.008	54.649	66.247	169.407	417.539
24	15.179	18.788	23.212	28.625	35.236	43.297	53.109	65.032	79.497	211.758	542.801
25	17.000	21.231	26.462	32.919	40.874	50.658	62.669	77.388	95.396	264.698	705.641
26	19.040	23.991	30.164	37.854	47.414	59.270	73.949	92.092	114.475	330.872	917.333
27	21.325	27.109	34.390	43.535	55.000	69.345	87.260	109.589	137.371	413.590	1192.533
28	23.884	30.633	39.204	50.066	63.800	81.134	102.967	130.411	164.845	516.988	1550.293
29	26.750	34.616	44.693	57.575	74.009	94.927	121.501	155.189	197.814	646.235	2015.381
30	29.960	39.116	50.950	66.212	85.850	111.065	143.371	184.675	237.376	807.794	2619.996
40	93.051	132.78	188.88	267.86	378.72	533.87	750.38	1051.7	1496.8	7523.2	36119
50	286	450.74	700.23	1083.7	1670.7	2566.2	3927.4	5988.9	9100.4	70065	497929

复利现值系数表($P/F, i, n$)

期数	1%	2%	3%	4%	5%	6%	7%	8%	9%	10%	11%	12%	13%	14%	15%
1	0.9901	0.9804	0.9709	0.9615	0.9524	0.9434	0.9346	0.9259	0.9174	0.9909	0.9009	0.8929	0.8850	0.8772	0.8696
2	0.9803	0.9612	0.9426	0.9246	0.9070	0.8900	0.8734	0.8573	0.8417	0.8264	0.8116	0.7972	0.7831	0.7695	0.7561
3	0.9706	0.9423	09151	0.8890	0.8638	0.8396	0.8163	0.7938	0.7722	0.7513	0.7312	0.7118	0.6931	0.6750	0.6575
4	0.9610	0.9238	0.8885	0.8548	0.8227	0.7921	0.7629	0.7350	0.7084	0.6830	0.6587	0.6355	0.6133	0.5921	0.5718
5	0.9515	0.9057	0.8626	0.8219	0.7835	0.7473	0.7130	0.6806	0.6499	0.6209	0.5935	0.5674	0.5428	0.5194	0.4972
6	0.9420	0.8880	0.8375	0.7903	0.7462	0.7050	0.6663	0.6302	0.5963	0.5645	0.5346	0.5066	0.4803	0.4556	0.4323
7	0.9327	0.8706	0.8131	0.7599	0.7107	0.6651	0.6227	0.5835	0.5470	0.5132	0.4817	0.4523	0.4251	0.3996	0.3759
8	0.9235	0.8535	0.7894	0.7307	0.6768	0.6274	0.5820	0.5403	0.5019	0.4665	0.4339	0.4039	0.3762	0.3506	0.3269
9	0.9143	0.8368	0.7664	0.7026	0.6446	0.5919	0.5439	0.5002	0.4606	0.4241	0.3909	0.3606	0.3329	0.3075	0.2843
10	0.9053	0.8203	0.7441	0.6756	0.6139	0.5584	0.5083	0.4632	0.4224	0.3855	0.3522	0.3220	0.2946	0.2697	0.2472
11	0.8963	0.8043	0.7224	0.6496	0.5847	0.5268	0.4751	0.4289	0.3875	0.3505	0.3173	0.2875	0.2607	0.2366	0.2149
12	0.8874	0.7885	0.7014	0.6246	0.5568	0.4970	0.4440	0.3971	0.3555	0.3186	0.2858	0.2567	0.2307	0.2076	0.1869
13	0.8787	0.7730	0.6810	0.6006	0.5303	0.4688	0.4150	0.3677	0.3262	0.2897	0.2575	0.2292	0.2042	0.1821	0.1625
14	0.8700	0.7579	0.6611	0.5775	0.5051	0.4423	0.3878	0.3405	0.2992	0.2633	0.2320	0.2046	0.1807	0.1597	0.1413
15	0.8613	0.7430	0.6419	0.5553	0.4810	0.4173	0.3624	0.3152	0.2745	0.2394	0.2090	0.1827	0.1599	0.1401	0.1229
16	0.8528	0.7284	0.6232	0.5339	0.4581	0.3936	0.3387	0.2919	0.2519	0.2176	0.1883	0.1631	0.1415	0.1229	0.1069
17	0.8444	0.7142	0.6050	0.5134	0.4363	0.3714	0.3166	0.2703	0.2311	0.1978	0.1696	0.1456	0.1252	0.1078	0.0929
18	0.8360	0.7002	0.5874	0.4936	0.4155	0.3503	0.2959	0.2502	0.2120	0.1799	0.1528	0.1300	0.1108	0.0946	0.0808
19	0.8277	0.6864	0.5703	0.4746	0.3957	0.3305	0.2765	0.2317	0.1945	0.1635	0.1377	0.1161	0.0981	0.0829	0.0703
20	0.8195	0.6730	0.5537	0.4564	0.3769	0.3118	0.2594	0.2145	0.1784	0.1486	0.1240	0.1037	0.0868	0.0728	0.0611
21	0.8114	0.6895	0.5375	0.4388	0.3589	0.2942	0.2415	0.1987	0.1637	0.1351	0.1117	0.0926	0.0768	0.0638	0.0531
22	0.8034	0.6468	0.5219	0.4220	0.3418	0.2775	0.2257	0.1839	0.1502	0.1228	0.1007	0.0826	0.0680	0.0560	0.0462
23	0.7954	0.6342	0.5067	0.4057	0.3256	0.2618	0.2109	0.1703	0.1378	0.1117	0.0907	0.0738	0.0601	0.0491	0.0402
24	0.7876	0.6217	0.4919	0.3901	0.3101	0.2470	0.1971	0.1577	0.1264	0.1015	0.0817	0.0659	0.0532	0.0431	0.0349
25	0.7798	0.6095	0.4776	0.3751	0.2953	0.2330	0.1842	0.1460	0.1160	0.0923	0.0736	0.0588	0.0471	0.0378	0.0304
26	0.7720	0.5976	0.4637	0.3607	0.2812	0.2198	0.1722	0.1352	0.1064	0.0839	0.0663	0.0525	0.0417	0.0331	0.0264
27	0.7644	0.5859	0.4502	0.3468	0.2678	0.2074	0.1609	0.1252	0.0976	0.0763	0.0597	0.0469	0.0369	0.0291	0.0230
28	0.7568	0.5744	0.4371	0.3335	0.2551	0.1956	0.1504	0.1159	0.0895	0.0693	0.0538	0.0419	0.0326	0.0255	0.0200
29	0.7493	0.5631	0.4243	0.3207	0.2429	0.1846	0.1406	0.1073	0.0822	0.0630	0.0485	0.0374	0.0289	0.0224	0.0174
30	0.7419	0.5521	0.4120	0.3083	0.2314	0.1741	0.1314	0.0994	0.0754	0.0573	0.0437	0.0334	0.0256	0.0196	0.0151

续　表

期数	16%	17%	18%	19%	20%	21%	22%	23%	24%	25%	26%	27%	28%	29%	30%
1	0.8621	0.8547	0.8475	0.8403	0.8333	0.8264	0.8197	0.8130	0.8065	0.8000	0.7937	0.7874	0.7813	0.7752	0.7692
2	0.7432	0.7305	0.7182	0.7062	0.6944	0.6830	0.6719	0.6610	0.6504	0.6400	0.6299	0.6200	0.6104	0.6009	0.5917
3	0.6407	0.6244	0.6086	0.5934	0.5787	0.5645	0.5507	0.5374	0.5245	0.5120	0.4999	0.4882	0.4768	0.4658	0.4552
4	0.5523	0.5337	0.5158	0.4987	0.4823	0.4665	0.4514	0.4369	0.4230	0.4096	0.3968	0.3844	0.3725	0.3611	0.3501
5	0.4761	0.4561	0.4371	0.4190	0.4019	0.3855	0.3700	0.3552	0.3411	0.3277	0.3149	0.3027	0.2910	0.2799	0.2693
6	0.4104	0.3898	0.3704	0.3521	0.3449	0.3186	0.3033	0.2888	0.2751	0.2621	0.2499	0.2383	0.2274	0.2170	0.2072
7	0.3538	0.3332	0.3139	0.2959	0.2791	0.2633	0.2486	0.2348	0.2218	0.2097	0.1983	0.1877	0.1776	0.1682	0.1594
8	0.3050	0.2848	0.2660	0.2487	0.2326	0.2176	0.2038	.01909	0.1789	0.1678	0.1574	0.1478	0.1388	0.1304	0.1226
9	0.2630	0.2434	0.2255	0.2090	0.1938	0.1799	0.1670	0.1552	0.1443	0.1342	0.1249	0.1164	0.1084	0.1011	0.0943
10	0.2267	0.2080	0.1911	0.1756	0.1615	0.1486	0.1369	0.1262	0.1164	0.1074	0.0992	0.0916	0.0847	0.0784	0.0725
11	0.1954	0.1778	0.1619	0.1476	0.1346	0.1228	0.1122	0.1026	0.0938	0.0859	0.0787	0.0721	0.0662	0.0607	0.0558
12	0.1685	0.1520	0.1372	0.1240	0.1122	0.1015	0.0920	0.0834	0.0757	0.0687	0.0625	0.0568	0.0517	0.0471	0.0429
13	0.1452	0.1299	0.1163	0.1042	0.0935	0.0839	0.0754	0.0678	0.0610	0.0550	0.0496	0.0447	0.0404	0.0365	0.0330
14	0.1252	0.1110	0.0985	0.0876	0.0779	0.0693	0.0618	0.0551	0.0492	0.0440	0.0393	0.0352	0.0316	0.0283	0.0254
15	0.1079	0.0949	0.0835	0.0736	0.0649	0.0573	0.0507	0.0448	0.0397	0.0352	0.0312	0.0277	0.0247	0.0219	0.0195
16	0.0930	0.0811	0.0708	0.0618	0.0541	0.0474	0.0415	0.0364	0.0320	0.0281	0.0248	0.0218	0.0193	0.0170	0.0150
17	0.0802	0.0693	0.0600	0.0520	0.0451	0.0391	0.0340	0.0296	0.0258	0.0225	0.0197	0.0172	0.0150	0.0132	0.0116
18	0.0691	0.0592	0.0508	0.0437	0.0376	0.0323	0.0279	0.0241	0.0208	0.0180	0.0156	0.0135	0.0118	0.0102	0.0089
19	0.0596	0.0506	0.0431	0.0367	0.0313	0.0267	0.0229	0.0196	0.0168	0.0144	0.0124	0.0107	0.0092	0.0079	0.0068
20	0.0514	0.04433	0.0365	0.0308	0.0261	0.0221	0.0187	0.0159	0.0135	0.0115	0.0098	0.0084	0.0072	0.0061	0.0053
21	0.0443	0.0370	0.0309	0.0259	0.0217	0.0183	0.0154	0.0129	0.0109	0.0092	0.0078	0.0066	0.0056	0.0048	0.0040
22	0.0382	0.0316	0.0262	0.0218	0.0181	0.0151	0.0126	0.0105	0.0088	0.0074	0.0062	0.0052	0.0044	0.0037	0.0031
23	0.0329	0.0270	0.0222	0.0183	0.0151	0.0125	0.0103	0.0086	0.0071	0.0059	0.0049	0.0041	0.0034	0.0029	0.0024
24	0.0284	0.0231	0.0188	0.0154	0.0126	0.0103	0.0085	0.0070	0.0057	0.0047	0.0039	0.0032	0.0027	0.0022	0.0018
25	0.0245	0.0197	0.0160	0.0129	0.0105	0.0085	0.0069	0.0057	0.0046	0.0038	0.0031	0.0025	0.0021	0.0017	0.0014
26	0.0211	0.0169	0.0135	0.0109	0.0087	0.0070	0.0057	0.0046	0.0037	0.0030	0.0025	0.0020	0.0016	0.0013	0.0011
27	0.0182	0.0144	0.0155	0.0091	0.0073	0.0058	0.0047	0.0037	0.0030	0.0024	0.0019	0.0016	0.0013	0.0010	0.0008
28	0.0157	0.0123	0.0097	0.0077	0.0061	0.0048	0.0038	0.0030	0.0024	030019	0.0015	0.0012	0.0010	0.008	0.006
29	0.0135	0.0105	0.0085	0.0064	0.0051	0.0040	0.0031	0.0025	0.0020	0.0015	0.0012	0.0010	0.0008	0.0006	0.0005
30	0.0116	0.0090	0.0070	0.0054	0.0042	0.0033	0.0026	0.0020	0.0016	0.0012	0.0010	0.0008	0.0006	0.0005	0.0004

年金终值系数表（FVIFA 表）

n	1%	2%	3%	4%	5%	6%	7%	8%	9%	10%	11%
1	1.000	1.000	1.000	1.000	1.000	1.000	1.000	1.000	1.000	1.000	1.000
2	2.010	2.020	2.030	2.040	2.050	2.060	2.070	2.080	2.090	2.100	2.110
3	3.030	3.060	3.091	3.122	3.153	3.184	3.215	3.246	3.278	3.310	3.342
4	4.060	4.122	4.184	4.246	4.310	4.375	4.440	4.506	4.573	4.641	4.710
5	5.101	5.204	5.309	5.416	5.526	5.637	5.751	5.867	5.985	6.105	6.228
6	6.152	6.308	6.468	6.633	6.802	6.975	7.153	7.336	7.523	7.716	7.913
7	7.214	7.434	7.662	7.898	8.142	8.394	8.654	8.923	9.200	9.487	9.783
8	8.286	8.583	8.892	9.214	9.549	9.879	10.260	10.637	11.028	11.436	11.859
9	9.369	9.755	10.159	10.583	11.027	11.491	11.978	12.488	13.021	13.579	14.164
10	10.462	10.950	11.464	12.006	12.578	13.181	13.816	14.487	15.193	15.937	16.722
11	11.567	12.169	12.808	13.486	14.207	14.972	15.784	16.645	17.560	18.531	19.561
12	12.683	13.412	14.192	15.026	15.917	16.870	17.888	18.977	20.141	21.384	22.713
13	13.809	14.680	15.618	16.627	17.713	18.882	20.141	21.495	22.953	24.523	26.212
14	14.947	15.974	17.086	18.292	19.599	21.015	22.550	24.215	26.019	27.975	30.095
15	16.097	17.293	18.599	20.024	21.579	23.276	25.129	27.152	29.361	31.772	34.405
16	17.258	18.639	20.157	21.825	23.657	25.673	27.888	30.324	33.003	35.950	39.190
17	18.430	20.012	21.762	23.698	25.840	28.213	30.840	33.750	36.974	40.545	44.501
18	19.615	21.412	23.414	25.645	28.132	30.906	33.999	37.450	41.301	45.599	50.396
19	20.811	22.841	25.117	27.671	30.539	33.760	37.379	41.446	46.018	51.159	56.939
20	22.019	24.297	26.870	29.778	33.066	36.786	40.995	45.762	51.160	57.275	64.203
25	28.243	32.030	36.459	41.646	47.727	54.865	63.249	73.106	84.701	98.347	114.410
30	34.785	40.588	47.575	56.085	66.439	79.058	94.461	113.280	136.310	164.490	199.020
40	48.886	60.402	75.401	95.026	120.800	154.760	199.640	259.060	337.890	442.590	581.830
50	64.463	84.579	112.800	152.670	209.350	290.340	406.530	573.770	815.080	1163.900	1668.800

续 表

n	12%	13%	14%	15%	16%	17%	18%	19%	20%	25%	30%
1	1.000	1.000	1.000	1.000	1.000	1.000	1.000	1.000	1.000	1.000	1.000
2	2.120	2.130	2.140	2.150	2.160	2.170	2.180	2.190	2.200	2.250	2.300
3	3.374	3.407	3.440	3.473	3.506	3.539	3.572	3.606	3.640	3.813	3.990
4	4.779	4.850	4.921	4.993	5.066	5.141	5.215	5.291	5.368	5.766	6.187
5	6.353	6.480	6.610	6.742	6.877	7.014	7.154	7.297	7.442	8.207	9.043
6	8.115	8.323	8.536	8.754	8.977	9.207	9.442	9.683	9.930	11.259	12.756
7	10.089	10.405	10.730	11.067	11.414	11.772	12.142	12.523	12.916	15.073	17.583
8	12.300	12.757	13.233	13.727	14.240	14.773	15.327	15.902	16.499	19.842	23.858
9	14.776	15.416	16.085	16.786	17.519	18.285	19.086	19.923	20.799	25.802	32.015
10	17.549	18.420	19.337	20.304	21.321	22.393	23.521	24.701	25.959	33.253	42.619
11	20.655	21.814	23.045	24.349	25.733	27.200	28.755	30.404	32.150	42.566	56.405
12	24.133	25.650	27.271	29.002	30.850	32.824	34.931	37.180	39.581	54.208	74.327
13	28.029	29.985	32.089	34.352	36.786	39.404	42.219	45.244	48.497	68.760	97.625
14	32.393	34.883	37.581	40.505	43.672	47.103	50.818	54.841	54.196	86.949	127.910
15	37.280	40.417	43.842	47.580	51.660	56.110	6.965	66.261	72.035	109.690	167.290
16	42.753	46.672	50.980	55.717	60.925	66.649	72.939	79.850	87.442	138.110	218.470
17	48.884	53.739	59.118	65.075	71.673	78.979	87.068	96.022	105.930	173.640	285.010
18	55.750	61.725	68.394	75.836	84.141	93.406	103.740	115.270	128.120	218.050	371.520
19	63.440	70.749	79.969	88.212	98.603	110.290	123.410	138.170	154.740	273.560	483.970
20	72.052	80.947	91.025	120.440	115.380	130.030	146.630	165.420	186.690	342.950	630.170
25	133.330	155.620	181.870	212.790	249.210	292.110	342.600	402.404	471.980	1054.800	2348.800
30	241.330	293.200	356.790	434.750	530.310	647.440	790.950	966.700	1181.900	3227.200	8730
40	767.090	1013.700	1342.000	1779.100	2360.800	3134.500	4163.210	5519.800	7343.900	30089.000	120393
50	24000	3459.500	4991.500	7217.700	10436	15090	21813	31515	45497	280256	165976

年金现值系数表（P/A, i, n）

期数	1%	2%	3%	4%	5%	6%	7%	8%	9%	10%	11%	12%	13%	14%	15%
1	0.9901	0.9804	0.9709	0.9615	0.9524	0.9434	0.9346	0.9259	0.9174	0.9091	0.9009	0.8929	0.8850	0.8772	0.8696
2	1.9704	1.9416	1.9135	1.8661	1.8594	1.8334	1.8080	1.7833	1.7591	1.7355	1.7125	1.6901	1.6681	1.6467	1.6257
3	2.9410	2.8839	2.8266	2.7751	2.7232	2.6730	2.6243	2.5771	2.5313	2.4869	2.4437	2.4018	2.3612	2.3216	2.2832
4	3.7955	3.8077	3.7171	3.6299	3.5460	3.4651	3.3872	3.3121	3.2397	3.1699	3.1024	3.0373	2.9745	2.9137	2.8550
5	4.8534	4.7135	4.5797	4.4518	4.3295	4.2124	4.1002	3.9927	3.8897	3.7908	3.6959	3.6048	3.5172	3.4331	3.3522
6	5.7955	5.6014	5.4172	5.2421	5.0757	4.9173	4.7665	4.6229	4.4859	4.3553	4.2305	4.1114	3.9975	3.8887	3.7845
7	6.7282	6.4720	6.2303	6.0021	5.7864	5.5824	5.3892	5.2064	5.0330	4.8684	4.7122	4.5638	4.4226	4.2883	4.1604
8	7.6517	7.3255	7.0197	6.7327	6.4632	6.2098	5.9713	5.7466	5.5348	5.3349	5.1461	4.9676	4.7988	4.6389	4.4873
9	8.5660	8.1622	7.7861	7.4353	7.1078	6.8071	6.5152	6.2469	5.9952	5.7590	5.5370	5.3282	5.1317	4.9464	4.7716
10	9.4713	8.9826	8.5302	8.1109	7.7217	7.3601	7.0236	6.7101	6.4177	6.1446	5.8892	5.6502	5.4262	5.2161	5.0188
11	10.3676	9.7868	9.2526	8.7605	8.3064	7.8869	7.4987	7.1390	6.8052	6.4951	6.2068	5.9377	5.6869	5.4527	5.2337
12	11.2551	10.5753	9.9540	9.3851	8.8633	8.3838	7.9428	7.5361	7.1607	6.8137	6.4924	6.1944	5.9176	5.6603	5.4206
13	12.1337	11.3484	10.6350	9.9856	9.3936	8.8527	8.3577	7.9038	7.4869	7.1034	6.7499	6.4235	6.1218	5.8424	5.5831
14	13.0037	12.1062	11.2961	10.5631	9.8986	9.2950	8.7455	8.2442	7.7862	7.3667	6.9819	6.6282	6.3025	6.0021	5.7245
15	13.8651	12.8493	11.9379	11.1184	10.3797	9.7122	9.1079	8.5595	8.0607	7.6061	7.1909	6.8109	6.4624	6.1422	5.8474
16	14.7179	13.577	12.5611	11.6523	10.8378	10.1059	9.4466	8.8514	8.3126	7.8237	7.3792	6.9740	6.6039	6.2651	5.9542
17	15.5623	14.2919	13.1661	12.1657	11.2741	10.4773	9.7632	9.1216	8.5436	8.0216	7.5488	7.1196	6.7291	6.3729	6.0472
18	16.3983	14.9920	13.7535	12.6593	11.6896	10.8276	10.0591	9.3719	8.7556	8.2014	7.7016	7.2497	6.8399	6.4674	6.1280
19	17.2260	15.6782	14.3238	13.1339	12.0853	11.1581	10.3356	9.6036	8.9501	8.3649	7.8393	7.3658	6.9380	6.5504	6.1982
20	18.0456	16.3514	14.8775	13.5903	12.4622	11.4699	10.5940	9.8181	9.1285	8.5136	7.9633	7.4694	7.0248	6.6231	6.2593
21	18.8570	17.0112	15.4150	14.0292	12.8212	11.7641	10.8355	10.0168	9.2922	8.6487	8.0751	7.5620	7.1016	6.6870	6.3125
22	19.6604	17.6580	15.9369	14.4511	13.1630	12.0416	11.0612	10.2007	9.4424	8.7715	8.1757	7.6446	7.1695	6.7429	6.3587
23	20.4558	18.2922	16.4436	14.8568	13.4886	12.3034	11.2722	10.3711	9.5802	8.8832	8.2664	7.7184	7.2297	6.7921	6.3988
24	21.2434	18.9139	16.9355	15.2470	13.7986	12.5504	11.4693	10.5288	9.7066	8.9847	8.3481	7.7843	7.2829	6.8351	6.4338
25	22.0232	19.5235	17.4131	15.6221	14.0939	12.7834	11.6536	10.6748	9.8226	9.0770	8.4217	7.8431	7.3300	6.8729	6.4641
26	22.7952	20.1210	17.8768	15.9828	14.3752	13.0032	11.8258	10.8100	9.9290	9.1609	8.4881	7.8957	7.3717	6.9061	6.4906
27	23.5596	20.7069	18.3270	16.3296	14.6430	13.2105	11.9867	10.9352	10.0266	9.2372	8.5478	7.9426	7.4086	6.9352	6.5135
28	24.3164	21.2813	18.7641	16.6631	14.8981	13.4062	12.1371	11.0511	10.1161	9.3066	8.6016	7.9844	7.4412	6.9607	6.5335
29	25.0658	21.8444	19.1885	16.9837	15.1411	13.5907	12.2777	11.1584	10.1983	9.3696	8.6501	8.0218	7.4701	6.9830	6.5509
30	25.8077	22.3965	19.6004	17.2920	15.3725	13.7648	12.4090	11.2578	10.2737	9.4269	8.6938	8.0552	7.4957	7.0027	6.5660

续　表

期数	16%	17%	18%	19%	20%	21%	22%	23%	24%	25%	26%	27%	28%	29%	30%
1	0.8621	0.8547	0.8475	0.8403	0.8333	0.8264	0.8197	0.8130	0.8065	0.8000	0.7937	0.7874	0.7813	0.7752	0.7692
2	1.6052	1.5852	1.5656	1.5465	1.5278	1.5095	1.4915	1.4740	1.4568	1.4400	1.4235	1.4074	1.3916	1.3761	1.3609
3	2.2459	2.2096	2.1743	2.1399	2.1065	2.0739	2.0422	2.0114	1.9813	1.9520	1.9234	1.8956	1.8684	1.8420	1.8161
4	2.7982	2.7432	2.6901	2.6386	2.5887	2.5404	2.4936	2.4483	2.4043	2.3616	2.3202	2.2800	2.2410	2.2031	2.1662
5	3.2743	3.1993	3.1272	3.0576	2.9906	2.9260	2.8636	2.8035	2.7454	2.6893	2.6351	2.5827	2.5320	2.4830	2.4356
6	3.6847	3.5892	3.4976	3.4098	3.3255	3.2466	3.1669	3.0923	3.0205	2.9514	2.8850	2.8210	2.7594	2.7000	2.6427
7	4.0386	3.9224	3.8115	3.7057	3.6046	3.5079	3.4155	3.3270	3.2423	3.1611	3.0833	3.0087	2.9370	2.8682	2.8021
8	4.3436	4.2072	4.0776	3.9544	3.8372	3.7256	3.6193	3.5179	3.4212	3.3289	3.2407	3.1564	3.0758	2.9986	2.9247
9	4.6055	4.4506	4.3030	4.1633	4.0310	3.9054	3.7863	3.6731	3.5655	3.4631	3.3657	3.2728	3.1842	3.0997	3.0190
10	4.8332	4.6586	4.4941	4.3398	4.1925	4.0541	3.9232	3.7993	3.6819	3.5705	3.4648	3.3644	3.2689	3.1781	3.0915
11	5.0286	4.8364	4.6560	4.4865	4.3271	4.1769	4.0354	3.9018	3.7757	3.6564	3.5435	3.4365	3.3351	3.2388	3.1473
12	5.1971	4.9884	4.7932	4.6105	4.4392	4.2784	4.1274	3.9852	3.8514	3.7251	3.6059	3.4933	3.3868	3.2859	3.1903
13	5.3423	5.1183	4.9095	4.7147	4.5327	4.3624	4.2028	4.0530	3.9124	3.7801	3.6555	3.5381	3.4272	3.3224	3.2233
14	5.4675	5.2293	5.0081	4.8023	4.6104	4.4317	4.2646	4.1082	3.9616	3.8241	3.6949	3.5733	3.4587	3.3507	3.2487
15	5.5755	5.3242	5.0916	4.8759	4.6755	4.4890	4.3152	4.1560	4.0013	3.8593	3.7261	3.6010	3.4834	3.3726	3.2682
16	5.6685	5.4053	5.1624	4.9377	4.7296	4.5364	4.3567	4.1894	4.0333	3.8874	3.7509	3.6228	3.5026	3.3896	3.2832
17	5.7487	5.4746	5.2223	4.9897	4.7746	4.5755	4.3908	4.2190	4.0591	3.9099	3.7705	3.6400	3.5177	3.4028	3.2948
18	5.8178	5.5339	5.2732	5.0333	4.8122	4.6079	4.4187	4.2431	4.0799	3.9279	3.7861	3.6536	3.5294	3.4130	3.3037
19	5.8775	5.5845	5.3162	5.0700	4.8435	4.6346	4.4415	4.2627	4.0967	3.9424	3.7985	3.6642	3.5386	3.4210	3.3105
20	5.9288	5.6278	5.3527	5.1009	4.8696	4.6567	4.4603	4.2786	4.1103	3.9539	3.8083	3.6726	3.5458	3.4271	3.3158
21	5.9731	5.6648	5.3837	5.1268	4.8913	4.6750	4.4756	4.2916	4.1212	3.9631	3.8161	3.6792	3.5514	3.4319	3.3198
22	6.0113	5.6964	5.4099	5.1486	4.9094	4.6900	4.4882	4.3021	4.1300	3.9705	3.8223	3.6844	3.5558	3.4356	3.3230
23	6.0442	5.7234	5.4321	5.1668	4.9245	4.7025	4.4985	4.3106	4.1371	3.9764	3.8273	3.6885	3.5592	3.4384	3.3254
24	6.0726	5.7465	5.4509	5.1822	4.9371	4.7128	4.5070	4.3176	4.1428	3.9811	3.8312	3.6918	3.5619	3.4406	3.3272
25	6.0971	5.7662	5.4669	5.1951	4.9476	4.7213	4.5139	4.3232	4.1474	3.9849	3.8342	3.6943	3.5640	3.4423	3.3286
26	6.1182	5.7831	5.4804	5.2060	4.9563	4.7284	4.5196	4.3278	4.1511	3.9879	3.8367	3.6963	3.5656	3.4437	3.3297
27	6.1364	5.7975	5.4919	5.2151	4.9636	4.7342	4.5243	4.3316	4.1542	3.9903	3.8387	3.6979	3.5669	3.4447	3.3305
28	6.1520	5.8099	5.5016	5.2228	4.9697	4.7390	4.5281	4.3346	4.1566	3.9923	3.8402	3.6991	3.5679	3.4455	3.3312
29	6.1656	5.8204	5.5098	5.2292	4.9747	4.7430	4.5312	4.3371	4.1585	3.9938	6.8414	3.7001	3.5687	3.4461	3.3317
30	6.1772	5.8294	5.5168	5.2347	4.9789	4.9763	4.5338	4.3391	4.1601	3.9950	3.8424	3.7009	3.5693	3.4466	3.3321

参考文献

[1] 荆新,王化成,刘俊彦.财务管理学[M].第 7 版.北京:中国人民大学出版社,2015.

[2] 郭复初,王庆成.财务管理学[M].第 4 版.北京:高等教育出版社,2014.

[3] 李延喜,秦学志.财务管理[M].第 2 版.北京:清华大学出版社,2014.

[4] 彭斌.企业财务管理[M].北京:经济管理出版社,2015.

[5] 马忠.公司财务管理[M].第 2 版.北京:机械工业出版社,2015.

[6] 陆正飞.财务管理[M].第 3 版.大连:东北财经大学出版社,2010.

[7] 陈玉菁.财务管理实务与案例[M].第 3 版.北京:中国人民大学出版社,2015.

[8] 何瑛.上市公司财务管理案例[M].北京:经济管理出版社,2016.

[9] 朱开悉,张德容.财务管理学[M].长沙:中南大学出版社,2009.

[10] 刘淑莲.公司理财[M].北京:中国人民大学出版社,2012.

[11] 王化成.公司财务管理[M].北京:高等教育出版社,2007.

[12] 罗斯,威斯特菲尔德,乔丹.公司理财(精要版)[M].第 10 版.北京:机械工业出版社,2014.

[13] 贝斯利,布里格姆.财务管理精要[M].第 14 版.北京:北京大学出版社,2010.

[14] 张先治,陈友邦.财务分析[M].第 7 版.大连:东北财经大学出版社,2014.

[15] 张先治.高级财务管理[M].第 4 版.大连:东北财经大学出版社,2018.

[16] 卫林.国际财务管理实务[M].北京:经济管理出版社,2018.

[17] 何瑛.财务管理学学科前沿研究报告[M].北京:经济管理出版社,2017.

[18] 马忠.公司财务管理案例分析[M].北京:机械工业出版社,2017.

[19] 汤谷良.财务管理案例[M].第 3 版.北京:北京大学出版社,2017.

[20] 陆正飞.财务报告与分析[M].第 2 版.北京:北京大学出版社,2014.

[21] 谢志华.国际财务管理[M].北京:高等教育出版社,2008.

[22]《中华人民共和国公司法》.

[23]《中华人民共和国证券法》.

[24]《企业财务通则》.

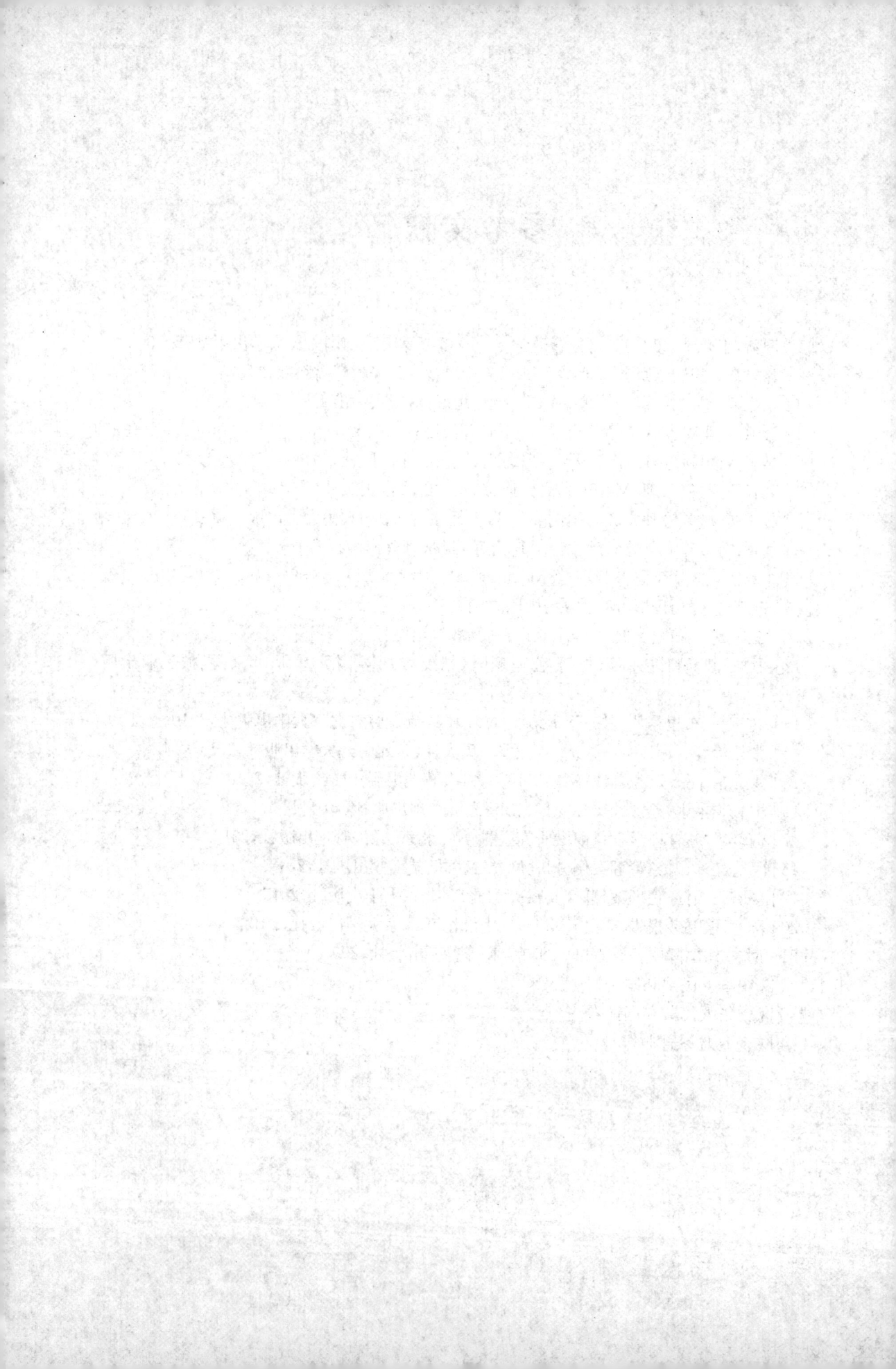